NCS

한국서부발전

필기전형

(직무지식평가 + 직업기초능력평가 + 한국사)

NCS 한국서부발전

필기전형 (직무지식평가 + 직업기초능력평가 + 한국사)

초판 인쇄 2022년 2월 21일
초판 발행 2022년 2월 23일

편 저 자 | 취업적성연구소
발 행 처 | ㈜서원각
등록번호 | 1999-1A-107호
주   소 | 경기도 고양시 일산서구 덕산로 88-45(가좌동)
교재주문 | 031-923-2051
팩   스 | 031-923-3815
교재문의 | 카카오톡 플러스 친구[서원각]
영상문의 | 070-4233-2505
홈페이지 | www.goseowon.com
책임편집 | 정상민
디 자 인 | 이규희

우리나라 기업들은 1960년대 이후 현재까지 비약적인 발전을 이루었다. 이렇게 급속한 성장을 이룰 수 있었던 배경에는 우리나라 국민들의 근면성 및 도전정신이 있었다. 그러나 빠르게 변화하는 세계 경제의 환경에 적응하기 위해서는 근면성과 도전정신 이외에 또 다른 성장 요인이 필요하다.

최근 많은 공사·공단에서는 기존의 직무 관련성에 대한 고려 없이 인·적성, 지식 중심으로 치러지던 필기전형을 탈피하고, 산업현장에서 직무를 수행하기 위해 요구되는 능력을 산업부문별·수준별로 체계화 및 표준화한 NCS를 기반으로 하여 채용공고 단계에서 제시되는 '직무설명자료'상의 직업기초능력과 직무수행능력을 측정하기 위한 직업기초능력평가, 직무수행능력평가 등을 도입하고 있다.

한국서부발전에서도 업무에 필요한 역량 및 책임감과 적응력 등을 구비한 인재를 선발하기 위하여 고유의 선발평가를 치르고 있다. 본서는 한국서부발전 채용대비를 위한 필독서로 한국서부발전 직업기초능력평가의 출제경향을 철저히 분석하여 응시자들이 보다 쉽게 시험유형을 파악하고 효율적으로 대비할 수 있도록 구성하였다.

신념을 가지고 도전하는 사람은 반드시 그 꿈을 이룰 수 있습니다. 처음에 품은 신념과 열정이 취업 성공의 그 날까지 빛바래지 않도록 서원각이 수험생 여러분을 응원합니다.

STRUCTURE

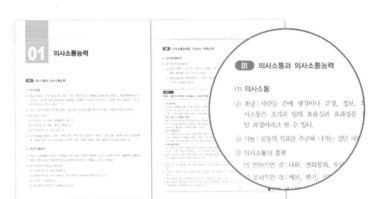

핵심이론정리

NCS 기반 직업기초능력평가에 대해 핵심적으로 알아야 할 이론을 체계적으로 정리하여 단기간에 학습할 수 있도록 하였습니다.

출제예상문제

적중률 높은 영역별 출제예상문제를 상세하고 꼼꼼한 해설과 함께 수록하여 학습효율을 확실하게 높였습니다.

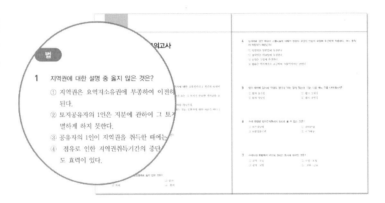

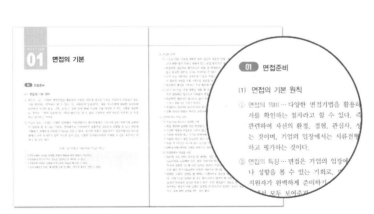

면접

취업 성공을 위한 실전 인성검사와 면접의 기본을 수록하여 취업의 마무리까지 깔끔하게 책임집니다.

CONTENTS

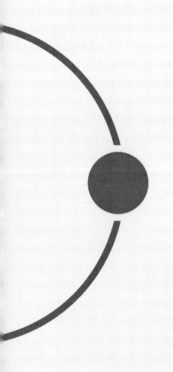

한국서부발전 소개

기업소개

01 소개

한국서부발전은 2001년 4월 2일 한국전력공사에서 분사, 설립된 발전 전문 공기업이다.

태안발전본부를 비롯하여 평택, 서인천, 군산 등 4개 발전단지에 국내 총 발전설비 용량의 약 8.8%에 해당하는 11,365.5MW의 설비를 보유하고 있으며, 양질의 전기를 안정적, 경제적으로 공급하는데 최선의 노력을 다하고 있다.

발전공기업으로서 안전과 환경에 최우선 가치를 두고, 산업재해 근절과 환경친화적 설비운영에도 총력을 기울이고 있다. 안전사고를 근원적으로 예방하기 위한 종합적인 대책을 마련하여 시행하고 있으며, 석탄화력발전소의 환경설비 보강과 환경신기술 도입을 통해 2030년까지 미세먼지 원인물질 배출량을 2015년 대비 88% 감축해 국내외 최고 수준의 친환경 발전소를 구현할 계획이다.

한국서부발전은 독보적이고 차별화된 기술역량을 축적해가고 있다. 세계 7번째이고 국내 유일한 석탄을 가스로 만들어 발전하는 석탄가스화복합발전설비(IGCC)를 건설하여 운영하고 있으며, 국내 발전설비 기술자립도를 2030년 90%까지 제고하기 위해 가스터빈 국산화 실증사업 등 발전기자재 및 원천기술 국산화에 역점을 두고 추진하고 있다.

이러한 가치지향과 기술역량을 기반으로, 신재생에너지 발전비율을 2030년까지 전체 발전량의 25%(발전용량 5,286MW) 수준으로 확보하고, 인도네시아, 라오스, 호주 등 기존 거점지역을 넘어 해외 발전시장을 적극 개척함으로써 국내외 성장동력을 확보해 나가고 있다.

02 주요 연혁

2001년	한국서부발전 설립
2002년	태안 5, 6호기 종합준공
2003년	평택화력 탈황설비 설치공사착공, 식스시그마 경영혁신기법 도입
2004년	군산화력폐지, 국가품질경영상(생산혁신상)수상
2005년	태안 태양광발전설비 준공
2006년	서인천가스터빈성능개선공사 준공
2007년	청송양수발전소 준공, 태안 7, 8호기 준공
2008년	삼랑진태양광발전 종합준공, 라오스 390MW급 수력발전소 건설사업개발 협약체결
2009년	폐기물 고형연료 제조 및 활용을 위한 협약 체결
2010년	군산복합 화력발전소 준공, 윤리경영대상 수상
2011년	러시아 소치 180MW급 열병합발전소 건설 양해각서 체결, 태안IGCC 실증플랜트 건설공사 착공
2012년	국가생산성대상 수상(노사협력부문)
2013년	발전사 최초 카본트러스트스탠다드(CTS) 재인증, 인도네시아 숨셀 5 O&M 계약 체결
2014년	'대한민국 좋은기업상' 수상
2015년	본사 태안 이전, 한국의 경영대상 경영품질분야 대상 수상
2016년	태안 수상 태양광 발전설비 준공, 대한민국 혁신대상 대상 수상
2017년	서인천 태양광 준공, 태안 9, 10호기 준공
2018년	서부발전연구소 개소
2019년	이산화탄소 포집-전환 복합 실증플랜트 준공
2020년	삼양태양광 준공, 서인천 연료전지 4단계 발전설비 준공

03 경영방침

변화의 에너지로 함께하는 내일로 (Change Now, Make Tomorrow)

① 지속가능 경영체계 구축

에너지전환에 대응한 사업체계 혁신과 주력사업 효율성 제고로 지속가능한 미래 성장동력 확보

② 사람존중 안전경영 확립

구성원과 협력사 직원들의 건강을 지키기 위한 예방중심의 안전시스템 구축 및 현장안전경영 강화

③ 미래지향 기업문화 구현

급변하는 경영환경에 대응하여 구성원이 지속 성장할 수 있는 공정하고 생산적인 기업문화 조성

④ 국민중심 ESG경영 강화

공기업으로서 사회적인 책임 완수를 넘어 국민이 체감하고 공감할 수 있는 수준의 ESG경영 실천

04 KOWEPO 비전 2035

MISSION	우리는 지속적인 혁신으로 안전하고 깨끗한 에너지를 만들어 사회 공공의 발전에 기여한다.		
VISION	새로운 시대를 여는 친환경 에너지 글로벌 리더		
전략방향	친환경 · 저탄소 에너지산업 선도	재무 안정성 기반 지속성장 지향	국민신뢰 중심 공공가치 창출
	▼	▼	▼
경영목표	• 온실가스 감축률 55% • 신재생발전량 비중 35% • 미세먼지 저감률 90%	• 매출액 7.9조원(부채비율 195%) • 청정복합 설비용량 10GW • 해외 · 신사업 매출액 1.4조원	• 산업재해율 0% • 동반성장평가 최고등급 • 청렴도평가 1등급

05 핵심가치 및 전략방향

(1) 핵심가치

① 최고를 향한 열정
 ㉠ 담대한 목표설정
 ㉡ 개인역량 극대화

② 성장을 위한 도전
 ㉠ 적극적 변화 선도
 ㉡ 창의적 대안 모색

③ 생명·안전의 존중
 생명·안전 등 사람 중심 가치를 실현

④ 상생을 통한 신뢰
 사회적 가치 창출 촉진자 역할 강화

(2) 전략방향 및 전략과제

친환경·저탄소 에너지산업 선도	재무 안정성 기반 지속성장 지향	국민신뢰 중심 공공가치 창출
• 탄소중립 혁신기술을 통한 온실가스 선제적 감축 • 포용적 사업모델 기반 국내 신재생 확대 가속화 • 디지털·그린 신기술 연계 신재생 운영체계 혁신 • 발전설비 환경성 지속 강화 및 순환경제 활성화	• 최적의 사업부지 확보를 통한 대체복합 적기 건설 • 에너지 시장변화 탄력 대응 경제적 연료조달 체계 구축 • 생산성·안정성 균형의 국내화력 운영체계 고도화 • 수익성 중심의 해외사업 및 수소기술 활용 신사업 확대	• 예방중심 안전의식 내재화 및 스마트 안전관리체계 구축 • 지속가능한 지역성장 지향 실효적 사회공헌 확대 • 혁신수요 창출을 통한 중소기업 자생기반 강화 • 윤리준법시스템 강화 및 소통과 참여의 공감경영 실현
▼	▼	▼
신재생발전 확대 및 환경설비 개선으로 탄소중립 이행	발전운영의 효율성수익성 제고 및 해외·신사업 육성으로 지속성장 기반 확보	안전 최우선 경영 및 청렴과 상생의 기업문화 확대로 국민 신뢰강화

06 조직도

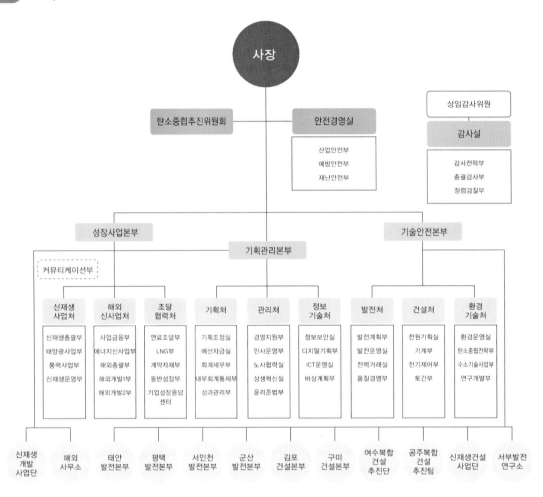

07 사업소개

(1) 발전운영

한국서부발전은 총 발전량 11,365.5MW로 국내 총 설비용량의 8.8%를 점유하고 있다.

① 서인천발전본부 ··· LNG, 연료전지, 태양광/ 1,861.8MW

② 평택발전본부 ··· LNG, 중유, 태양광/ 2,271.4MW

③ 태안발전본부 ··· 유연탄(석탄), 소수력, 태양광/ 6,465.8MW

④ 군산발전본부 ··· LNG, 태양광/ 719.4MW

⑤ 신재생에너지 ··· 태양광, 풍력/ 47.1MW

(2) 신규건설

① 건설사업 개요

    ㉠ 신규 발전사업 필요성 : 국가의 안정적인 전력공급과 값싸고 높은 품질의 전기를 생산하기 위하여 한국서부발전은 창립 이래, 고효율 석탄발전소, 청정가스발전소, 소수력, 풍력, 태양광, 석탄가스화발전소(IGCC) 등 신규발전소 건설을 통해 국가 전력수급 안정에 기여하고 있다.

    ㉡ 화력발전소 건설과정

> 타당성 조사 → 전력수급 기본계획 확정 → 환경영향평가 → 발전사업 허가 → 착공 → 철골설치 →
> 수전 → 계통병입 → 시운전 → 준공 → 상업운전

    • 타당성 조사 : 사업성, 경제성, 합법성, 환경영향 등 프로젝트 타당성을 조사
    • 환경영향평가 : 사전 주변환경을 파악하고 사업시행에 따르는 환경영향평가를 예측하여, 이에 대한 적절한 저감대책을 강구
    • 계통병입 : 신규발전기를 기존의 전력계통에 연결

② 건설현황

    ㉠ 김포열병합 : 국산 가스터빈 기반 한국형 복합 실증 및 김포지역 안정적 열공급을 위한 최초의 집단에너지 사업

    ㉡ 신평택복합 : 연료직도입 추진을 통한 최고의 경쟁력 확보 및 평택2복합과 공용설비 공유를 통한 시너지 향상을 위해 평택발전본부 부지내에 공동투자사업으로 발전설비 건설

    ㉢ 태안 제2소수력 : 정부의 에너지이용계획 정책에 기여를 위해 냉각수 배수로 낙차이용 소수력 발전설비 설치

    ㉣ 장흥풍력 : 저탄소 녹색성장을 지향하는 정부정책 및 회사의 RPS 확보계획에 부응하기 위한 신재생 발전설비 설치

    ㉤ 서인천복합 연료전지 5단계 : 저탄소 녹색성장을 지향하는 정부정책 및 회사의 RPS 확보계획에 부응하기 위한 신재생 발전설비 설치

    ㉥ 화성남양 연료전지

    ㉦ 의왕 연료전지

(3) 해외사업

① 운영

사업명	사업목적	용량	투자비	지분	준공일
사우디 라빅 중유 O&M사업	O&M	1,204MW	0.7	40%	'13.4
인도 마하라쉬트라 가스복합발전 사업	발전투자	388MW	498.3	38.5%	'16.7
라오스 세남노이 수력발전 사업	발전투자, O&M	410MW	842	25%	'20.4
호주 베너튼 태양광	발전투자	110MW	41	6%	'18.10
핀란드 아담스 풍력	발전투자	73.2MW	210	30%	'20.3~'43.12
호주 물라벤 석탄광산 운영사업	자원개발	1,600만톤/년	218	1.25%	'09.1
인니 바얀 광산 사업	자원개발	3,000만톤/년	805	4%	'16.12
인니 해상 선적터미널	자원개발	800만톤/년	29.8	29%	'15.9

② 개발

사업명	사업목적	용량	투자비	지분	준공일
미얀마 양곤 가스복합 발전	발전투자, O&M	500MW	178	7%	'21.12~'51.11
모잠바크마투포 가스복합 발전	발전투자, O&M	1,000MW	19억불	미정	준공 후 25년
라오스푸노이 수력	발전투자, O&M	728MW	1,587	21%	준공 후 27년
네팔 바룬 수력	발전투자, O&M	132MW	408	49%	준공 후 30년
대만 유린 태양광	발전투자	50MW	175	90%	준공 후 20년
호주 바이롱광산 사업	자원개발	360만톤/년	61	2%	TBD
조지아 넨스크라 수력	발전투자, O&M	280	미정	20%	준공 후 46년
네팔 어퍼카날리 수력	발전투자	900	미정	미정	건설5년, 운영25년
스웨덴 클라우드 풍력	발전투자	240.8	400	25%	'21.3~'49.12
스웨덴 로사 태양광	발전투자	200	330	45	준공 후 30년
호주 우동가 태양광	발전투자	75	213	65%	'21.3~'52.6
미국 KEC 가스복합발전	발전투자, O&M	632	2000	50%	준공 후 26년
오만 마나 태양광	발전투자	500	미정	50%	준공 후 20년
콜롬비아 하이브리드 발전	ODA	4.5	21	16%	–

③ 종류

사업명	사업목적	용량	투자비	지분	준공일
나이지리아엑빈 O&M사업	O&M	1,320MW	–	–	'13.11~'16.9
인니 숨셀-5 석탄 O&M사업	O&M	300MW	6.1	95%	'15.1~'19.12
파나마 콜론 시운전 사업	TSA	380MW	–	–	'17.7~'18.8

(4) 신재생사업

① 신재생 사업 개요

 ㉠ 탄소중립 선언에 따른 신재생 확대 등 에너지 분야 패러다임 변화에 대응

 ㉡ RPS 의무비율 상향에 따른 REC 확보를 위한 신재생사업 확대

 ㉢ 신규 재생에너지 개술 개발로 국내 산업발전에 기여

 ㉣ 대규모 신재생사업에 대한 발전공기업의 사회적 역할 강화

② 탄소중립 신재생 3535 달성 로드맵 ··· KOWEPO VISION 2035 연계 및 탄소중립 달성 기반 마련을 위한
⇒ 「탄소중립 신재생 3535 로드맵」 수립('35년 신재생발전량 비중 35% 달성)

구분	2022	2023	2025	2028	2030	2035
화력발전량(GWh)	42,275	38,081	30,885	37,893	34,774	39,377
신재생발전량(GWh) (공급비중)	4,757 (10%)	7,686 (17%)	10,849 (26%)	14,250 (27%)	16,606 (32%)	20,761 (35%)
신재생 설비용량(MW)	1,673	2,305	3,667	5,106	5,449	6,814

08 인사 및 복리후생

(1) 최소 승진연한

① 직원 6년(대졸수준 입사 기준) → 차장 6년 → 부장 4년 → 처장

② 차장으로의 최소 승진연한(직원 6년)은 사외경력 및 군경력 합산 3년 이내 기간 포함

(2) 근무시간

① 근무시간 ⋯ 주 40시간(월 ~ 금요일)

② 유연근무제 운영(시차출퇴근형 등)

③ 평일 ⋯ 09 : 00 ~ 18 : 00(교대근무의 경우 별도 근무시간 운영)

(3) 근무지

인천, 태안(충남), 평택(경기), 군산(전북)

(4) 휴가제도

연차휴가, 경조휴가, 특별휴가 및 출산전후 휴가

(5) 복리후생

① 사내근로복지기금 운영

② 주택자금, 생활안정자금 등 지원

③ 사택 및 독신자숙소 제공 ⋯ 지방사업소 근무자

④ 고등학생자녀학자금 공무원 수준으로 지원, 대학생자녀학자금 무이자 대부

⑤ 우수 병원과의 할인 이용 협약을 통하여 직원 및 직원가족의 건강관리 지원

관련기사

탈황폐수를 100% 재활용하는 선진 증발농축공법 도입

태안에 수자원을 절약할 수 있는 탈황폐수 무방류 설비 준공

발전사 국내 최초로 한국서부발전이 지역 환경보호를 위해 탈황폐수를 100% 재활용하는 설비를 구축하며 힘을 들이고 있다.

10월 26일(화), 한국서부발전은 '태안 탈황폐수 무방류 설비' 준공행사를 개최하였으며 이 행사에서 태안발전본부에서 금강유역환경청, 시공사, 충청남도, 태안군 등이 참가하였다. 총 419억원이 들어간 탈황폐수 무방류 설비의 경우 지난 2018년 1월 착공하여 지난 4월, 40개월여만에 준공되었으며 코로나19의 장기화로 인하여 이 날 준공식이 개최되었다. 탈황폐수 무방류 설비는 증발농축공법을 적용하여서 폐수를 증발시키는 시설이다.

증발농축공법(Aquatech)은 고농도 악성폐수를 증류수 수준으로 처리하는 기술로 발전소에서 사용되는 고온의 스팀을 활용한다. 미국 선진기술을 도입하여 발전사 최초로 한국서부발전이 태안발전본부에 적용하였으며 폐수를 자연생태계로 방류하지 않는 이유로 기존과는 다르게 환경친화적 기술로 전망되어지고 있다.

고온의 스팀에다 탈황폐수를 노출시킬 시 불순물의 일부는 가라앉으며, 깨끗한 증류수만이 남는다. 농축된 불순물의 경우 고체화되어 폐기물로 처리하며, 남은 증류수의 경우 100% 발전용수로 재활용하는 원리이며 연 29만t의 수자원을 절약할 수 있으며 처리수를 해역으로 배출하지 않아도 된다. 이 덕분에 해양생태계에 가하는 영향 역시 최소화할 수 있다는 장점이 있다. 이 날 행사에 참여한 금강유역환경청 청장은 "석탄화력발전과 같이 탄소집약적 산업에서 태안발전본부의 탈황폐수 무방류 시스템 구축의 경우 탄소저감과 환경보호라는 두 개의 목표를 동시 달성한 것으로 성과가 크다"고 말하였다.

한국서부발전 사장은 "증발농축공법을 적용한 탈황폐수 무방류 설비를 전 사업소에 확대할 계획"이라며 "이를 통해 내년까지 폐수 100% 재이용을 목표를 하여 관련 설비 성능개선 사업을 추진하겠다"고 말했다.

2021. 10. 26.

면접질문
- 증발농축공법에 대하여 아는대로 설명해 보시오.
- 해양생태계에 최소한의 영향을 주며 폐수를 재활용할수 있는 방안이 있다면 설명해 보시오.

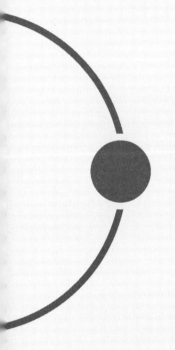

PART

II

NCS
직업기초능력평가

CHAPTER 01

의사소통능력

01 의사소통과 의사소통능력

(1) 의사소통

① 개념 : 사람들 간에 생각이나 감정, 정보, 의견 등을 교환하는 총체적인 행위로, 직장생활에서의 의사소통은 조직과 팀의 효율성과 효과성을 성취할 목적으로 이루어지는 구성원 간의 정보와 지식 전달 과정이라고 할 수 있다.

② 기능 : 공동의 목표를 추구해 나가는 집단 내의 기본적 존재 기반이며 성과를 결정하는 핵심 기능이다.

③ 의사소통의 종류

    ㉠ 언어적인 것 : 대화, 전화통화, 토론 등

    ㉡ 문서적인 것 : 메모, 편지, 기획안 등

    ㉢ 비언어적인 것 : 몸짓, 표정 등

④ 의사소통을 저해하는 요인 : 정보의 과다, 메시지의 복잡성 및 메시지 간의 경쟁, 상이한 직위와 과업지향형, 신뢰의 부족, 의사소통을 위한 구조상의 권한, 잘못된 매체의 선택, 폐쇄적인 의사소통 분위기 등

(2) 의사소통능력

① 개념 : 직장생활에서 문서나 상대방이 하는 말의 의미를 파악하는 능력, 자신의 의사를 정확하게 표현하는 능력, 간단한 외국어 자료를 읽거나 외국인의 의사표시를 이해하는 능력을 포함한다.

② 의사소통능력 개발을 위한 방법

    ㉠ 사후검토와 피드백을 활용한다.

    ㉡ 명확한 의미를 가진 이해하기 쉬운 단어를 선택하여 이해도를 높인다.

    ㉢ 적극적으로 경청한다.

    ㉣ 메시지를 감정적으로 곡해하지 않는다.

(1) 문서이해능력

① 문서와 문서이해능력

  ㉠ 문서 : 제안서, 보고서, 기획서, 이메일, 팩스 등 문자로 구성된 것으로 상대방에게 의사를 전달하여 설득하는 것을 목적으로 한다.

  ㉡ 문서이해능력 : 직업현장에서 자신의 업무와 관련된 문서를 읽고, 내용을 이해하고 요점을 파악할 수 있는 능력을 말한다.

예제 1

다음은 신용카드 약관의 주요내용이다. 규정 약관을 제대로 이해하지 못한 사람은?

[부가서비스]

카드사는 법령에서 정한 경우를 제외하고 상품을 새로 출시한 후 1년 이내에 부가서비스를 줄이거나 없앨 수가 없다. 또한 부가서비스를 줄이거나 없앨 경우에는 그 세부내용을 변경일 6개월 이전에 회원에게 알려주어야 한다.

[중도 해지 시 연회비 반환]

연회비 부과기간이 끝나기 이전에 카드를 중도해지하는 경우 남은 기간에 해당하는 연회비를 계산하여 10 영업일 이내에 돌려줘야 한다. 다만, 카드 발급 및 부가서비스 제공에 이미 지출된 비용은 제외된다.

[카드 이용한도]

카드 이용한도는 카드 발급을 신청할 때에 회원이 신청한 금액과 카드사의 심사기준을 종합적으로 반영하여 회원이 신청한 금액 범위 이내에서 책정되며 회원의 신용도가 변동되었을 때에는 카드사는 회원의 이용한도를 조정할 수 있다.

[부정사용 책임]

카드 위조 및 변조로 인하여 발생된 부정사용 금액에 대해서는 카드사가 책임을 진다. 다만, 회원이 비밀번호를 다른 사람에게 알려주거나 카드를 다른 사람에게 빌려주는 등의 중대한 과실로 인해 부정사용이 발생하는 경우에는 회원이 그 책임의 전부 또는 일부를 부담할 수 있다.

① 혜수 : 카드사는 법령에서 정한 경우를 제외하고는 1년 이내에 부가서비스를 줄일 수 없어

② 진성 : 카드 위조 및 변조로 인하여 발생된 부정사용 금액은 일괄 카드사가 책임을 지게 돼

③ 영훈 : 회원의 신용도가 변경되었을 때 카드사가 이용한도를 조정할 수 있어

④ 영호 : 연회비 부과기간이 끝나기 이전에 카드를 중도해지하는 경우에는 남은 기간에 해당하는 연회비를 카드사는 돌려줘야 해

출제의도

주어진 약관의 내용을 읽고 그에 대한 상세 내용의 정보를 이해하는 능력을 측정하는 문항이다.

해 설

② 부정사용에 대해 고객의 과실이 있으면 회원이 그 책임의 전부 또는 일부를 부담할 수 있다.

답 ②

② 문서의 종류

 ㉠ 공문서 : 정부기관에서 공무를 집행하기 위해 작성하는 문서로, 단체 또는 일반회사에서 정부기관을 상대로 사업을 진행할 때 작성하는 문서도 포함된다. 엄격한 규격과 양식이 특징이다.

 ㉡ 기획서 : 아이디어를 바탕으로 기획한 프로젝트에 대해 상대방에게 전달하여 시행하도록 설득하는 문서이다.

 ㉢ 기안서 : 업무에 대한 협조를 구하거나 의견을 전달할 때 작성하는 사내 공문서이다.

 ㉣ 보고서 : 특정한 업무에 관한 현황이나 진행 상황, 연구 · 검토 결과 등을 보고하고자 할 때 작성하는 문서이다.

 ㉤ 설명서 : 상품의 특성이나 작동 방법 등을 소비자에게 설명하기 위해 작성하는 문서이다.

 ㉥ 보도자료 : 정부기관이나 기업체 등이 언론을 상대로 자신들의 정보를 기사화 되도록 하기 위해 보내는 자료이다.

 ㉦ 자기소개서 : 개인이 자신의 성장과정이나, 입사 동기, 포부 등에 대해 구체적으로 기술하여 자신을 소개하는 문서이다.

 ㉧ 비즈니스 레터(E-mail) : 사업상의 이유로 고객에게 보내는 편지다.

 ㉨ 비즈니스 메모 : 업무상 확인해야 할 일을 메모형식으로 작성하여 전달하는 글이다.

③ 문서이해의 절차 : 문서의 목적 이해 → 문서 작성 배경 · 주제 파악 → 정보 확인 및 현안문제 파악 → 문서 작성자의 의도 파악 및 자신에게 요구되는 행동 분석 → 목적 달성을 위해 취해야 할 행동 고려 → 문서 작성자의 의도를 도표나 그림 등으로 요약 · 정리

(2) 문서작성능력

① 작성되는 문서에는 대상과 목적, 시기, 기대효과 등이 포함되어야 한다.

② 문서작성의 구성요소

 ㉠ 짜임새 있는 골격, 이해하기 쉬운 구조

 ㉡ 객관적이고 논리적인 내용

 ㉢ 명료하고 설득력 있는 문장

 ㉣ 세련되고 인상적인 레이아웃

예제 2

다음은 들은 내용을 구조적으로 정리하는 방법이다. 순서에 맞게 배열하면?

> ㉠ 관련 있는 내용끼리 묶는다.
> ㉡ 묶은 내용에 적절한 이름을 붙인다.
> ㉢ 전체 내용을 이해하기 쉽게 구조화한다.
> ㉣ 중복된 내용이나 덜 중요한 내용을 삭제한다.

① ㉠㉡㉢㉣　　　　　　② ㉠㉡㉣㉢
③ ㉡㉠㉢㉣　　　　　　④ ㉡㉠㉣㉢

출제의도

음성정보는 문자정보와는 달리 쉽게 잊혀지기 때문에 음성정보를 구조화 시키는 방법을 묻는 문항이다.

해 설

내용을 구조적으로 정리하는 방법은 '㉠ 관련 있는 내용끼리 묶는다. → ㉡ 묶은 내용에 적절한 이름을 붙인다. → ㉣ 중복된 내용이나 덜 중요한 내용을 삭제한다. → ㉢ 전체 내용을 이해하기 쉽게 구조화 한다.'가 적절하다.

답 ②

③ 문서의 종류에 따른 작성방법

　㉠ 공문서

　　• 육하원칙이 드러나도록 써야 한다.

　　• 날짜는 반드시 연도와 월, 일을 함께 언급하며, 날짜 다음에 괄호를 사용할 때는 마침표를 찍지 않는다.

　　• 대외문서이며, 장기간 보관되기 때문에 정확하게 기술해야 한다.

　　• 내용이 복잡할 경우 '-다음-', '-아래-'와 같은 항목을 만들어 구분한다.

　　• 한 장에 담아내는 것을 원칙으로 하며, 마지막엔 반드시 '끝'자로 마무리 한다.

　㉡ 설명서

　　• 정확하고 간결하게 작성한다.

　　• 이해하기 어려운 전문용어의 사용은 삼가고, 복잡한 내용은 도표화 한다.

　　• 명령문보다는 평서문을 사용하고, 동어 반복보다는 다양한 표현을 구사하는 것이 바람직하다.

　㉢ 기획서

　　• 상대를 설득하여 기획서가 채택되는 것이 목적이므로 상대가 요구하는 것이 무엇인지 고려하여 작성하며, 기획의 핵심을 잘 전달하였는지 확인한다.

　　• 분량이 많을 경우 전체 내용을 한눈에 파악할 수 있도록 목차구성을 신중히 한다.

　　• 효과적인 내용 전달을 위한 표나 그래프를 적절히 활용하고 산뜻한 느낌을 줄 수 있도록 한다.

　　• 인용한 자료의 출처 및 내용이 정확해야 하며 제출 전 충분히 검토한다.

　㉣ 보고서

　　• 도출하고자 하는 핵심내용을 구체적이고 간결하게 작성한다.

　　• 내용이 복잡할 경우 도표나 그림을 활용하고, 참고자료는 정확하게 제시한다.

• 제출하기 전에 최종점검을 하며 질의를 받을 것에 대비한다.

예제 3

다음 중 공문서 작성에 대한 설명으로 가장 적절하지 못한 것은?

① 공문서나 유가증권 등에 금액을 표시할 때에는 한글로 기재하고 그 옆에 괄호를 넣어 숫자로 표기한다.

② 날짜는 숫자로 표기하되 년, 월, 일의 글자는 생략하고 그 자리에 온점(.)을 찍어 표시한다.

③ 첨부물이 있는 경우에는 붙임 표시문 끝에 1자 띄우고 "끝."이라고 표시한다.

④ 공문서의 본문이 끝났을 경우에는 1자를 띄우고 "끝."이라고 표시한다.

---

④ 문서작성의 원칙

　㉠ 문장은 짧고 간결하게 작성한다.(간결체 사용)

　㉡ 상대방이 이해하기 쉽게 쓴다.

　㉢ 불필요한 한자의 사용을 자제한다.

　㉣ 문장은 긍정문의 형식을 사용한다.

　㉤ 간단한 표제를 붙인다.

　㉥ 문서의 핵심내용을 먼저 쓰도록 한다.(두괄식 구성)

⑤ 문서작성 시 주의사항

　㉠ 육하원칙에 의해 작성한다.

　㉡ 문서 작성시기가 중요하다.

　㉢ 한 사안은 한 장의 용지에 작성한다.

　㉣ 반드시 필요한 자료만 첨부한다.

　㉤ 금액, 수량, 일자 등은 기재에 정확성을 기한다.

　㉥ 경어나 단어사용 등 표현에 신경 쓴다.

　㉦ 문서작성 후 반드시 최종적으로 검토한다.

⑥ 효과적인 문서작성 요령

    ㉠ 내용이해 : 전달하고자 하는 내용과 핵심을 정확하게 이해해야 한다.

    ㉡ 목표설정 : 전달하고자 하는 목표를 분명하게 설정한다.

    ㉢ 구성 : 내용 전달 및 설득에 효과적인 구성과 형식을 고려한다.

    ㉣ 자료수집 : 목표를 뒷받침할 자료를 수집한다.

    ㉤ 핵심전달 : 단락별 핵심을 하위목차로 요약한다.

    ㉥ 대상파악 : 대상에 대한 이해와 분석을 통해 철저히 파악한다.

    ㉦ 보충설명 : 예상되는 질문을 정리하여 구체적인 답변을 준비한다.

    ㉧ 문서표현의 시각화 : 그래프, 그림, 사진 등을 적절히 사용하여 이해를 돕는다.

(3) 경청능력

① 경청의 중요성 : 경청은 다른 사람의 말을 주의 깊게 들으며 공감하는 능력으로 경청을 통해 상대방을 한 개인으로 존중하고 성실한 마음으로 대하게 되며, 상대방의 입장에 공감하고 이해하게 된다.

② 경청을 방해하는 습관 : 짐작하기, 대답할 말 준비하기, 걸러내기, 판단하기, 다른 생각하기, 조언하기, 언쟁하기, 옳아야만 하기, 슬쩍 넘어가기, 비위 맞추기 등

③ 효과적인 경청방법

    ㉠ 준비하기 : 강연이나 프레젠테이션 이전에 나누어주는 자료를 읽어 미리 주제를 파악하고 등장하는 용어를 익혀둔다.

    ㉡ 주의 집중 : 말하는 사람의 모든 것에 집중해서 적극적으로 듣는다.

    ㉢ 예측하기 : 다음에 무엇을 말할 것인가를 추측하려고 노력한다.

    ㉣ 나와 관련짓기 : 상대방이 전달하고자 하는 메시지를 나의 경험과 관련지어 생각해 본다.

    ㉤ 질문하기 : 질문은 듣는 행위를 적극적으로 하게 만들고 집중력을 높인다.

    ㉥ 요약하기 : 주기적으로 상대방이 전달하려는 내용을 요약한다.

    ㉦ 반응하기 : 피드백을 통해 의사소통을 점검한다.

다음은 면접스터디 중 일어난 대화이다. 민아의 고민을 해소하기 위한 조언으로 가장 적절한 것은?

출제의도

상대방이 하는 말을 듣고 질문 의도에 따라 올바르게 답하는 능력을 측정하는 문항이다.

해 설

민아는 압박질문이나 예상치 못한 질문에 대해 걱정을 하고 있으므로 침착하게 대응하라고 조언을 해주는 것이 좋다.

> 지섭 : 민아씨, 어디 아파요? 표정이 안 좋아 보여요.
>
> 민아 : 제가 원서 넣은 공단이 내일 면접이어서요. 그동안 스터디를 통해서 면접 연습을 많이 했는데도 벌써부터 긴장이 되네요.
>
> 지섭 : 민아씨는 자기 의견도 명확히 피력할 줄 알고 조리 있게 설명을 잘 하시니 걱정 안하셔도 될 것 같아요. 아, 손에 꽉 쥐고 계신 건 뭔가요?
>
> 민아 : 아, 제가 예상 답변을 정리해서 모아둔거에요. 내용은 거의 외웠는데 이렇게 쥐고 있지 않으면 불안해서..
>
> 지섭 : 그 정도로 준비를 철저히 하셨으면 걱정할 이유 없을 것 같아요.
>
> 민아 : 그래도 압박면접이나 예상치 못한 질문이 들어오면 어떻게 하죠?
>
> 지섭 : _____

① 시선을 적절히 처리하면서 부드러운 어투로 말하는 연습을 해보는 건 어때요?
② 공식적인 자리인 만큼 옷차림을 신경 쓰는 게 좋을 것 같아요.
③ 당황하지 말고 질문자의 의도를 잘 파악해서 침착하게 대답하면 되지 않을까요?
④ 예상 질문에 대한 답변을 좀 더 정확하게 외워보는 건 어떨까요?

답 ③

(4) 의사표현능력

① 의사표현의 개념과 종류

　㉠ 개념 : 화자가 자신의 생각과 감정을 청자에게 음성언어나 신체언어로 표현하는 행위이다.

　㉡ 종류

　　• 공식적 말하기 : 사전에 준비된 내용을 대중을 대상으로 말하는 것으로 연설, 토의, 토론 등이 있다.

　　• 의례적 말하기 : 사회·문화적 행사에서와 같이 절차에 따라 하는 말하기로 식사, 주례, 회의 등이 있다.

　　• 친교적 말하기 : 친근한 사람들 사이에서 자연스럽게 주고받는 대화 등을 말한다.

② 의사표현의 방해요인

　㉠ 연단공포증 : 연단에 섰을 때 가슴이 두근거리거나 땀이 나고 얼굴이 달아오르는 등의 현상으로 충분한 분석과 준비, 더 많은 말하기 기회 등을 통해 극복할 수 있다.

　㉡ 말 : 말의 장단, 고저, 발음, 속도, 쉼 등을 포함한다.

　㉢ 음성 : 목소리와 관련된 것으로 음색, 고저, 명료도, 완급 등을 의미한다.

　㉣ 몸짓 : 비언어적 요소로 화자의 외모, 표정, 동작 등이다.

　㉤ 유머 : 말하기 상황에 따른 적절한 유머를 구사할 수 있어야 한다.

③ 상황과 대상에 따른 의사표현법

  ㉠ 잘못을 지적할 때 : 모호한 표현을 삼가고 확실하게 지적하며, 당장 꾸짖고 있는 내용에만 한정한다.

  ㉡ 칭찬할 때 : 자칫 아부로 여겨질 수 있으므로 센스 있는 칭찬이 필요하다.

  ㉢ 부탁할 때 : 먼저 상대방의 사정을 듣고 응하기 쉽게 구체적으로 부탁하며 거절을 당해도 싫은 내색을 하지 않는다.

  ㉣ 요구를 거절할 때 : 먼저 사과하고 응해줄 수 없는 이유를 설명한다.

  ㉤ 명령할 때 : 강압적인 말투보다는 '○○을 이렇게 해주는 것이 어떻겠습니까?'와 같은 식으로 부드럽게 표현하는 것이 효과적이다.

  ㉥ 설득할 때 : 일방적으로 강요하기보다는 먼저 양보해서 이익을 공유하겠다는 의지를 보여주는 것이 좋다.

  ㉦ 충고할 때 : 충고는 가장 최후의 방법이다. 반드시 충고가 필요한 상황이라면 예화를 들어 비유적으로 깨우쳐주는 것이 바람직하다.

  ㉧ 질책할 때 : 샌드위치 화법(칭찬의 말 + 질책의 말 + 격려의 말)을 사용하여 청자의 반발을 최소화한다.

예제 5

당신은 팀장님께 업무 지시내용을 수행하고 결과물을 보고드렸다. 하지만 팀장님께서는 "최대리 업무를 이렇게 처리하면 어떡하나? 누락된 부분이 있지 않은가."라고 말하였다. 이에 대해 당신이 행할 수 있는 가장 부적절한 대처 자세는?

① "죄송합니다. 제가 잘 모르는 부분이라 이수혁 과장님께 부탁을 했는데 과장님께서 실수를 하신 것 같습니다."

② "주의를 기울이지 못해 죄송합니다. 어느 부분을 수정보완하면 될까요?"

③ "지시하신 내용을 제가 충분히 이해하지 못하였습니다. 내용을 다시 한 번 여쭤보아도 되겠습니까?"

④ "부족한 내용을 보완하는 자료를 취합하기 위해서 하루정도가 더 소요될 것 같습니다. 언제까지 재작성하여 드리면 될까요?"

출제의도

상사가 잘못을 지적하는 상황에서 어떻게 대처해야 하는지를 묻는 문항이다.

해 설

상사가 부탁한 지시사항을 다른 사람에게 부탁하는 것은 옳지 못하며 설사 그렇다고 해도 그 일의 과오에 대해 책임을 전가하는 것은 지양해야 할 자세이다.

답 ①

---

④ 원활한 의사표현을 위한 지침

  ㉠ 올바른 화법을 위해 독서를 하라.

  ㉡ 좋은 청중이 되라.

  ㉢ 칭찬을 아끼지 마라.

  ㉣ 공감하고, 긍정적으로 보이게 하라.

ⓜ 겸손은 최고의 미덕임을 잊지 마라.

ⓗ 과감하게 공개하라.

ⓢ 뒷말을 숨기지 마라.

ⓞ 첫마디 말을 준비하라.

ⓩ 이성과 감성의 조화를 꾀하라.

ⓒ 대화의 룰을 지켜라.

ⓚ 문장을 완전하게 말하라.

⑤ 설득력 있는 의사표현을 위한 지침

ⓖ 'Yes'를 유도하여 미리 설득 분위기를 조성하라.

ⓛ 대비 효과로 분발심을 불러 일으켜라.

ⓒ 침묵을 지키는 사람의 참여도를 높여라.

ⓡ 여운을 남기는 말로 상대방의 감정을 누그러뜨려라.

ⓜ 하던 말을 갑자기 멈춤으로써 상대방의 주의를 끌어라.

ⓗ 호칭을 바꿔서 심리적 간격을 좁혀라.

ⓢ 끄집어 말하여 자존심을 건드려라.

ⓞ 정보전달 공식을 이용하여 설득하라.

ⓩ 상대방의 불평이 가져올 결과를 강조하라.

ⓒ 권위 있는 사람의 말이나 작품을 인용하라.

ⓚ 약점을 보여 주어 심리적 거리를 좁혀라.

ⓣ 이상과 현실의 구체적 차이를 확인시켜라.

ⓟ 자신의 잘못도 솔직하게 인정하라.

ⓗ 집단의 요구를 거절하려면 개개인의 의견을 물어라.

ⓐ 동조 심리를 이용하여 설득하라.

ⓑ 지금까지의 노고를 치하한 뒤 새로운 요구를 하라.

ⓒ 담당자가 대변자 역할을 하도록 하여 윗사람을 설득하게 하라.

ⓓ 겉치레 양보로 기선을 제압하라.

ⓔ 변명의 여지를 만들어 주고 설득하라.

ⓕ 혼자 말하는 척하면서 상대의 잘못을 지적하라.

(5) 기초외국어능력

① 기초외국어능력의 개념과 필요성

　　㉠ 개념 : 외국어로 된 간단한 자료를 이해하거나, 외국인과의 전화응대와 간단한 대화 등 외국인의 의사표현을 이해하고, 자신의 의사를 기초외국어로 표현할 수 있는 능력이다.

　　㉡ 필요성 : 국제화·세계화 시대에 다른 나라와의 무역을 위해 우리의 언어가 아닌 국제적인 통용어를 사용하거나 그들의 언어로 의사소통을 해야 하는 경우가 생길 수 있다.

② 외국인과의 의사소통에서 피해야 할 행동

　　㉠ 상대를 볼 때 흘겨보거나, 노려보거나, 아예 보지 않는 행동

　　㉡ 팔이나 다리를 꼬는 행동

　　㉢ 표정이 없는 것

　　㉣ 다리를 흔들거나 펜을 돌리는 행동

　　㉤ 맞장구를 치지 않거나 고개를 끄덕이지 않는 행동

　　㉥ 생각 없이 메모하는 행동

　　㉦ 자료만 들여다보는 행동

　　㉧ 바르지 못한 자세로 앉는 행동

　　㉨ 한숨, 하품, 신음소리를 내는 행동

　　㉩ 다른 일을 하며 듣는 행동

　　㉪ 상대방에게 이름이나 호칭을 어떻게 부를지 묻지 않고 마음대로 부르는 행동

③ 기초외국어능력 향상을 위한 공부법

　　㉠ 외국어공부의 목적부터 정하라.

　　㉡ 매일 30분씩 눈과 손과 입에 밸 정도로 반복하라.

　　㉢ 실수를 두려워하지 말고 기회가 있을 때마다 외국어로 말하라.

　　㉣ 외국어 잡지나 원서와 친해져라.

　　㉤ 소홀해지지 않도록 라이벌을 정하고 공부하라.

　　㉥ 업무와 관련된 주요 용어의 외국어는 꼭 알아두자.

　　㉦ 출퇴근 시간에 외국어 방송을 보거나, 듣는 것만으로도 귀가 트인다.

　　㉧ 어린이가 단어를 배우듯 외국어 단어를 암기할 때 그림카드를 사용해 보라.

　　㉨ 가능하면 외국인 친구를 사귀고 대화를 자주 나눠 보라.

출제예상문제

1 고객과의 접촉이 잦은 민원실에서 업무를 시작하게 된 신입사원 길동이는 선배사원으로부터 불만이 심한 고객을 응대하는 방법을 배우고 있다. 다음 중 선배사원이 길동이에게 알려 준 응대법으로 적절하지 않은 것은?

① "불만이 심한 고객을 맞은 경우엔 응대자를 바꾸어 보는 것도 좋은 방법입니다."

② "나보다 더 책임 있는 윗사람이 고객을 응대한다면 좀 더 효과적인 대응이 될 수도 있습니다."

③ "불만이 심한 고객은 대부분 큰 소리를 내게 될 테니, 오히려 좀 시끄러운 곳에서 응대하는 것이 덜 민망한 방법일 수도 있습니다."

④ "일단 별실로 모셔서 커피나 차를 한 잔 권해 보는 것도 좋은 방법입니다."

③ 고객이 큰 소리로 불만을 늘어놓게 되면 다른 고객에게도 영향을 미치게 되므로 별도 공간으로 안내하여 편안하게 이야기를 주고받는 것이 좋으며, 시끄러운 곳에서 응대하는 것은 오히려 고객의 불만을 자극하여 상황을 더 악화시킬 우려가 있다.

①② 불만이 심한 고객은 합리적인 대화가 매우 어려운 상황이 대부분이다. 따라서 민원 담당자의 힘으로 해결될 기미가 보이지 않을 때에는 응대자를 바꾸어 보는 것이 좋은 방법이 된다. 또한, 더 책임 있고 권한을 가진 윗사람을 내세워 다시금 처음부터 들어보고 정중하게 사과하도록 한다면 의외로 불만 고객의 마음을 가라앉힐 수 있다.

④ 따끈한 차를 대접하여 시간적 여유를 갖게 되면, 감정을 이성적으로 바꿀 수 있는 기회가 되어 시간도 벌고 고객의 불만을 가라앉혀 해결책을 강구할 수 있는 여유도 가질 수 있게 된다.

2 다음에 제시된 문장 (개)~(매)의 빈칸 어디에도 사용될 수 없는 단어는 어느 것인가?

(가) 우리나라의 사회보장 체계는 사회적 위험을 보험의 방식으로 (   )함으로써 국민의 건강과 소득을 보장하는 사회보험이다.

(나) 노인장기요양보험은 고령이나 노인성질병 등으로 인하여 6개월 이상 동안 혼자서 일상생활을 (   )하기 어려운 노인 등에게 신체활동 또는 가사지원 등의 장기요양급여를 사회적 연대원리에 의해 제공하는 사회보험 제도이다.

(다) 사회보험 통합징수란 2011년 1월부터 국민건강보험공단, 국민연금공단, 근로복지공단에서 각각 (   )하였던 건강보험, 국민연금, 고용보험, 산재보험의 업무 중 유사·중복성이 높은 보험료 징수 업무(고지, 수납, 체납)를 국민건강보험공단이 통합하여 운영하는 제도이다.

(라) 보장구 제조·판매업자가 장애인으로부터 서류일체를 위임받아 청구를 (   )하였을 경우 지급이 가능한가요?

(마) 우리나라 장기요양제도의 발전방안을 모색하고 급속한 고령화에 능동적으로 (   )할 수 있는 능력을 배양하며, 장기요양분야 전문가들로 구성된 인적네트워크 형성 지원을 목적으로 한 사례발표와 토론형식의 참여형 역량강화 프로그램이다.

① 대체
② 대행
③ 수행
④ 대처

 (Tip) '대체'가 들어가서 의미를 해치지 않는 문장은 없다. 빈칸을 완성하는 가장 적절한 단어들은 다음과 같다.
(가), (마) 대처
(나), (다) 수행
(라) 대행

Answer 1.③ 2.①

3 다음 글의 문맥을 참고할 때, 빈 칸에 들어갈 단어로 가장 적절한 것은 어느 것인가?

> 최근 과학기술 평준화시대에 접어들며 의약품과 의료기술 성장은 인구 구조의 고령화를 촉진하여 노인인구의 급증은 치매를 포함한 신경계 질환 (   ) 증가에 영향을 주고 있다. 따라서 질병치료 이후의 재활, 입원기간동안의 삶의 질 등 노년층의 건강한 생활에 대한 사회적 관심이 증가되고 있다. 사회적 통합 기능이 특징인 음악은 사람의 감정과 기분에 강한 영향을 주는 매체로 단순한 생활 소음과는 차별되어 아동기, 청소년기의 음악교과 활동뿐만 아니라 다양한 임상 분야와 심리치료 현장에서 활용되고 있다. 일반적으로 부정적 심리상태를 안정시키는 역할로 사용되던 음악은 최근 들어 구체적인 인체 부위의 생리적 기전(physiological mechanisms)에 미치는 효과에 관심을 갖게 되었다.

① 유병률

② 전염률

③ 발병률

④ 점유율

 문맥으로 보아 전염률, 점유율은 전혀 관계가 없다.
유병률과 발병률은 다른 의미이며, 이 차이를 구분하는 것이 문제 해결의 관건이 될 수 있다. 유병률은 전체 인구 중 특정한 장애나 질병 또는 심리신체적 상태를 지니고 있는 사람들의 분율로서, 어느 시점 또는 어느 기간에 해당 장애나 질병, 심리신체적 상태를 지니고 있는 사람의 수를 전체 인구 수로 나누어 계산한다. 유병률은 이전부터 해당 장애가 있었든 아니면 해당 장애가 새로 생겼든 간에 현재 그 장애를 앓고 있는 모든 사람을 뜻하는 반면, 발병률 또는 발생률(incidence rate 또는 incidence)은 일정 기간 동안에 모집단 내에서 특정 질병을 새롭게 지니게 된 사람의 분율을 뜻한다. 유병은 집단 내의 개체 간 차이를 반영하는 현상이라는 점에서 발생과 구별된다. 발생은 한 개체 내에서 일어난 특정 상태의 변화를 말한다.

4 중의적 표현에 대한 다음 설명을 참고할 때, 구조적 중의성의 사례가 아닌 것은?

> 중의적 표현(중의성)이란 하나의 표현이 두 가지 이상의 의미로 해석되는 표현을 일컫는다. 그 특징은 해학이나 풍자 등에 활용되며 의미의 다양성으로 문학 작품의 예술성을 높이는 데 기여한다. 하지만 의미 해석의 혼동으로 인해 원활한 의사소통에 방해를 줄 수도 있다.
>
> 이러한 중의성은 어휘적 중의성과 구조적 중의성으로 크게 구분할 수 있다. 어휘적 중의성은 다시 세 가지 부류로 나뉘는데 첫째, 다의어에 의한 중의성이다. 다의어는 의미를 복합적으로 가지고 있는데 기본의미를 가지고 있는 동시에 파생적 의미도 가지고 있어서 그 어휘의 기본적 의미가 내포되어 있는 상태에서 다른 의미로도 쓸 수 있다. 둘째, 동음어에 의한 중의적 표현이 있다. 동음어에 의한 중의적 표현은 순수한 동음어에 의한 중의적 표현과 연음으로 인한 동음이의어 현상이 있다. 셋째, 동사의 상적 속성에 의한 중의성이 있다.
>
> 구조적 중의성은 문장의 구조적 특성으로 인해 중의성이 일어나는 것을 말하는데 이러한 중의성은 수식 관계, 주어의 범위, 서술어와 호응하는 논항의 범위, 수량사의 지배 범위, 부정문의 지배 범주 등에 의해 일어난다.

① 나이 많은 길동이와 을순이는 결혼을 하게 되었다.

② 그 녀석은 나보다 아버지를 더 좋아한다.

③ 영희는 친구들을 기다리며 장갑을 끼고 있었다.

④ 그녀가 보고 싶은 친구들이 참 많다.

 ③의 문장은 영희가 장갑을 낀 상태임을 의미하는지, 장갑을 끼는 동작을 하고 있었다는 의미인지가 확실치 않은 '동사의 상적 속성에 의한 중의성'의 사례가 된다.
   ① 수식어에 의한 중의성의 사례로 길동이만 나이가 많은 것인지, 길동이와 을순이 모두 나이가 많은 것인지가 확실치 않은 중의성을 포함하고 있다.
   ② 접속어에 의한 중의성의 사례로 '그 녀석'이 나와 아버지 중 아버지를 더 좋아하는 것인지, 아버지를 좋아하는 정도가 나보다 더 큰 것인지가 확실치 않은 중의성을 포함하고 있다.
   ④ 명사구 사이 동사에 의한 중의성의 사례로 그녀가 친구들을 보고 싶어 하는 것인지 친구들이 그녀를 보고 싶어 하는 것인지가 확실치 않은 중의성을 포함하고 있다.

Answer 3.① 4.③

┃5~6┃ 다음 글을 읽고 이어지는 물음에 답하시오.

(가) 당뇨병 환자가 밤잠을 잘 못 이룬다면 합병증의 신호일 수 있어 주의를 해야 한다. 당뇨병 환자가 가장 많이 겪는 합병증인 '당뇨병성 신경병증'이 있는 경우 다리 화끈거림 등의 증상으로 수면장애를 겪는 경우가 많기 때문이다. 당뇨병성 신경병증은 높은 혈당에 의해 말초신경이 손상돼 생기며, 당뇨병 합병증 중에 가장 먼저 생기는 질환이다. 그 다음이 당뇨병성 망막병증, 당뇨병성 콩팥질환 순으로 발병한다. 2013년 자료에 따르면, 전체 당뇨병 환자의 14.4%가 당뇨병성 신경병증을 앓고 있다.

(나) 통증(Pain)잡지에 발표된 논문에 따르면 당뇨병성 신경병증은 일반적으로 아침에 가장 통증이 적고 오후시간이 되면서 통증이 점차 증가해 밤 시간에 가장 극심해진다. 또한 당뇨병성 신경병증은 통증 등의 증상이 누워있을 때 악화되는 경우도 많아 수면의 질에 큰 영향을 미친다. 실제로 당뇨병성 신경병증 통증을 갖고 있는 환자 1,338명을 대상으로 수면장애 정도를 조사한 결과, 수면의 질을 100점으로 했을 경우 '충분히 많이 잠을 잤다'고 느끼는 경우는 32.69점, '일어났을 때 잘 쉬었다'고 느끼는 경우는 38.27점에 머물렀다. '삶의 질'에 대한 당뇨병성 신경병증 환자의 만족도 역시 67.65점에 머물러 합병증이 없는 당뇨병 환자 74.29보다 낮았다. 이는 일반인의 평균점수인 90점에는 크게 못 미치는 결과이다.

(다) 당뇨병성 신경병증은 당뇨병 진단 초기에 이미 환자의 6%가 앓고 있을 정도로 흔하다. 당뇨병 진단 10년 후에는 20%까지 증가하고, 25년 후에는 50%에 달해 당뇨병 유병기간이 길수록 당뇨병성 신경병증에 걸릴 확률이 크게 높아진다. 따라서 당뇨병을 오래 앓고 있는 사람은 당뇨병성 신경병증의 신호를 잘 살펴야 한다. 당뇨병 진단을 처음 받았거나 혈당 관리를 꾸준히 잘 해온 환자 역시 당뇨병성 신경병증 위험이 있으므로 증상을 잘 살펴야 한다.

(라) 당뇨병성 신경병증의 4대 증상은 찌르는 듯한 통증, 스멀거리고 가려운 이상감각, 화끈거리는 듯한 작열감, 저리거나 무딘 무감각증이다. 환자에 따라 '화끈거린다', '전기자극을 받는 것 같다', '칼로 베거나 찌르는 듯하다', '얼어버린 것 같다'는 등의 증상을 호소하는 경우가 많다. 당뇨병성 신경병증의 가장 큰 문제는 피부 감각이 둔해져 상처를 입어도 잘 모르는데, 상처를 입으면 치유가 잘 되지 않아 궤양, 감염이 잘 생긴다는 것이다. 특히 발에 궤양·감염이 잘 생기는데, 심하면 발을 절단해야 하는 상황에까지 이르게 된다. 실제로 족부 절단 원인의 절반은 당뇨병으로 인한 것이라는 연구 결과도 있다. 따라서 당뇨병 환자는 진단받은 시점부터 정기적으로 감각신경·운동신경 검사를 받아야 한다.

5 윗글의 각 단락별 내용을 참고할 때, 다음 〈보기〉와 같은 글이 삽입되기에 가장 적절한 단락은 어느 것인가?

> 대다수가 앓고 있는 제2형 당뇨병의 경우는 발병 시점이 명확하지 않기 때문에 당뇨병을 얼마나 앓았는지 모르는 경우가 많다. 당장 당뇨병성 신경병증이 없더라도 대한당뇨병학회는 당뇨병 환자라면 매년 한 번씩 진찰을 받으라고 권하고 있다.

① (개)   ② (내)

③ (대)   ④ (래)

 단락 (래)의 말미에서는 당뇨병성 신경병증의 가장 큰 문제로 피부 감각이 둔해져 상처를 입어도 잘 모르는 점을 지적하고 있으며, 그에 따라 당뇨병 환자는 진단받은 시점부터 정기적으로 감각신경·운동신경 검사를 받아야 한다고 밝히고 있다. 따라서 '대다수가 앓고 있는 제2형 당뇨병의 경우는 발병 시점이 명확하지 않기 때문에 당뇨병을 얼마나 앓았는지 모르는 경우가 많아 정기 진찰을 받아야 한다.'는 주장이 자연스럽게 연결되기에 적절한 위치는 단락 (래)의 마지막 부분이라고 볼 수 있다.

6 윗글에서 필자가 논점을 전개하는 방식에 대한 설명 중 적절한 것은 어느 것인가?

① 특정 환자들의 사례를 구체적으로 제시하여 논리의 근거를 마련하였다.
② 각 증상별 차이를 비교 분석하여 질환의 정도를 설명하였다.
③ 해당 병증을 앓고 있는 환자들의 통계를 분석하여 일반화된 정보를 추출하였다.
④ 의학계의 전문가 소견을 참고로 논리를 정당화시켰다.

 해당 병증을 앓고 있는 환자들의 수면 장애와 관련한 통계를 분석하여 그 원인에 대한 일반화된 정보를 추출하였고, 그에 의해 초기 진단 시점부터 감각신경, 운동신경 검사를 받아야 한다는 결론까지 도출하게 되었다.
① 특정 환자들의 사례는 제시되지 않았다.
② 각 증상을 대등하게 나열하였으며, 증상간의 비교 분석을 하였다고 볼 수 없다.
④ 의학계의 전문가 소견을 참고한 것이 아니라 논리 전개를 위해 의학지식을 동원하였다.

Answer ⟶ 5.④ 6.③

7 다음 중 유아인 대리가 회의 전 후 취해야 할 행동 중 가장 우선순위가 낮은 것은?

> 홍보팀 유아인 대리는 국내 방송사 기자와의 인터뷰 일정을 최종 점검 중이다. 다음은 기자와의 통화내용이다.
>
> 유대리 : 김강우 기자님 안녕하세요. 저는 한국서부발전 홍보팀 대리 유아인입니다. 인터뷰일정 확인 차 연락드립니다. 지금 통화 가능하세요?
>
> 김기자 : 네, 말씀하세요.
>
> 유대리 : 인터뷰 예정일이 7월 10일 오후 2시인데 변동사항이 있나 확인하고자 합니다.
>
> 김기자 : 네, 예정된 일정대로 진행 가능합니다. 인터뷰는 한국서부발전 회의실에서 하기로 했죠?
>
> 유대리 : 맞습니다. 인터뷰 준비와 관련해서 저희 측에서 더 준비해야 하는 사항이 있나요?
>
> 김기자 : 카메라 기자와 함께 가니 회의실 공간이 좀 넓어야 하겠고, 회의실 배경이 좀 깔끔해야 할 텐데 준비할 수 있을까요?

① 총무팀에 연락해서 회의실 주변 정리 및 회의실 예약을 미리 해 놓는다.
② 인터뷰 내용을 미리 받아보아 정확한 답변을 할 수 있도록 자료를 준비한다.
③ 인터뷰 당일 늦어질 수 있는 점심 약속은 취소하도록 한다.
④ 기자에게 인터뷰 방영일자를 확인하여 인터뷰 영상내용을 자료로 보관하도록 한다.

 방영일자를 확인하고 인터뷰 영상을 보관하는 것은 모든 인터뷰가 끝나고 난 이후의 상황이므로 가장 나중에 확인하도록 한다.

8 〈보기 1〉을 보고 '전력 수급 위기 극복'을 주제로 보고서를 쓰기 위해 〈보기 2〉와 같이 개요를 작성하였다. 개요를 수정한 내용으로 적절하지 않은 것은?

〈보기 1〉

　대한민국은 전기 부족 국가로 블랙아웃(Black Out)이 상존한다. 2000년대 들어 두 차례 에너지 세제 개편을 실시 후 난방유 가격이 오르면서 저렴한 전기로 난방을 하는 가구가 늘어 2010년대 들어서는 겨울철 전기 수요가 여름철을 넘어섰으며 실제 2011년 9월 한국전력은 전기 부족으로 서울 일부 지역을 포함한 지방 중소도시에 순환 정전을 실시했다.

〈보기 2〉

Ⅰ. 블랙아웃 사태 ·· ㉠
Ⅱ. 전력 수급 위기의 원인
　1. 공급측면
　　가. 전력의 비효율적 관리
　　나. 한국전력의 혁신도시 이전 ··· ㉡
　2. 수요측면
　　가. 블랙아웃의 위험성 인식부족
　　나. 전력의 효율적 관리구축 ·· ㉢
Ⅲ. 전력 수급 위기의 극복방안
　1. 공급측면
　　가. 전력 과소비문화 확대
　　나. 발전 시설의 정비 및 확충
　2. 수요측면
　　가. 에너지 사용량 강제 감축 할당량 부과
　　나. 송전선로 지중화 사업에 대해 홍보 활동 강화 ························· ㉣
Ⅳ. 전력 수급 안정화를 위한 각계각층의 노력 촉구

① ㉠은 〈보기 1〉을 근거로 '블랙아웃의 급증'으로 구체화한다.

② ㉡은 주제와 관련 없는 내용이므로 삭제한다.

③ ㉢은 상위 항목과의 관계를 고려하여 'Ⅲ-1-가'와 위치를 바꾼다.

④ ㉣은 글의 일관성을 고려하여 '혁신도시 이전에 따른 홍보 강화'로 내용을 수정한다.

(Tip)　㉣은 블랙아웃의 해결책이 제시되어야 하므로 '절전에 대한 국민 홍보 강화'로 내용을 수정한다.

Answer⌐　7.④　8.④

9 다음은 정보공개제도에 대하여 설명하고 있는 글이다. 이 글의 내용을 제대로 이해하지 못한 것은 어느 것인가?

> ▶ 정보공개란?
> 「정보공개제도」란 공공기관이 직무상 작성 또는 취득하여 관리하고 있는 정보를 수요자인 국민의 청구에 의하여 열람·사본·복제 등의 형태로 청구인에게 공개하거나 공공기관이 자발적으로 또는 법령 등의 규정에 의하여 의무적으로 보유하고 있는 정보를 배포 또는 공표 등의 형태로 제공하는 제도를 말합니다. 전자를 「청구공개」라 한다면, 후자는 「정보제공」이라 할 수 있습니다.
>
> ▶ 정보공개 청구권자
> 대한민국 모든 국민, 외국인 (법인, 단체 포함)
> − 국내에 일정한 주소를 두고 거주하는 자, 국내에 사무소를 두고 있는 법인 또는 단체
> − 학술/연구를 위하여 일시적으로 체류하는 자
>
> ▶ 공개 대상 정보
> 공공기관이 직무상 또는 취득하여 관리하고 있는 문서(전자문서를 포함), 도면, 사진, 필름, 테이프, 슬라이드 및 그 밖에 이에 준하는 매체 등에 기록된 사항
>
> ▶ 공개 대상 정보에 해당되지 않는 예(행정안전부 유권해석)
> − 업무 참고자료로 활용하기 위해 비공식적으로 수집한 통계자료
> − 결재 또는 공람절차 완료 등 공식적 형식요건 결여한 정보
> − 관보, 신문, 잡지 등 불특정 다수인에게 판매 및 홍보를 목적으로 발간된 정보
> − 합법적으로 폐기된 정보
> − 보유·관리하는 정보만이 대상이므로 공공기관은 정보를 새로 작성(생성)하거나 취득하여 공개할 의무는 없음
>
> ▶ 비공개 정보(공공기관의 정보공개에 관한 법률 제9조)
> − 법령에 의해 비밀·비공개로 규정된 정보
> − 국가안보·국방·통일·외교관계 등에 관한 사항으로 공개될 경우 국가의 중대한 이익을 해할 우려가 있다고 인정되는 정보
> − 공개될 경우 국민의 생명·신체 및 재산의 보호에 현저한 지장을 초래할 우려가 있다고 인정되는 정보
> − 진행 중인 재판에 관련된 정보와 범죄의 예방, 수사, 공소의 제기 등에 관한 사항으로서 공개될 경우 그 직무수행을 현저히 곤란하게 하거나 피고인의 공정한 재판을 받을 권리를 침해한다고 인정되는 정보
> − 감사·감독·검사·시험·규제·입찰계약·기술개발·인사관리·의사결정과정 또는 내부검토과정에 있는 사항 등으로서 공개될 경우 업무의 공정한 수행이나 연구·개발에 현저한 지장을 초래한다고 인정되는 정보
> − 당해 정보에 포함되어 있는 이름·주민등록번호 등 개인에 관한 사항으로서 공개될 경우 개인의 사생활의 비밀·자유를 침해할 수 있는 정보
> − 법인·단체 또는 개인(이하 "법인 등"이라 한다)의 경영·영업상 비밀에 관한 사항으로서 공개될 경우 법인 등의 정당한 이익을 현저히 해할 우려가 있다고 인정되는 정보
> − 공개될 경우 부동산 투기·매점매석 등으로 특정인에게 이익 또는 불이익을 줄 우려가 있다고 인정되는 정보

① 공공기관은 국민이 원하는 정보를 요청자의 요구에 맞추어 작성, 배포해 주어야 한다.

② 공공기관의 정보는 반드시 국민의 요구가 있어야만 공개하는 것은 아니다.

③ 공공의 이익에 저해가 된다고 판단되는 정보는 공개하지 않을 수 있다.

④ 관광차 한국에 잠시 머물러 있는 외국인은 정보 공개 요청의 권한이 없다.

 '보유·관리하는 정보만이 대상이므로 공공기관은 정보를 새로 작성(생성)하거나 취득하여 공개할 의무는 없음'이라고 언급되어 있으므로 정보 요청자의 요구에 맞게 새로 작성하여 공개할 의무는 없다.

10 다음 글을 읽고 알 수 있는 내용이 아닌 것은?

부 고

　(주) 건웅의 민수현 사장님의 부친이신 민○○께서 병환으로 2016년 2월 13일 오전 7시 30분에 별세하였기에 이를 고합니다. 생전의 후의에 깊이 감사드리며, 다음과 같이 영결식을 거행하게 되었음을 알려 드립니다. 대단히 송구하오나 조화와 부의는 간곡히 사양하오니 협조 있으시기 바랍니다.

다 음

1. 발인일시 : 2016년 2월 15일 (수) 오전 8시
2. 장　　소 : 신촌 세브란스 병원 영안실 특2호
3. 장　　지 : 경상북도 합천군
4. 연 락 처 : 빈소 (02) 2457−5352
　　　　　　　　회사 (02) 6541−2300

첨부 영결식 장소 (신촌 세브란스 병원) 약도 1부.
　　장 남　　　민 수 현
　　차 남　　　민 지 현
　　장례위원장 홍 승 민

* 조화 및 부의 사절

① 민수현 사장님의 부친이 2월 13일에 별세했다.

② 발인 날짜는 2016년 2월 5일이다.

③ 발인 장소는 신촌 세브란스 병원 영안실이다.

④ 조화 및 부의는 받지 않는다.

 발인일시 : 2016년 2월 15일 (수) 오전 8시

Answer ↱ 9.① 10.②

|11~12| 다음은 회의의 일부이다. 물음에 답하시오.

본부장 : 요즘 영업팀 때문에 불편을 호소하는 팀이 많습니다. 오늘 회의는 소음문제에 관한 팀 간의 갈등 해결 방
　　　　안에 대해서 논의해보려고 하는데요, 먼저 디자인팀에서 말씀해주시죠.
박팀장 : 창의적인 디자인을 만들기 위해서는 고도의 집중이 필요합니다. 그런데 영업팀의 시끄러운 전화소리 때문
　　　　에 집중도가 떨어집니다. 이러다가 마감 내에 시안을 완성 할 수 있을까 걱정이 되네요.
서팀장 : 저희 편집팀도 마찬가지입니다. 저희도 원고 마감에 쫓기고 있는데 다들 시끄러운 분위기 때문에 집중할
　　　　수 없다는 게 주 의견입니다.
정팀장 : 먼저, 저희 팀의 소음으로 불편을 드려서 죄송합니다. 하지만 저희의 입장도 고려해주셨으면 합니다. 저
　　　　희가 하는 일이 영업이기 때문에 아무래도 거래처와의 전화업무가 주를 이룹니다. 또한 그 와중에서 업무
　　　　적인 얘기만 하고 전화를 끊을 수 없으니 본의 아니게 사적인 통화도 하게 되고요. 이러한 점에서 조금
　　　　이해를 해주셨으면 합니다.
본부장 : 세 팀의 고충을 들어봤는데 혹시 해결방안을 생각해 놓으신 것 있나요?
서팀장 : 팀별 자리 이동을 하는 게 어떨까요? 아무래도 영업팀이 디자인팀과 편집팀 사이에 있으니 한쪽으로 옮겨
　　　　진다면 좀 더 소음이 확산되지 않을 것 같은데요.
박팀장 : 아니면, 전화하실 때만이라도 잠시 회의실로 이동하시는 건 어떨까 싶네요.
정팀장 : 두 팀의 의견 들어봤는데요, 통화 시 회의실로 이동하는 건은 회의실이 차 있을 수도 있고 또 자리를 빈번
　　　　히 비우는 것은 보기에 안 좋으니 팀 자리를 이동하는 게 더 좋을 것 같네요.
본부장 : 그럼 일단 옮기는 것으로 하고 어떻게 배치할지는 다음 회의 때 논의하도록 하죠. 그럼 회의를 마치겠습
　　　　니다.

11 다음 회의에 대한 분석으로 적절하지 않은 것은?

문제확인	• 디자인팀장은 디자인 업무의 특성을 고려하며 문제제기를 했다. ……㉠ • 영업팀장은 영업팀의 업무적 성격을 고려해서 문제제기를 했다.
해결방안 모색	• 편집팀장은 팀별 자리배치 이동을 해결방안으로 제시하였다. ………㉡ • 디자인팀장은 회의실 통화를 해결방안으로 제시하였다. ……………㉢ • 영업팀장은 현실적인 이유를 들어 편집팀장의 제안을 거절하였다.……㉣

① ㉠　　　　　　　　　　　　　　　　　　② ㉡
③ ㉢　　　　　　　　　　　　　　　　　　④ ㉣

 영업팀장은 팀별 자리배치 이동이라는 편집팀장의 의견은 수락하였으나 현실적인 이유를 들어 디자인팀
　　　　장의 회의실 통화업무는 거절하였다.

12 다음 회의에서 '본부장'이 수행한 역할로 옳지 <u>않은</u> 것은?

① 회의를 하게 된 배경과 의제에 대해 설명하고 있다.

② 회의 참여자들의 발언 순서를 안내하고 있다.

③ 각 팀의 의견에 보충설명을 해주고 있다.

④ 다음에 회의할 안건에 대해 미리 제시하고 있다.

 본부장은 첫 번째 발언에서 회의를 하게 된 배경과 의제, 참여자들의 발언 순서를 정하고 있으며 마지막 발언에서 다음 회의 안건에 대한 예고를 하고 있다. 그러나 각 팀의 의견에 대해 보충설명을 하고 있지는 않다.

13 다음과 같은 일정 진행에 있어서 업무처리로 적절하지 <u>않은</u> 것은?

> 한국투자증권은 장동건 경제부총리를 모시고 임원 및 팀장급 이상 100명을 대상으로 'EU개방화 이후 세계증권시장의 추세'라는 주제로 특강을 한다. 특강이 끝난 후에는 장동건 경제부총리와 한국투자증권 사장과 임원진을 포함한 총 10명이 참석하는 저녁 만찬이 예정되어 있다.

① 특강에 필요한 기자재 여부를 기재팀에 의뢰한다.

② 강연장의 좌석을 원탁형으로 배치한다.

③ 저녁 만찬 시간과 장소를 상사에게 물어보고 지시대로 예약한다.

④ 특강 및 만찬 장소의 약도를 경제부총리 측에 전달한다.

 100명 이상의 대규모 강연은 원탁형보다는 교실형 배치가 더 적합하다.
※ 회의실 좌석 배치 유형
　ⓐ 교실형 : 이 좌석 배치는 10~150명 정도의 참가자들이 필기하고 그룹활동에 참여하는 데 편리하다. 그러나 회의실 크기가 상당히 넓어야 한다. 주로 강연, 공연 등에 많이 사용된다.
　ⓑ 원탁형 : 일반적으로 원탁 테이블은 20명 내외의 소규모회의에 활용되며 동시통역시설을 설치하기가 어려우므로 공용어를 이해할 수 있는 사람만이 참석할 수 있다는 단점도 있다. 총회 후 자리에서 그룹토의를 진행할 수 있고 오찬, 만찬 등의 행사용으로도 쓸 수 있다.
　ⓒ ㄷ자형 : 30명 정도의 참가자들이 자유로운 분위기에서 편안하게 이야기할 수 있다. 참가자들이 필기하고 그룹토의에 활발히 참여하는 데 알맞다. 이 좌석 배치는 참가자들에게 토의에 적극 참여할 수 있는 기회를 주며, 또한 연수리더도 참가자들 사이를 자유롭게 오갈 수 있는 여유가 있다. 토의를 원활히 진행하기 위한 배치이다.
　ⓓ ㅁ자형 : 30명 이하의 참가자들에게 적당한 좌석 배치이다. 참가자들이 상호 활발한 의견을 교환할 수 있다.

Answer➟ 11.④　12.③　13.②

14 다음 글의 내용과 일치하지 않는 것은?

시장은 크게 경쟁시장과 비경쟁시장으로 나눌 수 있다. 경쟁시장은 자유 경쟁이 이루어지는 시장으로, 진입과 탈퇴가 자유롭고 시장이 가격을 결정한다. 비경쟁시장은 진입과 탈퇴가 자유롭지 않은데, 이는 다시 과점시장과 독점시장으로 나눌 수 있다. 독점시장에서는 하나의 공급자가, 과점시장에서는 몇몇 공급자가 가격을 결정할 수 있다. 독과점은 시장질서의 왜곡, 소비자들의 피해, 기업 경쟁력 약화 등 많은 병폐를 낳기 때문에 정부는 독과점금지법으로 이러한 행위를 견제한다. 그러나 정부가 각종 인허가 정책이나 보조금 정책 등을 써서 독과점을 허용하는 경우도 있다. 수도, 전기 등과 같은 공공재를 생산하는 공적 기업, 고부가가치를 창출하기위해서는 규모의 경제가 필요한 조선, 자동차 등의 대형 기업 부문 등이 이에 해당한다. 그러나 독과점시장에서는 기업이 가격을 정하게 되므로, 그 가격은 일반적으로 적정가격 보다 높아지게 된다. 이때 정부는 최고가격제를 통해 '최고가격'을 정하고, 그 금액을 초과하여 거래하지 못하게 하는 방식으로 시장에 개입한다. 이러한 최고가격제는 서민이나 사회적 약자가 수요자인 상품에 적용된다. 정부는 사회적 약자를 보호하기 위해서 이러한 가격 정책을 시행한다. 또한 최고가격제는 공평성을 추구하는 데 쓰이기도 한다. 예를 들어 핸드폰에 최고가격제를 도입하여 가격을 10만 원 아래로 묶으면 더많은 사람들이 저렴한 가격에 핸드폰을 살 수 있어 공평성이 증가된다. 최고가격제는 전시(戰時)와 같은 특수한 상황에서 필수품 공급을 원활하게 하는 데도 활용된다. 비상시에 가격이 급등한 쌀을 정부에서 가격을 시장 가격보다 낮게 정하면 소비자들은 쌀을 좀 더 원활하게 공급 받을 수 있기 때문이다. 최고가격제를 실시할 경우 정부의 시장 개입으로 재화의 가격은 시장에서 수요와 공급에 의해 결정된 '균형 가격' 보다 낮아진다. 독과점을 형성하여 수요자보다 우월한 위치에 있는 공급자는 이전보다 수익이 감소하여 공급을 줄이는 반면, 낮아진 가격으로 인해 수요는 늘어난다. 이로 인해 시장에서는 수요와 공급 간의 불균형이 발생한다. 이 문제를 해결하는 방법은 정부가 공급을 늘리는 것뿐이다. 정부의 보충이 없을 경우에는 사회적 약자를 배려하기 위해 실시한 최고가격제가 오히려 사회적 약자에게 피해를 끼칠 수도 있다. 공급의 부족으로 인해 재화를 구입하지 못한 사람들이 생기게 되고, 암시장이 생겨 정부가 제한하기 전보다 더 높은 가격으로 재화를 구입해야 하는 경우도 발생할 수 있다. 시장에 맡겼더니 가격이 너무 싸서 문제가 되는 경우도 있다. 가령 쌀농사가 풍년이라 공급이 대폭 늘어났다고 하자. 쌀의 가격이 싸다고 해서 수요가 크게 증가하지는 않으므로 균형 가격은 하락하게 되고 이에 농부들은 생산 비용도 건질 수 없다. 이럴 경우 정부는 농부들의 최저 수익을 보장하기 위해 일정 가격 이하로는 쌀을 거래할 수 없도록 '최저가격제'를 실시할 수 있다. 그렇게 되면 농부들의 수익성을 보장할 뿐만 아니라 균형가격보다 높게 책정된 최저가격으로 인하여 수요보다 많은 쌀이 생산된다. 이때 정부는 그 잉여량을 구입했다가, 흉년 때 방출하여 쌀 가격의 상승을 막을 수도 있다.

① 최고가격제는 공평성을 증대하기 위해서도 사용된다.

② 최고 가격과 최저 가격을 교정하는 기준은 균형 가격이다.

③ 과점시장에서는 공급자들끼리 가격을 담합할 가능성이 존재한다.

④ 정부는 독과점의 폐해를 막기 위한 법적, 제도적 장치를 마련하고 있다.

 ② 최고 가격을 교정하는 기준은 사회적 약자인 수요자 보호이고, 최저가격을 교정하는 기준은 최저 수익보장이다.

15 다음 제시된 글의 주제로 가장 적합한 것은?

> 만약 영화관에서 영화가 재미없다면 중간에 나오는 것이 경제적일까, 아니면 끝까지 보는 것이 경제적일까? 아마 지불한 영화 관람료가 아깝다고 생각한 사람은 영화가 재미없어도 끝까지 보고 나올 것이다. 과연 그러한 행동이 합리적일까? 영화관에 남아서 영화를 계속 보는 것은 영화관에 남아 있으면서 기회비용을 포기하는 것이다. 이 기회비용은 영화관에서 나온다면 할 수 있는 일들의 가치와 동일하다. 영화관에서 나온다면 할 수 있는 유용하고 즐거운 일들은 얼마든지 있으므로, 영화를 계속 보면서 치르는 기회비용은 매우 크다고 할 수 있다. 결국 영화관에 남아서 재미없는 영화를 계속 보는 행위는 더 큰 기회와 잠재적인 이익을 포기하는 것이므로 합리적인 경제 행위라고 할 수 없다.
> 경제 행위의 의사 결정에서 중요한 것은 과거의 매몰비용이 아니라 현재와 미래의 선택기회를 반영하는 기회비용이다. 매몰비용이 발생하지 않도록 신중해야 한다는 교훈은 의미가 있지만 이미 발생한 매몰비용, 곧 돌이킬 수 없는 과거의 일에 얽매이는 것은 어리석은 짓이다. 과거는 과거일 뿐이다. 지금 얼마를 손해 보았는지가 중요한 것이 아니라, 지금 또는 앞으로 얼마나 이익을 또는 손해를 보게 될지가 중요한 것이다. 매몰비용은 과감하게 잊어버리고, 현재와 미래를 위한 삶을 살 필요가 있다. 경제적인 삶이란, 실패한 과거에 연연하지 않고 현재를 합리적으로 사는 것이기 때문이다.

① 돌이킬 수 없는 과거의 매몰비용에 얽매이는 것은 어리석은 짓이다.
② 경제 행위의 의사 결정에서 중요한 것은 미래의 선택기회를 반영하는 기회비용이다.
③ 매몰비용은 과감하게 잊어버리고, 기회비용을 고려할 필요가 있다.
④ 실패한 과거에 연연하지 않고 현재를 합리적으로 사는 경제적인 삶을 살아가는 것이 중요하다.

(Tip) ④ 기회비용과 매몰비용이라는 경제용어와 에피소드를 통해 경제적인 삶의 방식에 대해서 말하고 있다.

Answer ↱ 14.② 15.④

16 ㉠에 대한 글쓴이의 입장을 비유한 속담으로 가장 적절한 것은?

흔히 지방은 비만의 주범으로 지목된다. 대부분의 영양학자들은 지방이 단백질이나 탄수화물보다 단위 질량당 더 많은 칼로리를 내기 때문에 과체중을 유발하는 것으로 보았다. 그래서 저지방 식단이 비만을 막는 것으로 여겨지기도 했다. 하지만 저지방 식단의 다이어트 효과는 오래 가지 않는 것으로 밝혀졌다. 최근의 연구에 따르면 비만을 피하는 최선의 방법은 섭취하는 지방의 양을 제한하는 것이 아니라 섭취하는 총열량을 제한하는 것이다. 또한 '지방'하면 여러 질병의 원인으로서 인체에 해로운 것으로 인식되기도 한다. 문제가 되는 것은 '전이지방'이다. 전이지방은 천연 상태의 기름에 수소를 첨가하여 경화시키는 특수한 물리·화학적 처리에 따라 생성되는 것으로서, 몸에 해로운 포화지방의 비율이 자연상태의 기름보다 높다. 전이지방은 '부분경화유'나 '야채쇼트닝'등의 형태로 치킨, 케이크, 라면, 쿠키 등 각종 식품에 첨가된다. 전이지방은 각종 신선 식품의 신선도를 유지하고 과자류를 잘 부서지지 않게 하기 때문에 그 유해성에도 불구하고 식품 첨가물로 흔히 쓰인다. 전이지방을 섭취하면 동맥경화, 협심증, 심근경색 등 심혈관계 질환이나 유방암 등이 발병할 수 있다. 이러한 전이지방이 지방을 대표하는 것으로 여겨지면서 지방이 심장 질환을 비롯한 여러 질병의 원인으로 지목됐던 것이다.

그렇다면 지방의 누명을 어떻게 벗겨줄 것인가? 중요한 것은 지방이라고 모두 같은 지방은 아니라는 사실을 일깨우는 것이다. 지방은 인체에서 비타민이나 미네랄만큼 유익한 작용을 많이 한다. 견과류와 채소기름, 생선 등에서 얻는 필수 지방산은 면역계와 피부, 신경 섬유 등에 이로운 구실을 하고 정신 건강을 유지시켜 준다. 불포화지방의 섭취는 오히려 각종 질병의 위험을 감소시키며, 체내의 지방 세포는 장수에 도움을 주기도 한다. 그렇다고 해서 불포화지방을 무턱대고 많이 섭취하라는 것은 아니다. 인체의 필수 영양소가 균형을 이루는 선에서 섭취하는 것이 바람직하다.

사람들 중에는 지방을 제거하기 위해 ㉠체내의 지방 흡수를 인위적으로 차단하는 비만치료제를 이용하는 이도 있는데, 이러한 비만치료제는 인체 시스템에 악영향을 끼치기도 한다. 만일이 비만치료제가 몸에 좋은 지방과 그렇지 않은 지방을 구별하는 눈을 가졌다면 권장할 만하다. 하지만 모든 유형의 지방이 우리 몸에 흡수되는 것을 막는 것이 문제다. 게다가 이 비만치료제는 지방질만 제거하는 것이 아니라 지방질과 함께 소화 흡수되어 시력 보호나 노화 방지를 돕는 지용성 비타민까지 걸러내게 마련이다. 시력을 떨어뜨리고 노화를 촉진하는 약품을 먹을 이유는 없다. 그것도 만만찮은 비용까지 부담하면서 말이다. 지방이 각종 건강상의 문제를 야기하는 것은 지방 그 자체의 속성 때문이라기보다는 지방을 섭취하는 인간의 '자기 관리'가 허술했기 때문이다. 체지방의 경우 과다하게 축적되면 비만한 체형을 형성하는 주요인이 되기도 하고 건강을 위협할 수도 있지만, 적당히 신체에 고루 분포된 체지방은 균형 잡힌 체형의 필수 조건이다. 그러므로 지방과 다른 영양소와의 조화를 염두에 두고, 좋고 나쁜 지방을 분별력 있게 가려 섭취한다면 '지방 걱정'은 한낱 기우에 불과할 수도 있다.

① 빈대 잡으려다 초가삼간 다 태운다.

② 강물도 쓰면 준다.

③ 남의 잔치에 감 놔라 배 놔라 한다.

④ 다 된 밥에 재 뿌리기.

 글쓴이는 체내의 지방흡수를 인위적으로 막는 비만치료제가 모든 유형의 지방흡수를 막아 인체에 필요한 지방과 지용성 비타민까지도 걸러내 악영향을 끼친다고 말하고 있다. 따라서 ①이 글쓴이가 ㉠에 대해 취하는 입장과 일치한다.

17 다음 두 자료를 통해 추론할 수 있는 내용이 아닌 것은?

> (가) 근래 부녀자들이 경쟁하는 것 중에 능히 기록할 만한 것으로 패설(소설)이 있는데, 이를 좋아함이 나날이 늘고 달마다 증가하여 그 수가 천백 종에 이르렀다. 쾌가(서적중개상)는 이것을 깨끗이 베껴 쓰고 빌려 주는 일을 했는데, 번번이 그 값을 받아 이익으로 삼았다. 부녀자들은 식견이 없어 비녀나 팔찌를 팔거나 빚을 내면서까지 서로 싸우듯이 빌려 가서 그것으로 긴 해를 보냈다.
>
> − 채제공, 「여사서」서문 −
>
> (나) 한글로 번역한 소설을 읽느라 집안일을 내버려두거나 여자가 해야 할 일을 게을리 해서는 안 된다. 심지어는 돈을 주고 그것을 빌려 보면서 깊이 빠져 그만두지 못하고 가산을 탕진하는 자까지 있다. 소설의 내용은 모두 투기와 음란한 일이어서 부인의 방탕함과 방자함이 여기서 비롯되기도 한다.
>
> − 이덕무, 「사소절」 −

① 소설의 인기 이면에 이로 인한 사회적 파장이 작지 않았구나.

② 이 시기에 이미 서적의 상업적 유통 경로가 존재했구나.

③ 지식인 가운데 부녀자의 소설 독서에 비판적 시각을 가진 이들이 있었구나.

④ 당시 소설의 독자층은 사대부 여성에서 하층 여성에 이르기까지 광범위했구나.

 소설의 독자층에 관한 설명은 글에서 언급되지 않았다.
　① 가산을 탕진하거나 집안일에 소홀해지는 사람이 있었고, 소설의 내용이 문제가 되기도 했다는 것을 유추할 수 있다.
　② '쾌가(서적중개상)'가 존재했고, 돈을 주고 빌려 보았다는 내용을 통해 알 수 있다.
　③ (가), (나)의 전반적인 내용을 통해 부정적인 시각이 존재하였음을 알 수 있다.

Answer ↦ 16.① 17.④

18 다음의 괄호 안에 들어갈 가장 알맞은 말은?

> 시장은 일상적인 공간이 아니라 많은 사람이 일시에 모였다가 흩어지는 특별한 공간이다. 그러므로 시장이라는 공간은 경우에 따라서는 체면을 차리지 않아도 되는 익명성을 갖는 공간이 된다. 체면을 버리면 못할 것이 없으므로 '(   )'라는 속담은 바로 시장만이 갖는 이와 같은 특성에서 비롯된 말임에 틀림없다. 이러한 시장의 익명성은 시장에 출입하는 사람들을 타산적으로 만들고 급기야는 서로 속이고 속는 경험까지 하게 한다.

① 밥 빌어먹기는 장타령이 제일이라.
② 양반 못된 것이 장에 가 호령한다.
③ 읍에서 매 맞고 장거리에서 눈 흘긴다.
④ 남이 장에 간다고 하니 거름 지고 나선다.

 체면을 버리면 못할 것이 없고, 사람들이 타산적이며, 서로 속고 속이는 행태를 잘 드러내주는 속담을 찾는다.
② 못난 사람이 만만한 곳에 가서 잘난 체 한다는 뜻이다.
③ 어떤 일을 당하고 나서 엉뚱한 곳에 화풀이한다는 뜻이다.
④ 주관 없이 남이 하는 대로 따라함을 의미한다.

▌19~20▌ 다음 글을 읽고 물음에 답하시오.

> 사람들은 자신의 한계를 극복하기 위해서 또는 성취감을 맛보기 위해서 각자 나름대로 어려운 일에 도전을 한다. 누구는 도저히 올라갈 수 없다고 생각하는 히말라야의 14개 봉우리를 올라가는가 하면 또 누구는 아무도 가보지 못한 극지방이나 늪지, 정글 속을 탐험하기도 한다. 그러다 그들은 자신의 발가락이나 손가락을 잃기도 하고 영영 돌아오지 못하는 강을 건너기도 한다. 그럼에도 사람들은 극한의 경험에 도전하고 짜릿한 쾌감을 맛본다. 사람이라는 동물이 있는 이상 이러한 도전은 계속 될 것이다. 즉 인간의 역사는 도전의 연속이라 할 수 있다.

19 다음 중 글을 통해 알 수 있는 내용이 아닌 것은?

① 사람들이 도전을 하는 이유
② 히말라야의 14개 봉우리를 가장 먼저 정복한 산악인
③ 사람들이 도전하는 장소
④ 사람들이 도전하면서 겪게 되는 피해들

 주어진 글에서 히말라야의 14개 봉우리를 가장 먼저 정복한 산악인에 대한 내용은 나와 있지 않다.

20 주어진 글의 내용으로 알맞은 것은?

① 사람들이 도전을 계속하는 이유는 자신의 한계를 극복하고 성취감을 맛보기 위해서이다.

② 사람들은 아직 극지방을 탐험한 경험이 없다.

③ 아직까지 도전을 하다가 목숨을 잃은 사람은 발생하지 않았다.

④ 인간의 역사는 도전의 역사라 할 수 없다.

 제시문의 첫째 줄을 보면 '사람들은 자신의 한계를 극복하기 위해서 또는 성취감을 맛보기 위해서 각자 나름대로 어려운 일에 도전을 한다.'고 나와 있다.

21 문맥상 괄호 안에 들어갈 내용으로 적절한 것을 고르시오.

> 과학을 잘 모르는 사람들이 갖는 두 가지 편견이 있다. 그 하나의 극단은 과학은 인간성을 상실하게 할 뿐만 아니라 온갖 공해와 전쟁에서 대량 살상을 하는 등 인간의 행복을 빼앗아가는 아주 나쁜 것이라고 보는 입장이다. 다른 한 극단은 과학은 무조건 좋은 것, 무조건 정확한 것으로 보는 것이다. 과학의 발달과 과학의 올바른 이용을 위해서 이 두 가지 편견은 반드시 해소되어야 한다. 물론, 과학에는 이 두 가지 얼굴이 있다. 그러나 이 두 가지 측면이 과학의 진짜 모습은 아니다. 아니, 과학이 어떤 얼굴을 하고 있는 것도 아니다. (   )

① 과학의 본 모습은 아무도 모른다.

② 과학의 얼굴은 우리 스스로가 만들어 가는 것이다.

③ 그러므로 과학을 배척해야 한다.

④ 과학의 정확한 정의를 확립해야 한다.

 ② 과학에는 두 가지 얼굴이 있지만 이 두 가지 측면이 과학의 진짜 모습은 아니며, 과학이 어떤 얼굴을 하고 있는 것도 아니라고 언급하였으므로 과학이 얼굴은 우리가 스스로 만들어 가는 것이라는 결론이 오는 것이 적절하다.

Answer ↪ 18.① 19.② 20.① 21.②

22 다음 글을 논리적으로 도식화한 것으로 옳은 것은?

⑺ 「뉴욕 타임스」와 「워싱턴 포스트」를 비롯한 미국의 많은 신문은 선거 과정에서 특정 후보에 대한 지지를 표명한다. 전통적으로 이 신문들은 후보의 정치적 신념, 소속 정당, 정책을 분석하여 자신의 입장과 같거나 그것에 근접한 후보를 선택하여 지지해 왔다. 그러나 근래 들어 이 전통은 적잖은 논란거리가 되고 있다. 신문이 특정 후보를 지지하는 것이 실제로 영향력이 있는지, 또는 공정한 보도를 사명으로 하는 신문이 특정 후보를 지지하는 행위가 과연 바람직한지 등과 관련하여 근본적인 의문이 제기되고 있는 것이다.

⑷ 신문의 특정 후보 지지가 유권자의 표심에 미치는 영향은 생각보다 강하지 않다는 것이 학계의 일반적인 시각이다. 1958년 뉴욕 주지사 선거에서 「뉴욕 포스트」가 록펠러 후보를 지지해 그의 당선에 기여한 유명한 일화가 있긴 하지만, 지지 선언의 영향력은 해가 갈수록 줄어들고 있다. 이 현상은 "선별 효과 이론"과 "보강 효과 이론"으로 설명할 수 있다.

⑸ 선별 효과 이론에 따르면, 개인은 미디어 메시지에 선택적으로 노출되고, 그것을 선택적으로 인지하며, 선택적으로 기억한다. 예를 들면 "가"후보를 싫어하는 사람은 "가"후보의 메시지에 노출되는 것을 꺼릴 뿐만 아니라, 그것을 부정적으로 인지하고, 그것의 부정적인 면만을 기억하는 경향이 있다. 한편 보강 효과 이론에 따르면, 미디어 메시지는 개인의 태도나 의견의 변화로 이어지지 못하고, 기존의 태도와 의견을 보강하는 차원에 머무른다. 가령 "가"후보의 정치 메시지는 "가"후보를 좋아하는 사람에게는 긍정적인 태도를 강화시키지만, 그를 싫어하는 사람에게는 부정적인 태도를 강화시킨다. 이 두 이론을 종합해 보면, 신문의 후보 지지 선언이 유권자의 후보 선택에 크게 영향을 미치지 못한다는 것을 알 수 있다.

⑹ 신문의 후보 지지 선언이 과연 바람직한가에 대한 논쟁도 계속되고 있다. 후보 지지 선언이 언론의 공정성을 훼손할 수 있다는 것이 이 논쟁의 핵심 내용이다. 이런 논쟁이 일어나는 이유는 신문의 특정 후보 지지가 언론의 권력을 강화하는 도구로 이용될 뿐만 아니라, 수많은 쟁점들이 복잡하게 얽혀 있는 선거에서는 후보에 대한 독자의 판단을 선점하려는 비민주적인 행위가 될 수 있기 때문이다. 일부 정치 세력이 신문의 후보 지지 선언을 정치선전에 이용하는 문제점 또한 이에 대한 비판의 근거로 제시되고 있다.

⑺ 신문이 특정 후보를 공개적으로 지지하는 것은 사회적 가치에 대한 신문의 입장을 분명히 드러내는 행위이다. 하지만 그로 인해 보도의 공정성을 담보하는 데에 어려움이 따를 수도 있다. 따라서 신문은 지지 후보의 표명이 보도의 공정성을 해치지 않는지 신중하게 따져 보아야 하며, 독자 역시 지지 선언의 함의를 분별할 수 있는 혜안을 길러야 할 것이다.

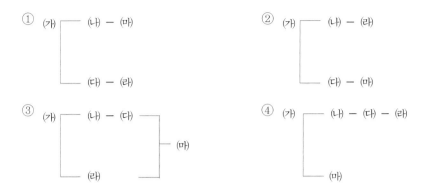

23 다음 글의 내용으로 옳지 않은 것은?

> 걷기는 현대사회에서 새로운 웰빙 운동으로 각광받고 있다. 장소나 시간에 신경 쓸 필요 없이 언제 어디서든 쉽게 할 수 있기 때문이다. 하지만 사람들은 걷기가 너무 쉬운 운동인 탓에 걷기의 중요성을 망각하기 일쑤이다. 서울의 한 대형병원의 이모 교수는 "걷기는 남녀노소 누구나 아무런 장비도 없이 언제 어디서든 쉽게 할 수 있는 가장 좋은 운동이다. 특히 걷기는 최근 연구에 따르면 전속력으로 빨리 달리며 운동하는 것보다 몸의 무리는 적게 주면서 더 많은 칼로리를 소모할 수 있는 운동"이라며 걷기 예찬을 하고 있다. 하지만 걷기도 나름대로의 규칙을 가지고 있다. 걸을 때 허리는 꼿꼿이 펴고, 팔은 앞뒤로 힘차게 움직이고 속도는 자신이 걸을 수 있는 최대한 빠른 속도여야 한다. 이런 규칙을 어기고 그냥 평소처럼 걷는다면 그건 단순한 산책일 뿐이다.

① 걷기는 남녀노소 누구나 할 수 있는 쉽게 할 수 있는 운동이다.
② 사람들은 걷기가 너무 쉽다는 이유로 걷기의 중요성을 쉽게 생각한다.
③ 제대로 걸을 경우 걷기는 빨리 달리며 운동하는 것보다 더 많은 칼로리를 소모할 수 있다.
④ 걷기는 규칙에 상관없이 평소 그냥 걷는 대로 걸으면 저절로 운동이 된다.

24 다음은 '우리말 사랑하고 가꾸기'라는 주제로 글을 쓰기 위해 작성한 개요이다. 밑줄 친 부분에 들어갈 내용으로 적절하지 않은 것은?

제목 : 우리말 사랑하고 가꾸기
① 서론 : 우리말의 오용 실태
② 본론 : 우리말 오용 원인
　ㄱ 개인적 측면
　　• 우리말에 대한 사랑과 긍지 부족
　　• 외국어의 무분별한 사용
　ㄴ 사회적 측면
　　• ＿＿＿＿＿＿＿＿＿＿＿＿＿＿
　　• 우리말 연구 기관에 대한 정책적 지원 부족
　ㄷ 우리말을 가꾸는 방법
　　• 개인적 차원
　　　－ 우리말에 대한 이해와 적극적인 관심
　　　－ 외국어의 무분별한 사용 지양
　　• 사회적 차원
　　　－ 바른 우리말 사용 캠페인
　　　－ 대중 매체에 사용되는 우리말의 순화
③ 결론 : 우리말을 사랑하고 가꾸기 위한 노력 제고

---

① 대중 매체가 미치는 부정적 영향에 대한 인식 부족
② 외래 문물에 대한 능동적 수용
③ 교육적 지원 부족
④ 외국어 순화 작업의 중요성 간과

 ② 주어진 자료의 '우리말을 가꾸는 방법'을 통해 '우리말 오용 원인'을 유추할 수 있다. '우리말에 대한 이해와 적극적 관심'에서 '교육의 필요성'을, '대중 매체에 사용되는 우리말의 순화'에서 '대중 매체가 미치는 부정적 영향에 대한 인식 부족'을, '외국어의 무분별한 사용 지양'에서 '외국어 순화 작업의 중요성 간과'를 유추할 수 있으나, '외래 문물에 대한 능동적 수용'은 자료를 통해 유추할 수 없을 뿐만 아니라, 우리말 오용의 직접적 원인이 되지 않는다.

25 다음 글의 핵심내용으로 가장 적절한 것은?

> 정보 사회라고 하는 오늘날, 우리는 실제적 필요와 지식 정보의 획득을 위해서 독서하는 경우가 많다. 일정한 목적의식이나 문제의식을 안고 달려드는 독서일수록 사실은 능률적인 것이다. 르네상스적인 만능의 인물이었던 괴테는 그림에 열중하기도 했다. 그는 그림의 대상이 되는 집이나 새를 더 관찰하기 위해서 그리는 것이라고, 의아해 하는 주위 사람에게 대답했다고 전해진다. 그림을 그리겠다는 목적의식을 가지고 집이나 꽃을 관찰하면 분명하고 세밀하게 그 대상이 떠오를 것이다. 마찬가지로 일정한 주제 의식이나 문제의식을 가지고 독서를 할 때 보다 창조적이고 주체적인 독서 행위가 성립될 것이다.
>
> 오늘날 기술 정보 사회의 시민이 취득해야 할 상식과 정보는 무량하게 많다. 간단한 읽기, 쓰기와 셈하기 능력만 갖추고 있으면 얼마 전까지만 하더라도 문맹(文盲)상태를 벗어날 수 있었다. 오늘날 사정은 이미 동일하지 않다. 자동차 운전이나 컴퓨터 조작이 바야흐로 새 시대의 '문맹' 탈피 조건으로 부상하고 있다. 현대인 앞에는 그만큼 구비해야 할 기본적 조건과 자질이 수없이 기다리고 있다.
>
> 사회가 복잡해짐에 따라 신경과 시간을 바쳐야 할 세목도 증가하게 마련이다. 그러나 어느 시인이 얘기한 대로 인간 정신이 마련해 낸 가장 위대한 세계는 언어로 된 책의 마법 세계이다. 그 세계 속에서 현명한 주민이 되기 위해서는 무엇보다도 자기 삶의 방향에 맞게 시간을 잘 활용해야 할 것이다.

① 정보량의 증가에 비례한 서적의 증가
② 시대에 따라 변화하는 문맹의 조건
③ 목적의식을 가진 독서의 필요성
④ 정보 사회에서 르네상스의 시대적 의미

 첫 문단의 '일정한 목적의식이나 문제의식을 안고 달려드는 독서일수록 사실은 능률적인 것이다.', '마찬가지로 일정한 주제 의식이나 문제의식을 가지고 독서를 할 때 보다 창조적이고 주체적인 독서 행위가 성립될 것이다.' 등의 문장을 통해 주제를 유추할 수 있다.

Answer → 24.② 25.③

26 다음 글을 바탕으로 ABC로터를 사용하여 비행하는 헬리콥터에 대한 설명에 해당하지 않는 것을 고르면?

헬리콥터 없는 세상을 상상할 수 있을까? 명절 연휴 때면 어김없이 등장하는 귀성행렬의 사진촬영, 육로로 접근이 불가능한 지역으로의 물자나 인원의 수송, 화재 현장에서의 소화와 구난작업, 농약살포 등에는 어김없이 헬리콥터가 등장한다. 이는 헬리콥터가 일반 비행기로는 할 수 없는, 호버링(공중정지), 전후진 비행, 수직 착륙, 저속비행 등이 가능하기 때문이다.

이 헬리콥터를 자유자재로 움직이는 비밀은 로터에 있다. 비행체가 뜰 수 있는 양력과 추진력을 모두 로터에서 동시에 얻기 때문이다. 로터에는 일반적으로 2~4개의 블레이드(날개)가 붙어 있다. 빠르게 회전하는 각각의 블레이드에서 비행기 날개와 같은 양력이 발생하는데 헬리콥터는 이 양력 덕분에 무거운 몸체를 하늘로 띄울 수 있다. 비행기 역시 엔진의 추진력 때문에 양쪽 날개에 발생하는 양력을 이용해 공중에 뜨게 되는 것이므로 사실 헬리콥터의 비행원리는 비행기와 다르지 않다.

하지만 이 로터가 해결할 수 없는 문제들도 있다. 헬리콥터가 비행기의 추진력과 같은 조건으로 양력을 얻기 위해 블레이드를 회전시킬 때 엄청난 반동이 발생하는데, 이로 인해 블레이드가 회전하는 방향으로 기체 몸통도 따라 같이 돌아가게 된다. 이 때문에 몸통이 돌아가려는 방향과 반대되는 방향으로 힘을 균등하게 나눠 주는 장치가 필요해진다. 가장 일반적인 단식 주회전 날개 헬리콥터는 꼬리부분의 작은 로터가 균형을 잡아주는 역할을 한다.

헬리콥터가 갖고 있는 또 하나의 단점은 속도를 높이는 데 한계가 있다는 것이다. 현재 운용되고 있는 헬리콥터들은 최대 순항 비행속도가 대개 시속 300km 내외에 머물고 있는데, 이는 수십 년 전에 비해서도 크게 나아진 것이 없다. 제트비행기의 발전 속도에 비하면 거의 발전이 없는 것이다. 이것은 회전날개를 무조건 빨리 돌릴 경우 날개가 부러지거나 로터 시스템이 파괴될 수도 있기 때문에 속도에 한계가 있을 수밖에 없다. 물론 이를 극복하기 위한 다양한 아이디어들이 등장했다. 착륙할 때는 회전날개를 사용하고 순항 중에 방해가 되는 회전날개를 접거나 동체 속에 넣는 방식도 고려되고 있다. 하지만 이럴 경우 헬리콥터 고유의 기능인 호버링, 수직 착륙, 저속비행에서 기동 등에서 많은 제약이 가해진다.

이런 가운데 2008년 8월, 미국의 헬리콥터 생산업체인 시콜스키가 '세상에서 가장 빠른 헬리콥터'의 프로토콜타입 X2를 공개하고 시험비행에 나서 관심을 끌고 있다. X2는 동일한 수직축에 서로 반대로 회전하는 두 개의 로터를 단 것이 특징이다. 이 방식으로 비행하면 이론적으로는 최고 시속이 464km를 넘어설 수 있다. 사실 X2에 사용되는 로터 방식이 새로 나온 것은 아니다. 2개의 로터를 역방향으로 회전시키는 ABC로터(Advancing Blade Concept)가 나온 것은 1970년대로 거슬러 올라간다.

그러나 당시로써는 로터의 소재적 한계와 엔진의 출력부족으로 인해 실용화되지 못했다. 그런데 X2에는 다양한 복합재료, 새로운 엔진과 트랜스미션 등 다양한 신기술들이 적용되면서 이야기가 달라졌다. 높은 출력 대 중량비 트랜스미션, 주로터에서 후방 추진기로의 연속적인 추진동력 전환, 능동형 진동제어 등이 가능해졌기 때문이다. 물론 X2는 어디까지나 실험기이며 이 자체를 실용화하기까지는 가야 할 길이 멀다. 하지만 개발이 순탄하게 진행된다면 기존의 헬리콥터와 같이 호버링, 수직 착륙, 저속비행에서 기동할 수 있으면서도 고속 비행이 가능한 헬리콥터가 등장하는 것이 먼 미래의 이야기만은 아니다.

① 위 블레이드와 아래 블레이드는 서로 다른 방향으로 회전하게 될 거야.

② 블레이드들이 서로 다른 방향으로 회전하기 때문에 꼬리부분의 로터는 필요 없겠지.

③ 그러다 보면 블레이드에 저항이 커져서 속도가 느려지겠어.

④ 블레이드에서 균형까지 잡아야 되니, 엔진의 출력은 커야겠어.

> (Tip) ③ 다섯 번째 문단에서 '이론적으로는 최고 시속이 464km를 넘어설 수 있다고 언급하고 있으므로, 속도가 크게 증가한다고 볼 수 있다.

27 다음 글의 내용으로 적절하지 않은 것은?

> 근대 과학이란 곧 서구인들이 지적·사회적 혼돈 상태에서 찾아 낸 유일하게 확실하고 안정된 지식이었다. 과학은 이제 다른 모든 분야가 본받아야 할 대상이 되었다. 위기를 뚫고 나타난 근대 과학에서 많은 지식인들이 사회 전체의 위기 극복, 또는 진보의 도구를 발견하려 하였다. 그 때까지 과학은 신학과 철학의 하위에 있었지만, 이제는 철학과 신학이 과학을 무시할 수 없게 되었을 뿐 아니라 오히려 과학을 자신의 기초로 삼지 않으면 그 신빙성을 인정받지 못하게까지 되었다. 이제 '과학적'이란 단어는 좋은 것, 확실한 것을 대표하는 용어로, 반대로 '비과학적'이란 단어는 불확실을 대표하는 용어로 사용되기에 이르렀다.

① 지적인 혼돈 속에서 근대인들이 과학적 사고를 모색하게 되었다.

② 고대의 과학은 철학의 하위범주였다.

③ 사회의 위기는 철학과 신학만이 해결해 줄 수 있다.

④ 과학은 어떤 현상의 신빙성을 확보하는 방법이 되기도 했다.

> (Tip) ③ 근대의 사회적 위기 속에 대두된 과학이 그 이전의 철학과 신학을 넘어 사회적 위기를 극복해 줄 진보의 도구가 되었다.

Answer↳ 26.③ 27.③

28 다음은 성격장애의 유형이다. 보기 중 (가)~(마)에 해당하는 사람을 알맞게 짝지은 것은?

(가) 타인에 대한 강한 불신과 의심으로 적대적인 태도를 나타내는 성격장애이다. 이런 사람은 과도한 의심과 적대감으로 인해 반복적인 불평, 격렬한 논쟁, 공격적인 행동을 보인다. 자신에 대한 타인의 위협 가능성을 지나치게 경계하기 때문에 행동이 조심스럽고 비밀이 많으며 미래를 치밀하게 계획하는 경향이 있다.

(나) 타인과의 친밀한 관계 형성에 관심이 없고 감정표현이 부족하여 사회적 적응에 어려움을 나타내는 성격장애이다. 이런 사람은 타인의 칭찬이나 비판에 신경 쓰지 않고 반응하지 않는다. 이들은 흔히 대인관계가 요구되는 업무는 제대로 수행하지 못하지만 혼자서 하는 일에서는 능력을 발휘하기도 한다.

(다) 타인의 애정과 관심을 끌기 위해 지나친 노력과 과도한 감정 표현을 하는 성격장애이다. 이런 사람은 마치 연극을 하듯이 자신의 경험과 감정을 과장되게 표현한다. 그러나 이들은 감정 지복이 심하여 거절에 대한 두려움으로 자신의 요구가 관철될 수 있도록 타인을 조정한다.

(라) 지나치게 완벽을 추구하고 세부적인 사항에 집착하며 과도한 성취의욕과 인색함을 보이는 성격장애이다. 이런 사람은 상황을 자기 뜻대로 조절할 수 없게 되었을 때 불안해하거나 분노를 느낀다. 또한 씀씀이가 매우 인색하여 상당한 경제적 여유가 있음에도 만일의 상황에 대비해야 한다는 생각으로 가족들과 자주 갈등을 빚는다.

(마) 무한한 성공과 권력에 대한 공상에 집착하고 자신의 성취나 재능을 근거 없이 과장하며 특별대우를 바라는 성격장애이다. 이런 사람은 불합리한 기대감을 갖고 방자한 태도를 보이기 쉽다.

〈보기〉
• 보아는 항상 방을 깔끔하게 정리하고 누군가 방을 어지럽힐까봐 아무도 자신의 방에 들어오지 못하게 한다.
• 주현은 자신의 업무실적이 좋지 않음에도 불구하고 곧 있을 승진발표에 마음이 들떠 동료들에게 거들먹거리고 있다.
• 지원은 집밖으로 나가는 일이 드물고 재택근무를 한다.
• 나래는 친구의 이야기가 자신의 주장과 조금이라도 다르면 크게 화를 내고 공격적으로 대응한다.
• 보형이는 친구들에게 유명연예인과 악수했다고 자랑했지만 사실은 아주 멀리서 드라마 촬영현장을 봤을 뿐이다.

① 보아 – (나)　　　　　② 주현 – (마)
③ 지원 – (라)　　　　　④ 나래 – (다)

 보아는 (라)유형, 지원은 (나)유형, 나래는 (가)유형에 해당한다.

동요는 아이들의 정서를 담은 노래이다. 동요는 아름다운 가락과 노랫말을 사용하여 만들기 때문에 동요를 부르면 마음이 맑아지고 편안해진다. 그런데 요즘 아이들은 동요를 즐겨 부르지 않는 것 같다. 이를 지난달 ○○ 초등학교에서 열린 음악축제에서도 확인할 수 있다. 이 축제에서 동요를 부른 학생은 열 명 가운데 한 명이었다. 아이들이 동요를 즐겨 부르지 않는 이유를 알아보고 해결 방법을 찾아보자.

(㉠) 먼저, 아이들이 동요를 접할 기회가 적다. 음악 시간 이외에는 동요를 부를 수 있는 시간이 별로 없다. 또한, 동요를 만드는 사람들이 요즘 아이들의 성향을 잘 반영하지 못하고 있다. 아이들은 빠른 리듬과 따라 부르기 쉬운 가락의 노래를 좋아한다. 끝으로, 아이들이 동요의 좋은 점을 잘 알지 못하고 있다. 아이들은 동요 부르는 것을 수준이 낮고 시시한 것으로 생각한다.

아이들이 동요를 즐겨 부르게 하려면 어떻게 해야 할까? 첫째, 아이들에게 동요를 접할 수 있는 기회를 많이 제공해야 한다. 학교에서는 등교 시간과 점심시간 등을 활용하여 동요를 들려주고, 동요 부르기 대회를 ㉡마련해야 한다. 둘째, 동요를 만드는 사람들은 아이들이 좋아하는 동요를 만들어야 한다. 아름다운 가락과 노랫말을 살리면서도 다양한 리듬을 동요에 반영해야 한다. 셋째, 동요의 중요성을 아이들에게 알려 주어야 한다. '동요 바로 알기'와 같은 캠페인을 벌여 동요가 아이들에게 유익하고 재미있다는 사실을 알게 해야 한다.

29 ㉠에 들어갈 문장으로 적절한 것은?

① 동요의 장점은 무엇이 있을까?
② 우리나라 대표 동요는 무엇이 있을까?
③ 동요와 가요의 공통점은 무엇일까?
④ 아이들이 동요를 즐겨 부르지 않는 이유는 무엇일까?

(Tip) ㉠ 뒷 내용의 '먼저, 동요를 접할 기회가 적다.'로 보아 이유를 묻는 ④가 적절하다.

30 다음 중 밑줄 친 ㉡과 가장 비슷한 의미를 지닌 단어는?

① 공부　　　　　　　　　② 집중
③ 준비　　　　　　　　　④ 충실

(Tip) ㉡ 마련 : 헤아려서 갖춤.
'마련'과 가장 비슷한 의미를 지닌 단어는 ③이 적절하다.

Answer♪ 28.② 29.④ 30.③

수리능력

01 직장생활과 수리능력

(1) 기초직업능력으로서의 수리능력

① 개념 : 직장생활에서 요구되는 사칙연산과 기초적인 통계를 이해하고 도표의 의미를 파악하거나 도표를 이용해서 결과를 효과적으로 제시하는 능력을 말한다.

② 수리능력은 크게 기초연산능력, 기초통계능력, 도표분석능력, 도표작성능력으로 구성된다.

　㉠ 기초연산능력 : 직장생활에서 필요한 기초적인 사칙연산과 계산방법을 이해하고 활용할 수 있는 능력

　㉡ 기초통계능력 : 평균, 합계, 빈도 등 직장생활에서 자주 사용되는 기초적인 통계기법을 활용하여 자료의 특성과 경향성을 파악하는 능력

　㉢ 도표분석능력 : 그래프, 그림 등 도표의 의미를 파악하고 필요한 정보를 해석하는 능력

　㉣ 도표작성능력 : 도표를 이용하여 결과를 효과적으로 제시하는 능력

(2) 업무수행에서 수리능력이 활용되는 경우

① 업무상 계산을 수행하고 결과를 정리하는 경우

② 업무비용을 측정하는 경우

③ 고객과 소비자의 정보를 조사하고 결과를 종합하는 경우

④ 조직의 예산안을 작성하는 경우

⑤ 업무수행 경비를 제시해야 하는 경우

⑥ 다른 상품과 가격비교를 하는 경우

⑦ 연간 상품 판매실적을 제시하는 경우

⑧ 업무비용을 다른 조직과 비교해야 하는 경우

⑨ 상품판매를 위한 지역조사를 실시해야 하는 경우

⑩ 업무수행과정에서 도표로 주어진 자료를 해석하는 경우

⑪ 도표로 제시된 업무비용을 측정하는 경우

다음 자료를 보고 주어진 상황에 대한 물음에 답하시오.

〈근로소득에 대한 간이 세액표〉

월 급여액(천 원) [비과세 및 학자금 제외]		공제대상 가족 수				
이상	미만	1	2	3	4	5
2,500	2,520	38,960	29,280	16,940	13,570	10,190
2,520	2,540	40,670	29,960	17,360	13,990	10,610
2,540	2,560	42,380	30,640	17,790	14,410	11,040
2,560	2,580	44,090	31,330	18,210	14,840	11,460
2,580	2,600	45,800	32,680	18,640	15,260	11,890
2,600	2,620	47,520	34,390	19,240	15,680	12,310
2,620	2,640	49,230	36,100	19,900	16,110	12,730
2,640	2,660	50,940	37,810	20,560	16,530	13,160
2,660	2,680	52,650	39,530	21,220	16,960	13,580
2,680	2,700	54,360	41,240	21,880	17,380	14,010
2,700	2,720	56,070	42,950	22,540	17,800	14,430
2,720	2,740	57,780	44,660	23,200	18,230	14,850
2,740	2,760	59,500	46,370	23,860	18,650	15,280

※ 갑근세는 제시되어 있는 간이 세액표에 따름
※ 주민세＝갑근세의 10%
※ 국민연금＝급여액의 4.50%
※ 고용보험＝국민연금의 10%
※ 건강보험＝급여액의 2.90%
※ 교육지원금＝분기별 100,000원(매 분기별 첫 달에 지급)

박○○ 사원의 5월 급여내역이 다음과 같고 전월과 동일하게 근무하였으나, 특별수당은 없고 차량지원금으로 100,000원을 받게 된다면, 6월에 받게 되는 급여는 얼마인가? (단, 원 단위 절삭)

(주) 서원플랜테크 5월 급여내역			
성명	박○○	지급일	5월 12일
기본급여	2,240,000	갑근세	39,530
직무수당	400,000	주민세	3,950
명절 상여금		고용보험	11,970
특별수당	20,000	국민연금	119,700
차량지원금		건강보험	77,140
교육지원		기타	
급여계	2,660,000	공제합계	252,290
		지급총액	2,407,710

① 2,443,910
② 2,453,910
③ 2,463,910
④ 2,473,910

업무상 계산을 수행하거나 결과를 정리하고 업무비용을 측정하는 능력을 평가하기 위한 문제로서, 주어진 자료에서 문제를 해결하는 데에 필요한 부분을 빠르고 정확하게 찾아내는 것이 중요하다.

해 설

기본급여	2,240,000	갑근세	46,370
직무수당	400,000	주민세	4,630
명절상여금		고용보험	12,330
특별수당		국민연금	123,300
차량지원금	100,000	건강보험	79,460
교육지원		기타	
급여계	2,740,000	공제합계	266,090
		지급총액	2,473,910

답 ④

(3) 수리능력의 중요성

① 수학적 사고를 통한 문제해결

② 직업세계의 변화에의 적응

③ 실용적 가치의 구현

(4) 단위환산표

구분	단위환산
길이	$1cm = 10mm$, $1m = 100cm$, $1km = 1,000m$
넓이	$1cm^2 = 100mm^2$, $1m^2 = 10,000cm^2$, $1km^2 = 1,000,000m^2$
부피	$1cm^3 = 1,000mm^3$, $1m^3 = 1,000,000cm^3$, $1km^3 = 1,000,000,000m^3$
들이	$1m\ell = 1cm^3$, $1d\ell = 100cm^3$, $1L = 1,000cm^3 = 10d\ell$
무게	$1kg = 1,000g$, $1t = 1,000kg = 1,000,000g$
시간	1분 = 60초, 1시간 = 60분 = 3,600초
할푼리	1푼 = 0.1할, 1리 = 0.01할, 1모 = 0.001할

예제 2

둘레의 길이가 4.4km인 정사각형 모양의 공원이 있다. 이 공원의 넓이는 몇 a 인가?

① 12,100a

② 1,210a

③ 121a

④ 12.1a

출제의도

길이, 넓이, 부피, 들이, 무게, 시간, 속도 등 단위에 대한 기본적인 환산 능력을 평가하는 문제로서, 소수점 계산이 필요하며, 자릿수를 읽고 구분할 줄 알아야 한다.

해 설

공원의 한 변의 길이는
$4.4 \div 4 = 1.1(km)$이고
$1km^2 = 10000a$이므로
공원의 넓이는
$1.1km \times 1.1km = 1.21km^2 = 12100a$

답 ①

(1) 기초연산능력

① 사칙연산 : 수에 관한 덧셈, 뺄셈, 곱셈, 나눗셈의 네 종류의 계산법으로 업무를 원활하게 수행하기 위해서는 기본적인 사칙연산뿐만 아니라 다단계의 복잡한 사칙연산까지도 수행할 수 있어야 한다.

② 검산 : 연산의 결과를 확인하는 과정으로 대표적인 검산방법으로 역연산과 구거법이 있다.

  ㉠ 역연산 : 덧셈은 뺄셈으로, 뺄셈은 덧셈으로, 곱셈은 나눗셈으로, 나눗셈은 곱셈으로 확인하는 방법이다.

  ㉡ 구거법 : 원래의 수와 각 자리 수의 합이 9로 나눈 나머지가 같다는 원리를 이용한 것으로 9를 버리고 남은 수로 계산하는 것이다.

예제 3

다음 식을 바르게 계산한 것은?

$$1 + \frac{2}{3} + \frac{1}{2} - \frac{3}{4}$$

① $\dfrac{13}{12}$ ② $\dfrac{15}{12}$

③ $\dfrac{17}{12}$ ④ $\dfrac{19}{12}$

출제의도

직장생활에서 필요한 기초적인 사칙연산과 계산방법을 이해하고 활용할 수 있는 능력을 평가하는 문제로서, 분수의 계산과 통분에 대한 기본적인 이해가 필요하다.

해 설

$$\frac{12}{12} + \frac{8}{12} + \frac{6}{12} - \frac{9}{12} = \frac{17}{12}$$

답 ③

---

(2) 기초통계능력

① 업무수행과 통계

  ㉠ 통계의 의미 : 통계란 집단현상에 대한 구체적인 양적 기술을 반영하는 숫자이다.

  ㉡ 업무수행에 통계를 활용함으로써 얻을 수 있는 이점

  • 많은 수량적 자료를 처리가능하고 쉽게 이해할 수 있는 형태로 축소

  • 표본을 통해 연구대상 집단의 특성을 유추

  • 의사결정의 보조수단

  • 관찰 가능한 자료를 통해 논리적으로 결론을 추출 · 검증

© 기본적인 통계치

- 빈도와 빈도분포 : 빈도란 어떤 사건이 일어나거나 증상이 나타나는 정도를 의미하며, 빈도분포란 빈도를 표나 그래프로 종합적으로 표시하는 것이다.
- 평균 : 모든 사례의 수치를 합한 후 총 사례 수로 나눈 값이다.
- 백분율 : 전체의 수량을 100으로 하여 생각하는 수량이 그중 몇이 되는가를 퍼센트로 나타낸 것이다.

② 통계기법

㉠ 범위와 평균

- 범위 : 분포의 흩어진 정도를 가장 간단히 알아보는 방법으로 최곳값에서 최젓값을 뺀 값을 의미한다.
- 평균 : 집단의 특성을 요약하기 위해 가장 자주 활용하는 값으로 모든 사례의 수치를 합한 후 총 사례 수로 나눈 값이다.
- 관찰값이 1, 3, 5, 7, 9일 경우 범위는 $9 - 1 = 8$이 되고, 평균은 $\dfrac{1+3+5+7+9}{5} = 5$가 된다.

㉡ 분산과 표준편차

- 분산 : 관찰값의 흩어진 정도로, 각 관찰값과 평균값의 차의 제곱의 평균이다.
- 표준편차 : 평균으로부터 얼마나 떨어져 있는가를 나타내는 개념으로 분산값의 제곱근 값이다.
- 관찰값이 1, 2, 3이고 평균이 2인 집단의 분산은 $\dfrac{(1-2)^2 + (2-2)^2 + (3-2)^2}{3} = \dfrac{2}{3}$이고 표준편차는 분산값의 제곱근 값인 $\sqrt{\dfrac{2}{3}}$이다.

③ 통계자료의 해석

㉠ 다섯숫자요약

- 최솟값 : 원자료 중 값의 크기가 가장 작은 값
- 최댓값 : 원자료 중 값의 크기가 가장 큰 값
- 중앙값 : 최솟값부터 최댓값까지 크기에 의하여 배열했을 때 중앙에 위치하는 사례의 값
- 하위 25%값 · 상위 25%값 : 원자료를 크기 순으로 배열하여 4등분한 값

㉡ 평균값과 중앙값 : 평균값과 중앙값은 그 개념이 다르기 때문에 명확하게 제시해야 한다.

인터넷 쇼핑몰에서 회원가입을 하고 디지털캠코더를 구매하려고 한다. 다음은 구입하고자 하는 모델에 대하여 인터넷 쇼핑몰 세 곳의 가격과 조건을 제시한 표이다. 표에 있는 모든 혜택을 적용하였을 때 디지털캠코더의 배송비를 포함한 실제 구매가격을 바르게 비교한 것은?

구분	A 쇼핑몰	B 쇼핑몰	C 쇼핑몰
정상가격	129,000원	131,000원	130,000원
회원혜택	7,000원 할인	3,500원 할인	7% 할인
할인쿠폰	5% 쿠폰	3% 쿠폰	5,000원
중복할인여부	불가	가능	불가
배송비	2,000원	무료	2,500원

① A<B<C

② B<C<A

③ C<A<B

④ C<B<A

해 설

㉠ A 쇼핑몰
• 회원혜택을 선택한 경우 : 129,000 −7,000+2,000=124,000(원)
• 5% 할인쿠폰을 선택한 경우 : 129,000×0.95+2,000=124,550

㉡ B 쇼핑몰 : 131,000×0.97−3,500=123,570

㉢ C 쇼핑몰
• 회원혜택을 선택한 경우 : 130,000×0.93+2,500=123,400
• 5,000원 할인쿠폰을 선택한 경우 : 130,000−5,000+2,500 =127,500

∴ C<B<A

답 ④

(3) 도표분석능력

① 도표의 종류

　㉠ 목적별 : 관리(계획 및 통제), 해설(분석), 보고

　㉡ 용도별 : 경과 그래프, 내역 그래프, 비교 그래프, 분포 그래프, 상관 그래프, 계산 그래프

　㉢ 형상별 : 선 그래프, 막대 그래프, 원 그래프, 점 그래프, 층별 그래프, 레이더 차트

② 도표의 활용

　㉠ 선 그래프

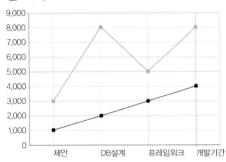

- 주로 시간의 경과에 따라 수량에 의한 변화 상황(시계열 변화)을 절선의 기울기로 나타내는 그래프이다.
- 경과, 비교, 분포를 비롯하여 상관관계 등을 나타낼 때 쓰인다.

　㉡ 막대 그래프

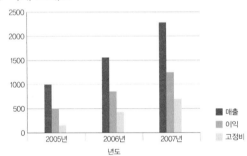

- 비교하고자 하는 수량을 막대 길이로 표시하고 그 길이를 통해 수량 간의 대소관계를 나타내는 그래프이다.
- 내역, 비교, 경과, 도수 등을 표시하는 용도로 쓰인다.

　㉢ 원 그래프

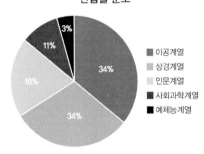

- 내역이나 내용의 구성비를 원을 분할하여 나타낸 그래프이다.
- 전체에 대해 부분이 차지하는 비율을 표시하는 용도로 쓰인다.

ⓔ 점 그래프

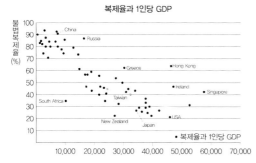

- 종축과 횡축에 2요소를 두고 보고자 하는 것이 어떤 위치에 있는가를 나타내는 그래프이다.
- 지역분포를 비롯하여 도시, 기방, 기업, 상품 등의 평가나 위치·성격을 표시하는데 쓰인다.

ⓜ 층별 그래프

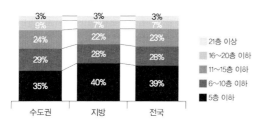

- 선 그래프의 변형으로 연속내역 봉 그래프라고 할 수 있다. 선과 선 사이의 크기로 데이터 변화를 나타낸다.
- 합계와 부분의 크기를 백분율로 나타내고 시간적 변화를 보고자 할 때나 합계와 각 부분의 크기를 실수로 나타내고 시간적 변화를 보고자 할 때 쓰인다.

ⓗ 레이더 차트(거미줄 그래프)

- 원 그래프의 일종으로 비교하는 수량을 직경, 또는 반경으로 나누어 원의 중심에서의 거리에 따라 각 수량의 관계를 나타내는 그래프이다.
- 비교하거나 경과를 나타내는 용도로 쓰인다.

③ 도표 해석상의 유의사항

    ㉠ 요구되는 지식의 수준을 넓힌다.

    ㉡ 도표에 제시된 자료의 의미를 정확히 숙지한다.

    ㉢ 도표로부터 알 수 있는 것과 없는 것을 구별한다.

    ㉣ 총량의 증가와 비율의 증가를 구분한다.

    ㉤ 백분위수와 사분위수를 정확히 이해하고 있어야 한다.

예제 5

다음 표는 2009 ~ 2010년 지역별 직장인들의 자기개발에 관해 조사한 내용을 정리한 것이다. 이에 대한 분석으로 옳은 것은?

(단위 : %)

연도 / 구분 / 지역	2009				2010			
	자기개발 하고 있음	자기개발 비용 부담 주체			자기개발 하고 있음	자기개발 비용 부담 주체		
		직장 100%	본인 100%	직장50% + 본인50%		직장 100%	본인 100%	직장50% + 본인50%
충청도	36.8	8.5	88.5	3.1	45.9	9.0	65.5	24.5
제주도	57.4	8.3	89.1	2.9	68.5	7.9	68.3	23.8
경기도	58.2	12	86.3	2.6	71.0	7.5	74.0	18.5
서울시	60.6	13.4	84.2	2.4	72.7	11.0	73.7	15.3
경상도	40.5	10.7	86.1	3.2	51.0	13.6	74.9	11.6

① 2009년과 2010년 모두 자기개발 비용을 본인이 100% 부담하는 사람의 수는 응답자의 절반 이상이다.

② 자기개발을 하고 있다고 응답한 사람의 수는 2009년과 2010년 모두 서울시가 가장 많다.

③ 자기개발 비용을 직장과 본인이 각각 절반씩 부담하는 사람의 비율은 2009년과 2010년 모두 서울시가 가장 높다.

④ 2009년과 2010년 모두 자기개발을 하고 있다고 응답한 비율이 가장 높은 지역에서 자기개발비용을 직장이 100% 부담한다고 응답한 사람의 비율이 가장 높다.

출제의도

그래프, 그림, 도표 등 주어진 자료를 이해하고 의미를 파악하여 필요한 정보를 해석하는 능력을 평가하는 문제이다.

해 설

② 지역별 인원수가 제시되어 있지 않으므로, 각 지역별 응답자 수는 알 수 없다.

③ 2009년에는 경상도에서, 2010년에는 충청도에서 가장 높은 비율을 보인다.

④ 2009년과 2010년 모두 '자기 개발을 하고 있다'고 응답한 비율이 가장 높은 지역은 서울시이며, 2010년의 경우 자기개발 비용을 직장이 100% 부담한다고 응답한 사람의 비율이 가장 높은 지역은 경상도이다.

답 ①

(4) 도표작성능력

① 도표작성 절차

    ㉠ 어떠한 도표로 작성할 것인지를 결정

    ㉡ 가로축과 세로축에 나타낼 것을 결정

    ㉢ 한 눈금의 크기를 결정

    ㉣ 자료의 내용을 가로축과 세로축이 만나는 곳에 표현

    ㉤ 표현한 점들을 선분으로 연결

    ㉥ 도표의 제목을 표기

② 도표작성 시 유의사항

    ㉠ 선 그래프 작성 시 유의점

- 세로축에 수량, 가로축에 명칭구분을 제시한다.
- 선의 높이에 따라 수치를 파악하는 경우가 많으므로 세로축의 눈금을 가로축보다 크게 하는 것이 효과적이다.
- 선이 두 종류 이상일 경우 반드시 그 명칭을 기입한다.

    ㉡ 막대 그래프 작성 시 유의점

- 막대 수가 많을 경우에는 눈금선을 기입하는 것이 알아보기 쉽다.
- 막대의 폭은 모두 같게 하여야 한다.

    ㉢ 원 그래프 작성 시 유의점

- 정각 12시의 선을 기점으로 오른쪽으로 그리는 것이 보통이다.
- 분할선은 구성비율이 큰 순서로 그린다.

    ㉣ 층별 그래프 작성 시 유의점

- 눈금은 선 그래프나 막대 그래프보다 적게 하고 눈금선은 넣지 않는다.
- 층별로 색이나 모양이 완전히 다른 것이어야 한다.
- 같은 항목은 옆에 있는 층과 선으로 연결하여 보기 쉽도록 한다.

출제예상문제

1 도표와 그래프에 대한 다음 설명 중 빈칸에 들어갈 수 없는 말은?

> 도표란 어떠한 자료를 분석하여 그 관계를 그림으로 형식화하여 나타낸 표를 말한다. 도표는 서적이나 인쇄물에 들어가는 표를 말하며 일정한 양식의 그림으로 표현한다. 글에서 제시한 정보나 자료 등 어떤 상호관련적인 사항들을 비교하거나 분류해서 독자를 이해시키고자 사용하며 주로 논문, 리포트, 보고서 등에 쓰인다. 문장으로 설명하는 것보다 정확하고 간단명료하게 이해할 수 있도록 내용을 표로 정리하고 일정한 기준이나 양식에 맞게 도식화하여 나타낸다. 도표는 그래프, 다이어그램, 차트, 지도, 사진 등을 활용하며 한눈에 알아보기 쉽도록 하는 것이 중요하다. 도표를 사용함으로 인한 좋은 점은 (   ).

① 많은 내용을 정리하는 데 효과적이다.
② 요약된 시각적 그래프를 통해 쉽게 파악하여 관심을 지속시킬 수 있다.
③ 자료의 전체적인 흐름보다 세부적인 항목의 수치를 확인하기에 용이하다.
④ 전체적인 자료의 양을 줄일 수 있다.

 세부적인 항목의 수치를 확인하기에 용이하다는 것은 개별 항목을 설명하는 문장이나 구체적인 수치가 제시된 통계표에서 찾을 수 있는 장점이며, 그래프의 특징은 이러한 세부적인 수치보다 전체 자료의 증감 내역이나, 추이, 흐름 등을 쉽게 파악할 수 있다는 장점이 있다. 또한, 문장으로 설명된 내용과 달리 도표나 그래프는 시각적인 이미지를 기억함으로 인해 한눈에 자료의 내용을 파악할 수 있으며, 오래 기억에 남아있게 된다.

2 다음은 신입사원인 길동이가 작성한 조기노령연금의 연령별, 성별 지급액 현황 그래프이다. 이에 대한 팀장의 지적사항 중 옳은 것을 모두 고르면?

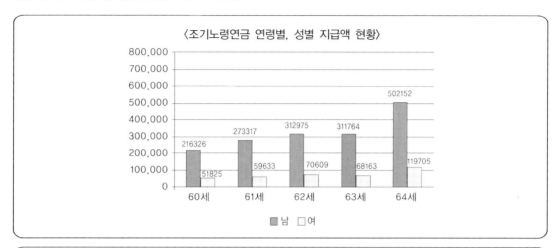

〈조기노령연금 연령별, 성별 지급액 현황〉

〈팀장의 지적사항〉

(개) "그래프의 수치 단위가 누락되었군."
(내) "축 서식의 범위가 과도하게 넓게 설정되었네."
(대) "두 개의 막대를 비교할 때에는 추이선을 반드시 삽입해야 하네."
(래) "큰 숫자에는 천 단위를 구분하는 쉼표가 있어야 하네."

① (개), (내), (대)
② (개), (내), (래)
③ (개), (대), (래)
④ (개), (내), (대), (래)

(개) 모든 그래프에 나타나는 수치에 대한 단위를 표시하는 것은 가장 기본적인 사항이다. (O)
(내) 축 서식의 범위가 800,000인데 반해 그래프의 최댓값은 500,000을 조금 넘고 있다. 따라서 최댓값을 600,000 정도로 좁게 설정하여 자칫 그래프가 왜곡될 수 있는 여지를 차단할 필요가 있다. (O)
(대) 추이선은 각 항목이 제시하는 개별 수치에 더하여 증감의 변화에 따른 추세를 함께 알 수 있도록 하는 것으로, 주어진 연령별 자료에서는 연령별로 변동된 수치의 변화가 중요한 것은 아니므로 반드시 삽입할 필요가 있다고 보기 어렵다. (X)
(래) 천 단위 구분 쉼표가 없어 정확한 숫자를 파악하는 데 어려움이 있다. 그래프를 작성하는 목적은 보다 빨리 한눈에 자료를 알아볼 수 있도록 하는 것이다. (O)

Answer → 1.③ 2.②

┃3~4┃ 다음 자료를 보고 이어지는 물음에 답하시오.

〈연도별 대기오염물질 배출량 현황〉

(단위 : 톤)

구분	황산화물	일산화탄소	질소산화물	미세먼지	유기화합물질
2016	401,741	766,269	1,061,210	116,808	866,358
2017	433,959	718,345	1,040,214	131,176	873,108
2018	417,645	703,586	1,075,207	119,980	911,322
2019	404,660	696,682	1,090,614	111,563	913,573
2020	343,161	594,454	1,135,743	97,918	905,803

3 다음 중 각 대기오염물질의 연도별 증감 추이가 같은 것끼리 짝지어진 것은?

① 일산화탄소, 유기화합물질
② 황산화물, 질소산화물
③ 미세먼지, 유기화합물질
④ 황산화물, 미세먼지

 각 대기오염물질의 연도별 증감 추이는 다음과 같다.
- 황산화물 : 증가 → 감소 → 감소 → 감소
- 일산화탄소 : 감소 → 감소 → 감소 → 감소
- 질소산화물 : 감소 → 증가 → 증가 → 증가
- 미세먼지 : 증가 → 감소 → 감소 → 감소
- 유기화합물질 : 증가 → 증가 → 증가 → 감소
따라서 연도별 증감 추이가 같은 대기오염물질은 황산화물과 미세먼지이다.

4 다음 중 2016년 대비 2020년의 총 대기오염물질 배출량의 증감률로 올바른 것은?

① 약 4.2%
② 약 3.9%
③ 약 2.8%
④ 약 -4.2%

 A에서 B로 변동된 수치의 증감률은 (B−A) ÷ A × 100의 산식에 의해 구할 수 있다. 따라서 2016년과 2020년의 총 대기오염물질 배출량을 계산해 보면 2016년이 3,212,386톤, 2020년이 3,077,079톤이므로 계산식에 의해 (3,077,079−3,212,386) ÷ 3,212,386 × 100＝약 -4.2%가 됨을 알 수 있다.

5 다음은 A지역에서 개최하는 전시회의 연도별, 기업별 부스 방문객 현황을 나타낸 자료이다. 이를 통해 알 수 있는 내용으로 적절하지 않은 것은?

(단위 : 명)

연도 전시기업	2013	2014	2015	2016	2017	2018
甲 기업	1,742	2,011	2,135	2,243	2,413	2,432
乙 기업	2,418	2,499	2,513	2,132	2,521	2,145
丙 기업	3,224	3,424	3,124	3,017	3,114	3,011
丁 기업	1,245	1,526	1,655	1,899	2,013	2,114
戊 기업	2,366	2,666	2,974	3,015	3,115	3,458
己 기업	524	611	688	763	1,015	1,142
庚 기업	491	574	574	630	836	828
전체	12,010	13,311	13,663	13,699	15,027	15,130

① 전시회의 연도별 전체 방문객 방문 현황을 알 수 있다.

② 전시회 참여 업체의 평균 방문객 수를 알 수 있다.

③ 각 기업별 전시회 참여를 통한 매출 변동을 알 수 있다.

④ 방문객이 가장 많은 기업의 연도별 방문객 변동 내역을 확인할 수 있다.

 ③ 기업별 방문객의 수만 제시되어 있는 자료이므로 매출액과 관련된 자료를 알 수 있는 방법은 없다.
  ① 하단에 전체 합계와 주어진 기업별 방문객 수의 합이 일치하므로 전체 방문객 방문 현황을 알 수 있다.
  ② 전체 방문객을 기업의 수로 나누어 평균 방문객 수를 알 수 있다.
  ④ 전체 방문객이 가장 많은 기업을 확인하여 매년 동일한지 또는 어느 해에 어떻게 달라졌는지 등을 확인할 수 있다.

Answer ⬒ 3.④ 4.④ 5.③

6 다음 자료에 대한 설명으로 올바른 것은?

<한우 연도별 등급 비율>

(단위 : %, 두)

연도	육질 등급					합계	한우등급 판정두수
	1++	1+	1	2	3		
2014	7.5	19.5	27.0	25.2	19.9	99.1	588,003
2015	8.6	20.5	27.6	24.7	17.9	99.3	643,930
2016	9.7	22.7	30.7	25.2	11.0	99.3	602,016
2017	9.2	22.6	30.6	25.5	11.6	99.5	718,256
2018	9.3	20.2	28.6	27.3	14.1	99.5	842,771
2019	9.2	21.0	31.0	27.1	11.2	99.5	959,751
2020	9.3	22.6	32.8	25.4	8.8	98.9	839,161

① 1등급 이상이 60%를 넘은 해는 모두 3개년이다.

② 3등급 판정을 받은 한우의 두수는 2016년이 가장 적다.

③ 전년보다 1++ 등급의 비율이 더 많아진 해에는 3등급의 비율이 매번 더 적어졌다.

④ 1++ 등급의 비율이 가장 낮은 해는 3등급의 비율이 가장 높은 해이며, 반대로 1++ 등급의 비율이 가장 높은 해는 3등급의 비율이 가장 낮다.

 Tip

② 3등급 판정을 받은 한우의 비율은 2020년이 가장 낮지만, 비율을 통해 한우등급 판정두수를 계산해 보면 2016년의 두수가 602,016×0.11=약 66,222두로, 2020년의 839,161× 0.088=약 73,846두보다 더 적음을 알 수 있다.

① 1등급 이상이 60%를 넘은 해는 2016, 2017, 2019, 2020년으로 4개년이다.

③ 2017년에서 2018년으로 넘어가면서 1++등급은 0.1%p 비율이 더 많아졌으며, 3등급의 비율도 2.5%p 더 많아졌다.

④ 1++ 등급의 비율이 가장 낮은 2014년에는 3등급의 비율이 가장 높았지만, 반대로 1++ 등급의 비율이 가장 높은 2016년에는 3등급의 비율도 11%로 2020년보다 더 높아 가장 낮지 않았다.

|7~8| 다음에 제시된 항공사별 운항현황을 보고 물음에 답하시오.

항공사	구분	2008년	2009년	2010년	2011년
AAR	운항 편(대)	8,486	8,642	8,148	8,756
	여객(명)	1,101,596	1,168,460	964,830	1,078,490
	운항거리(km)	5,928,362	6,038,761	5,761,479	6,423,765
KAL	운항 편(대)	11,534	12,074	11,082	11,104
	여객(명)	1,891,652	2,062,426	1,715,962	1,574,966
	운항거리(km)	9,112,071	9,794,531	8,972,439	8,905,408

7 AAR 항공사의 경우 항공기 1대당 수송 여객의 수가 가장 많았던 해는 언제인가?

① 2008년   ② 2009년
③ 2010년   ④ 2011년

 ① 2008년 : 1,101,596÷8,486＝약 129명
② 2009년 : 1,168,460÷8,642＝약 135명
③ 2010년 : 964,830÷8,148＝약 118명
④ 2011년 : 1,078,490÷8,756＝약 123명

8 항공기 1대당 운항 거리가 2011년과 동일하다고 했을 때, KAL 항공사가 2012년 한 해 동안 9,451,570 km의 거리를 운항하기 위해서 증편해야 할 항공기 수는 몇 대인가?

① 495   ② 573
③ 681   ④ 709

 KAL 항공사의 2011년 항공기 1대당 운항 거리는 8,905,408÷11,104＝802로, 2012년 한 해 동안 9,451,570km의 거리를 운항하기 위해서는 9,451,570÷802＝11,785대의 항공기가 필요하다. 따라서 KAL 항공사는 11,785－11,104＝681대의 항공기를 증편해야 한다.

Answer↱ 6.② 7.② 8.③

9 다음은 주식시장에서 외국인의 최근 한 달간의 주요 매매 정보 자료이다. 가 그룹 주식의 최근 한 달간의 1주당 평균 금액은 얼마인가? (단, 소수점 첫째 자리에서 반올림하시오)

	순매수			순매도	
종목명	수량(백 주)	금액(백만 원)	종목명	수량(백 주)	금액(백만 원)
A 그룹	5,620	695,790	가 그룹	84,930	598,360
B 그룹	138,340	1,325,000	나 그룹	2,150	754,180
C 그룹	13,570	284,350	다 그룹	96,750	162,580
D 그룹	24,850	965,780	라 그룹	96,690	753,540
E 그룹	70,320	110,210	마 그룹	12,360	296,320

① 7,045원   ② 70,453원

③ 5,984원   ④ 68,570원

 $\dfrac{598,360,000,000}{8,493,000} ≒ 70,453(원)$

10 다음은 총기소지허가 추기 통계표이다. 2011년 전체 총기허가 건수 중 엽총이 차지하는 비율은 몇 %인가? (단, 소수점 첫째 자리에서 반올림하시오)

(단위 : 정)

구분	2004	2005	2006	2007	2008	2009	2010	2011
계	303,139	288,464	276,784	268,216	260,310	242,403	219,979	192,985
전년대비 비율, %	-1.5	-4.8	-4.0	-3.0	-2.9	-6.9	-9.2	-12.3
권총	1,632	1,553	1,596	1,573	1,648	1,734	1,803	1,813
소총	625	636	586	602	576	610	648	653
엽총	36,785	30,058	37,972	38,685	38,012	38,317	38,025	37,654
공기총	209,702	193,616	180,420	172,590	168,175	153,517	138,593	121,201
기타총	54,395	54,601	56,210	54,766	51,899	48,225	40,910	31,664

① 16%   ② 18%

③ 20%   ④ 22%

 $\dfrac{37,654}{192,985} \times 100 = 19.51(\%) ≒ 20\%$

11 다음은 우체국 택배물 취급에 관한 기준표이다. 미영이가 서울에서 포항에 있는 보람이와 설희에게 각각 택배를 보내려고 한다. 보람이에게 보내는 물품은 10kg에 130cm이고, 설희에게 보내려는 물품은 4kg에 60cm이다. 미영이가 택배를 보내는 데 드는 비용은 모두 얼마인가?

(단위 : 원/개)

중량(크기)		2kg까지 (60cm까지)	5kg까지 (80cm까지)	10kg까지 (120cm까지)	20kg까지 (140cm까지)	30kg까지 (160cm까지)
동일지역		4,000원	5,000원	6,000원	7,000원	8,000원
타지역		5,000원	6,000원	7,000원	8,000원	9,000원
제주 지역	빠른(항공)	6,000원	7,000원	8,000원	9,000원	11,000원
	보통(배)	5,000원	6,000원	7,000원	8,000원	9,000원

※ 1) 중량이나 크기 중에 하나만 기준을 초과하여도 초과한 기준에 해당하는 요금을 적용한다.
  2) 동일지역은 접수지역과 배달지역이 동일한 시/도이고, 타지역은 접수한 시/도지역 이외의 지역으로 배달되는 경우를 말한다.
  3) 부가서비스(안심소포) 이용시 기본요금에 50% 추가하여 부가한다.

① 13,000원 ② 14,000원
③ 15,000원 ④ 16,000원

 중량이나 크기 중에 하나만 기준을 초과하여도 초과한 기준에 해당하는 요금을 적용한다고 하였으므로, 보람이에게 보내는 택배는 10kg지만 130cm로 크기 기준을 초과하였으므로 요금은 8,000원이 된다. 또한 설희에게 보내는 택배는 60cm이지만 4kg으로 중량기준을 초과하였으므로 요금은 6,000원이 된다.

Answer ➡ 9.② 10.③ 11.②

12 다음 〈그림〉은 국내 7개 권역별 전국 대비 면적, 인구, 산업 생산액 비중 현황을 나타낸 것이다. 이를 토대로 〈보기〉에 제시된 각 항목의 값이 두 번째로 큰 권역을 바르게 나열한 것은?

〈그림〉 권역별 전국 대비 면적, 인구, 산업 생산액 비중 현황

(단위:%)

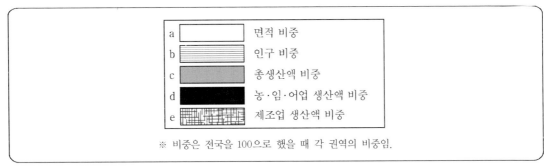

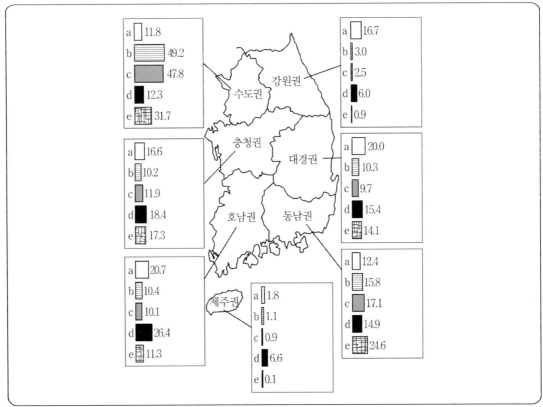

<보기>
㉠ 면적 대비 총생산액
㉡ 면적 대비 농·임·어업 생산액
㉢ 인구 대비 제조업 생산액

① ㉠ 동남권, ㉡ 호남권, ㉢ 동남권
② ㉠ 충청권, ㉡ 호남권, ㉢ 대경권
③ ㉠ 동남권, ㉡ 호남권, ㉢ 대경권
④ ㉠ 충청권, ㉡ 동남권, ㉢ 동남권

 ㉠ 면접 대비 총 생산액은 수도권 4.05 / 충청권 0.72 / 호남권 0.49 / 제주권 0.5 / 강원권 0.15 / 대경권 0.49 / 동남권 1.38
㉡ 면적 대비 농·임·어업 생산액은 수도권 1.04 / 충청권 1.11 / 호남권 1.28 / 제주권 3.67 / 강원권 0.36 / 대경권 0.77 / 동남권 1.2
㉢ 인구대비 제조업 생산액은 수도권 0.64 / 충청권 1.7 / 호남권 1.09 / 제주권 0.09 / 강원권 0.3 / 대경권 1.37 / 동남권 1.56

Answer↱ 12.①

13 다음은 신재생에너지 설비용량에 관한 자료이다. 이에 대한 설명으로 옳지 않은 것은? (단, 계신 값은 소수점 이하 생략한다)

(단위 : MW)

기간	신에너지		재생에너지					
	연료전지	석탄가스화	태양	풍력	수력	해양	바이오	폐기물
2019/10	444	346	3,185	1,563	1,791	256	540	4,529
2019/09	444	346	3,138	1,563	1,791	256	890	4,529
2019/08	424	346	3,110	1,481	1,791	256	881	3,281
2019/07	423	346	3,057	1,481	1,791	256	882	3,282
2019/06	373	346	2,996	1,421	1,791	255	782	3,278
2019/05	373	346	2,853	1,421	1,789	255	781	3,278
2019/04	364	346	2,812	1,421	1,789	255	706	3,278
2019/03	364	346	2,782	1,421	1,789	255	706	3,278
2019/02	364	346	2,730	1,421	1,789	255	529	3,278
2019/01	345	346	2,688	1,421	1,789	255	530	3,276

① 2019년 10월 전체 신재생에너지 설비용량에서 풍력에너지 설비용량이 차지하는 비중은 12%이다.
② 2019년 6월 전월 대비 태양에너지 설비용량의 증가율은 5%가 안 된다.
③ 재생에너지 중에서 설비용량이 가장 큰 것은 폐기물이다.
④ 바이오에너지 설비용량의 10개월 평균 값은 722MW이다.

Tip

② $\dfrac{(2,996-2,853)}{2,853} \times 100 = 5\%$

① $\dfrac{1,563}{12,654} \times 100 = 12\%$

③ 매월 재생에너지 중 설비용량이 가장 큰 것은 폐기물임을 자료를 통해 확인할 수 있다.

④ $\dfrac{7,227}{10} = 722$

|14~15| 다음은 아동·청소년의 인구변화에 관한 표이다. 물음에 답하시오.

(단위 : 명)

연령 ＼ 연도	2000년	2005년	2010년
전체 인구	44,553,710	45,985,289	47,041,434
0~24세	18,403,373	17,178,526	15,748,774
0~9세	6,523,524	6,574,314	5,551,237
10~24세	11,879,849	10,604,212	10,197,537

14 다음 중 표에 관한 설명으로 가장 적절한 것은?

① 전체 인구수가 증가하는 이유는 0~9세 아동 인구 때문이다.

② 전체 인구 중 25세 이상보다 24세 이하의 인구수가 많다.

③ 전체 인구 중 10~24세 사이의 인구가 차지하는 비율은 변화가 없다.

④ 전체 인구 중 24세 이하의 인구가 차지하는 비율이 지속적으로 감소하고 있다.

 ① 0~9세 아동 인구는 점점 감소하고 있으므로 전체 인구수의 증가 이유와 관련이 없다.
② 연도별 25세의 인구수는 각각 26,150,337명, 28,806,766명, 31,292,660명으로 24세 이하의 인구수보다 많다.
③ 전체 인구 중 10~24세 사이의 인구가 차지하는 비율은 약 26.66%, 23.06%, 21.68%로 점점 감소하고 있다.

15 다음 중 비율이 가장 높은 것은?

① 2000년의 전체 인구 중에서 0~24세 사이의 인구가 차지하는 비율

② 2005년의 0~24세 인구 중에서 10~24세 사이의 인구가 차지하는 비율

③ 2010년의 전체 인구 중에서 0~24세 사이의 인구가 차지하는 비율

④ 2000년의 0~24세 인구 중에서 10~24세 사이의 인구가 차지하는 비율

① $\dfrac{18,403,373}{44,553,710} \times 100 = 41.37(\%)$ ② $\dfrac{10,604,212}{17,178,526} \times 100 = 61.73(\%)$

③ $\dfrac{15,748,774}{47,041,434} \times 100 = 33.48(\%)$ ④ $\dfrac{11,879,849}{18,403,373} \times 100 = 64.55(\%)$

Answer → 13.② 14.④ 15.④

┃16~17┃ 다음은 60대 인구의 여가활동 목적추이를 나타낸 표(단위 : %)이고, 그래프는 60대 인구의 여가활동 특성(단위 : %)에 관한 것이다. 자료를 보고 물음에 답하시오.

여가활동 목적	2006	2007	2008
개인의 즐거움	21	22	19
건강	26	31	31
스트레스 해소	11	7	8
마음의 안정과 휴식	15	15	13
시간 때우기	6	6	7
자기발전 자기계발	6	4	4
대인관계 교제	14	12	12
자아실현 자아만족	2	2	4
가족친목	0	0	1
정보습득	0	0	0

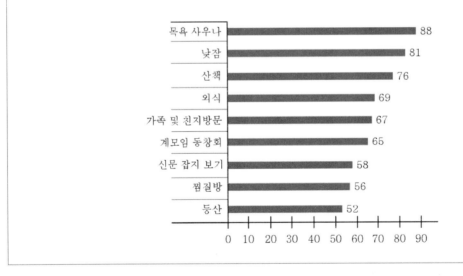

16 자료에 대한 설명으로 올바른 것은?

① 60대 인구 대부분은 스트레스 해소를 위해 목욕·사우나를 한다.

② 60대 인구가 가족 친목을 위해 여가시간을 보내는 비중은 정보습득을 위해 여가시간을 보내는 비중만큼이나 작다.

③ 60대 인구가 여가활동을 건강을 위해 보내는 추이가 점차 감소하고 있다.

④ 여가활동을 낮잠으로 보내는 비율이 60대 인구의 여가활동 가운데 가장 높다.

 ① 제시된 자료로는 60대 인구가 스트레스 해소로 목욕·사우나를 하는지 알 수 없다.
③ 60대 인구가 여가활동을 건강을 위해 보내는 비중이 2007년에 증가하였고 2008년은 전년과 동일한 비중을 차지하였다.
④ 여가활동을 목욕·사우나로 보내는 비율이 60대 인구의 여가활동 가운데 가장 높다.

17 60대 인구가 25만 명이라면 여가활동으로 등산을 하는 인구는 몇 명인가?

① 13만 명

② 15만 명

③ 16만 명

④ 17만 명

 $\dfrac{x}{25만} \times 100 = 52\%$

$x = 13만$ 명

Answer ☞ 16.② 17.①

18~19 〈표 1〉은 대재이상 학력자의 3개월간 일반도서 구입량에 대한 표이고 〈표 2〉는 20대 이하 인구의 3개월간 일반도서 구입량에 대한 표이다. 물음에 답하시오.

〈표 1〉 대재이상 학력자의 3개월간 일반도서 구입량

	2006년	2007년	2008년	2009년
사례 수	255	255	244	244
없음	41%	48%	44%	45%
1권	16%	10%	17%	18%
2권	12%	14%	13%	16%
3권	10%	6%	10%	8%
4~6권	13%	13%	13%	8%
7권 이상	8%	8%	3%	5%

〈표 2〉 20대 이하 인구의 3개월간 일반도서 구입량

	2006년	2007년	2008년	2009년
사례 수	491	545	494	481
없음	31%	43%	39%	46%
1권	15%	10%	19%	16%
2권	13%	16%	15%	17%
3권	14%	10%	10%	7%
4~6권	17%	12%	13%	9%
7권 이상	10%	8%	4%	5%

18 2007년 20대 이하 인구의 3개월간 일반도서 구입량이 1권 이하인 사례는 몇 건인가? (소수 첫째자리에서 반올림할 것)

① 268건　　　　　　　　　　② 278건
③ 289건　　　　　　　　　　④ 정답 없음

 $545 \times (0.43 + 0.1) = 288.85 \rightarrow 289$건

19 2008년 대재이상 학력자의 3개월간 일반도서 구입량이 7권 이상인 경우의 사례는 몇 건인가? (소수 둘째자리에서 반올림할 것)

① 7.3건　　　　　　　　　　　② 7.4건

③ 7.5건　　　　　　　　　　　④ 7.6건

 244 × 0.03 = 7.32건

20 위 표에 대한 설명으로 옳지 않은 것은?

① 20대 이하 인구가 3개월간 1권 이상 구입한 일반도서량은 해마다 증가하고 있다.

② 20대 이하 인구가 3개월간 일반도서 7권 이상 읽은 비중이 가장 낮다.

③ 20대 이하 인구가 3권 이상 6권 이하로 일반도서 구입하는 량은 해마다 감소하고 있다.

④ 대재이상 학력자가 3개월간 일반도서 1권 구입하는 것보다 한 번도 구입한 적이 없는 경우가 더 많다.

 ① 20대 이하 인구가 3개월간 1권 이상 구입한 일반도서량은 2007년과 2009년 전년에 비해 감소했다.

PLUS tip ··

자료 해석에 있어 구별해야 할 용어

㉠ 대체로/일반적으로 증가(감소)한다
㉡ 해마다/지속적으로/꾸준히 증가(감소)한다
㉢ 증감이 반복된다/경향성을 예측할 수 없다
㉣ 자료를 통하여 판단하기 어렵다/알 수 없다

Answer ⤷ 18.③ 19.① 20.①

┃21~24┃ 다음은 농업총수입과 농작물수입을 영농형태와 지역별로 나타낸 표이다. 표를 보고 물음에 답하시오.

영농형태	농업총수입(천 원)	농작물수입(천 원)
논벼	20,330	18,805
과수	34,097	32,382
채소	32,778	31,728
특용작물	45,534	43,997
화훼	64,085	63,627
일반밭작물	14,733	13,776
축산	98,622	14,069
기타	28,499	26,112

행정지역	농업총수입(천 원)	농작물수입(천 원)
경기도	24,785	17,939
강원도	27,834	15,532
충청북도	23,309	17,722
충청남도	31,583	18,552
전라북도	26,044	21,037
전라남도	23,404	19,129
경상북도	28,690	22,527
경상남도	28,478	18,206
제주도	29,606	28,141

21 제주도의 농업총수입은 경기도 농업총수입과 얼마나 차이 나는가?

① 4,821천 원 ② 4,930천 원
③ 5,860천 원 ④ 6,896천 원

 29,606 − 24,785 = 4,821(천 원)

22 앞의 표에 대한 설명으로 옳지 않은 것은?

① 화훼는 과수보다 약 2배의 농업총수입을 얻고 있다.

② 축산의 농업총수입은 다른 영농형태보다 월등히 많은 수입을 올리고 있다.

③ 경기도는 농업총수입과 농작물수입이 충청남도보다 높다.

④ 강원도의 농작물수입은 다른 지역에 비해 가장 낮은 수입이다.

 ③ 경기도는 농업총수입과 농작물수입이 충청남도보다 낮다.

23 특용작물의 농업총수입은 일반밭작물의 몇 배인가? (소수점 둘째자리까지 구하시오)

① 1.26배   ② 2.95배

③ 3.09배   ④ 4.21배

(Tip) 45,534 ÷ 14,733 = 3.09배

24 농업총수입이 가장 높은 영농형태와 농작물수입이 가장 낮은 영농형태로 이어진 것은?

① 일반밭작물 - 축산   ② 축산 - 일반밭작물

③ 특용작물 - 축산   ④ 과수 - 채소

(Tip) ② 축산(98,622천 원), 일반밭작물(13,776천 원)

25 다음 〈표〉는 A국 공무원들의 국외 출장 현황과 출장국가별 여비 기준을 나타낸 자료이다. 〈표〉와 〈조건〉을 근거로 출장 여비를 지급받을 때, 출장 여비를 가장 많이 지급받는 출장자부터 순서대로 바르게 나열한 것은?

〈표 1〉 A국 '갑'~'무' 공무원 국외 출장 현황

출장자	출장 국가	출장 기간	숙박비 지급 유형	1박 실지출 비용 ($/박)	출장 시 개인 마일리지 사용 여부
갑	A	3박 4일	실비지급	145	미사용
을	A	3박 4일	정액지급	130	사용
병	B	3박 5일	실비지급	110	사용
정	C	4박 6일	정액지급	75	미사용
무	D	5박 6일	실비지급	75	사용

※ 각 출장자의 출장 기간 중 매박 실지출 비용은 변동 없음.

〈표 2〉 출장 국가별 1인당 여비 지급 기준액

구분 출장국가	1일 숙박비 상한액($/박)	1일 식비($/박)
A	170	72
B	140	60
C	100	45
D	85	35

〈조건〉

• 출장 여비($)＝숙박비＋식비
• 숙박비는 숙박 실지출 비용을 지급하는 실비지급 유형과 출장국가 숙박비 상한액의 80%를 지급하는 정액지급 유형으로 구분
  - 실비지급 숙박비($)＝(1박 실지출 비용) × ('박' 수)
  - 정액지급 숙박비($)＝(출장국가 1일 숙박비 상한액) × ('박' 수) × 0.8
• 식비는 출장시 개인 마일리지 사용여부에 따라 출장 중 식비의 20% 추가지급
  - 개인 마일리지 미사용시 지급 식비($)＝(출장국가 1일 식비) × ('일' 수)
  - 개인 마일리지 사용시 지급 식비($)＝(출장국가 1일 식비) × ('일' 수) × 1.2

① 갑, 을, 병, 정, 무
② 갑, 을, 병, 무, 정
③ 을, 갑, 정, 병, 무
④ 을, 갑, 병, 무, 정

26 민경이는 $10 \times 10\mathrm{m}^2$의 동아리방에 매트를 깔려고 한다. 다음 중 가장 저렴하게 구매할 수 있는 매트는?

> ㉠ A 놀이매트($1 \times 1\mathrm{m}^2$) : 1세트(20개) 10만 원
>
>   ※ 5세트 구매 시 1세트 무료 증정
>
> ㉡ B 어린이매트($1 \times 1\mathrm{m}^2$) : 1세트(25개) 15만 원
>
> ㉢ C 보호매트($1 \times 2\mathrm{m}^2$) : 1세트(10개) 7만 원
>
> ㉣ D 환경매트($1 \times 2\mathrm{m}^2$) : 1세트(10개) 10만 원
>
>   ※ 2세트 구매 시 단품 5개 증정

① ㉠

② ㉡

③ ㉢

④ ㉣

㉠ 100개(5세트)가 필요하다. 10만 원×5세트=50만 원
㉡ 100개(4세트)가 필요하다. 15만 원×4세트=60만 원
㉢ 50개(5세트)가 필요하다. 7만 원×5세트=35만 원
㉣ 50개(5세트)가 필요하지만 40개(4세트)를 사면 단품 10개를 증정 받을 수 있다.
  10만 원×4세트=40만 원
∴ C 보호매트가 가장 저렴하다.

27 A씨는 30 % 할인 행사 중인 백화점에 갔다. 매장에 도착하니 딩일 구매물품의 성가 총액에 따라 아래의 〈혜택〉중 하나를 택할 수 있다고 한다. 정가 10만 원짜리 상의와 15만 원짜리 하의를 구입하고자 한다. 옷을 하나 이상 구입하여 일정 혜택을 받고 교통비를 포함해 총비용을 계산할 때, 〈보기〉의 설명 중 옳은 것을 모두 고르면? (단, 1회 왕복교통비는 5천 원이고, 소요시간 등 기타사항은 금액으로 환산하지 않는다)

〈혜택〉
- 추가할인 : 정가 총액이 20만 원 이상이면, 할인된 가격의 5%를 추가로 할인
- 할인쿠폰 : 정가 총액이 10만 원 이상이면, 세일기간이 아닌 기간에 사용할 수 있는 40% 할인권 제공

〈보기〉
㉠ 오늘 상·하의를 모두 구입하는 것이 가장 싸게 구입하는 방법이다.
㉡ 상·하의를 가장 싸게 구입하면 17만 원 미만의 비용이 소요된다.
㉢ 상·하의를 가장 싸게 구입하는 경우와 가장 비싸게 구입하는 경우의 비용 차이는 1회 왕복 교통비 이상이다.
㉣ 오늘 하의를 구입하고, 세일기간이 아닌 기간에 상의를 구입하면 17만 5천 원이 든다.

---

① ㉠, ㉡   ② ㉠, ㉢

③ ㉡, ㉢   ④ ㉢, ㉣

 갑씨가 선택할 수 있는 방법은 총 세 가지이다.
- 오늘 상·하의를 모두 구입하는 방법(추가할인적용)
  $(250,000 \times 0.7) \times 0.95 + 5,000 = 171,250$(원)
- 오늘 상의를 구입하고, 세일기간이 아닌 기간에 하의를 구입하는 방법(할인쿠폰사용)
  $(100,000 \times 0.7) + (150,000 \times 0.6) + 10,000 = 170,000$(원)
- 오늘 하의를 구입하고, 세일기간이 아닌 기간에 상의를 구입하는 방법(할인쿠폰사용)
  $(150,000 \times 0.7) + (100,000 \times 0.6) + 10,000 = 175,000$(원)
  ∴ ㉠ 가장 싸게 구입하는 방법은 오늘 상의를 구입하고, 세일기간이 아닌 기간에 하의를 구입하는 것이다.
  ㉡ 상·하의를 가장 싸게 구입하면 17만 원의 비용이 소요된다.

28 지헌이는 생활이 어려워 수집했던 고가의 피규어를 인터넷 경매를 통해 판매하려고 한다. 경매 방식과 규칙, 예상 응찰 현황이 다음과 같을 때, 경매 결과를 바르게 예측한 것은?

> • 경매 방식 : 각 상품은 따로 경매하거나 묶어서 경매
> • 경매 규칙
> −낙찰자 : 최고가로 입찰한 자
> −낙찰가 : 두 번째로 높은 입찰가
> −두 상품을 묶어서 경매할 경우 낙찰가의 5%를 할인해 준다.
> −입찰자는 낙찰가의 총액이 100,000원을 초과할 경우 구매를 포기한다.
> • 예상 응찰 현황
>
> | 입찰자 | A 입찰가 | B 입찰가 | 합계 |
> |---|---|---|---|
> | 甲 | 20,000 | 50,000 | 70,000 |
> | 乙 | 30,000 | 40,000 | 70,000 |
> | 丙 | 40,000 | 70,000 | 110,000 |
> | 丁 | 50,000 | 30,000 | 80,000 |
> | 戊 | 90,000 | 10,000 | 100,000 |
> | 己 | 40,000 | 80,000 | 120,000 |
> | 庚 | 10,000 | 20,000 | 30,000 |
> | 辛 | 30,000 | 10,000 | 40,000 |

① 두 상품을 묶어서 경매한다면 낙찰자는 己이다.

② 경매 방식에 상관없이 지헌이의 예상 수입은 동일하다.

③ 두 상품을 따로 경매한다면 얻는 수입은 120,000원이다.

④ 두 상품을 따로 경매한다면 A의 낙찰자는 丁이다.

 ③ 두 상품을 따로 경매한다면 A는 戊에게 50,000원에, B는 己에게 70,000원에 낙찰되므로 얻는 수입은 120,000원이다.

① 두 상품을 묶어서 경매한다면 최고가 입찰자는 己이다. 己가 낙찰 받는 금액은 110,000원으로 5% 할인을 해주어도 그 금액이 100,000원이 넘는다. 입찰자는 낙찰가의 총액이 100,000원을 초과할 경우 구매를 포기한다는 조건에 의해 己는 구매를 포기하게 되므로 낙찰자는 丙이 된다.

② 지헌이가 얻을 수 있는 예상 수입은 두 상품을 따로 경매할 경우 120,000원, 두 상품을 묶어서 경매할 경우 95,000원으로 동일하지 않다.

④ 두 상품을 따로 경매한다면 A의 낙찰자는 戊이다.

Answer ➟ 27.④ 28.③

29 다이어트 중인 수진이는 품목별 가격과 칼로리, 오늘의 행사 제품 여부에 따라 물건을 구입하려고 한다. 예산이 10,000원이라고 할 때, 칼로리의 합이 가장 높은 조합은?

〈품목별 가격과 칼로리〉

품목	피자	돈가스	도넛	콜라	아이스크림
가격(원/개)	2,500	4,000	1,000	500	2,000
칼로리(kcal/개)	600	650	250	150	350

〈오늘의 행사〉

> 행사 1 : 피자 두 개 한 묶음을 사면 콜라 한 캔이 덤으로!
> 행사 2 : 돈가스 두 개 한 묶음을 사면 돈가스 하나가 덤으로!
> 행사 3 : 아이스크림 두 개 한 묶음을 사면 아이스크림 하나가 덤으로!
> 단, 행사는 품목당 한 묶음까지만 적용됩니다.

① 피자 2개, 아이스크림 2개, 도넛 1개
② 돈가스 2개, 피자 1개, 콜라 1개
③ 아이스크림 2개, 도넛 6개
④ 돈가스 2개, 도넛 2개

① 피자 2개, 아이스크림 2개, 도넛 1개를 살 경우, 행사 적용에 의해 피자 2개, 아이스크림 3개, 도넛 1개, 콜라 1개를 사는 효과가 있다. 따라서 총 칼로리는 (600 × 2) + (350 × 3) + 250 + 150 = 2,650kcal이다.

② 돈가스 2개(8,000원), 피자 1개(2,500원), 콜라 1개(500원)의 조합은 예산 10,000원을 초과한다.

③ 아이스크림 2개, 도넛 6개를 살 경우, 행사 적용에 의해 아이스크림 3개, 도넛 6개를 구입하는 효과가 있다. 따라서 총 칼로리는 (350 × 3) + (250 × 6) = 2,550kcal이다.

④ 돈가스 2개, 도넛 2개를 살 경우, 행사 적용에 의해 돈가스 3개, 도넛 2개를 구입하는 효과가 있다. 따라서 총 칼로리는 (650 × 3) + (250 × 2) = 2,450kcal이다.

30 다음은 어느 카페의 메뉴판이다. 오늘의 커피와 단호박 샌드위치를 먹으려할 때, 세트로 구매하는 것은 단품으로 시키는 것보다 얼마가 더 저렴한가?

〈메뉴〉

음료		샌드위치	
오늘의 커피	3,000	하우스 샌드위치	5,000
아메리카노	3,500	단호박 샌드위치	5,500
카페라떼	4,000	치즈듬뿍 샌드위치	5,500
생과일주스	4,000	베이컨토마토 샌드위치	6,000

수프
콘수프   4,500
감자수프   5,000
브로콜리수프   5,000

세트   7,000
(오늘의 커피 + 하우스 샌드위치 or 콘수프 중 택1)

※ 커피종류는 변경할 수 없음
※ 샌드위치 또는 수프 변경 시 가격의 차액만큼 추가

① 500원

② 1,000원

③ 1,500원

④ 2,000원

 단품으로 구매 시 : 오늘의 커피(3,000) + 단호박 샌드위치(5,500) = 8,500원
세트로 구매 시 : 7,000 + 샌드위치 차액(500) = 7,500원
∴ 세트로 구매하는 것이 단품으로 구매하는 것보다 1,000원 더 저렴하다.

Answer⟶ 29.① 30.②

문제해결능력

01 문제와 문제해결

(1) 문제의 정의와 분류

① 정의 : 업무를 수행함에 있어서 답을 요구하는 질문이나 의논하여 해결해야 되는 사항이다.

② 문제의 분류

구분	창의적 문제	분석적 문제
문제제시 방법	현재 문제가 없더라도 보다 나은 방법을 찾기 위한 문제 탐구→문제 자체가 명확하지 않음	현재의 문제점이나 미래의 문제로 예견될 것에 대한 문제 탐구→문제 자체가 명확함
해결방법	창의력에 의한 많은 아이디어의 작성을 통해 해결	분석, 논리, 귀납과 같은 논리적 방법을 통해 해결
해답 수	해답의 수가 많으며, 많은 답 가운데 보다 나은 것을 선택	답의 수가 적으며 한정되어 있음
주요특징	주관적, 직관적, 감각적, 정성적, 개별적, 특수성	객관적, 논리적, 정량적, 이성적, 일반적, 공통성

(2) 업무수행과정에서 발생하는 문제 유형

① 발생형 문제(보이는 문제) : 현재 직면하여 해결하기 위해 고민하는 문제이다. 원인이 내재되어 있기 때문에 원인지향적인 문제라고도 한다.

    ㉠ 일탈문제 : 어떤 기준을 일탈함으로써 생기는 문제

    ㉡ 미달문제 : 어떤 기준에 미달하여 생기는 문제

② 탐색형 문제(찾는 문제) : 현재의 상황을 개선하거나 효율을 높이기 위한 문제이다. 방치할 경우 큰 손실이 따르거나 해결할 수 없는 문제로 나타나게 된다.

    ㉠ 잠재문제 : 문제가 잠재되어 있어 인식하지 못하다가 확대되어 해결이 어려운 문제

    ㉡ 예측문제 : 현재로는 문제가 없으나 현 상태의 진행 상황을 예측하여 찾아야 앞으로 일어날 수 있는 문제가 보이는 문제

ⓒ 발견문제 : 현재로서는 담당 업무에 문제가 없으나 선진기업의 업무 방법 등 보다 좋은 제도나 기법을 발견하여 개선시킬 수 있는 문제

③ 설정형 문제(미래 문제) : 장래의 경영전략을 생각하는 것으로 앞으로 어떻게 할 것인가 하는 문제이다. 문제해결에 창조적인 노력이 요구되어 창조적 문제라고도 한다.

예제 1

D회사 신입사원으로 입사한 귀하는 신입사원 교육에서 업무수행과정에서 발생하는 문제 유형 중 설정형 문제를 하나씩 찾아오라는 지시를 받았다. 이에 대해 귀하는 교육받은 내용을 다시 복습하려고 한다. 설정형 문제에 해당하는 것은?

① 현재 직면하여 해결하기 위해 고민하는 문제
② 현재의 상황을 개선하거나 효율을 높이기 위한 문제
③ 앞으로 어떻게 할 것인가 하는 문제
④ 원인이 내재되어 있는 원인지향적인 문제

출제의도

업무수행 중 문제가 발생하였을 때 문제 유형을 구분하는 능력을 측정하는 문항이다.

해 설

업무수행과정에서 발생하는 문제 유형으로는 발생형 문제, 탐색형 문제, 설정형 문제가 있으며 ①④는 발생형 문제이며 ②는 탐색형 문제, ③이 설정형 문제이다.

답 ③

---

(3) 문제해결

① 정의 : 목표와 현상을 분석하고 이 결과를 토대로 과제를 도출하여 최적의 해결책을 찾아 실행·평가해 가는 활동이다.

② 문제해결에 필요한 기본적 사고

ⓐ 전략적 사고 : 문제와 해결방안이 상위 시스템과 어떻게 연결되어 있는지를 생각한다.

ⓑ 분석적 사고 : 전체를 각각의 요소로 나누어 그 의미를 도출하고 우선순위를 부여하여 구체적인 문제해결방법을 실행한다.

ⓒ 발상의 전환 : 인식의 틀을 전환하여 새로운 관점으로 바라보는 사고를 지향한다.

ⓓ 내·외부자원의 활용 : 기술, 재료, 사람 등 필요한 자원을 효과적으로 활용한다.

③ 문제해결의 장애요소

ⓐ 문제를 철저하게 분석하지 않는 경우

ⓑ 고정관념에 얽매이는 경우

ⓒ 쉽게 떠오르는 단순한 정보에 의지하는 경우

ⓓ 너무 많은 자료를 수집하려고 노력하는 경우

④ 문제해결방법
  ㉠ 소프트 어프로치 : 문제해결을 위해서 직접적인 표현보다는 무언가를 시사하거나 암시를 통하여
    의사를 전달하여 문제해결을 도모하고자 한다.
  ㉡ 하드 어프로치 : 상이한 문화적 토양을 가지고 있는 구성원을 가정하고, 서로의 생각을 직설적으
    로 주장하고 논쟁이나 협상을 통해 서로의 의견을 조정해 가는 방법이다.
  ㉢ 퍼실리테이션(facilitation) : 촉진을 의미하며 어떤 그룹이나 집단이 의사결정을 잘 하도록 도와
    주는 일을 의미한다.

02 문제해결능력을 구성하는 하위능력

(1) 사고력

① 창의적 사고 : 개인이 가지고 있는 경험과 지식을 통해 새로운 가치 있는 아이디어를 산출하는 사고능력
  이다.
  ㉠ 창의적 사고의 특징
  • 정보와 정보의 조합
  • 사회나 개인에게 새로운 가치 창출
  • 창조적인 가능성

예제 2

M사 홍보팀에서 근무하고 있는 귀하는 입사 5년차로 창의적인 기획안을 제출
하기로 유명하다. S부장은 이번 신입사원 교육 때 귀하에게 창의적인 사고란
무엇인지 교육을 맡아달라고 부탁하였다. 창의적인 사고에 대한 귀하의 설명으
로 옳지 않은 것은?

① 창의적인 사고는 새롭고 유용한 아이디어를 생산해 내는 정신적인 과정이다.
② 창의적인 사고는 특별한 사람들만이 할 수 있는 대단한 능력이다.
③ 창의적인 사고는 기존의 정보들을 특정한 요구조건에 맞거나 유용하도록 새롭게
   조합시킨 것이다.
④ 창의적인 사고는 통상적인 것이 아니라 기발하거나, 신기하며 독창적인 것이다.

출제의도

창의적 사고에 대한 개념을 정확히
파악하고 있는지를 묻는 문항이다.

해 설

흔히 사람들은 창의적인 사고에 대해
특별한 사람들만이 할 수 있는 대단
한 능력이라고 생각하지만 그리 대단
한 능력이 아니며 이미 알고 있는 경
험과 지식을 해체하여 다시 새로운
정보로 결합하여 가치 있는 아이디어
를 산출하는 사고라고 할 수 있다.

답 ②

ⓛ 발산적 사고 : 창의적 사고를 위해 필요한 것으로 자유연상법, 강제연상법, 비교발상법 등을 통해 개발할 수 있다.

구분	내용
자유연상법	생각나는 대로 자유롭게 발상 ex) 브레인스토밍
강제연상법	각종 힌트에 강제적으로 연결 지어 발상 ex) 체크리스트
비교발상법	주제의 본질과 닮은 것을 힌트로 발상 ex) NM법, Synectics

Point 》 브레인스토밍
　ⓐ 진행방법
　　• 주제를 구체적이고 명확하게 정한다.
　　• 구성원의 얼굴을 볼 수 있는 좌석 배치와 큰 용지를 준비한다.
　　• 구성원들의 다양한 의견을 도출할 수 있는 사람을 리더로 선출한다.
　　• 구성원은 다양한 분야의 사람들로 5~8명 정도로 구성한다.
　　• 발언은 누구나 자유롭게 할 수 있도록 하며, 모든 발언 내용을 기록한다.
　　• 아이디어에 대한 평가는 비판해서는 안 된다.
　ⓑ 4대 원칙
　　• 비판엄금(Support) : 평가 단계 이전에 결코 비판이나 판단을 해서는 안 되며 평가는 나중까지 유보한다.
　　• 자유분방(Silly) : 무엇이든 자유롭게 말하고 이런 바보 같은 소리를 해서는 안 된다는 등의 생각은 하지 않아야 한다.
　　• 질보다 양(Speed) : 질에는 관계없이 가능한 많은 아이디어들을 생성해내도록 격려한다.
　　• 결합과 개선(Synergy) : 다른 사람의 아이디어에 자극되어 보다 좋은 생각이 떠오르고, 서로 조합하면 재미있는 아이디어가 될 것 같은 생각이 들면 즉시 조합시킨다.

② 논리적 사고 : 사고의 전개에 있어 전후의 관계가 일치하고 있는가를 살피고 아이디어를 평가하는 사고능력이다.

　ⓐ 논리적 사고를 위한 5가지 요소 : 생각하는 습관, 상대 논리의 구조화, 구체적인 생각, 타인에 대한 이해, 설득

　ⓛ 논리적 사고 개발 방법
　　• 피라미드 구조 : 하위의 사실이나 현상부터 사고하여 상위의 주장을 만들어가는 방법
　　• so what기법 : '그래서 무엇이지?'하고 자문자답하여 주어진 정보로부터 가치 있는 정보를 이끌어 내는 사고 기법

③ 비판적 사고 : 어떤 주제나 주장에 대해서 적극적으로 분석하고 종합하며 평가하는 능동적인 사고이다.

　ⓐ 비판적 사고 개발 태도 : 비판적 사고를 개발하기 위해서는 지적 호기심, 객관성, 개방성, 융통성, 지적 회의성, 지적 정직성, 체계성, 지속성, 결단성, 다른 관점에 대한 존중과 같은 태도가 요구된다.

　ⓛ 비판적 사고를 위한 태도
　　• 문제의식 : 비판적인 사고를 위해서 가장 먼저 필요한 것은 바로 문제의식이다. 자신이 지니고 있는 문제와 목적을 확실하고 정확하게 파악하는 것이 비판적인 사고의 시작이다.
　　• 고정관념 타파 : 지각의 폭을 넓히는 일은 정보에 대한 개방성을 가지고 편견을 갖지 않는 것으로 고정관념을 타파하는 일이 중요하다.

(2) 문제처리능력과 문제해결절차

① 문제처리능력 : 목표와 현상을 분석하고 이를 토대로 문제를 도출하여 최적의 해결책을 찾아 실행 · 평가하는 능력이다.

② 문제해결절차 : 문제 인식 → 문제 도출 → 원인 분석 → 해결안 개발 → 실행 및 평가

    ㉠ 문제 인식 : 문제해결과정 중 'what'을 결정하는 단계로 환경 분석 → 주요 과제 도출 → 과제 선정의 절차를 통해 수행된다.

        • 3C 분석 : 환경 분석 방법의 하나로 사업환경을 구성하고 있는 요소인 자사(Company), 경쟁사(Competitor), 고객(Customer)을 분석하는 것이다.

예제 3

L사에서 주력 상품으로 밀고 있는 TV의 판매 이익이 감소하고 있는 상황에서 귀하는 B부장으로부터 3C분석을 통해 해결방안을 강구해 오라는 지시를 받았다. 다음 중 3C에 해당하지 않는 것은?

① Customer   ② Company
③ Competitor   ④ Content

출제의도

3C의 개념과 구성요소를 정확히 숙지하고 있는지를 측정하는 문항이다.

해 설

3C 분석에서 사업 환경을 구성하고 있는 요소인 자사(Company), 경쟁사(Competitor), 고객을 3C(Customer)라고 한다. 3C 분석에서 고객 분석에서는 '고객은 자사의 상품 · 서비스에 만족하고 있는지'를, 자사 분석에서는 '자사가 세운 달성목표와 현상 간에 차이가 없는지'를, 경쟁사 분석에서는 '경쟁 기업의 우수한 점과 자사의 현상과 차이가 없는지'에 대한 질문을 통해서 환경을 분석하게 된다.

답 ④

        • SWOT 분석 : 기업내부의 강점과 약점, 외부환경의 기회와 위협요인을 분석 · 평가하여 문제해결 방안을 개발하는 방법이다.

		내부환경요인	
		강점(Strengths)	약점(Weaknesses)
외부환경요인	기회 (Opportunities)	SO 내부강점과 외부기회 요인을 극대화	WO 외부기회를 이용하여 내부약점을 강점으로 전환
	위협 (Threat)	ST 외부위협을 최소화하기 위해 내부강점을 극대화	WT 내부약점과 외부위협을 최소화

ⓛ 문제 도출 : 선정된 문제를 분석하여 해결해야 할 것이 무엇인지를 명확히 하는 단계로, 문제 구조 파악→핵심 문제 선정 단계를 거쳐 수행된다.

- Logic Tree : 문제의 원인을 파고들거나 해결책을 구체화할 때 제한된 시간 안에서 넓이와 깊이를 추구하는데 도움이 되는 기술로 주요 과제를 나무모양으로 분해·정리하는 기술이다.

ⓒ 원인 분석 : 문제 도출 후 파악된 핵심 문제에 대한 분석을 통해 근본 원인을 찾는 단계로 Issue 분석→Data 분석→원인 파악의 절차로 진행된다.

ⓓ 해결안 개발 : 원인이 밝혀지면 이를 효과적으로 해결할 수 있는 다양한 해결안을 개발하고 최선의 해결안을 선택하는 것이 필요하다.

ⓔ 실행 및 평가 : 해결안 개발을 통해 만들어진 실행계획을 실제 상황에 적용하는 활동으로 실행계획 수립→실행→Follow-up의 절차로 진행된다.

예제 4

C사는 최근 국내 매출이 지속적으로 하락하고 있어 사내 분위기가 심상치 않다. 이에 대해 Y부장은 이 문제를 극복하고자 문제처리 팀을 구성하여 해결방안을 모색하도록 지시하였다. 문제처리 팀의 문제해결 절차를 올바른 순서로 나열한 것은?

① 문제 인식→원인 분석→해결안 개발→문제 도출→실행 및 평가
② 문제 도출→문제 인식→해결안 개발→원인 분석→실행 및 평가
③ 문제 인식→원인 분석→문제 도출→해결안 개발→실행 및 평가
④ 문제 인식→문제 도출→원인 분석→해결안 개발 → 실행 및 평가

출제의도

실제 업무 상황에서 문제가 일어났을 때 해결 절차를 알고 있는지를 측정하는 문항이다.

해 설

일반적인 문제해결절차는 '문제 인식 → 문제 도출→원인 분석→해결안 개발 → 실행 및 평가'로 이루어진다.

답 ④

출제예상문제

1   한국전자는 영업팀 6명의 직원(A~F)과 관리팀 4명의 직원(갑~정)이 매일 각 팀당 1명씩 총 2명이 당직 근무를 선다. 2일 날 A와 갑 직원이 당직 근무를 서고 팀별 순서(A~F, 갑~정)대로 돌아가며 근무를 선다면, E와 병이 함께 근무를 서는 날은 언제인가? (단, 근무를 서지 않는 날은 없다고 가정한다)

① 10일   ② 11일

③ 12일   ④ 13일

 주어진 조건에 따라 선택지의 날짜에 해당하는 당직 근무표를 정리해 보면 다음과 같다.

구분	갑	을	병	정
A	2일		8일	
B		3일		9일
C	10일		4일	
D		11일		5일
E	6일		12일	
F		7일		13일

따라서 A와 갑이 2일 날 당직 근무를 섰다면 E와 병은 12일 날 당직 근무를 서게 된다.

2 영업팀 직원인 갑, 을, 병 3명은 어젯밤 과음을 한 것으로 의심되고 있다. 이에 대한 이들의 진술이 다음과 같을 때, 과음을 한 것이 확실한 직원과 과음을 하지 않은 것이 확실한 직원을 순서대로 바르게 짝지은 것은? (단, 과음을 한 직원은 거짓말을 하고, 과음을 하지 않은 직원은 사실을 말하였다)

> 갑 : "우리 중 1명만 거짓말을 하고 있습니다."
> 을 : "우리 중 2명이 거짓말을 하고 있습니다."
> 병 : "갑, 을 중 1명만 거짓말을 하고 있습니다."

① 갑, 을
② 을, 아무도 없음
③ 갑과 을, 병
④ 아무도 없음, 을

 갑, 을, 병의 진술과 과음을 한 직원의 수를 기준으로 표를 만들어 보면 다음과 같다.

진술자 \ 과음직원	0명	1명	2명	3명
갑	거짓	참	거짓	거짓
을	거짓	거짓	참	거짓
병	거짓	참	참	거짓

• 과음을 한 직원의 수가 0명인 경우, 갑, 을, 병 모두 거짓을 말한 것이 되어 결국 모두 과음을 한 것이 된다. 따라서 이 경우는 과음을 한 직원의 수가 0명이라는 전제와 모순이 생기게 된다.
• 과음을 한 직원의 수가 1명인 경우, 을만 거짓을 말한 것이므로 과음을 한 직원의 수가 1명이라는 전제에 부합한다. 이 경우에는 을이 과음을 한 것이 되며, 갑과 병은 과음을 하지 않은 것이 된다.
• 과음을 한 직원의 수가 2명인 경우, 갑만 거짓을 말한 것이 되므로 과음을 한 직원의 수가 1명이 된다. 따라서 이 역시 과음을 한 직원의 수가 2명이라는 전제와 모순이 생기게 된다.
• 과음을 한 직원의 수가 3명인 경우, 갑, 을, 병 모두 거짓을 말한 것이 되어 과음을 한 직원의 수가 3명이 될 것이며, 이는 전제와 부합하게 된다.

따라서 4가지의 경우 중 모순 없이 발생 가능한 경우는 과음을 한 직원의 수가 1명 또는 3명인 경우가 되는데, 이 두 경우에 모두 거짓을 말한 을은 과음을 한 직원이라고 확신할 수 있다. 그러나 이 두 경우에 모두 사실을 말한 사람은 없으므로, 과음을 하지 않은 것이 확실한 직원은 아무도 없다.

Answer → 1.③ 2.②

3 다음 설명을 참고할 때, 대출금 지급이 조기에 만료되는 경우를 〈보기〉에서 모두 고른 것은? (단, 모두 주택연금 대출자로 가정한다)

[대출금 지급의 조기 만료]

주택담보노후연금대출을 받고 본인에게 다음 각 항목의 사유 중 하나라도 발생한 경우 은행으로부터 독촉, 통지 등이 없어도 본인은 당연히 은행에 대한 당해 채무의 기한의 이익을 상실하여 곧 이를 갚아야 할 의무를 지며, 대출 기한일과 관계없이 대출금 지급이 조기에 종료됩니다.

• 본인 및 배우자가 모두 사망한 경우
• 본인이 사망한 후 배우자가 6개월 이내에 담보주택의 소유권이전등기 및 채권자에 대한 보증부대출 채무의 인수를 마치지 아니한 경우
• 본인 및 배우자 담보주택에서 다른 장소로 이사한 경우
• 본인 및 배우자가 1년 이상 계속하여 담보주택에서 거주하지 아니한 경우. 다만, 입원 등 은행이 정하여 인터넷 홈페이지에 공고하는 불가피한 사유로 거주하지 아니한 경우는 제외한다.
• 본인이 담보주택의 소유권을 상실한 경우
• 주택담보노후연금대출 원리금이 근저당권의 설정 최고액을 초과할 것으로 예상되는 경우로서 채권자의 설정 최고액 변경 요구에 응하지 아니하는 경우
• 그밖에 은행의 주택금융운영위원회가 정하는 일정한 사유가 발생한 경우

〈보기〉

㈎ 7개월 전 대출 명의자인 남편이 사망하였으며, 은행에 보증부대출 채무 인수를 두 달 전 완료하여 소유권이전등기는 하지 않은 배우자 A씨
㈏ 5/1일부터 이듬해 4/30일까지의 기간 중 본인 및 배우자 모두 병원 입원 기간이 각각 1년을 초과하는 B씨 부부
㈐ 주택연금대출을 받고 3개월 후 살고 있던 집을 팔고 더 큰 집을 사서 이사한 C씨
㈑ 연금 대출금과 수시 인출금의 합이 담보주택에 대해 은행에서 행사할 수 있는 근저당권 최고금액을 초과하여 은행의 설정 최고액 변경 요구에 따라 필요한 절차를 수행하고 있는 D씨

---

① ㈎, ㈐   ② ㈏, ㈑
③ ㈎, ㈏, ㈑   ④ ㈏, ㈐, ㈑

 ㈎ 6개월 이내에 보증부대출 채무 인수는 마쳤으나 소유권이전등기를 하지 않았으므로 대출금 조기 만료에 해당된다. (O)
㈏ 병원 입원 기간은 해당 사유에서 제외되므로 대출금이 조기 만료되지 않는다. (X)
㈐ 본인이 담보주택의 소유권을 상실한 경우로 대출금 조기 만료에 해당된다. (O)
㈑ S씨의 대출금과 근저당권 상황은 대출금 조기 만료에 해당될 수 있으나, 채권자인 은행의 설정 최고액 변경 요구에 응하고 있으므로 조기 만료에 해당되지 않는다. (X)

4 〈보기〉는 문제를 지혜롭게 처리하기 위한 단계별 방법을 나열한 것이다. 올바른 문제처리 절차에 따라 ㈎~㈑의 순서를 재배열한 것은 어느 것인가?

〈보기〉

㈎ 당초 장애가 되었던 문제의 원인들을 해결안을 사용하여 제거한다.

㈏ 문제로부터 도출된 근본 원인을 효과적으로 해결할 수 있는 최적의 해결방안을 수립한다.

㈐ 파악된 핵심문제에 대한 분석을 통해 근본 원인을 도출해 본다.

㈑ 선정된 문제를 분석하여 해결해야 할 것이 무엇인지를 명확히 결정한다.

㈒ 해결해야 할 전체 문제를 파악하여 우선순위를 정하고, 선정문제에 대한 목표를 명확히 한다.

---

① ㈒ — ㈑ — ㈐ — ㈏ — ㈎

② ㈑ — ㈒ — ㈐ — ㈎ — ㈏

③ ㈑ — ㈐ — ㈏ — ㈎ — ㈒

④ ㈎ — ㈏ — ㈒ — ㈑ — ㈐

 문제처리능력이란 목표와 현상을 분석하고 이 분석결과를 토대로 문제를 도출하여 최적의 해결책을 찾아 실행, 평가 처리해 나가는 일련의 활동을 수행하는 능력이라 할 수 있다. 이러한 문제처리능력은 문제해결절차를 의미하는 것으로, 일반적인 문제해결절차는 문제 인식, 문제 도출, 원인 분석, 해결안 개발, 실행 및 평가의 5단계를 따른다.

① 주어진 〈보기〉의 ㈎~㈒의 내용은 문제해결절차 5단계를 역순으로 제시해 놓았다.

Answer ↪ 3.① 4.①

5 8층에서 엘리베이터를 타게 된 갑, 을, 병, 정, 무 5명은 5층부터 내리기 시작하여 마지막 다섯 번째 사람이 1층에서 내리게 되었다. 다음 〈조건〉을 만족할 때, 1층에서 내린 사람은 누구인가?

〈조건〉
- 2명이 함께 내린 층은 4층이며, 나머지는 모두 1명씩만 내렸다.
- 을이 내리기 직전 층에서는 아무도 내리지 않았다.
- 무는 정의 바로 다음 층에서 내렸다.
- 갑과 을은 1층에서 내리지 않았다.

---

① 갑   ② 을
③ 병   ④ 정

 문제의 내용과 조건의 내용에서 알 수 있는 것은 다음과 같다.
- 5층과 1층에서는 적어도 1명이 내렸다.
- 4층에서는 2명이 내렸다. → 2층 또는 3층 중 아무도 내리지 않은 층이 한 개 있다.

그런데 네 번째 조건에 따라 을은 1층에서 내리지 않았고, 두 번째 조건에 따라 을이 내리기 직전 층에서는 아무도 내리지 않아야 하므로, 을은 2층에서 내렸고 3층에서는 아무도 내리지 않은 것이 된다 (∵ 2층 또는 3층 중 아무도 내리지 않은 층이 한 개 있으므로)

또한 무는 정의 바로 다음 층에서 내렸다는 세 번째 조건에 따르면, 정이 5층에서 내리고 무가 4층에서 내린 것이 된다.

네 번째 조건에서 갑은 1층에서 내리지 않았다고 하였으므로, 2명이 함께 내린 층인 4층에서 무와 함께 내린 것이고, 결국 1층에서 내릴 수 있는 사람은 병이 된다.

6 다음 조건을 바탕으로 을순이의 사무실과 어제 갔던 식당이 위치한 곳을 올바르게 짝지은 것은?

> • 갑동, 을순, 병호는 각각 10동, 11동, 12동 중 한 곳에 사무실이 있으며 서로 같은 동에 사무실이 있지 않다.
> • 이들 세 명은 어제 각각 자신의 사무실이 있는 건물이 아닌 다른 동에 있는 식당에 갔었으며, 서로 같은 동의 식당에 가지 않았다.
> • 병호는 12동에서 근무하며, 갑동이와 을순이는 어제 11동 식당에 가지 않았다.
> • 을순이는 병호가 어제 갔던 식당이 있는 동에서 근무한다.

	사무실	식당
①	11동	10동
②	10동	11동
③	12동	12동
④	10동	11동

 세 사람은 모두 각기 다른 동에 사무실이 있으며, 어제 갔던 식당도 서로 겹치지 않는다.
• 세 번째 조건 후단에서 갑동이와 을순이는 어제 11동 식당에 가지 않았다고 하였으므로, 어제 11동 식당에 간 것은 병호이다. 따라서 병호는 12동에 근무하며 11동 식당에 갔다.
• 네 번째 조건에 따라 을순이는 11동에 근무하므로, 남은 갑동이는 10동에 근무한다.
• 두 번째 조건 전단에 따라 을순이가 10동 식당에, 갑동이가 12동 식당을 간 것이 된다.
따라서 을순이는 11동에 사무실이 있으며, 어제 갔던 식당은 10동에 위치해 있다.

7 다음을 읽고 문제해결을 위한 유진이의 장애요소로 옳은 것은?

> 유진이는 팀을 대신해 발표자로 나서게 되었다. 첫 발표이다 보니 완벽한 발표를 만들고 싶은 마음에 관련 자료들을 최대한 많이 찾았다. 그러나 다른 일이 겹쳐서 시간이 촉박하게 되었다. 이러한 이유로 발표 전 날 부리나케 파워포인트 작업을 하였고 모아둔 자료를 미처 반절도 보지 못한 체 발표에 나서게 되었다.

① 문제를 한 부분만 집중적으로 분석한다.
② 많은 자료를 통해 일을 해결하려 한다.
③ 남의 도움을 통해 일을 해결하려 한다.
④ 단순한 정보에 의지해 일을 해결하려 한다.

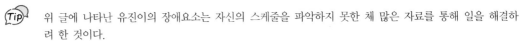 위 글에 나타난 유진이의 장애요소는 자신의 스케줄을 파악하지 못한 체 많은 자료를 통해 일을 해결하려 한 것이다.
따라서 ②가 적절한 답이다.

8 다음은 자유연상법의 한 방법에 대한 글이다. 이 방법의 원리로 옳지 않은 것은?

〈브레인스토밍〉

1. 진행방법
    ㉠ 주제를 구체적이고 명확하게 정한다.
    ㉡ 구성원의 얼굴을 볼 수 있는 좌석 배치와 큰 용지를 준비한다.
    ㉢ 구성원들의 다양한 의견을 도출할 수 있는 사람을 리더로 선출한다.
    ㉣ 구성원은 다양한 분야의 사람들로 5~8명 정도로 구성한다.
    ㉤ 발언은 누구나 자유롭게 할 수 있도록 하며, 모든 발언 내용을 기록한다.
    ㉥ 아이디어에 대한 평가는 비판해서는 안 된다.
2. 4대 원칙
    ㉠ 비판엄금(Support) : 평가 단계 이전에 결코 비판이나 판단을 해서는 안 되며 평가는 나중까지 유보한다.
    ㉡ 자유분방(Silly) : 무엇이든 자유롭게 말하고 이런 바보 같은 소리를 해서는 안 된다는 등의 생각은 하지 않아야 한다.
    ㉢ 질보다 양(Speed) : 질에는 관계없이 가능한 많은 아이디어들을 생성해내도록 격려한다.
    ㉣ 결합과 개선(Synergy) : 다른 사람의 아이디어에 자극되어 보다 좋은 생각이 떠오르고, 서로 조합하면 재미있는 아이디어가 될 것 같은 생각이 들면 즉시 조합시킨다.

---

① 한 사람보다 다수인 쪽이 제기되는 아이디어가 많다.
② 구성원 모두가 어떠한 내용의 발언이라도 할 수 있다.
③ 일반적으로 아이디어는 비판이 가해지지 않으면 적어진다.
④ 아이디어 수가 많을수록 질적으로 우수한 아이디어가 나올 가능성이 많다.

 ③ 브레인스토밍에서는 어떠한 내용의 발언이라도 그에 대한 비판을 해서는 안 되며, 오히려 자유분방하고 엉뚱하기까지 한 의견을 출발점으로 해서 아이디어를 전개시켜 나가도록 하고 있다.

9 SWOT 분석은 기업내부의 강점과 약점, 외부환경의 기회와 위협요인을 분석하여 해결 방안을 개발하는 방법이다. 다음 중 보기의 사례에 해당하는 것은?

외부 환경 요인		내부환경요인	
		강점	약점
	기회	① SO	② WO
	위협	③ ST	④ WT

<보기>

　　스타트 업 A회사는 시장점유율과 관련된 객관적 자료를 통해 소비자들에게 인지도를 쌓으려 노력했다.

① SO
② ST
③ WT
④ WO

 ④ 제시된 보기는 약점(스타트 업 기업으로 인한 인지도 부족)을 외부적인 기회(시장점유율과 관련된 객관적 자료)를 통해 해결하려 노력하고 있다.
※ SWOT 분석

외부 환경 요인		내부환경요인	
		강점	약점
	기회	SO	WO
	위협	ST	WT

㉠ SO : 내부강점과 외부기회 요인을 극대화
㉡ WO : 외부기회를 이용하여 내부약점을 강점으로 전환
㉢ ST : 외부위협을 최소화하기 위해 내부강점을 극대화
㉣ WT : 내부약점과 외부위협을 최소화

10 한국서부발전은 합숙 신입생 OT 4일간(월~목) 체력 훈련 A, B, C, D와 인문 특강 Ⅰ, Ⅱ, Ⅲ, Ⅳ를 한 번씩 꼭 들어야 한다. A씨는 하루에 체력 훈련 한 가지와 인문 특강 한 가지를 하기로 계획하였고, 다음 〈원칙〉을 지키기로 하였다. 훈련 D와 특강 Ⅱ를 목요일에 하기로 계획했을 때 반드시 참인 것은?

〈원칙〉

ⓐ 훈련 A와 특강 Ⅱ를 같은 날에 할 수 없다.

ⓑ 훈련 B와 특강 Ⅲ를 같은 날에 해야 한다.

ⓒ 훈련 C를 한 날 바로 다음 날 훈련 A를 해야 한다.

ⓓ 특강 Ⅳ를 한 날 이후에 특강 Ⅲ를 해야 한다.

① 훈련 A는 월요일에 해야 한다.

② 훈련 C는 화요일에 해야 한다.

③ 특강 Ⅰ은 수요일에 해야 한다.

④ 특강 Ⅲ는 수요일에 해야 한다.

 D와 Ⅱ는 목요일에 하고, B와 Ⅲ는 같은 날 하되 월요일에 할 수 없다. 그러므로 B와 Ⅲ를 화요일이나 수요일에 해야 하는데, C와 A를 연이어 해야 하므로, B와 Ⅲ를 화요일에 할 수 없고 수요일에 할 수밖에 없다. 여기까지 도표로 정리하면 Ⅰ과 Ⅳ만 정해지지 않고 나머지는 모두 결정이 된다.

구분	월	화	수	목
체력 훈련(A · B · C · D)	C	A	B	D
인문 특강(Ⅰ · Ⅱ · Ⅲ · Ⅳ)			Ⅲ	Ⅱ

이때 주의할 점은 '특강 Ⅳ는 월요일에 해야 한다.'가 반드시 참은 아니라는 것이다. 특강 Ⅳ는 화요일에 할 수도 있다.

따라서 항상 참인 것은 ④ '특강 Ⅲ는 수요일에 해야 한다.'이다.

11 L그룹의 인사 담당자가 여섯 명의 지원자 A, B, C, D, E, F를 오후 1시부터 오후 6시까지 한 명씩 면담하기로 하였다. 인사 담당자는 다음과 같은 〈조건〉을 지키면서 면담할 예정이다. 인사 담당자가 A를 오후 1시에 면담하기로 했을 때 거짓인 것은?

〈조건〉
㉠ F보다 A를 먼저 만나야 한다.
㉡ B를 오후 4시에 만나야 한다.
㉢ D를 만난 바로 전 시간 또는 바로 다음 시간에 C를 만나야 한다.
㉣ E를 오후 2시에 만나서는 안 된다.

① F를 오후 2시에 만날 수 있다.
② F를 오후 3시에 만날 수 있다.
③ F를 오후 5시에 만날 수 있다.
④ D를 오후 3시에 만날 수 있다

 가능한 약속시간은 각각 다음과 같다.

구분	1시	2시	3시	4시	5시	6시	–
①	A	F	E	B	C	D	C, D는 바뀔 수 있음
②	A	E	F	B	C	D	C, D는 바뀔 수 있음
③	A	C	D	B	F	E	C, D는 바뀔 수 있음
④	A	C	D	B	E	F	

② E를 오후 2시에 만나서는 안 된다는 조건 ㉣에 어긋나므로 거짓이다.

12 다음은 어느 프렌차이즈 업체의 3C분석 결과이다. 이를 토대로 하여 향후 해결해야 할 전략과제를 선택하고자 할 때 적절하지 않은 것은?

3C	상황 분석
고객/시장(Customer)	• 식생활의 서구화 • 유명브랜드와 기술제휴 지향 • 신세대 및 뉴패밀리 층의 출현 • 포장기술의 발달
경쟁 회사(Competitor)	• 저렴한 가격 • 전문 체인점으로 차별화 • 많은 점포수 • 외국인 고용으로 인한 외국인 손님 배려
자사(company)	• 높은 가격대 • 안정적 자금 공급 • 업계 최고의 시장점유율 • 고객증가에 따른 즉각적 응대의 한계

① 고객에 즉각적인 응대를 위한 인력 보강
② 유명브랜드와 기술제휴 시도
③ 안정적인 자금 확보를 위한 투자자 모집
④ 저렴한 판로를 모색하여 가격 조정

 ③ 이미 안정적으로 자금이 공급되고 있기 때문에 투자자를 모집하는 것은 해결해야 할 과제가 아니다.

Answer 11.② 12.③

13 기술운영팀은 '나'를 포함하여 총 16명의 기술직 직원과 사무직 직원으로 구성되어 있다. 〈조건〉의 내용이 모두 참일 때 '나'의 직종과 성별은? (단, 나를 제외한 15명의 직원만 고려하여도 〈조건〉이 모두 참이어야 함)

〈조건〉
㉠ 사무직 지원의 수는 기술직 직원의 수보다 많다.
㉡ 남자 기술직 사원의 수는 남자 사무직 직원의 수보다 많다.
㉢ 남자 사무직 직원의 수는 여자 사무직 직원의 수보다 많다.
㉣ 여자 기술직 직원은 적어도 한 명 이상이다.

① 기술직, 남자　　　　　　　② 기술직, 여자
③ 사무직, 남자　　　　　　　④ 사무직, 여자

 기술직 남자를 a, 사무직 남자를 b, 기술직 여자를 c, 사무직 여자를 d라 하고 〈조건〉을 정리하면 다음과 같다.

조건		관계식
㉠	❶ b+d>a+c	❺ a+b+c+d=16이므로 ❻ b+d≥9, ❼ a+c≤7이다.
㉡	❷ a>b	a≤6이므로 ❿ b<6이다.
㉢	❸ b>d	b+d≥9이므로 ❽ b≥5이다.
㉣	❹ c≠0	a+c≤7이므로 ❾ a≤6이다.

❽과 ❿에 따라 b=5, ❸과 ❻에 따라 d=4, ❷와 ❾에 따라 a=6, ❹와 ❼에 따라 c=1임을 구할 수 있다. 이를 정리하면 다음과 같다.

구분	기술직	사무직
남	6(a)	5(b)
여	1(c)	4(d)

'나'가 빠져도 〈조건〉이 모두 참이어야 한다는 단서가 있으므로 '나'의 위치를 확인해야 한다.
• '나'가 남자 기술직일 경우 : '나'를 뺄 경우 〈조건〉 ㉡이 성립하지 않는다.
• '나'가 남자 사무직일 경우 : '나'를 뺄 경우 〈조건〉 ㉢이 성립하지 않는다.
• '나'가 여자 기술직일 경우 : '나'를 뺄 경우 〈조건〉 ㉣이 성립하지 않는다.
• '나'가 여자 사무직일 경우 : 〈조건〉이 모두 참이다.
따라서 '나'는 사무직 여자이다.

14 L상사의 비철개발팀에는 나이가 같은 다섯 명의 신입사원 A, B, C, D, E가 있다. 다음 주어진 〈조건〉에 따를 때, 세 번째로 태어난 신입사원의 생일로 가능한 달은?

> 〈조건〉
> ㉠ 다섯 명의 신입사원이 출생한 달은 모두 다르며, 이들이 태어난 순서는 A, B, C, D, E 순으로 빠르다.
> ㉡ C가 출생한 달은 A와 E가 출생한 달의 합과 같다.
> ㉢ C가 출생한 달만 짝수 달이고, 나머지는 홀수 달에 출생했다.
> ㉣ C가 태어난 달은 A와 B가 태어난 달의 합과 같다.

① 4월

② 6월

③ 4월, 6월

④ 6월, 8월

- 〈조건〉 ㉢과 ㉣을 정리하면 다음과 같다.

A, B	1, 3	1, 5	1, 7	1, 9	1, 11	3, 5	3, 7	3, 9	…
C(A+B)	4	6	8	10	12	8	10	12	…

- C는 A와 E가 출생한 달의 중간에 태어났고, A와 C 사이에 B가 출생했으므로 A와 B가 출생한 달의 합은 6을 넘어서는 안 된다.
따라서 A와 B가 출생한 달이 될 수 있는 경우는 1·3월과 1·5월이며, C가 태어난 달은 4월과 6월이 될 수 있다.

15 전국 직장인 축구대회의 1조에서는 A, B, C, D 네 팀이 번갈아 겨루는 리그전을 통해 상위 두 팀이 준준결승에 참가하게 된다. 순위는 각 경기에서 이기는 팀은 3점을, 비길 경우 1점을, 패할 경우 0점을 주어 그 총합이 큰 순서대로 결정한다. 다음 〈진술〉에 따를 때 준준결승에 진출할 팀으로 옳은 것은?

〈진술〉
㉠ A는 D에게 이겼고, 한 번의 무승부를 기록하였다.
㉡ B는 A에게 패하였고, 무승부 기록이 없는 팀에게 이겼다.
㉢ C는 A에게 진 팀들과는 1무 1패를 기록하였다.

① A, B ② A, C
③ A, D ④ B, C

 리그전이므로 모두 6번의 경기가 치러진다. 리그전에서 치르는 경기 횟수는 {(팀의 수) × (팀의 수 − 1)} ÷ 2번이다.
• A는 D에게 이겼고, B는 A에게 졌으므로 다음과 같이 정리할 수 있다.

구분	1	2	3	4	5	6
A	승	승				
B		패				
C						
D	패					

• C는 무승부 기록이 있으므로 B는 무승부 기록이 없는 D에게 이겼다. A는 무승부 기록이 한 번 있으므로 C와 무승부를 기록하였다.

구분	1	2	3	4	5	6
A	승	승		무		
B		패	승			
C				무		
D	패		패			

• C는 A에게 진 팀인 B, D와 1무 1패를 기록하였다.
따라서 점수를 계산하면 A는 7점, B는 4(6)점, C는 2점, D는 1(3)점이므로 준준결승전에 참가하는 팀은 A와 B이다.

구분	1	2	3	4	5	6
A	승	승		무		
B		패	승		승 또는 무	
C				무	패 또는 무	무 또는 패
D	패		패			무 또는 승

16 '아서, 멀린, 랜슬롯, 갤러해드' 네 사람은 파티에 참석하기로 했다. 빨간색, 파란색, 노란색, 검은색의 우산, 만년필, 라이터를 구입하여 각각 다른 색의 우산, 만년필, 라이터를 하나씩 빠짐없이 소지하기로 했다. 이때 〈조건〉에 따른다면 반드시 참이 되는 것은? (단, 어떤 사람이 빨간 우산, 파란 만년필을 소지하였다면 라이터는 노란색 또는 검은색으로 소지해야 함)

〈조건〉
㉠ 선호하는 것을 배정받고, 싫어하는 것은 배정받지 않는다.
㉡ 아서는 빨간색 만년필을 선호하고, 파란색 라이터는 싫어한다.
㉢ 멀린은 노란색 만년필을 싫어하고, 검은색 라이터를 선호한다.
㉣ 랜슬롯은 검은색 만년필을 싫어한다.
㉤ 갤러해드는 빨간색을 싫어한다.

---

① 아서는 검은색 우산을 배정받는다.
② 멀린은 노란색 우산을 배정받는다.
③ 랜슬롯은 파란색 라이터를 배정받는다.
④ 갤러해드는 검은색 만년필을 배정받는다.

(Tip) 주어진 〈조건〉에 따라 선호도를 표시하면 다음과 같다.

구분	우산	만년필	라이터
아서		빨간색 ○	파란색 ×
멀린		노란색 ×	검은색 ○
랜슬롯		검은색 ×	
갤러해드	빨간색 ×	빨간색 ×	빨간색 ×

각자 서로 같은 색의 우산, 만년필, 라이터를 소지할 수 없으므로 검은색 라이터를 소지한 멀린은 우산과 만년필이 검은색일 수 없다. 따라서 멀린은 노란색 만년필도, 검은색 만년필도 아니고 아서가 배정받은 빨간색 만년필도 아닌 파란색 만년필을 배정받아야 한다.

구분	우산	만년필	라이터
아서	검은색 또는 파란색	빨간색	노란색
멀린	빨간색	파란색	검은색
랜슬롯	파란색 또는 검은색	노란색	빨간색
갤러해드	노란색	검은색	파란색

갤러해드는 멀린이 파란색 만년필을 배정받고 랜슬롯이 검은색 만년필을 배정받지 않으므로 검은색 만년필을 배정받게 된다. 따라서 답은 '갤러해드는 검은색 만년필을 배정받는다.'이다.

Answer → 15.① 16.④

17 '세기, 도현, 요섭'은 A에서 동시에 출발하여 B를 거쳐 C까지 경주하였다. 다음 〈진술〉들을 바탕으로 옳게 추론한 것을 〈보기〉에서 모두 고른 것은?

〈진술〉
- 출발선에서 세기, 도현, 요섭은 각각 구두, 등산화, 운동화를 신고 있다. 등산화와 운동화를 신었을 때 구두의 경우에 비해 각각 2배와 4배의 속도로 달린다.
- B에 도착한 사람은 신고 있던 신발을 앞 사람이 벗어 놓고 간 신발로 갈아 신고 가는 방식으로 경기를 진행한다. B에 처음 도착한 사람은 미리 놓여 있는 운동화로 갈아 신는다. (단, 신발을 갈아 신는 시간은 모두 같음)
- 첫째 구간에서 세기는 쉬지 않고 B까지 달렸고, 도현은 B에 도달하는 데에 걸린 시간 중에서 40%를 쉬는 데에 사용하였으며, 요섭은 걸린 시간의 80%를 쉬는 데에 사용하였다.
- B부터 C까지 가는 데에 걸린 시간은 세 사람 중 두 명이 같았으며, 이 구간에서 세 사람 중 한 명만이 중간에 쉬었다.
- 도현은 결승점 C에 가장 먼저 들어오지 않았다.

〈보기〉
㉠ B에 가장 먼저 도착한 사람은 세기이다.
㉡ 요섭은 둘째 구간에서 쉬지 않았다.
㉢ C에 가장 먼저 도착한 사람은 세기이다.

① ㉠
② ㉢
③ ㉠, ㉡
④ ㉡, ㉢

구분	첫째 구간(A→B)	둘째 구간(B→C)
신발	• 세기 : 구두 • 도현 : 등산화 • 요섭 : 운동화	• 도현 : 운동화(미리 놓여 있던 신발) • 세기 : 등산화(도현이 벗고 간 신발) • 요섭 : 구두(세기가 벗고 간 신발)
속도와 시간	• 세기, 도현, 요섭이 걸린 시간을 t_1, t_2, t_3라고 하고, 거리는 동일하므로 1로 가정한다. • 세기의 속도를 a라고 했을 때 도현의 속도는 $2a \times \dfrac{60}{100} = 1.2a$이고, 요섭의 속도는 $4a \times \dfrac{20}{100} = 0.8a$이다. • 속도 $= \dfrac{\text{거리}}{\text{시간}}$ 공식에 대입하여 정리하면 세기 : $a = \dfrac{1}{t_1}$ 도현 : $a = \dfrac{5}{6t_2}$ 요섭 : $a = \dfrac{5}{4t_3}$ 이를 정리하면, $t_2 = \dfrac{5}{6}t_1$, $t_3 = \dfrac{5}{4}t_1$ 따라서 B에 도달한 순서는 도현 > 세기 > 요섭	• 도현 : 둘째 구간에서 혼자 쉰다. (운동화를 신었음에도 가장 먼저 도착하지 않았으므로) • 세기와 요섭은 걸린 시간이 같다.

㉠ B에 가장 먼저 도착한 사람은 세기가 아닌 도현이다.
㉡ 둘째 구간에서 쉰 사람은 도현이다.
㉢ 결승점인 C에 도달한 순서는 '세기 > 도현 > 요섭' 순이다.

Answer➜ 17.④

18 L상사의 영업부서는 해외 영업팀을 새로 조직하고자 한다. 9명의 사원을 세 명씩 나누어 1, 2, 3 세 개의 팀을 만들 예정이다. 9명의 사원 중 4명(A, B, C, D)은 한국인이고, 나머지 5명(E, F, G, H, I)은 외국인이다. 팀 구성에 있어 〈조건〉을 만족해야 한다. C, D, E가 2팀에 속할 때 1팀에 속해야 할 사원들은? (단, 각 사원은 반드시 세 팀 중 한 곳에 속해야 한다)

〈조건〉
㉠ 각 팀에는 적어도 한 명의 한국인 직원이 포함되어야 한다.
㉡ A는 반드시 두 명의 외국인과 같은 팀에 속해야 한다.
㉢ F, I는 반드시 3팀에 속해야 한다.
㉣ H는 반드시 1팀에 속해야 한다.
㉤ A, G 중 누구도 F와 같은 팀에 속해서는 안 된다.

① A, D, H
② A, G, H
③ A, H, I
④ D, G, I

 한국인과 외국인을 구분하여 팀을 배치할 수 있는 표를 만들면 다음과 같다.

배치 인원	1팀	2팀	3팀
A, B, C, D(한국인)			
E, F, G, H, I(외국인)			

• 〈조건〉 ㉢, ㉣을 따를 때 다음과 같이 나타낼 수 있다.

배치 인원	1팀	2팀	3팀
A, B, D(한국인)		C, D	
G, I(외국인)	H	E	F, I

• 〈조건〉 ㉤을 고려할 때 3팀에 들어갈 수 있는 한국인은 B밖에 없다.

배치 인원	1팀	2팀	3팀
A, D(한국인)		C	B
G(외국인)	H	E	F, I

1팀에 들어갈 수 있는 한국인은 A 한 명이고 이때 외국인 G도 같은 1팀에 포함되어야 한다.

배치 인원	1팀	2팀	3팀
한국인	A	C, D	B
외국인	G, H	E	F, I

따라서 1팀에 들어갈 사원들은 A, G, H 3명이 된다.

19 다음은 B기업 집단 토론 면접상황이다. 다음 중 한 팀이 될 수 있는 사람들은 누구인가?

- A, B, C, D, E, F의 여섯 명의 신입사원들이 있다.
- 신입사원들은 모두 두 팀 중 한 팀에 속해야 한다.
- 한 팀에 3명씩 두 팀으로 나눠야 한다.
- A와 B는 한 팀이 될 수 없다.
- E는 C 또는 F와 한 팀이 되어야한다.

---

① A, B, F　　　　　　　　　　② A, C, E

③ A, C, F　　　　　　　　　　④ B, D, E

 우선 A와 B를 다른 팀에 배치하고 C, D, E, F를 두 명씩 각 팀에 배치하되 C, E, F는 한 팀이 될 수 없고 C와 E 또는 E와 F가 한 팀이 되어야 하므로 (A,C,E / B,D,F), (B,C,E / A,D,F), (A,E,F / B,C,D), (B,E,F / A,C,D)의 네 가지 경우로 나눌 수 있다.

20 직업기초능력시험이 이뤄지고 있는 한 시험장에서 3명의 지원자 중 한 명이 부정행위를 하였다. 이 중 한 사람만 진실을 말했다면 부정행위를 한 지원자는 누구인가?

- A : B가 부정행위를 했습니다.
- B : 지금 A는 거짓말을 하고 있습니다.
- C : 저는 부정행위를 하지 않았습니다.

---

① A　　　　　　　　　　② B

③ C　　　　　　　　　　④ A, B 둘 다 부정행위를 하였다.

 − A가 진실을 말한 경우
　　부정행위를 한 사람은 B가 되는 이 경우 C는 진실을 말한 것이 되어 조건에 어긋난다.
　− B가 진실을 말한 경우
　　㉠ 부정행위를 한 사람이 A일 경우, C는 진실을 말한 것이 되어 조건에 어긋난다.
　　㉡ 부정행위를 한 사람이 C일 경우, A와 B가 모두 거짓말을 하게 되어 문제의 조건이 모두 성립한다.
　− C가 진실을 말한 경우
　　㉠ 부정행위를 한 사람이 A일 경우, B가 진실을 말한 것이 되어 문제의 조건에 어긋난다.
　　㉡ 부정행위를 한 사람이 B일 경우, A이 진실을 말한 것이 되어 조건에 어긋난다.
　∴ 그러므로 부정행위를 한 지원자는 C이다.

Answer ↪ 18.②　19.②　20.③

21 L사는 사옥을 이전하면서 20층에 8개의 부서를 배치하려 한다. 8개의 부서 가운데 절반은 재정 관련 부서로 회계부, 예산기획부, 예산분석부, 세무부이다. 나머지 4개는 전략부, 홍보부, 법무부, 그리고 인재개발부이다. 주어진 〈조건〉에 따라 배치했을 때 옳지 않은 것은?

왼쪽		오른쪽
A		E
B	복도	F
C		G
D		H

〈조건〉

㉠ 사무실 D는 인재개발부로 내정되어 있다.

㉡ 예산분석부와 예산기획부는 복도를 중심으로 같은 쪽에 위치한다.

㉢ 인재개발부와 법무부는 복도를 중심으로 같은 쪽에 위치한다.

㉣ 예산기획부의 정면에는 법무부가 위치한다.

㉤ 재정 관련 모든 사무실의 정면 및 옆에는 재정 관련 부서가 들어서지 않는다.

① 홍보부와 예산분석부는 복도를 중심으로 같은 쪽에 있다.

② 전략부와 세무부는 복도를 중심으로 같은 쪽에 있다.

③ 법무부 옆에는 세무부가 있다.

④ 전략부 옆에는 예산기획부가 위치한다.

• 조건 ㉠에 따라 인재개발부의 위치는 D가 되고, ㉢에 따라 법무부는 복도 왼쪽에 위치한다.

• 조건 ㉡, ㉣에 따라 예산기획부와 예산분석부는 복도 오른쪽에 위치한다.

왼쪽		오른쪽
A		E
B	복도	F
C		G
인재개발부		H

법무부 · · · 예산기획부
· · · 예산분석부

• 조건 ㉢에 따라 예산기획부와 예산분석부가 F와 H에 들어가야 한다. 또한 조건 ㄹ에 따라 F가 예산기획부, H가 예산분석부임을 알 수 있다.

왼쪽	복도	오른쪽
A		E
법무부		예산기획부
C		G
인재개발부		예산분석부

• 재정 관련 부서인 회계부와 세무부는 A와 C에, 전략부와 홍보부는 E와 G에 나누어 들어가야 한다.

왼쪽	복도	오른쪽
회계부 또는 세무부		전략부 또는 홍보부
법무부		예산기획부
세무부 또는 회계부		홍보부 또는 전략부
인재개발부		예산분석부

② 전략부와 세무부는 복도를 중심으로 서로 반대쪽에 위치한다.

Answer⌐→ 21.②

22 다음 제시문을 읽고 바르게 추론한 것을 〈보기〉에서 모두 고른 것은?

A회사에서는 1,500명의 소속직원들이 마실 생수를 구입하기로 하였다. 모든 조건이 동일한 두 개의 생수회사가 최종 경쟁을 하게 되었다. 구입 담당자는 직원들에게 시음하게 하여 직원들이 가장 좋아하는 생수를 선정하고자 하였다. 다음과 같은 절차를 통하여 구이 담당자가 시음회를 주관하였다.

• 직원들로부터 더 많이 선택 받은 생수회사를 최종적으로 선정한다.
• 생수 시음회 참여를 원하는 직원을 대상으로 신청자를 접수하고 그 중 남자 15명과 여자 15명을 무작위로 선정하였다.
• 두 개의 컵을 마련하여 하나는 1로 표기하고 다른 하나는 2로 표기하여 회사이름을 가렸다.
• 참가직원들은 1번 컵의 생수를 마신 후 2번 컵의 생수를 마시고 둘 중 어느 쪽을 선호하는지 표시하였다.

〈보기〉
㉠ 참가자들이 특정 번호를 선호할 가능성을 고려하지 못하였다.
㉡ 참가자가 무작위로 선정되었으므로 전체 직원에 대한 대표성이 확보되었다.
㉢ 참가자의 절반은 2번 컵을 먼저 마시고 1번 컵을 나중에 마시도록 했어야 한다.
㉣ 우리나라의 남녀 비율이 50대 50이므로 남자직원과 여자직원을 동수로 뽑은 것은 적절하였다

① ㉠, ㉡
② ㉠, ㉢
③ ㉡, ㉢
④ ㉡, ㉣

 ㉡ 참가자는 무작위로 선정한 것이 아니라 시음회의 참여를 원하는 직원을 대상으로 선정하였기 때문에 전체 직원에 대한 대표성이 확보되었다고 보기는 어렵다.
㉣ 대표성을 확보하기 위해서는 우리나라의 남녀 비율이 아닌 A회사의 남녀 비율을 고려하여 선정하는 것이 더 적절하다

23 일등 병원에는 갑, 을, 병, 정 네 사람의 의사가 일하고 있다. 이들이 어느 날 진행한 수술과 관련하여 다음과 같은 정보가 알려져 있다. 다음 중 반드시 참이라고 볼 수 없는 것은?

> • 갑, 을, 병, 정은 적어도 1건 이상의 수술을 하였다.
> • 2명 이상의 의사가 함께 한 수술은 없었다.
> • 네 의사들이 진행한 수술은 총 10건이었다.
> • 어떤 두 의사의 수술 건수도 3건 이상 차이가 나지는 않는다.

① 갑, 을, 병, 정 중 두 명이 각각 1건씩 수술을 하지는 않았다.
② 갑이 4건의 수술을 진행하였다면 을, 병, 정은 각각 2건씩 수술을 진행하였다.
③ 을과 병이 각각 3건의 수술을 진행하였다면, 갑과 정은 각각 2건씩 수술을 진행하였다.
④ 정이 1건의 수술을 진행하였다면, 나머지 의사들은 각각 3건씩 수술을 진행하였다.

① 두 명이 각각 1건씩만 수술했다면, 나머지 두 명이 8건의 수술을 해야 한다. 그런데 어떤 두 의사의 수술 건수도 3건 이상 차이가 나지는 않는다고 했으므로 틀린 말이 된다. (참)
② 갑이 4건의 수술을 진행했다면 남은 수술 건수는 6건이다. 3건 이상 차이가 나서는 안 되므로, 나머지 세 명이 각각 2건씩 수술을 진행하였다. (참)
③ 을과 병이 각각 3건의 수술을 진행했다면 남은 수술 건수는 4건이다. 3건 이상 차이가 나서는 안 된다는 조건을 만족하는 경우는 갑과 정이 2건씩 수술을 진행하거나 갑과 정이 1건과 3건의 수술을 진행하는 두 가지 경우가 있다. (거짓)
④ 정이 1건의 수술을 진행했다면 남은 수술 건수는 9건이다. 3건 이상 차이가 나면 안 되므로 나머지 의사들이 각각 3건씩 수술을 진행하였다. (참)

Answer⌐→ 22.② 23.③

24 가요제에 출전한 준하, 재석, 명수는 무대에 일렬로 서서 베이스, 드럼, 전기 기타를 연주하고 있다. 이들의 헤어스타일은 각각 샤기 컷, 울프 컷, 삭발을 하였으며, 구두, 운동화, 슬리퍼를 신고 있다. 세 사람 중 한 명은 리드보컬이며 주어진 〈조건〉이 다음과 같을 때 반드시 참이라고 볼 수 없는 것을 〈보기〉에서 모두 고르면?

〈조건〉

• 재석은 구두를 신고 있다.
• 준하 옆에는 한 사람밖에 없다.
• 명수는 샤기 컷을 하지 않았다.
• 리드보컬은 중앙에서 연주를 한다.
• 구두를 신고 있다면 리드보컬이 아니다.
• 샤기 컷을 한 사람은 베이스를 연주한다.
• 가운데 선 사람은 드럼을 연주하지 않는다.
• 슬리퍼를 신은 사람은 드럼을 연주하지 않는다.

〈보기〉

㉠ 재석은 베이스를 연주한다.
㉡ 명수는 리드보컬이다.
㉢ 운동화를 신고 있는 사람은 명수이다.
㉣ 준하는 전기기타를 연주하지 않는다.
㉤ 삭발을 한 사람은 명수이다.

---

① ㉠, ㉣
② ㉡, ㉢
③ ㉠, ㉢, ㉤
④ ㉡, ㉣, ㉤

• 재석은 구두를 신음-구두를 신은 사람은 리드보컬이 아님-리드보컬은 중앙에서 연주를 함 (명수, ⁝
  준하 옆에는 한 사람 밖에 없으므로 중앙이 아님)→중앙에 서는 사람은 명수
• 가운데 있는 사람은 드럼을 연주하지 않고, 명수는 샤기 컷을 하지 않았으므로 베이스를 연주할 수 없
  다.→명수는 전기 기타를 연주해야 한다.
주어진 〈조건〉을 통해 알 수 있는 사실은 명수가 중앙에 서고, 전기기타를 연주하며 리드보컬이라는 사
실이다.

25 제품개발팀 사원 5명이 체육대회에서 100m 달리기에 참가한 뒤 그 결과에 대해 다음과 같이 진술하였다. 이 중 1명이 말한 내용이 거짓이고 나머지 4명이 말한 내용은 모두 참이었다. 이때 100m 달리기 결과를 바르게 말한 것은? (단, 부분적인 거짓은 없으며 달리기에 참가한 사람은 5명뿐이다.)

〈진술〉
- 김 대리 : 이 차장이 1위이고, 오 차장은 최 대리보다 빨리 골인하였다.
- 박 대리 : 나는 이 차장보다 늦고, 최 대리는 김 대리보다 빨리 골인하였다.
- 최 대리 : 김 대리는 박 대리보다 늦게 골인하였다.
- 오 차장 : 박 대리는 최 대리보다 빠르고, 김 대리는 나보다 늦게 골인하였다.
- 이 차장 : 박 대리는 오 차장보다 빠르고 김 대리는 최 대리보다 빨리 골인하였다.

① 2위는 최 대리이다.

② 3위는 박 대리이다.

③ 3위는 최 대리이다.

④ 4위는 박 대리이다.

 • 박 대리의 진술과 이 차장의 진술은 모순되므로 둘 중 한 명의 진술이 거짓이다.
- 박 대리의 진술이 거짓이라면 김 대리의 진술과 모순되므로 박 대리의 진술은 거짓이 아니다. 따라서 이 차장의 진술이 거짓이 된다.
- 김 대리의 진술로부터 이 차장은 첫 번째로 확정되고, 이 차장의 진술은 '오차장는 박 대리보다 빠르고 최 대리는 김 대리보다 빨리 골인하였다.'라고 수정된다.

박 대리, 최 대리, 오 차장의 발언을 정리하면 '이 차장-오 차장-박 대리-최 대리-김 대리'순으로 골인하였음을 알 수 있다. 따라서 3위는 박 대리이다.

| 26~27 | 다음은 전기공급약관 세칙 중 계약전력 산정에 관한 내용의 일부이다. 자료를 읽고 물음에 답하시오.

제12조 〈계약전력 산정〉

1. 계약전력산정을 위한 사용설비 용량은 다음과 같이 산정한다.

① 사용설비 용량이 출력만 표시된 경우에는 아래 표에 따라 입력으로 환산한다. 이때 전동기의 출력이 kW와 마력(HP) 두 가지로 표시된 경우에는 kW를 기준으로, 마력(HP)으로만 표시된 경우에는 1마력을 750W로 보고 kW로 환산한 후 해당 입력환산율을 적용하며, 특수기기는 당해 기기의 변압기용량을 기준으로 해당 입력환산율을 적용한다.

사용설비별			출력표시	입력(kW) 환산율
백열전등 및 소형기기			W	100%
전열기			kW	100%
특수기기(전기용접기 및 전기로)			kW 또는 kVA	100%
전동기	저압	단상	kW	133%
		삼상	kW	125%
	고압, 특별고압		kW	118%

② 조명기구는 다음에 따라 사용설비의 용량을 계산한다.
   ㉠ 형광등 : 형광등의 환산용량은 표시된 정격용량(W)의 125%로 한다.
   ㉡ 수은등·메탈등·나트륨등 등의 방전등 : 방전등의 환산용량은 표시된 정격용량(W)의 115%로 한다.
   ㉢ 고효율안정기를 설치한 조명기구 : 고효율안정기를 설치한 형광등, 메탈등, 나트륨등 등 고효율에너지기자재는 표시된 정격용량의 100%로 한다.

③ 소형기기(小型器機)의 수(數)가 콘센트의 수와 서로 다른 경우에는 다음에 따라 사용설비의 용량을 계산한다. 이 때 분기(分岐)소켓 등 고정적이지 않은 것은 콘센트로 보지 않는다.
   ㉠ 소형기기의 수(數)가 콘센트의 수보다 많은 경우 : 소형기기의 용량이 큰 순서대로 콘센트 수에 해당하는 소형기기의 용량을 합한 것을 사용설비의 용량으로 한다.
   ㉡ 소형기기의 수(數)가 콘센트의 수보다 적은 경우 : 소형기기의 수를 초과하는 콘센트의 수에 대하여 다음 기준에 따라 용량을 산출하고, 이를 소형기기의 합계용량에 가산한 것을 사용설비의 용량으로 한다.
     • 주택, 독신자합숙소 등 주거용 시설 : 초과 1콘센트마다 50W
     • 그 밖의 시설 : 초과 1콘센트마다 100W

④ 가로등(갑)은 사용설비에 따라 계약전력을 결정하며 단위는 와트(W)로 한다.

⑤ 주택용전력은 사용설비의 합계가 3kW 미만일 경우 계약전력을 3kW로 한다.

⑥ 정격소비전력이 표시된 전기기기는 소비전력 용량을 입력용량으로 한다.

⑦ 보호장치나 계기용변압기는 계약전력 산정대상 사용설비나 변압기설비로 보지 않는다.

⑧ 명판에 따라 입력환산할 수 없는 전기기기의 용량은 한전의 입력시험(용량시험)에 따라 결정한다.

⑨ 회전위상변환기를 사용하는 고객의 계약전력은 변환기 2차측 사용설비에 따라 결정한다.

⑩ 수중전동기의 계약전력은 정격출력에 다음 표의 입력환산율을 적용한다.

구분			수중전동기 입력환산율
오 · 배수용	저압	단상	146%
		삼상	138%
	고압		129%
깊은 우물용	저압	단상	159%
		삼상	150%
	고압		141%

26 다음 자료에 대한 설명으로 옳지 않은 것은? (단, 1kW = 1,000W이다)

① 전열기의 출력표시는 kW이다.

② 저압 삼상 전동기(2HP)의 경우 사용설비 용량은 1.995kW이다.

③ 주거용 시설에 콘센트의 수가 5개이며 소형기기의 수가 3개일 때 사용설비 용량은 소형기기의 합계용량에 100W를 가산한 값이다.

④ 주택용전력의 사용설비 합계가 2.8kW이면 계약전력은 3kW가 된다.

(Tip) ② 2HP = 1,500W이며, 사용설비 용량은 입력환산율에 따라 1,500 × 1.25 = 1,875W = 1.875kW가 된다.

27 다음 수중전동기의 계약전력으로 옳은 것은? (단, 1kW = 1,000W이다)

> ㉠ 정격출력이 2.2kW인 배수용 저압 단상 수중전동기
> ㉡ 정격출력이 5마력인 배수용 저압 삼상 수중전동기
> ㉢ 정격출력이 2,000kW인 깊은우물용 고압 수중전동기

	㉠	㉡	㉢		㉠	㉡	㉢
①	3.212kW	5.175kW	2760kW	②	3.212kW	5.175kW	2820kW
③	3.212kW	5.625kW	2820kW	④	3.036kW	5.625kW	2820kW

(Tip) ㉠ 2.2kW = 2,200W이며, 배수용 저압 단상 수중전동기 입력환산율을 적용하면 2,200 × 1.46 = 3,212W = 3.212kW

㉡ 5마력 = 3,750W이며, 배수용 저압 삼상 수중전동기 입력환산율을 적용하면 3,750 × 1.38 = 5,175W = 5.175kW

㉢ 2,000kW에 깊은우물용 고압 수중전동기 입력환산율을 적용하면 2,000 × 1.41 = 2820kW

Answer ↱ 26.② 27.②

| 28~29 | 다음 전기요금 계산 안내문을 보고 이어지는 물음에 답하시오.

○ 주택용 전력(저압)

기본요금(원/호)		전력량 요금(원/kWh)	
200kWh 이하 사용	900	처음 200kWh까지	90
201~400kWh 사용	1,800	다음 200kWh까지	180
400kWh 초과 사용	7,200	400kWh 초과	279

1) 주거용 고객, 계약전력 3kWh 이하의 고객
2) 필수사용량 보장공제 : 200kWh 이하 사용 시 월 4,000원 한도 감액(감액 후 최저요금 1,000원)
3) 슈퍼유저요금 : 동하계(7~8월, 12~2월) 1,000kWh 초과 전력량 요금은 720원/kWh 적용

○ 주택용 전력(고압)

기본요금(원/호)		전력량 요금(원/kWh)	
200kWh 이하 사용	720	처음 200kWh까지	72
201~400kWh 사용	1,260	다음 200kWh까지	153
400kWh 초과 사용	6,300	400kWh 초과	216

1) 주택용 전력(저압)에 해당되지 않는 주택용 전력 고객
2) 필수사용량 보장공제 : 200kWh 이하 사용 시 월 2,500원 한도 감액(감액 후 최저요금 1,000원)
3) 슈퍼유저요금 : 동하계(7~8월, 12~2월) 1,000kWh 초과 전력량 요금은 576원/kWh 적용

28 다음 두 전기 사용자인 갑과 을의 전기요금 합산 금액으로 옳은 것은?

> 갑 : 주택용 전력 저압 300kWh 사용
> 을 : 주택용 전력 고압 300kWh 사용

① 68,600원　　　　　　② 68,660원
③ 68,700원　　　　　　④ 68,760원

갑과 을의 전기요금을 다음과 같이 계산할 수 있다.

〈갑〉

기본요금 : 1,800원

전력량 요금 : $(200 \times 90) + (100 \times 180) = 18,000 + 18,000 = 36,000$원

200kWh를 초과하였으므로 필수사용량 보장공제 해당 없음

전기요금 : $1,800 + 36,000 = 37,800$원

〈을〉

기본요금 : 1,260원

전력량 요금 : $(200 \times 72) + (100 \times 153) = 14,400 + 15,300 = 29,700$원

200kWh를 초과하였으므로 필수사용량 보장공제 해당 없음

전기요금 : $1,260 + 29,700 = 30,960$원

따라서 갑과 을의 전기요금 합산 금액은 $37,800 + 30,960 = 68,760$원이 된다.

---

29 위의 전기요금 계산 안내문에 대한 설명으로 옳지 않은 것은?

① 주택용 전력은 고압 요금이 저압 요금보다 더 저렴하다.

② 동계와 하계에 1,000kWh가 넘는 전력을 사용하면 기본요금과 전력량 요금이 모두 2배 이상 증가한다.

③ 저압 요금 사용자가 전기를 3kWh만 사용할 경우의 전기요금은 1,000원이다.

④ 가전기기의 소비전력을 알 경우, 전기요금 절감을 위해 전기 사용량을 200kWh 단위로 나누어 관리할 수 있다.

② 동계와 하계에 1,000kWh가 넘는 전력을 사용하면 슈퍼유저에 해당되어 적용되는 1,000kWh 초과 전력량 요금 단가가 2배 이상으로 증가하게 되나, 기본요금에는 해당되지 않는다.

① 기본요금과 전력량 요금 모두 고압 요금이 저압 요금보다 저렴한 기준이 적용된다.

③ 기본요금 900원과 전력량 요금 270원을 합하여 1,170원이 되며, 필수사용량 보장공제 적용 후에도 최저요금인 1,000원이 발생하게 된다.

④ 200kWh 단위로 요금 체계가 바뀌게 되므로 200kWh씩 나누어 관리하는 것이 전기요금을 절감할 수 있는 방법이다.

Answer⟶ 28.④ 29.②

30 다음은 철민씨의 소비상황과 각종 신용카드 혜택 정보이다. 철민씨에게 가장 유리한 신용카드는 무엇인가?

- 뮤지컬, OO테마파크 및 서점은 모두 B신용카드의 문화 관련업에 해당한다.
- 신용카드 1포인트는 1원이고, 문화상품권 1매는 1만원으로 가정한다.
- 혜택을 금전으로 환산하여 액수가 많을수록 유리하다.
- 액수가 동일한 경우 할인혜택, 포인트 적립, 문화상품권 지급 순으로 유리하다.
- 혜택의 액수 및 혜택의 종류가 동일한 경우 혜택 부여 시기가 빠를수록 유리하다(현장 할인은 결제 즉시 할인되는 것을 말하며, 청구할인은 카드대금 청구 시 할인 되는 것을 말한다).

〈철민씨의 소비상황〉

뮤지컬 티켓 1장(정가 8만원)과 DVD 1매(정가 3만원)를 구입(직전 1개월간 A신용카드 사용금액은 15만원이며, D신용카드는 가입 후 미사용 상태임)

〈각종 신용카드의 혜택〉

A사	OO테마파크 이용시 본인과 동행 1인의 입장료의 20% 현장 할인(단, 직전 1개월간 A신용카드 사용금액이 30만원 이상인 경우에 한함)
B사	문화 관련 가맹업 이용시 총액의 10% 청구 할인(단, 할인되는 금액은 5만원을 초과할 수 없음)
C사	이용시마다 사용금액의 10%를 포인트로 즉시 적립. 사용금액이 10만원을 초과하는 경우에는 사용금액의 20%를 포인트로 즉시 적립.
D사	가입 후 2만원 이상에 상당하는 도서류(DVD 포함) 구매시 최초 1회에 한하여 1만원 상당의 문화상품권 증정(단, 문화상품권은 다음달 1일에 일괄 증정)

① B사 ② A사
③ D사 ④ C사

 철민씨의 소비상황을 봤을 때 A신용카드는 혜택이 없으며, B신용카드는 11000원 청구할인, C신용카드는 22000원 포인트 적립, D신용카드는 1만원 상당의 문화상품권을 증정한다.

Answer 30.④

기술능력

01 기술과 기술능력

(1) 기술과 과학

① 노하우(know-how)와 노와이(know-why)

    ㉠ 노하우 : 특허권을 수반하지 않는 과학자, 엔지니어 등이 가지고 있는 체화된 기술로 경험적이고 반복적인 행위에 의해 얻어진다.

    ㉡ 노와이 : 기술이 성립하고 작용하는가에 관한 원리적 측면에 중심을 둔 개념으로 이론적인 지식으로서 과학적인 탐구에 의해 얻어진다.

② 기술의 특징

    ㉠ 하드웨어나 인간에 의해 만들어진 비자연적인 대상, 혹은 그 이상을 의미한다.

    ㉡ 기술은 노하우(know-how)를 포함한다.

    ㉢ 기술은 하드웨어를 생산하는 과정이다.

    ㉣ 기술은 인간의 능력을 확장시키기 위한 하드웨어와 그것의 활용을 뜻한다.

    ㉤ 기술은 정의 가능한 문제를 해결하기 위해 순서화되고 이해 가능한 노력이다.

③ 기술과 과학 … 기술은 과학과 같이 추상적 이론보다는 실용성, 효용, 디자인을 강조하고 과학은 그 반대로 추상적 이론, 지식을 위한 지식, 본질에 대한 이해를 강조한다.

(2) 기술능력

① 기술능력과 기술교양 … 기술능력은 기술교양의 개념을 보다 구체화시킨 개념으로, 기술교양은 모든 사람들이 광범위한 관점에서 기술의 특성, 기술적 행동, 기술의 힘, 기술의 결과에 대해 어느 정도의 지식을 가지는 것을 의미한다.

② 기술능력이 뛰어난 사람의 특징

    ㉠ 실질적 해결을 필요로 하는 문제를 인식한다.

    ㉡ 인식된 문제를 위한 다양한 해결책을 개발하고 평가한다.

    ㉢ 실제적 문제를 해결하기 위해 지식이나 기타 자원을 선택·최적화시키며 적용한다.

② 주어진 한계 속에서 제한된 자원을 가지고 일한다.

　⑩ 기술적 해결에 대한 효용성을 평가한다.

　⑭ 여러 상황 속에서 기술의 체계와 도구를 사용하고 배울 수 있다.

Y그룹 기술연구소에 근무하는 정호는 연구 역량 강화를 위한 업계 워크숍에 참석해 기술 능력이 뛰어난 사람의 특징에 대해 기조 발표를 하려고 한다. 다음 중 정호가 발표에 포함시킬 내용으로 옳지 않은 것은?

① 기술의 체계와 같은 무형의 기술에 대한 능력과는 무관하다.
② 주어진 한계 속에서 제한된 자원을 가지고 일한다.
③ 기술적 해결에 대한 효용성을 평가한다.
④ 실질적 해결을 필요로 하는 문제를 인식한다.

기술능력이 뛰어난 사람의 특징에 대해 묻는 문제로 문제의 길이가 길 경우 그 속에 포함된 핵심 어구를 찾는다면 쉽게 풀 수 있는 문제다.

① 여러 상황 속에서 기술의 체계와 도구를 사용하고 배울 수 있다.

답 ①

③ 새로운 기술능력 습득방법

　㉠ 전문 연수원을 통한 기술과정 연수

　㉡ E-learning을 활용한 기술교육

　㉢ 상급학교 진학을 통한 기술교육

　㉣ OJT를 활용한 기술교육

(3) 분야별 유망 기술 전망

① 전기전자정보공학분야 … 지능형 로봇 분야

② 기계공학분야 … 하이브리드 자동차 기술

③ 건설환경공학분야 … 지속가능한 건축 시스템 기술

④ 화학생명공학분야 … 재생에너지 기술

(4) 지속가능한 기술

① 지속가능한 발전 … 지금 우리의 현재 욕구를 충족시키면서 동시에 후속 세대의 욕구 충족을 침해하지 않는 발전

② 지속가능한 기술

　㉠ 이용 가능한 자원과 에너지를 고려하는 기술

　㉡ 자원이 사용되고 그것이 재생산되는 비율의 조화를 추구하는 기술

ⓒ 자원의 질을 생각하는 기술

ⓔ 자원이 생산적인 방식으로 사용되는가에 주의를 기울이는 기술

(5) 산업재해

① 산업재해란 산업 활동 중의 사고로 인해 사망하거나 부상을 당하고, 또는 유해 물질에 의한 중독 등으로 직업성 질환에 걸리거나 신체적 장애를 가져오는 것을 말한다.

② 산업 재해의 기본적 원인

　ⓐ 교육적 원인 : 안전 지식의 불충분, 안전 수칙의 오해, 경험이나 훈련의 불충분과 작업관리자의 작업 방법의 교육 불충분, 유해 위험 작업 교육 불충분 등

　ⓑ 기술적 원인 : 건물·기계 장치의 설계 불량, 구조물의 불안정, 재료의 부적합, 생산 공정의 부적당, 점검·정비·보존의 불량 등

　ⓒ 작업 관리상 원인 : 안전 관리 조직의 결함, 안전 수칙 미제정, 작업 준비 불충분, 인원 배치 및 작업 지시 부적당 등

예제 2

다음은 철재가 알아낸 산업재해 원인과 관련된 자료이다. 다음 자료에 해당하는 산업재해의 기본적인 원인은 무엇인가?

2015년 산업재해 현황분석 자료에 따른 사망자의 수

(단위 : 명)

사망원인	사망자 수
안전 지식의 불충분	120
안전 수칙의 오해	56
경험이나 훈련의 불충분	73
작업관리자의 작업방법 교육 불충분	28
유해 위험 작업 교육 불충분	91
기타	4

출처 : 고용노동부 2015 산업재해 현황분석

① 정책적 원인　　　　② 작업 관리상 원인

③ 기술적 원인　　　　④ 교육적 원인

---

③ 산업 재해의 직접적 원인

　ⓐ 불안전한 행동 : 위험 장소 접근, 안전장치 기능 제거, 보호 장비의 미착용 및 잘못 사용, 운전 중인 기계의 속도 조작, 기계·기구의 잘못된 사용, 위험물 취급 부주의, 불안전한 상태 방치, 불안전한 자세와 동장, 감독 및 연락 잘못 등

ⓛ 불안전한 상태 : 시설물 사체 결함, 선기 기설물의 누전, ┼조물의 불안정, 소방기구의 미확보, 안전 보호 장치 결함, 복장·보호구의 결함, 시설물의 배치 및 장소 불량, 작업 환경 결함, 생산 공정의 결함, 경계 표시 설비의 결함 등

④ 산업 재해의 예방 대책

ⓐ 안전 관리 조직 : 경영자는 사업장의 안전 목표를 설정하고, 안전 관리 책임자를 선정해야 하며, 안전 관리 책임자는 안전 계획을 수립하고, 이를 시행·후원·감독해야 한다.

ⓛ 사실의 발견 : 사고 조사, 안전 점검, 현장 분석, 작업자의 제안 및 여론 조사, 관찰 및 보고서 연구, 면담 등을 통하여 사실을 발견한다.

ⓒ 원인 분석 : 재해의 발생 장소, 재해 형태, 재해 정도, 관련 인원, 직원 감독의 적절성, 공구 및 장비의 상태 등을 정확히 분석한다.

ⓔ 시정책의 선정 : 원인 분석을 토대로 적절한 시정책, 즉 기술적 개선, 인사 조정 및 교체, 교육, 설득, 호소, 공학적 조치 등을 선정한다.

ⓜ 시정책 적용 및 뒤처리 : 안전에 대한 교육 및 훈련 실시, 안전시설과 장비의 결함 개선, 안전 감독 실시 등의 선정된 시정책을 적용한다.

---

01 기술능력을 구성하는 하위능력

(1) 기술이해능력

① 기술시스템

ⓐ 개념 : 기술시스템은 인공물의 집합체만이 아니라 회사, 투자회사, 법적 제도, 정치, 과학, 자연 자원을 모두 포함하는 것이기 때문에, 기술적인 것(the technical)과 사회적인 것(the social)이 결합해서 공존한다.

ⓛ 기술시스템의 발전 단계 : 발명·개발·혁신의 단계 → 기술 이전의 단계 → 기술 경쟁의 단계 → 기술 공고화 단계

② 기술혁신

ⓐ 기술혁신의 특성
- 기술혁신은 그 과정 자체가 매우 불확실하고 장기간의 시간을 필요로 한다.
- 기술혁신은 지식 집약적인 활동이다.
- 혁신 과정의 불확실성과 모호함은 기업 내에서 많은 논쟁과 갈등을 유발할 수 있다.
- 기술혁신은 조직의 경계를 넘나드는 특성을 갖고 있다.

ⓛ 기술혁신의 과정과 역할

기술혁신 과정	혁신 활동	필요한 자질과 능력
아이디어 창안	• 아이디어를 창출하고 가능성을 검증 • 일을 수행하는 새로운 방법 고안 • 혁신적인 진보를 위한 탐색	• 각 분야의 전문지식 • 추상화와 개념화 능력 • 새로운 분야의 일을 즐김
챔피언	• 아이디어의 전파 • 혁신을 위한 자원 확보 • 아이디어 실현을 위한 헌신	• 정력적이고 위험을 감수함 • 아이디어의 응용에 관심
프로젝트 관리	• 리더십 발휘 • 프로젝트의 기획 및 조직 • 프로젝트의 효과적인 진행 감독	• 의사결정 능력 • 업무 수행 방법에 대한 지식
정보 수문장	• 조직외부의 정보를 내부 구성원들에게 전달 • 조직 내 정보원 기능	• 높은 수준의 기술적 역량 • 원만한 대인 관계 능력
후원	• 혁신에 대한 격려와 안내 • 불필요한 제약에서 프로젝트 보호 • 혁신에 대한 자원 획득을 지원	• 조직의 주요 의사결정에 대한 영향력

(2) 기술선택능력

① 기술선택 … 기업이 어떤 기술을 외부로부터 도입하거나 자체 개발하여 활용할 것인가를 결정하는 것이다.

　ⓖ 기술선택을 위한 의사결정

　• 상향식 기술선택 : 기업 전체 차원에서 필요한 기술에 대한 체계적인 분석이나 검토 없이 연구자나 엔지니어들이 자율적으로 기술을 선택하는 것

　• 하향식 기술선택 : 기술경영진과 기술기획담당자들에 의한 체계적인 분석을 통해 기업이 획득해야 하는 대상기술과 목표기술수준을 결정하는 것

　ⓛ 기술선택을 위한 절차

```
          외부환경분석
              ↓
중장기 사업목표 설정 → 사업 전략 수립 → 요구기술 분석 → 기술전략 수립 → 핵심기술 선택
              ↓
          내부 역량 분석
```

- 외부환경분석 : 수요변화 및 경쟁자 변화, 기술 변화 등 분석
- 중장기 사업목표 설정 : 기업의 장기비전, 중장기 매출목표 및 이익목표 설정
- 내부 역량 분석 : 기술능력, 생산능력, 마케팅/영업능력, 재무능력 등 분석
- 사업 전략 수립 : 사업 영역결정, 경쟁 우위 확보 방안 수립
- 요구기술 분석 : 제품 설계/디자인 기술, 제품 생산공정, 원재료/부품 제조기술 분석
- 기술전략 수립 : 기술획득 방법 결정

ⓒ 기술선택을 위한 우선순위 결정
- 제품의 성능이나 원가에 미치는 영향력이 큰 기술
- 기술을 활용한 제품의 매출과 이익 창출 잠재력이 큰 기술
- 쉽게 구할 수 없는 기술
- 기업 간에 모방이 어려운 기술
- 기업이 생산하는 제품 및 서비스에 보다 광범위하게 활용할 수 있는 기술
- 최신 기술로 진부화될 가능성이 적은 기술

예제 2

주현은 건설회사에 근무하면서 프로젝트 관리를 한다. 얼마 전 대규모 프로젝트에 참가한 한 하청업체가 중간 보고회를 열고 다음과 같이 자신들이 이번 프로젝트의 성공적 마무리를 위해 노력하고 있음을 설명하고 있다. 다음 중 총괄책임자로서 주현이 하청업체의 올바른 추진 방향으로 인정해줘야 하는 부분으로 바르게 묶인 것은?

> ⊙ 정부 및 환경단체가 요구하는 성과평가의 실천 방안을 연구하여 반영하고 있습니다.
> ⓛ 이번 프로젝트 성공을 위해 기술적 효용과 함께 환경적 효용도 추구하고 있습니다.
> ⓒ 오염 예방을 위한 청정 생산기술을 진단하고 컨설팅하면서 협력회사와 연대하고 있습니다.
> ② 환경영향평가에 대해서는 철저한 사후평가 방식으로 진행하고 있습니다.

① ⊙ⓛⓒ
② ⊙ⓛ②
③ ⊙ⓒ②
④ ⓛⓒ②

답 ①

② 벤치마킹

    ㉠ 벤치마킹의 종류

기준	종류
비교대상에 따른 분류	• 내부 벤치마킹 : 같은 기업 내의 다른 지역, 타 부서, 국가 간의 유사한 활동을 비교대상으로 함 • 경쟁적 벤치마킹 : 동일 업종에서 고객을 직접적으로 공유하는 경쟁기업을 대상으로 함 • 비경쟁적 벤치마킹 : 제품, 서비스 및 프로세스의 단위 분야에 있어 가장 우수한 실무를 보이는 비경쟁적 기업 내의 유사 분야를 대상으로 함 • 글로벌 벤치마킹 : 프로세스에 있어 최고로 우수한 성과를 보유한 동일업종의 비경쟁적 기업을 대상으로 함
수행방식에 따른 분류	• 직접적 벤치마킹 : 벤치마킹 대상을 직접 방문하여 수행하는 방법 • 간접적 벤치마킹 : 인터넷 및 문서형태의 자료를 통해서 수행하는 방법

    ㉡ 벤치마킹의 주요 단계

- 범위결정 : 벤치마킹이 필요한 상세 분야를 정의하고 목표와 범위를 결정하며 벤치마킹을 수행할 인력들을 결정
- 측정범위 결정 : 상세분야에 대한 측정항목을 결정하고, 측정항목이 벤치마킹의 목표를 달성하는 데 적정한가를 검토
- 대상 결정 : 비교분석의 대상이 되는 기업/기관들을 결정하고, 대상 후보별 벤치마킹 수행의 타당성을 검토하여 최종적인 대상 및 대상별 수행방식을 결정
- 벤치마킹 : 직접 또는 간접적인 벤치마킹을 진행
- 성과차이 분석 : 벤치마킹 결과를 바탕으로 성과차이를 측정항목별로 분석
- 개선계획 수립 : 성과차이에 대한 원인 분석을 진행하고 개선을 위한 성과목표를 결정하며, 성과목표를 달성하기 위한 개선계획을 수립
- 변화 관리 : 개선목표 달성을 위한 변화사항을 지속적으로 관리하고, 개선 후 변화사항과 예상했던 변화 사항을 비교

③ 매뉴얼 … 매뉴얼의 사전적 의미는 어떤 기계의 조작 방법을 설명해 놓은 사용 지침서이다.

    ㉠ 매뉴얼의 종류

- 제품 매뉴얼 : 사용자를 위해 제품의 특징이나 기능 설명, 사용방법과 고장 조치방법, 유지 보수 및 A/S, 폐기까지 제품에 관련된 모든 서비스에 대해 소비자가 알아야 할 모든 정보를 제공하는 것
- 업무 매뉴얼 : 어떤 일의 진행 방식, 지켜야할 규칙, 관리상의 절차 등을 일관성 있게 여러 사람이 보고 따라할 수 있도록 표준화하여 설명하는 지침서

ⓛ 매뉴얼 작성을 위한 Tip
- 내용이 정확해야 한다.
- 사용자가 알기 쉽게 쉬운 문장으로 쓰여야 한다.
- 사용자의 심리적 배려가 있어야 한다.
- 사용자가 찾고자 하는 정보를 쉽게 찾을 수 있어야 한다.
- 사용하기 쉬워야 한다.

(3) 기술적용능력

① 기술적용

ⓖ 기술적용 형태
- 선택한 기술을 그대로 적용한다.
- 선택한 기술을 그대로 적용하되, 불필요한 기술은 과감히 버리고 적용한다.
- 선택한 기술을 분석하고 가공하여 활용한다.

ⓛ 기술적용 시 고려 사항
- 기술적용에 따른 비용이 많이 드는가?
- 기술의 수명 주기는 어떻게 되는가?
- 기술의 전략적 중요도는 어떻게 되는가?
- 잠재적으로 응용 가능성이 있는가?

② 기술경영자와 기술관리자

ⓖ 기술경영자에게 필요한 능력
- 기술을 기업의 전반적인 전략 목표에 통합시키는 능력
- 빠르고 효과적으로 새로운 기술을 습득하고 기존의 기술에서 탈피하는 능력
- 기술을 효과적으로 평가할 수 있는 능력
- 기술 이전을 효과적으로 할 수 있는 능력
- 새로운 제품개발 시간을 단축할 수 있는 능력
- 크고 복잡하고 서로 다른 분야에 걸쳐 있는 프로젝트를 수행할 수 있는 능력
- 조직 내의 기술 이용을 수행할 수 있는 능력
- 기술 전문 인력을 운용할 수 있는 능력

다음은 기술경영자의 어떤 부분을 이야기하고 있는가?

> 어떤 일을 마무리하는 데 있어서 6개월의 시간이 걸린다면 그는 그 일을 한 달 안으로 끝낼 것을 원한다. 그에게 강한 밀어붙임을 경험한 사람들은 그에 대해 비판적인 입장을 취하기도 한다. 그의 직원 중 일부는 그 무게를 이겨내지 못하고, 다른 일부의 직원들은 그것을 스스로 더욱 열심히 할 수 있는 자극제로 사용한다고 말한다.

① 빠르고 효과적으로 새로운 기술을 습득하는 능력
② 기술 이전을 효과적으로 할 수 있는 능력
③ 기술 전문 인력을 운용할 수 있는 능력
④ 조직 내의 기술 이용을 수행할 수 있는 능력

출제의도

해당 사례가 기술경영자에게 필요한 능력 중 무엇에 해당하는 내용인지 묻는 문제로 각 능력에 대해 확실하게 이해하고 있어야 한다.

해 설

③ 기술경영자는 기술 전문 인력을 운용함에 있어 강한 리더십을 발휘하고 직원 스스로 움직일 수 있게 이끌 수 있어야 한다.

답 ③

  ⓛ 기술관리자에게 필요한 능력
- 기술을 운용하거나 문제 해결을 할 수 있는 능력
- 기술직과 의사소통을 할 수 있는 능력
- 혁신적인 환경을 조성할 수 있는 능력
- 기술적, 사업적, 인간적인 능력을 통합할 수 있는 능력
- 시스템적인 관점
- 공학적 도구나 지원방식에 대한 이해 능력
- 기술이나 추세에 대한 이해 능력
- 기술팀을 통합할 수 있는 능력

③ 네트워크 혁명

  ㉠ 네트워크 혁명의 3가지 법칙
- 무어의 법칙 : 컴퓨터의 파워가 18개월마다 2배씩 증가한다는 법칙
- 메트칼피의 법칙 : 네트워크의 가치는 사용자 수의 제곱에 비례한다는 법칙
- 카오의 법칙 : 창조성은 네트워크에 접속되어 있는 다양한 지수함수로 비례한다는 법칙

  ㉡ 네트워크 혁명의 역기능 : 디지털 격차(digital divide), 정보화에 따른 실업의 문제, 인터넷 게임과 채팅 중독, 범죄 및 반사회적인 사이트의 활성화, 정보기술을 이용한 감시 등

직표는 J그룹의 기술연구팀에서 근무하고 있는데 하루는 공정 개선 워크숍이 열려 최근 사내에서 이슈로 떠오른 신 제조공법의 도입과 관련해 토론을 벌이고 있다. 신 제조공법 도입으로 인한 이해득실에 대해 의견이 분분한 가운데 직표가 할 수 있는 발언으로 옳지 않은 것은?

① "기술의 수명 주기뿐만 아니라 기술의 전략적 중요성과 잠재적 응용 가능성 등도 따져봐야 합니다."
② "다른 것은 그냥 넘어가도 되지만 기계 교체로 인한 막대한 비용만큼은 철저히 고려해야 합니다."
③ "신 제조공법 도입이 우리 회사의 어떤 시장 전략과 연관되어 있는지 궁금합니다."
④ "신 제조공법의 수명을 어떻게 예상하고 있는지 알고 싶군요."

기술적용능력에 대해 포괄적으로 묻는 문제로 신기술 적용 시 중요하게 생각해야 할 요소로는 무엇이 있는지 파악하고 있어야 한다.

② 기계 교체로 인한 막대한 비용뿐만 아니라 신 기술도입과 관련된 모든 사항에 대해 사전에 철저히 고려해야 한다.

답 ②

출제예상문제

1 기술융합이란 4대 핵심기술인 나노기술(NT), 생명공학기술(BT), 정보기술(IT), 인지과학(Cognitive Science)이 상호 의존적으로 결합되는 것을 의미한다. 이러한 4대 핵심기술의 융합이 자동차에 이용된 사례가 아닌 것은?

① 증강현실을 이용한 차량 정보 통합 기술

② 자동 속도 제어 기술

③ 무인자동차 기술

④ 친환경 하이브리드 자동차 기술

 ④ 친환경 하이브리드 자동차는 연료 체계와 전력 계통 기술 발달의 결과이므로, 언급된 4대 핵심기술 융합의 결과로 보기에는 적절하지 않다. 나머지 선택지들에서 언급한 기술은 정보기술과 인지과학이 융합된 사례가 된다. 자동차 산업에는 정보기술과 인지과학의 융합이 주요 분야로 개발되고 있다.

Answer → 1.④ 2.③

2 다음은 정부의 '식품사고' 위기에 대한 대응 매뉴얼 내용의 일부이다. 이에 대한 설명으로 올바르지 않은 것은?

위기경보	수준
관심	• 해외에서 유해물질에 의한 식품사고가 발생하거나 발생할 우려가 있는 제품이 국내에 유통되고 있다는 정보 입수 • 수입, 통관, 유통단계에서 유해물질이 검출되거나 검출될 우려가 있는 제품이 국내에 유통되고 있다는 정보 입수 • 농·수·축산물 생산단계에서 유해물질이 검출되거나 검출될 우려가 있는 제품이 유통되고 있다는 정보 입수(풍수해, 유해화학물질 유출 등 재난 발생 정보 입수 포함) • 유해물질이 검출되거나 검출될 우려가 있는 제품이 제조, 가공, 유통된 경우(정보 입수 포함) • 50인 미만의 식중독 환자가 발생한 경우 • 국회, 소비자단체, 경찰 등 수사기관, 지자체 등에서 이슈가 제기된 경우(정보 입수 포함)
주의	• 관심 단계에서 입수된 정보가 실제로 발생한 경우 • 1개 지역에서 50인 이상 집단식중독 환자가 발생한 경우 • 제기된 이슈에 대해 2개 이상 언론사에서 부정적 언론을 보도한 경우
경계	• 주의 단계에서 발생한 사고 식품이 대량 유통되거나 관련 언론보도가 확산된 경우 • 2개 이상 지역에서 동일 원인으로 추정되는 집단식중독 환자가 총 100인 이상 발생한 경우 • 이슈 사항에 대하여 부정적인 언론보도가 지속적으로 반복되어 위기가 확산되는 경우
심각	• 주의 단계에서 발생한 사고 식품으로 인해 사망자 발생 등 심각하게 국민 불안감이 야기된 경우 • 원인불명에 의해 전국적으로 대규모 집단식중독 환자가 발생한 경우 • 이슈제기 사항에 대한 부정적 언론보도 확산으로 심각하게 국민 불안감이 야기된 경우

① A시와 B시에서 동일 원인에 의한 식중독 환자가 각각 40명과 70명 발생한 경우는 '경계' 단계에 해당된다.

② 환자나 사망자 없이 언론보도로 인한 불안감 증폭 시에도 위기경보 수준이 단계별로 변동될 수 있다.

③ 풍수해로 인한 농산물의 오염 시에는 최소 위기경보 수준이 '경계' 단계이다.

④ 언론을 통한 불안감 증폭이 없는 상황에서 실제로 환자가 발생하지 않을 경우, 위기경보 수준은 '관심' 단계를 유지하게 된다.

 풍수해로 인한 오염에 따른 식품의 사고 시에도 위기경보 수준은 4단계 모두가 적용된다.

① 2개 지역에서 총 100명 이상의 식중독 환자가 발생하였으므로 '경계' 단계에 해당된다.

② 위기경보의 단계별 수준 내역에는 언론보도로 인한 불안감 증폭 수준의 변화도 기준으로 명시되어 있다.

④ 언론에 의한 불안감 증폭과 환자 발생 여부는 위기경보 단계 상향 조정의 원인이 되므로 언급된 원인이 없는 상황은 '관심' 단계에 해당된다.

Answer → 2.③

3 급속히 발전하고 있는 기술변화의 모습에 적응하고자 많은 사람들이 기술 습득의 다양한 방법을 선택하고 있다. 다음 중 'OJT를 통한 기술교육'에 대한 올바른 설명을 〈보기〉에서 모두 고른 것은?

〈보기〉
(가) 학문적이면서도 최신 기술의 흐름을 반영하며 관련 산업체와의 프로젝트 활동이 가능해 실무 중심의 기술교육이 가능하다.
(나) 피교육자인 종업원이 업무수행의 중단되는 일이 없이 업무수행에 필요한 지식·기술·능력·태도를 교육훈련 받을 수 있다.
(다) 원하는 시간과 장소에 교육받을 수 있어 시간, 공간적 측면에서 독립적이다.
(라) 다년간에 걸친 연수 분야의 노하우에 의한 체계적이고 현장과 밀착된 교육이 가능하다.
(마) 시간의 낭비가 적고 조직의 필요에 합치되는 교육훈련을 할 수 있다.

① (가), (라)
② (가), (마)
③ (나), (마)
④ (나), (다), (라)

 OJT(On the Job Training)란 조직 안에서 피교육자인 종업원이 직무에 종사하면서 받게 되는 교육 훈련방법이다. 직장 상사나 선배가 지도·조언을 해주는 형태로 훈련이 행하여지기 때문에, 교육자와 피교육자 사이에 친밀감을 조성하며 시간의 낭비가 적고 조직의 필요에 합치되는 교육훈련을 할 수 있다는 장점이 있다.
(가) 상급학교 진학을 통한 기술교육 (X)
(나) OJT를 통한 기술교육 (O)
(다) e-learning을 활용한 기술교육 (X)
(라) 전문 연수원을 통한 기술과정 연수 (X)
(마) OJT를 통한 기술교육 (O)

4 다음 글의 (개), (내)에서 설명하고 있는 미래 정보화 사업의 핵심 기술 (A)와 (B)를 순서대로 바르게 짝지은 것은?

> (개) (A)는(은) 인공지능, 데이터 기술이 전 산업 분야에 적용돼 경제, 사회 구조의 근본적 변화를 촉발하는 4차 산업혁명의 근간을 이루는 핵심 인프라로, 산업구조의 지능화와 효율화에 큰 영향을 미치고 있다. 산업계뿐만 아니라 최근 들어 국민 편의를 높이고 사회 문제를 해결해야 한다는 인식이 사회 전반으로 확산됨에 따라 이를 적극 활용해야 한다는 목소리가 높아지고 있다. 행정자치부는 '유능한 정부' 구현을 위해 정책 과정에서 적극적으로 이를 활용하고 사회 현안 해결과 공공서비스 혁신을 위해 방대한 양의 정보를 기반으로 하는 정책 결정이 가능한 체계를 구축하고자 노력하고 있다.
>
> (내) 알파고의 등장은 컴퓨터가 사람의 직관을 흉내 내는 일까지도 가능할 수 있음을 보여준 사건이 되었다. 구글은 e-메일에 간단한 답변을 자동으로 응답하는 Smart reply 시스템을 영어와 중국어 버전으로 개발하여 상용화하기도 하였으며, 네덜란드의 Rechtwijzer 서비스는 머신러닝을 이용해 이혼과 같은 개인 간 법률 분쟁을 조정하는 솔루션을 제공하기도 한다. 이러한 인공지능의 등장을 가능케 하는 (B)는(은) '컴퓨터가 마치 사람처럼 생각하고 배울 수 있도록 하는 기술'을 의미한다.

① 클라우드, 빅데이터
② 빅데이터, 딥 러닝
③ 사물 인터넷, 클라우드
④ 딥 러닝, 클라우드

 (A) 빅데이터 : 빅데이터는 디지털 환경에서 생성되는 데이터로, 그 규모가 방대하고 생성 주기도 짧으며 형태도 수치 데이터뿐 아니라 문자와 영상 데이터를 포함하는 대규모 데이터를 말한다. 빅데이터의 개념은 방대한 데이터 그 자체에만 머무르는 것이 아니라 데이터를 분석해 새로운 가치를 만드는 것으로까지 확장되고 있다.
(B) 딥 러닝 : 딥 러닝(deep learning)은 설계자가 주제에 맞는 관련 데이터만 프로그램으로 설계하고 이에 따른 결과는 기계가 최적값을 도출하게 되므로, 설계자조차 결과를 예측하기 어렵다. 다양한 데이터를 주입(학습)시켜 자동으로 모델(프로그램, 패턴/규칙, 지식)을 생성하는 알고리즘을 활용하는 것이 딥 러닝의 원리이다.

Answer 3.③ 4.②

｜5~6｜ 안전한 패스워드 구성방법에 관한 다음 안내문을 읽고 이어지는 물음에 답하시오.

구분	권장 규칙	회피 규칙
문자 구성 및 길이	• 3가지 종류 이상의 문자구성으로 8자리 이상의 길이로 구성된 패스워드 • 2가지 종류 이상의 문자구성으로 10자리 이상의 길이로 구성된 패스워드 ※ 문자 종류는 알파벳 대문자와 소문자, 특수기호, 숫자의 4가지	• 2가지 종류 이하의 문자구성으로 8자리 이하의 길이로 구성된 패스워드 • 문자구성과 관계없이 7자리 이하 길이로 구성된 패스워드 ※ 문자 종류는 알파벳 대문자와 소문자, 특수기호, 숫자의 4가지
패턴 조건	• 한글, 영어 등의 사전적 단어를 포함하지 않은 패스워드 • 널리 알려진 단어를 포함하지 않거나 예측이 어렵도록 가공한 패스워드 ※ 널리 알려진 단어인 컴퓨터 용어, 기업 등의 특정 명칭을 가공하지 않고 명칭 그대로 사용하는 경우 ※ 온라인상에서 자주 쓰이는 속어, 방언, 은어 등을 포함한 경우 • 사용자 ID와 연관성이 있는 단어구성을 포함하지 않은 패스워드 • 제3자가 쉽게 알 수 있는 개인정보를 포함하지 않은 패스워드 ※ 개인정보는 가족, 생일, 주소, 휴대전화번호 등을 포함하는 패스워드	• 한글, 영어 등을 포함한 사전적인 단어로 구성된 패스워드 ※ 스펠링을 거꾸로 구성하거나 한/영키를 변환한 패스워드도 포함 • 널리 알려진 단어로 구성된 패스워드 ※ 컴퓨터 용어, 사이트, 기업 등의 특정 명칭으로 구성된 패스워드도 포함 • 사용자 ID를 이용한 패스워드 ※ 사용자 ID 혹은 사용자 ID를 거꾸로 구성한 패스워드도 포함 • 제3자가 쉽게 알 수 있는 개인정보를 바탕으로 구성된 패스워드 ※ 가족, 생일, 주소, 휴대전화번호 등을 포함하는 패스워드

5 다음 중 위의 안내문을 바르게 이해하지 못한 설명은 무엇인가?

① 사용자 또는 사용자 이외의 특정 인물, 유명인, 연예인 등의 이름을 포함하는 패스워드는 회피하여야 한다.

② 일정한 패턴이 반복되는 패스워드가 아니라면 보안 수준이 높다고 할 수 있다.

③ 키보드 상에서 연속한 위치에 존재하는 문자들의 집합은 노출되기 쉬운 패스워드이다.

④ 영어 단어를 한글 모드에서 타이핑하여 입력하게 되면 쉽게 노출되지 않는 패스워드 조합을 구성할 수 있다.

 ④ 한글, 영어 등을 포함한 사전적인 단어로 구성된 패스워드 또는 이런 단어들의 스펠링을 거꾸로 구성하거나 한/영키를 변환한 패스워드는 회피하여야 한다.

6 다음 키보드 그림을 참고할 때, 위의 안내문에 따라 만든 가장 적절한 패스워드라고 볼 수 있는 것은?

① bo3$&K

② S37북?sx@4@

③ @ytisrevinu!

④ 1h3o3u4s8e?

 ②와 같은 패스워드는 문자, 숫자 등의 혼합사용이나 자릿수 등 쉽게 이해할 수 있는 부분이 없는 경우로 적절한 패스워드로 볼 수 있다.
① 문자 조합에 관계없이 7자리 이하의 패스워드이므로 적절하지 않다.
③ 'university'를 거꾸로 타이핑한 부적절한 패스워드이다.
④ 'house'를 쉽게 알 수 있는 경우이다.

Answer ↱ 5.④ 6.②

7 다음 중 수영이가 기술능력을 습득하기 위해 시용한 방법은?

> 수영이는 복지사회로 들어서면서 교육 영역이 복지 분야로 점차 확대될 것이라고 예상하였다. 따라서 직업 관련 과목인 청소년교육에 대해 배우기 위해 한국방송통신대학교 청소년교육학과에 지원하여 인터넷 강의를 듣고 있다.

① 전문 연수원을 통한 과정 연수
② E-learning을 활용한 교육
③ 상급학교 진학을 통한 교육
④ OJT를 활용한 기술교육

 수영이는 청소년교육에 대해 배우고자 한국방송통신대학교 청소년교육학과에서 강의를 듣고 있다.
따라서 ②가 적절한 답이다.

8 다음 중 지속가능한 기술에 관한 설명으로 옳지 않은 것은?

① 이용 가능한 자원과 에너지를 고려하는 기술
② 자원이 사용되고 그것이 재생산되는 비율의 조화를 추구하는 기술
③ 자원의 양을 생각하는 기술
④ 자원이 생산적인 방식으로 사용되는가에 주의를 기울이는 기술

 지속가능한 기술
㉠ 이용 가능한 자원과 에너지를 고려하는 기술
㉡ 자원이 사용되고 그것이 재생산되는 비율의 조화를 추구하는 기술
㉢ 자원의 질을 생각하는 기술
㉣ 자원이 생산적인 방식으로 사용되는가에 주의를 기울이는 기술

9 다음에서 빈칸에 들어갈 개념은 무엇인가?

> _____은(는) 인공물의 집합체만이 아니라 회사, 투자회사, 법적 제도, 정치, 과학, 자연자원을 모두 포함하는 것이기 때문에, 기술적인 것(the technical)과 사회적인 것(the social)이 결합해서 공존한다.

① 기술적용 ② 기술선택

③ 기술혁신 ④ 기술시스템

 제시된 내용은 기술시스템에 관한 내용이다.
※ 기술시스템의 발전 단계 … 발명 · 개발 · 혁신의 단계→기술 이전의 단계→기술 경쟁의 단계→기술 공고화 단계

10 다음 중 기술선택을 위해 우선순위를 결정할 때, 올바른 결정이 아닌 사례는?

① 은지 : 기업 간에 모방이 가능한 기술을 먼저 선택한다.
② 동우 : 제품의 성능이나 원가에 미치는 영향력이 큰 기술을 먼저 선택한다.
③ 주희 : 최신 기술로 진부화 될 가능성이 적은 기술을 먼저 선택한다.
④ 정진 : 기업이 생산하는 제품 및 서비스에 보다 광범위하게 활용할 수 있는 기술을 먼저 선택한다.

 기술선택을 위한 우선순위 결정
• 제품의 성능이나 원가에 미치는 영향력이 큰 기술
• 기술을 활용한 제품의 매출과 이익 창출 잠재력이 큰 기술
• 쉽게 구할 수 없는 기술
• 기업 간에 모방이 어려운 기술
• 기업이 생산하는 제품 및 서비스에 보다 광범위하게 활용할 수 있는 기술
• 최신 기술로 진부화 될 가능성이 적은 기술

Answer 7.② 8.③ 9.④ 10.①

▌11～13▐ 다음은 전기레인지 고장수리 안내에 관한 내용이다. 다음의 내용을 확인한 후 주어진 질문에 답하시오.

〈점검 및 손질〉

점검 및 손질할 때는 반드시 전원을 차단하여 주십시오. 또한 아래의 내용을 반드시 숙지하여 주시기 바랍니다.

㉠ 청소 및 점검할 때는 장갑을 착용하시고 물에 젖지 않도록 주의하시기 바랍니다.

㉡ 청소를 할 때는 절대 물을 뿌리지 마십시오. 제품 내부로 물이 스며들 경우 누전, 쇼트 및 오동작으로 감전, 제품고장 및 화재의 위험이 있습니다.

㉢ 청소를 할 때는 인화 물질 즉 신나, 벤젠 등을 절대로 사용하지 마십시오.

㉣ 제품을 절대로 분해하지 마십시오.

㉤ 유리 표면을 스크래퍼로 청소할 때는 유리의 온도가 식었을 때 하시고, 칼날에 의한 상해를 주의하십시오.

〈일상점검 및 청소 방법〉

㉠ 세라믹 유리는 부드러운 천으로 자주 닦아 주십시오. 철 수세미 등 거친 수세미 사용 시 제품 표면이 손상될 수 있습니다.

㉡ 조작부에 수분이 없도록 관리하여 주십시오.

㉢ 조리 시 넘친 음식물은 유리 표면이 충분히 식은 후 청소하여 주십시오. 이물 제거용 스크래퍼 사용은 비스듬히 하여 이물을 제거하여 주십시오. 스크래퍼 사용 시에는 칼날이 나오도록 하여 사용 하신 후 다시 칼날이 보이지 않도록 하여 보관하십시오.

㉣ 유리 표면의 오염이 제거되지 않을 때는 시중에 판매되는 전용 세제를 구입하여 부드러운 천으로 닦아 주십시오.

사용 가능	부드러운 천, 스폰지 수세미, 중성세제
사용 불가	나일론 수세미, 식용유, 산성알칼리성세제, 금속수세미, 연마제, 신나, 벤젠

증상		원인	확인 사항
전원이 차단되었을 때		누전 차단 스위치 작동	• 누전 차단기를 올려 주십시오.
히터의 반복 작동		각 단계별 최고 온도를 유지하기 위해 반복 작동	• 화구의 최대 화력을 자동 제어하는 기능으로 안심하고 사용하셔도 됩니다.
조리가 안 되거나 너무 길 때		냄비의 바닥면이 평평하지 않거나 부적절한 용기를 사용할 때	• 적절한 냄비를 사용하십시오.
		유리 표면에 이물 등으로 유리 표면과 냄비의 표면에 틈이 있을 때	• 유리 표면의 이물을 제거하여 주십시오.
		화구의 위치와 냄비 위치가 맞지 않을 때	• 냄비를 화구의 둥근 원 안에 잘 맞춰 사용하십시오.
조작이 되지 않을 때		잠금기능 설정	• 잠금 기능을 해제하여 주십시오.
		조작부 오염	• 조작부의 오염을 제거하신 후 재조작하여 주십시오.
사용 중 갑자기 꺼졌을 때		누전 차단기 작동	• 과부하 원인을 제거하신 후 누전차단기를 올려 사용하십시오. 반복적으로 발생될 때는 서비스센터에 문의하시기 바랍니다.
화구의 검은 부분		발열체 센서 부위	• 발열체의 이상 발열을 방지하기 위한 센서 위치로 발열이 되지 않는 부분입니다.
자동으로 꺼졌을 때		기능 선택을 안 하셨을 때	• 전원 키를 누르신 후 일정시간 동안 기능을 선택하지 않을 때 자동으로 전원이 꺼집니다.
		타이머 기능을 사용하셨을 때	• 화구의 타이머 기능을 사용하셨을 때 시간 경과 후 자동으로 전원이 꺼집니다.
에러 표시	E1	키 눌림 에러	• 조작부에 이물 등으로 키가 일정시간 동안 감지되었을 때 이물제거 및 전원을 다시 ON시켜 주십시오.
	E2	제품 과열 에러	• 제품에 이상 과열 발생되었을 때 표시됩니다. 전원을 다시 ON시킨 후 재사용 시에도 발생되면 서비스센터에 연락바랍니다.
	E3	저온 에러	• 온도센서 단선 시 표시 됩니다. 전원을 다시 ON시킨 후 재사용 시에도 발생되면 서비스센터에 연락바랍니다.

〈서비스 신청 전 확인 사항〉

〈무상서비스 안내〉

피해유형	보상기준	
	품질보증기간 이내	품질보증기간 경과 후
구입 후 10일 이내에 정상적인 사용상태에서 발생한 성능, 기능상의 하자로 중요한 수리를 요하는 경우	교환 또는 환불	−
구입 후 1개월 이내에 정상적인 사용상태에서 발생한 성능, 기능상의 하자로 중요한 수리를 요하는 경우	교환 또는 무상수리	−
정상적인 사용상태에서 발생한 성능, 기능상의 하자		
㉠ 하자 발생 시	무상	유상
㉡ 수리 불가능 시	교환 또는 환불	
㉢ 교환 불가능 시	환불	
㉣ 동일하자에 대하여 2회까지 고장 발생 시	무상	
㉤ 동일하자에 대하여 3회째 고장 발생 시	교환 또는 환불	
㉥ 여러 부위의 고장으로 4회 수리 후 5회째 발생 시	교환 또는 환불	
㉦ 교환한 제품이 1개월 이내에 중요한 부위의 수리를 요하는 불량 발생 시	환불	
부품 보유 기간 내 수리할 부품을 보유하고 있지 않을 경우		
㉠ 정상적인 사용상태에서 성능, 기능상의 하자로 인해 발생된 경우	교환 또는 환불	정액감가상각금액에 구매 가격의 5% 가산하여 그 금액만큼 환불(최고한도 : 구입가격)
㉡ 소비자의 고의, 과실로 인한 고장 발생 시	유상수리금액 징수 후 교환	
소비자가 수리 의뢰한 제품을 사업자가 분실한 경우	교환 또는 환불	정액감가상각금액에 구매 가격의 10% 가산하여 그 금액만큼 환불(최고한도 : 구입가격)
제품 구입 시 운송과정 및 제품설치 중 발생된 피해	제품교환	−
천재지변(화염, 염해, 가스, 지진, 풍수해 등)에 의한 고장이 발생하였을 경우	유상수리	유상수리
사용상 정상 마모되는 소모성 부품을 교환하는 경우		

사용전원의 이상 및 접속기기의 불량으로 인하여 고장이 발생하였을 경우	유상수리	유상수리
기타 제품자체의 하자가 아닌 외부 원인으로 인한 경우		
당사의 서비스 전문점의 수리기사가 아닌 기사의 수리 또는 개조하여 고장이 발생하였을 경우		

※ 품질보증기간 이내 '환불'은 전액 환불을 의미한다.

11 전기레인지의 점검 및 손질, 청소 방법으로 옳은 것은?

① 제품을 점검할 경우 분해하여 각각의 부품을 점검해야 한다.
② 세라믹 유리는 금속수세미를 사용하여 닦아야 한다.
③ 유리 표면의 오염이 제거되지 않을 때는 알칼리성세제를 사용해야 한다.
④ 유리 표면을 스크래퍼로 청소할 때는 유리의 온도가 식었을 때 해야 한다.

 ① 제품을 절대로 분해하지 말아야 한다.
② 세라믹 유리는 부드러운 천을 사용하여 닦아야 한다.
③ 유리 표면의 오염이 제거되지 않을 때는 중성세제를 사용해야 한다.

12 전기레인지 사용 중 에러 표시 E3가 나타난 원인으로 적절한 것은?

① 제품에 이상 과열이 발생되었을 때
② 온도센서가 단선 되었을 때
③ 조작부에 이물 등으로 키가 일정시간 동안 감지되었을 때
④ 화구의 위치와 냄비 위치가 맞지 않을 때

 에러 표시 E3는 온도센서 단선 시 표시 되며 전원을 다시 ON시킨 후 재사용 시에도 발생되면 서비스센터로 연락해야 한다.

Answer 11.④ 12.②

13 전기레인지의 구매 가격이 50만 원이라면 다음 보기의 상황에서 환불해 주어야 할 총 금액은(㉠ + ㉡ + ㉢) 얼마인가?

〈보기〉
㉠ 품질보증기간이 지난 제품을 소비자가 수리 의뢰하였으나 사업자가 분실한 경우 환불해 주어야 할 금액 (단, 정액감가상각금액은 250,000원이다)
㉡ 품질보증기간이 지난 제품에서 소비자의 과실로 인해 고장이 발생했으나 부품 보유 기간 내 수리할 부품을 보유하고 있지 않을 경우 환불해 주어야 할 금액 (단, 정액감가상각금액은 200,000원이다)
㉢ 품질보증기간 내에 교환한 제품이 1개월 이내에 중요한 부위의 수리를 요하는 불량이 발생했을 때 환불해 주어야 할 금액 (정상적인 사용상태에서 발생한 성능상의 하자이다)

① 950,000원
② 1,005,000원
③ 1,015,000원
④ 1,025,000원

 ㉠ 250,000 + 50,000(구매 가격의 10%) = 300,000원
㉡ 200,000 + 25,000(구매 가격의 5%) = 225,000원
㉢ 500,000원(전액 환불)
따라서 300,000 + 225,000 + 500,000 = 1,025,000원

14 기술혁신 과정 중 프로젝트 관리 과정에서 필요한 자질과 능력으로 옳은 것은?
① 추상화와 개념화 능력
② 아이디어의 응용에 관심
③ 업무 수행 방법에 대한 지식
④ 원만한 대인 관계 능력

 ① 아이디어 창안 과정에서 필요하다.
② 챔피언 과정에서 필요하다.
④ 정보 수문장 과정에서 필요하다.

15 하향식 기술선택을 위한 절차에서 사업 영역결정, 경쟁 우위 확보 방안을 수립하는 단계는?

① 중장기 사업목표 설정
② 내부 역량 분석
③ 사업 전략 수립
④ 요구기술 분석

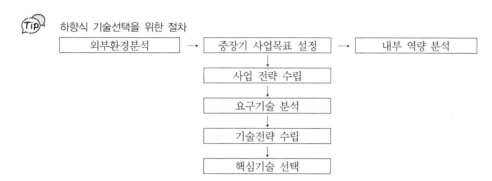

16 다음에 설명하는 벤치마킹의 종류는?

> 프로세스에 있어 최고로 우수한 성과를 보유한 동일업종의 비경쟁적 기업을 대상으로 한다.

① 내부 벤치마킹
② 경쟁적 벤치마킹
③ 비경쟁적 벤치마킹
④ 글로벌 벤치마킹

 벤치마킹의 종류
㉠ 내부 벤치마킹 : 같은 기업 내의 다른 지역, 타 부서 간의 유사한 활용을 비교대상으로 함
㉡ 경쟁적 벤치마킹 : 동일 업종에서 고객을 직접적으로 공유하는 경쟁기업을 대상으로 함
㉢ 비경쟁적 벤치마킹 : 제품, 서비스 및 프로세스의 단위 분야에 있어 가장 우수한 실무를 보이는 비경쟁적 기업 내의 유사 분야를 대상으로 하는 방법
㉣ 글로벌 벤치마킹 : 프로세스에 있어 최고로 우수한 성과를 보유한 동일업종의 비경쟁적 기업을 대상으로 함

Answer ↪ 13.④ 14.③ 15.③ 16.④

▌17~18▌ 다음은 그래프 구성 명령의 실행 예시이다. 이를 참고하여 다음의 물음에 답하시오.

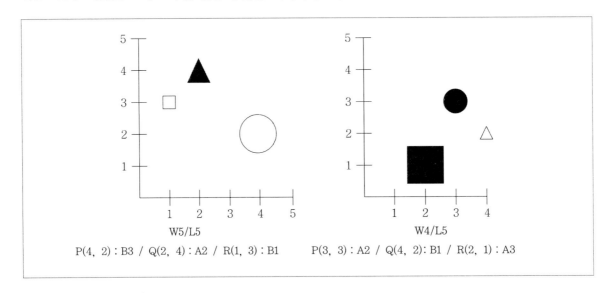

W5/L5

P(4, 2) : B3 / Q(2, 4) : A2 / R(1, 3) : B1

W4/L5

P(3, 3) : A2 / Q(4, 2) : B1 / R(2, 1) : A3

17 다음 그래프에 알맞은 명령어를 바르게 고른 것은?

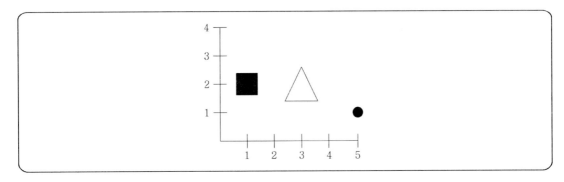

① W4/L4

　　P(5, 1) : A1 / Q(3, 2) : B3 / R(1, 2) : A2

② W5/L4

　　P(5, 1) : A1 / Q(3, 2) : B3 / R(1, 2) : A2

③ W4/L4

　　P(5, 1) : A3 / Q(3, 2) : B1 / R(1, 2) : A2

④ W5/L4

　　P(5, 1) : A3 / Q(3, 2) : B1 / R(1, 2) : A2

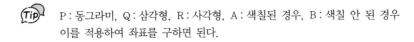 P : 동그라미, Q : 삼각형, R : 사각형, A : 색칠된 경우, B : 색칠 안 된 경우
이를 적용하여 좌표를 구하면 된다.

18 W4 / L5 P(1, 3) : B2, Q(2, 1) : A2, R(3, 4) : B3의 그래프를 산출할 때 오류가 발생하여 아래와 같은 그 래프가 산출되었다. 다음 중 오류가 발생한 값은?

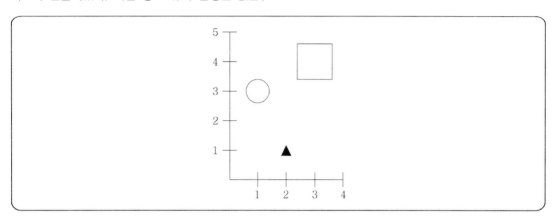

① W4 / L5

② P(1, 3) : B2

③ Q(2, 1) : A2

④ R(3, 4) : B3

 W4 / L5 P(1, 3) : B2, Q(2, 1) : A1, R(3, 4) : B3

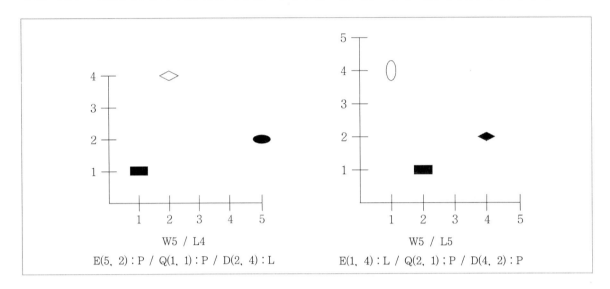

19 다음 그래프에 알맞은 명령어는 무엇인가?

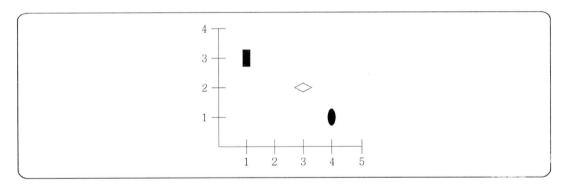

① W4 / L4

   Q(1, 3) : L / E(4, 1) : P / D(3, 2) : P

② W5 / L4

   Q(1, 3) : L / E(4, 1) : P / D(3, 2) : P

③ W4 / L4

   Q(1, 3) : P / E(4, 1) : P / D(3, 2) : L

④ W5 / L4

   Q(1, 3) : P / E(4, 1) : P / D(3, 2) : L

 Q : 직사각형, E : 타원형, D : 마름모, P : 색칠된 경우, L : 색칠 안 된 경우
이를 적용하여 좌표를 구하면 된다.

20 W6 / L5 Q(5, 1) : P / E(4, 5) : P / D(2, 3) : L의 그래프를 산출할 때, 오류가 발생하여 다음과 같은 그래프가 산출되었다. 다음 중 오류가 발생한 값은?

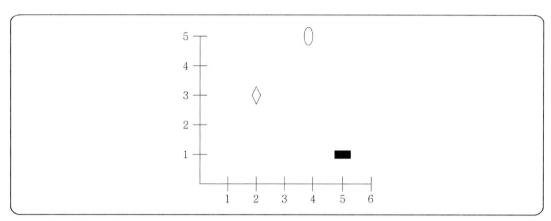

① W6 / L5

② Q(5, 1) : P

③ E(4, 5) : P

④ D(2, 3) : L

 W6 / L5
Q(5, 1) : P / E(4, 5) : L / D(2, 3) : L

21 다음은 서원산업의 기술적용계획표이다. ⓛ의 예로 가장 적절한 것은?

기술적용계획표				
프로젝트명	2017년 가상현실 시스템 구축			

항목	평가			비교
	적절	보통	부적절	
기술적용 고려사항				
㉠ 해당 기술이 향후 기업의 성과 향상을 위해 전략적으로 중요한가?				
㉡ 해당 기술이 향후 목적과 비전에 맞추어 잠재적으로 응용가능한가?				
㉢ 해당 기술의 수명주기를 충분히 고려하여 불필요한 교체를 피하였는가?				
㉣ 해당 기술의 도입에 따른 필요비용이 예산 범위 내에서 가능한가?				
세부 기술적용 지침				
	−이하 생략−			

계획표 제출일자 : 2017년 10월 20일	부서 :
계획표 작성일자 : 2017년 10월 20일	성명 : (인)

① 요즘은 모든 기술들이 단기간에 많은 발전을 이루고 있는데 우리가 도입하려고 하는 이 분야의 기술은 과연 오랫동안 유지될 수 있을까?

② 이 분야의 기술을 도입하면 이를 이용해 우리가 계획한 무인자동차나 인공지능 로봇을 만들 수도 있어.

③ 우리가 앞으로 무인자동차나 사람의 마음을 읽는 로봇 등으로 기업 성과를 내기 위해서는 이 분야의 기술이 반드시 필요해.

④ 이 분야의 기술을 도입하려면 막대한 비용이 들거야. 과연 예산 범위 내에서 충당할 수 있을까?

 ① ㉢에 해당하는 예이다.
③ ㉠에 해당하는 예이다.
④ ㉣에 해당하는 예이다.

| 22~26 | 다음 표를 참고하여 물음에 답하시오.

스위치	기능
♤	1번과 2번 기계를 오른쪽으로 180도 회전시킨다.
♠	1번과 3번 기계를 오른쪽으로 180도 회전시킨다.
♡	2번과 3번 기계를 오른쪽으로 180도 회전시킨다.
♥	3번과 4번 기계를 오른쪽으로 180도 회전시킨다.
♧	1번 기계와 4번 기계의 작동상태를 다른 상태로 바꾼다. (운전→정지, 정지→운전)
♣	2번 기계와 3번 기계의 작동상태를 다른 상태로 바꾼다. (운전→정지, 정지→운전)
◉	모든 기계의 작동상태를 다른 상태로 바꾼다. (운전→정지, 정지→운전)

△=운전, ▲=정지

22 처음 상태에서 스위치를 세 번 눌렀더니 화살표 모양과 같은 상태로 바뀌었다. 어떤 스위치를 눌렀는가?

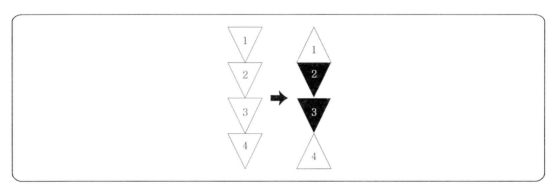

① ♤ ♡ ♧

② ♠ ♥ ♣

③ ♤ ♥ ♧

④ ♠ ♡ ♣

　㉠ 1번 기계와 3번 기계를 오른쪽으로 180도 회전시킨다.
　㉡ 3번 기계와 4번 기계를 오른쪽으로 180도 회전시킨다.
　㉢ 2번 기계와 3번 기계의 작동상태를 다른 상태로 바꾼다.(운전 → 정지, 정지 → 운전)

Answer ↦　21.②　22.②

23 처음 상태에서 스위치를 세 번 눌렀더니 화살표 모양과 같은 상태로 바뀌었다. 어떤 스위치를 눌렀는가?

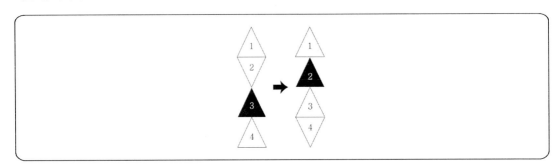

① ♤ ♠ ♣ ② ♡ ♥ ♧

③ ♡ ♥ ♣ ④ ♠ ♥ ♣

 ㉠ 2번 기계와 3번 기계를 오른쪽 방향으로 180도 회전시킨다.
㉡ 3번 기계와 4번 기계를 오른쪽 방향으로 180도 회전시킨다.
㉢ 2번 기계와 3번 기계의 작동상태를 다른 상태로 바꾼다.(운전→정지, 정지→운전)

24 처음 상태에서 스위치를 세 번 눌렀더니 화살표 모양과 같은 상태로 바뀌었다. 어떤 스위치를 눌렀는가?

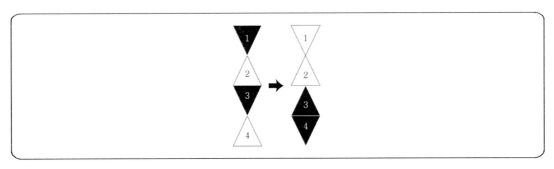

① ◉ ♡ ♤ ② ♡ ♧ ♥

③ ♥ ♧ ♣ ④ ♥ ◉ ♣

 ㉠ 3번 기계와 4번 기계를 오른쪽으로 180도 회전한다.
㉡ 모든 기계의 작동상태를 다른 상태로 바꾼다.(운전 → 정지, 정지 → 운전)
㉢ 2번 기계와 3번 기계의 작동상태를 다른 상태로 바꾼다.(운전 → 정지, 정지 → 운전)

25 처음 상태에서 스위치를 세 번 눌렀더니 화살표 모양과 같은 상태로 바뀌었다. 어떤 스위치를 눌렀는가?

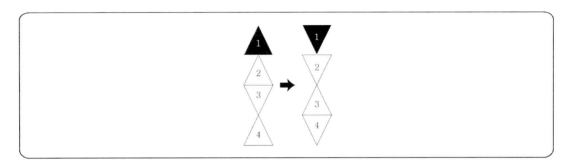

① ♡ ♠ ♧   ② ♡ ♥ ♠

③ ♥ ♡ ♧   ④ ♥ ♤ ♣

 ㉠ 2번 기계와 3번 기계를 오른쪽으로 180도 회전한다.
ㄴ 3번 기계와 4번 기계를 오른쪽으로 180도 회전한다.
ㄷ 1번 기계와 3번 기계를 오른쪽으로 180도 회전한다.

26 처음 상태에서 스위치를 두 번 눌렀더니 화살표 모양과 같은 상태로 바뀌었다. 어떤 스위치를 눌렀는가?

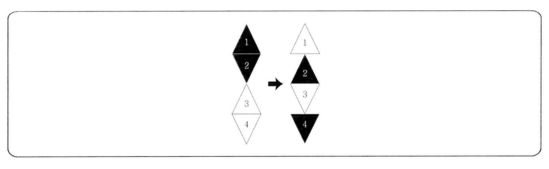

① ♤ ♡   ② ♠ ♥

③ ♡ ♣   ④ ♡ ♧

 ㉠ 2번 기계와 3번 기계를 오른쪽으로 180도 회전한다.
ㄴ 1번 기계와 4번 기계의 작동상태를 다른 상태로 바꾼다. (운전 → 정지, 정지 → 운전)

Answer ↦ 23.③   24.④   25.②   26.④

L씨는 도서출판 서원각의 편집부에 인턴사원으로 입사하였다. L씨는 선임 직원인 지은씨로부터 다음과 같은 사내 연락망을 전달 받았다.

〈사내 연락망〉

한글편집팀(대표번호:1420)		편집기획팀(대표번호:2420)	
이름	직통	이름	직통
이○미팀장	1400	김수○팀장	2400
이미○	1421	신○근대리	2410
최○정	1422	류○은	2421
디자인팀(대표번호:3420)		L씨	2422
정○정팀장	3400		
이혜○	3421		
김○숙	3422		

도서출판 서원각 (tel : 070-1234-직통번호)

당겨받기 : 수화기를 들고 + # + #

사내통화 : 내선번호

돌려주기 : # + 내선번호 + # + 연결 확인 후 끊기

전화를 받았을 경우 : 안녕하십니까? 도서출판 서원각 ○○팀 ○○○입니다.

27 L씨가 사내 연락망을 살펴보는 과정에서 직통번호에 일정한 규칙이 있음을 발견하였다. 이 규칙은 자릿수에 적용되어 있다. 이 규칙은 무엇인가?

① 첫 번째 자릿수는 부서를 나타낸다.

② 두 번째 자릿수는 근무년수를 나타낸다.

③ 세 번째 자릿수는 나이를 나타낸다.

④ 네 번째 자릿수는 직위를 나타낸다.

(Tip) 한글편집팀은 1, 편집기획팀은 2, 디자인팀은 3을 나타낸다.

28 도서출판 서원각의 직통번호 중 세 번째 자릿수가 나타내는 것은 무엇인가?

① 근속연수

② 직위

③ 나이

④ 부서

(Tip) 잘 살펴보면 팀장은 0, 대리는 1, 사원은 2를 나타낸다.

Answer↪ 27.① 28.②

29~30 다음은 드럼의류건조기 제품사용설명서 중 고장신고 전 확인 사항에 대한 자료이다. 다음의 내용을 확인한 후 주어진 질문에 답하시오.

〈건조기 에러 코드〉

표시부	원인	해결책
E1	물통이 가득 찼거나, 응축수가 얼거나, 배수펌프가 오작동 되는 현상입니다.	물통을 비우고, 전원을 다시 켜고, 다시 시작해주세요. 이 문제가 계속되면 고객상담실로 문의해주세요.
	제품이 설치된 장소가 기온이 영하로 떨어질 수 있는 곳입니까?	'겨울철 동결 시' 방법을 참고 하십시오. 이 문제가 계속되면 고객상담실로 문의해주세요.
IE0 ~ IE3 E3	온도 센서가 제대로 작동되지 않습니다.	필터 청소를 해주신 후 전원 플러그를 뺐다 꽂아 다시 시작해주세요. 청소 후에도 현상이 계속되면 고객상담실로 문의해주세요.
E2	습도 센서가 제대로 작동되지 않습니다.	전원 플러그를 뺐다 잠시 후 꽂아도 현상이 계속되면 고객상담실로 문의해주세요.
E7	통신이 제대로 작동되지 않습니다.	
E8		
IE4		
IDEX	모터가 정상적으로 동작되지 않습니다.	
ICEX	압축기가 정상적으로 동작되지 않습니다.	
D0	건조기가 작동하는 중에 문을 열었습니까?	건조기 문을 닫고 다시 시작해주세요. 이 문제가 계속되면 고객상담실로 문의해주세요.
	문이 열린 상태에서 건조기를 작동시켰습니까?	

〈고장 신고 전 확인 사항〉	
증상	확인/조치
건조기가 작동하지 않아요.	전원 플러그가 꽂혀 있는지 확인해주세요.
	집안 내의 누전 차단기와 퓨즈를 점검해주세요.
	건조기의 문을 제대로 닫았는지 확인해주세요.
	코스를 진행 중인 동안 건조기 문을 열었을 때는 [동작/일시정지] 버튼을 다시 눌러주세요.
	물통의 물을 비워주세요.
	잠금 장치가 켜져있는지 확인해주세요.
	필터를 청소해주세요.
가열이 안 돼요.	집안 내 누전 차단기와 퓨즈를 점검해주세요.
	필터와 열교환기를 확인 후 필요하면 청소해주세요.
	건조기의 코스가 송풍 단계로 들어섰기 때문일 수 있습니다.
건조 시간이 너무 오래 걸리거나 건조가 안 돼요.	건조물의 의류에 따라 알맞은 코스를 선택해주세요.
	건조물을 많이 넣을수록 건조 시간은 늘어납니다. 더 빠른 건조를 원하시면, 드럼의 최대 용량의 절반 정도만 넣고 건조해주세요.
	무거운 섬유를 건조하였을 경우 일정한 양으로 나누어 건조해주세요.
	건조물이 너무 적어서 제대로 회전하지 않을 수 있습니다. 타월 몇 장을 넣은 후 건조해주세요.
	탈수를 약하게 하였을 경우 강하게 해주세요.
	필터에 먼지가 가득 차 있으면 공기의 흐름이 막혀 건조시간이 늘어날 수 있습니다. 매회 건조기 사용 후 필터를 청소해주세요.
	열교환기를 청소해주세요.
	부속품 배수 호스를 연결했으면 배수가 되는지 확인해주세요.
건조 시간이 일정하지 않습니다.	송풍, 온풍, 건조대 건조를 제외한 코스의 경우 습도센서를 이용하여 수분량을 감지하여 건조하기 때문에 건조물의 종류와 수분량에 따라 실제 동작 시간이 달라질 수 있습니다.
	동일한 코스와 건조물의 양으로 제품을 작동시켜도 건조물의 젖은 정도 및 부피, 의류의 종류, 응축기와 필터의 상태에 따라 차이가 날 수 있습니다.

시끄러워요.	못, 동전, 헐거운 단추와 같은 물건이 빨래에 들어있는지 확인 후 즉시 빼내주세요.
	건조기의 수평을 설치 사항에 따라 제대로 맞췄는지 확인해주세요.
	공기가 빠른 속도로 움직이며 나는 윙윙 거리는 소리는 정상적인 소리입니다.
	필터를 청소해주세요.
의류가 변형이 돼요.	물세탁은 가능하지만 건조 시 변형이 생길 수 있는 의류도 있습니다. 건조 전 의류에 부착된 '취급표시'를 확인해주세요.
건조물에 보푸라기가 남아요.	건조물을 넣기 전에 항상 필터를 제대로 청소했는지 확인해주세요. 다량의 보푸라기를 만들어내는 건조물을 건조할 때는 코스 중에 필터를 청소해야 할 수도 있습니다.
	보푸라기가 잘 일어나는 의류와 보푸라기가 잘 달라붙는 의류(합성의류)는 분리하여 건조해주세요.
	건조물의 주머니가 비어있는 것을 확인 후 건조해주세요.
건조물에 주름이 생겨요.	건조물의 의류에 따라 알맞은 코스를 선택해주세요.
	1벌~4벌씩 적은 양을 사용하면 가장 좋습니다.
	비슷한 유형의 옷감을 넣어주세요.
	옷감을 적게 넣어주세요.
	제품 작동이 끝난 후에 건조물을 바로 꺼내어 옷걸이에 걸거나 접어서 보관해주세요.
건조물의 일부에 수분이 남아요.	건조물의 양을 줄여서 건조해주세요.
	두께가 비슷한 건조물끼리 건조해주세요.
	빨래가 너무 적을 경우 타월과 같은 직물을 몇 개 더 넣고 코스를 다시 시작해주세요.
냄새가 나요.	강력 크리너, 페인팅, 니스칠과 같이 냄새가 나는 물품이 주위에 있을 경우, 주변 공기를 타고 건조기로 들어갈 수 있습니다. 공기 중에 이런 냄새가 나면, 환기 후 건조기를 사용해주세요.
리모컨이 작동하지 않아요.	건조기의 리모컨 수신부가 물건으로 가려져 있는 경우 리모컨이 보내는 신호를 받을 수가 없습니다.
	물건을 치우고 건조기의 리모컨 수신부를 향해 리모컨을 눌러 주세요.
	건전지가 다 소모된 경우에는 새 건전지로 교체해주세요.
	강한 빛 근처(형광등, 네온사인 등)인 경우에는 전파 방해로 리모컨이 작동되지 않을 수 있습니다.

29 위의 자료를 참고할 때 드럼의류건조기의 표시부에 나타난 에러 코드와 에러 코드 발생 원인이 올바르게 짝지어진 것은?

① ICEX – 통신이 제대로 작동되지 않을 때
② IE4 – 압축기가 정상적으로 동작되지 않을 때
③ E2 – 온도 센서가 제대로 작동되지 않을 때
④ E1 – 응축수가 얼었을 때

 ① ICEX – 압축기가 정상적으로 동작되지 않을 때
② IE4 – 통신이 제대로 작동되지 않을 때
③ E2 – 습도 센서가 제대로 작동되지 않을 때

30 다음 드럼의류건조기의 증상에 따른 조치 방법으로 옳지 않은 것은?

〈증상〉
㉠ 소음이 있는 경우
㉡ 건조물에 주름이 생기는 경우
㉢ 건조물의 일부에 수분이 남아있는 경우
㉣ 건조기가 가열이 안 되는 경우

① ㉠ – 필터를 청소해야 한다.
② ㉡ – 건조물의 의류에 따라 알맞은 코스를 선택해야 한다.
③ ㉢ – 물통의 물을 비워주어야 한다.
④ ㉣ – 집안 내 누전 차단기와 퓨즈를 점검해야 한다.

Tip 건조물의 일부에 수분이 남아있는 경우의 조치 사항은 건조물의 양을 줄여서 건조, 두께가 비슷한 건조물끼리 건조, 타월과 같은 직물을 몇 개 더 넣어 코스를 다시 시작하는 것이다.

Answer → 29.④ 30.③

CHAPTER 05 자원관리능력

01 자원과 자원관리

(1) 자원

① 자원의 종류 : 시간, 돈, 물적자원, 인적자원

② 자원의 낭비요인 : 비계획적 행동, 편리성 추구, 자원에 대한 인식 부재, 노하우 부족

(2) 자원관리 기본 과정

① 필요한 자원의 종류와 양 확인

② 이용 가능한 자원 수집하기

③ 자원 활용 계획 세우기

④ 계획대로 수행하기

예제 1

당신은 A출판사 교육훈련 담당자이다. 조직의 효율성을 높이기 위해 전사적인 시간관리에 대한 교육을 실시하기로 하였지만 바쁜 일정상 직원들을 집합교육에 동원할 수 있는 시간은 제한적이다. 다음 중 귀하가 최우선의 교육 대상으로 삼아야 하는 것은 어느 부분인가?

구분	긴급한 일	긴급하지 않은 일
중요한 일	제1사분면	제2사분면
중요하지 않은 일	제3사분면	제4사분면

출제의도

주어진 일들을 중요도와 긴급도에 따른 시간관리 매트릭스에서 우선순위를 구분할 수 있는가를 측정하는 문항이다.

① 중요하고 긴급한 일로 위기사항이나 급박한 문제, 기간이 정해진 프로젝트 등이 해당되는 제1사분면

② 긴급하지는 않지만 중요한 일로 인간관계구축이나 새로운 기회의 발굴, 중장기계획 등이 포함되는 제2사분면

③ 긴급하지만 중요하지 않은 일로 잠깐의 급한 질문, 일부 보고서, 눈 앞의 급박한 사항이 해당되는 제3사분면

④ 중요하지 않고 긴급하지 않은 일로 하찮은 일이나 시간낭비거리, 즐거운 활동 등이 포함되는 제4사분면

해 설

교육훈련에서 최우선 교육대상으로 삼아야 하는 것은 긴급하지 않지만 중요한 일이다. 이를 긴급하지 않다고 해서 뒤로 미루다보면 급박하게 처리해야하는 업무가 증가하여 효율적인 시간관리가 어려워진다.

구분	긴급한 일	긴급하지 않은 일
중요한 일	위기사항, 급박한 문제, 기간이 정해진 프로젝트	인간관계구축, 새로운 기회의 발굴, 중장기계획
중요하지 않은 일	잠깐의 급한 질문, 일부 보고서, 눈앞의 급박한 사항	하찮은 일, 우편물, 전화, 시간낭비거리, 즐거운 활동

답 ②

---

02 자원관리능력을 구성하는 하위능력

(1) 시간관리능력

① 시간의 특성

　㉠ 시간은 매일 주어지는 기적이다.

　㉡ 시간은 똑같은 속도로 흐른다.

　㉢ 시간의 흐름은 멈추게 할 수 없다.

　㉣ 시간은 꾸거나 저축할 수 없다.

　㉤ 시간은 사용하기에 따라 가치가 달라진다.

② 시간관리의 효과

　㉠ 생산성 향상

　㉡ 가격 인상

　㉢ 위험 감소

　㉣ 시장 점유율 증가

③ 시간계획

　　㉠ 개념 : 시간 자원을 최대한 활용하기 위하여 가장 많이 반복되는 일에 가장 많은 시간을 분배하고, 최단시간에 최선의 목표를 달성하는 것을 의미한다.

　　㉡ 60 : 40의 Rule

계획된 행동 (60%)	계획 외의 행동 (20%)	자발적 행동 (20%)
총 시간		

예제 2

유아용품 홍보팀의 사원 은이씨는 일산 킨텍스에서 열리는 유아용품박람회에 참여하고자 한다. 당일 회의 후 출발해야 하며 회의 종료 시간은 오후 3시이다.

장소	일시
일산 킨텍스 제2전시장	2016. 1. 20(금) PM 15:00~19:00 * 입장가능시간은 종료 2시간 전 까지

오시는 길

지하철 : 4호선 대화역(도보 30분 거리)
버스 : 8109번, 8407번(도보 5분 거리)

• 회사에서 버스정류장 및 지하철역까지 소요시간

출발지	도착지		소요시간
회사	×× 정류장	도보	15분
		택시	5분
	지하철역	도보	30분
		택시	10분

• 일산 킨텍스 가는 길

교통편	출발지	도착지	소요시간
지하철	강남역	대화역	1시간 25분
버스	×× 정류장	일산 킨텍스 정류장	1시간 45분

위의 제시 상황을 보고 은이씨가 선택할 교통편으로 가장 적절한 것은?

① 도보 – 지하철　　　　② 도보 – 버스
③ 택시 – 지하철　　　　④ 택시 – 버스

출제의도

주어진 여러 시간정보를 수집하여 실제 업무 상황에서 시간자원을 어떻게 활용할 것인지 계획하고 할당하는 능력을 측정하는 문항이다.

해 설

④ 택시로 버스정류장까지 이동해서 버스를 타고 가게 되면 택시(5분), 버스(1시간 45분), 도보(5분)으로 1시간 55분이 걸린다.
① 도보-지하철 : 도보(30분), 지하철(1시간 25분), 도보(30분)이므로 총 2시간 25분이 걸린다.
② 도보-버스 : 도보(15분), 버스(1시간 45분), 도보(5분)이므로 총 2시간 5분이 걸린다.
③ 택시-지하철 : 택시(10분), 지하철(1시간 25분), 도보(30분)이므로 총 2시간 5분이 걸린다.

답 ④

(2) 예산관리능력

① 예산과 예산관리

ㄱ 예산 : 필요한 비용을 미리 헤아려 계산하는 것이나 그 비용을 말한다.

ㄴ 예산관리 : 활동이나 사업에 소요되는 비용을 산정하고, 예산을 편성하는 것뿐만 아니라 예산을 통제하는 것 모두를 포함한다.

② 예산의 구성요소

비용	직접비용	재료비, 원료와 장비, 시설비, 여행(출장) 및 잡비, 인건비 등
	간접비용	보험료, 건물관리비, 광고비, 통신비, 사무비품비, 각종 공과금 등

③ 예산수립 과정 : 필요한 과업 및 활동 구명 → 우선순위 결정 → 예산 배정

예제 3

당신은 가을 체육대회에서 총무를 맡으라는 지시를 받았다. 다음과 같은 계획에 따라 예산을 진행하였으나 확보된 예산이 생각보다 적게 되어 불가피하게 비용항목을 줄여야 한다. 다음 중 귀하가 비용 항목을 없애기에 가장 적절한 것은 무엇인가?

〈○○산업공단 춘계 1차 워크숍〉

1. 해당부서 : 인사관리팀, 영업팀, 재무팀
2. 일　　정 : 2016년 4월 21일~23일(2박 3일)
3. 장　　소 : 강원도 속초 ○○연수원
4. 행사내용 : 바다열차탑승, 체육대회, 친교의 밤 행사, 기타

① 숙박비 　　　　　　② 식비
③ 교통비 　　　　　　④ 기념품비

(3) 물적관리능력

① 물적자원의 종류

　　㉠ 자연자원 : 자연상태 그대로의 자원 ex) 석탄, 석유 등

　　㉡ 인공자원 : 인위적으로 가공한 자원 ex) 시설, 장비 등

② 물적자원관리 : 물적자원을 효과적으로 관리할 경우 경쟁력 향상이 향상되어 과제 및 사업의 성공으로 이어지며, 관리가 부족할 경우 경제적 손실로 인해 과제 및 사업의 실패 가능성이 커진다.

③ 물적자원 활용의 방해요인

　　㉠ 보관 장소의 파악 문제

　　㉡ 훼손

　　㉢ 분실

④ 물적자원관리 과정

과정	내용
사용 물품과 보관 물품의 구분	• 반복 작업 방지 • 물품활용의 편리성
동일 및 유사 물품으로의 분류	• 동일성의 원칙 • 유사성의 원칙
물품 특성에 맞는 보관 장소 선정	• 물품의 형상 • 물품의 소재

S호텔의 외식사업부 소속인 K씨는 예약일정 관리를 담당하고 있다. 아래의 예약일정과 정보를 보고 K씨의 판단으로 옳지 않은 것은?

출제의도
주어진 정보와 일정표를 토대로 이용 가능한 물적자원을 확보하여 이를 정확하게 안내할 수 있는 능력을 측정하는 문항이다. 고객이 제공한 정보를 정확하게 파악하고 그 조건 안에서 가능한 자원을 제공할 수 있어야 한다.

해 설
③ 조건을 고려했을 때 5일 장미 ROOM과 7일 장미ROOM이 예약 가능하다.
① 참석 인원이 27명이므로 30명 수용 가능한 장미ROOM과 40명 수용 가능한 백향목ROOM 두 곳이 적합하다.
② 만약 2명이 안 온다면 총 참석인원 25명이므로 라일락ROOM, 장미 ROOM, 백향목ROOM이 예약 가능하다.
④ 오후 8시에 마무리하려고 계획하고 있으므로 적절하다.

〈S호텔 일식 뷔페 1월 ROOM 예약 일정〉

※ 예약 : ROOM 이름(시작시간)

SUN	MON	TUE	WED	THU	FRI	SAT
					1	2
					백합(16)	장미(11) 백합(15)
3	4	5	6	7	8	9
라일락(15)		백향목(10) 백합(15)	장미(10) 백향목(17)	백합(11) 라일락(18)	백향목(15)	장미(10) 라일락(15)

ROOM 구분	수용가능인원	최소투입인력	연회장 이용시간
백합	20	3	2시간
장미	30	5	3시간
라일락	25	4	2시간
백향목	40	8	3시간

- 오후 9시에 모든 업무를 종료함
- 한 타임 끝난 후 1시간씩 세팅 및 정리
- 동 시간 대 서빙 투입인력은 총 10명을 넘을 수 없음

안녕하세요, 1월 첫째 주 또는 둘째 주에 신년회 행사를 위해 ROOM을 예약하려고 하는데요. 저희 동호회의 총 인원은 27명이고 오후 8시쯤 마무리하려고 합니다. 신정과 주말, 월요일은 피하고 싶습니다. 예약이 가능할까요?

① 인원을 고려했을 때 장미ROOM과 백향목ROOM이 적합하겠군
② 만약 2명이 안 온다면 예약 가능한 ROOM이 늘어나겠구나
③ 조건을 고려했을 때 예약 가능한 ROOM은 5일 장미ROOM뿐이겠구나
④ 오후 5시부터 8시까지 가능한 ROOM을 찾아야해

답 ③

(4) 인적자원관리능력

① 인맥: 가족, 친구, 직장동료 등 자신과 직접적인 관계에 있는 사람들인 핵심인맥과 핵심인맥들로부터 알게 된 파생인맥이 존재한다.

② 인적자원의 특성: 능동성, 개발가능성, 전략적 자원

③ 인력배치의 원칙
- ㉠ 적재적소주의: 팀의 효율성을 높이기 위해 팀원의 능력이나 성격 등과 가장 적합한 위치에 배치하여 팀원 개개인의 능력을 최대로 발휘해 줄 것을 기대하는 것
- ㉡ 능력주의: 개인에게 능력을 발휘할 수 있는 기회와 장소를 부여하고 그 성과를 바르게 평가하며 평가된 능력과 실적에 대해 그에 상응하는 보상을 주는 원칙
- ㉢ 균형주의: 모든 팀원에 대한 적재적소를 고려

④ 인력배치의 유형
- ㉠ 양적 배치: 부문의 작업량과 조업도, 여유 또는 부족 인원을 감안하여 소요인원을 결정하여 배치하는 것
- ㉡ 질적 배치: 적재적소의 배치
- ㉢ 적성 배치: 팀원의 적성 및 흥미에 따라 배치하는 것

예제 5

최근 조직개편 및 연봉협상 과정에서 직원들의 불만이 높아지고 있다. 온갖 루머가 난무한 가운데 인사팀원인 당신에게 사내 게시판의 직원 불만사항에 대한 진위여부를 파악하고 대안을 세우라는 팀장의 지시를 받았다. 다음 중 당신이 조치를 취해야 하는 직원은 누구인가?

① 사원 A는 팀장으로부터 업무 성과가 탁월하다는 평가를 받았는데도 조직개편으로 인한 부서 통합으로 인해 승진을 못한 것이 불만이다.
② 사원 B는 회사가 예년에 비해 높은 영업 이익을 얻었는데도 불구하고 연봉 인상에 인색한 것이 불만이다.
③ 사원 C는 회사가 급여 정책을 변경해서 고정급 비율을 낮추고 기본급과 인센티브를 지급하는 제도로 바꾼 것이 불만이다.
④ 사원 D는 입사 동기인 동료가 자신보다 업무 실적이 좋지 않고 불성실한 근무태도를 가지고 있는데, 팀장과의 친분으로 인해 자신보다 높은 평가를 받은 것이 불만이다.

출제의도

주어진 직원들의 정보를 통해 시급하게 진위여부를 가리고 조치하여 인력배치를 해야 하는 사항을 확인하는 문제이다.

해 설

사원 A, B, C는 각각 조직 정책에 대한 불만이기에 논의를 통해 조직적으로 대처하는 것이 옳지만, 사원 D는 팀장의 독단적인 전횡에 대한 불만이기 때문에 조사하여 시급히 조치할 필요가 있다. 따라서 가장 적절한 답은 ④번이 된다.

답 ④

출제예상문제

1 다음 중 조직에서 인적자원이 예산이나 물적자원보다 중요한 이유로 적절하지 않은 것은?

① 예산이나 물적자원을 활용하는 것이 바로 사람, 즉 인적자원이기 때문에

② 수동적인 예산이나 물적자원에 비해 능동적이기 때문에

③ 개발될 수 있는 많은 잠재능력과 자질을 보유하고 있기 때문에

④ 조직의 영리 추구에 부합하는 이득은 인적자원에서만 나오기 때문에

 조직의 영리 추구에 부합하는 이득은 인적자원뿐 아니라 시간, 돈, 물적자원과의 적절한 조화를 통해서 창출된다. 그러나 인적자원은 능동성, 개발가능성, 전략적 차원이라는 특성에서 예산이나 물적자원보다 중요성이 크다고 할 수 있다.

2 우리는 주어진 자원을 효과적으로 활용하는 것보다 의미 없이 낭비하게 되는 일을 주변에서 훨씬 더 많이 겪게 된다. 다음 중 이러한 자원들을 낭비하게 하는 요인으로 가장 적절하지 않은 것은?

① 타인의 의견을 제대로 경청하여 좋은 것을 받아들이려는 열린 마음이 부족하다.

② 자원을 효과적으로 관리하고 싶어도 어떤 좋은 방법이 있는지 제대로 알지 못한다.

③ 무엇이 자원인지 인식하지 못하거나 알아도 왜 중요한지를 잘 이해하지 못한다.

④ 목표치가 분명하지 않아 모든 행동에 계획성이 없다.

 자원을 낭비하는 요인으로는 비계획적 행동, 편리성 추구, 자원에 대한 인식 부재, 노하우 부족 등을 꼽을 수 있다. 우리가 가진 자원은 스스로가 관리하고 지키며 효과적으로 사용할 방안을 찾아야 한다.
① 타인의 말을 잘 경청하려 하지 않는 자세는 자원을 낭비하게 되는 직접적인 요인이 된다고 보기 어렵다.

Answer↪ 1.④ 2.①

3 홍보팀장은 다음 달 예산안을 정리하며 예산 업무 담당자에게 간접비용이 전체 직접비용의 30%를 넘지 않게 유지되도록 관리하라는 지시를 내렸다. 홍보팀의 다음과 같은 예산안에서 빈칸 A와 B에 들어갈 수 있는 금액으로 적당한 것은 어느 것인가?

〈예산안〉

- 원재료비 : 1억 3천만 원
- 보험료 : 2천 5백만 원
- 장비 및 시설비 : 2억 5천만 원
- 시설 관리비 : 2천 9백만 원
- 출장비 : (A)
- 광고료 : (B)
- 인건비 : 2천 2백만 원
- 통신비 : 6백만 원

① A : 6백만 원, B : 7천만 원
② A : 8백만 원, B : 6천만 원
③ A : 1천만 원, B : 7천만 원
④ A : 5백만 원, B : 7천만 원

(Tip) 주어진 비용 항목 중 원재료비, 장비 및 시설비, 출장비, 인건비는 직접비용, 나머지는 간접비용이다.
- 직접비용 총액 : 4억 2백만 원 + A
- 간접비용 총액 : 6천만 원 + B
간접비용이 전체 직접비용의 30%를 넘지 않게 유지하여야 하므로,
(4억 2백만 원 + A) × 0.3 ≧ 6천만 원 + B
따라서 보기 중 ②와 같이 출장비에 8백만 원, 광고료에 6천만 원이 책정될 경우에만, 직접비용 총계는 4억 1천만 원, 간접비용 총계는 1억 2천만 원이므로 팀장의 지시사항을 준수할 수 있다.

4 다음 (개)~(애) 중 시간계획을 함에 있어 명심하여야 할 사항으로 적절하지 않은 설명을 모두 고른 것은?

> (가) 자신에게 주어진 시간 중 적어도 60%는 계획된 행동을 해야 한다.
>
> (나) 계획은 다소 어렵더라도 의지를 담은 목표치를 반영한다.
>
> (다) 예정 행동만을 계획하는 것이 아니라 기대되는 성과나 행동의 목표도 기록한다.
>
> (라) 여러 일 중에서 어느 일이 가장 우선적으로 처리해야 할 것인가를 결정한다.
>
> (마) 유연하고 융통성 있는 시간계획을 정하기보다 가급적 변경 없이 계획대로 밀고 나갈 수 있어야 한다.
>
> (바) 예상 못한 방문객 접대, 전화 등의 사건으로 예정된 시간이 부족할 경우를 대비하여 여유시간을 확보한다.
>
> (사) 반드시 해야 할 일을 끝내지 못했을 경우, 다음 계획에 영향이 없도록 가급적 빨리 잊는다.
>
> (아) 자기 외의 다른 사람(비서, 부하, 상사)의 시간 계획을 감안하여 계획을 수립한다.

① (개), (내), (새)   ② (대), (매), (배)

③ (내), (매), (새)   ④ (래), (배), (애)

 시간 관리를 효율적으로 하기 위하여 (내), (매), (새)는 다음과 같이 수정되어야 한다.

(내) 시간 배정을 계획하는 일이므로 무리한 계획을 세우지 말고, 실현 가능한 것만을 계획하여야 한다.

(매) 시간계획은 유연하게 해야 한다. 시간계획은 그 자체가 중요한 것이 아니고, 목표달성을 위해 필요한 것이다.

(새) 꼭 해야만 할 일을 끝내지 못했을 경우에는 차기 계획에 반영하여 끝내도록 하는 계획을 세우는 것이 바람직하다.

Answer ⌐▸ 3.② 4.③

5 대한은행이 출시한 다음 적금 상품에 대한 설명으로 올바르지 않은 것은?

---

1. 상품특징
- 영업점 창구에서 가입 시보다 높은 금리(+0.3%p)가 제공되는 비대면 채널 전용상품

2. 거래조건

구분	내용		
가입자격	개인(1인 1계좌)		
가입금액	초입금 5만 원 이상, 매회 1만 원 이상(계좌별), 매월 2천만 원 이내(1인당), 총 불입액 2억 원 이내(1인당)에서 자유적립(단, 계약기간 3/4 경과 후 월 적립 가능 금액은 이전 월 평균 적립금액의 1/2 이내)		
가입기간	1년 이상 3년 이내 월 단위		
적용금리	**가입기간**	1년 이상	2년	3년
	기본금리(연%)	2.18	2.29	2.41
우대금리	■ 가입일 해당월로부터 만기일 전월말까지 대한카드 이용실적이 100만 원 이상인 경우 : 0.2%p ■ 예금가입고객이 타인에게 이 상품을 추천하고 타인이 이 상품에 가입한 경우 : 추천 및 피추천계좌 각 0.1%p(최대 0.3%p)		
예금자 보호	이 예금은 예금자보호법에 따라 예금보험공사가 보호하되, 보호한도는 본 은행에 있는 귀하의 모든 예금보호대상 금융상품의 원금과 소정의 이자를 합하여 1인당 최고 5천만 원이며, 5천만 원을 초과하는 나머지 금액은 보호하지 않습니다.		

---

① 은행원의 도움을 직접 받아야 하는 어르신들이라도 창구를 직접 찾아가서 가입할 수 있는 상품이 아니다.

② 1년 계약을 한 가입자가 9개월이 지난 후 불입 총액이 90만 원이었다면, 10개월째부터는 월 5만 원이 적립 한도금액이 된다.

③ 가입기간이 길수록 우대금리가 적용되는 상품이다.

④ 상품의 특징을 활용하여 적용받을 수 있는 가장 높은 금리는 연리 2.71%이다.

 금리를 높일 수 있는 방법은 가입기간을 길게 하며, 해당 우대금리를 모두 적용받는 것이다. 따라서 3년 기간으로 계약하여 2.41%와 두 가지 우대금리 조건을 모두 충족할 경우 각각 0.2%p와 0.3%p(3명의 추천까지 적용되는 것으로 이해할 수 있다.)를 합한 0.5%p가 적용되어 총 2.91%의 연리가 적용될 수 있다.
　① 비대면전용 상품이므로 은행 방문 가입은 불가능하다.
　② 9개월은 계약기간의 3/4에 해당하는 기간이며 월 평균 적립금액이 10만 원이므로 이후부터는 1/2인 5만 원의 월 적립금액이 허용된다.
　③ 가입기간별 우대금리가 다르게 책정되어 있음을 알 수 있다.

6 S사의 재고 물품 보관 창고에는 효율적인 물품 관리에 대한 기준이 마련되어 있다. 다음 중 이 기준에 포함될 내용으로 가장 적절하지 않은 것은?

① 물품의 입고일을 기준으로 오래된 것은 안쪽에, 새로 입고된 물품은 출입구 쪽에 보관해야 한다.

② 동일한 물품은 한 곳에, 유사한 물품은 인접한 장소에 보관하고 동일성이 떨어지는 물품일수록 보관 장소도 멀리 배치한다.

③ 당장 사용해야 할 물품과 한동안 사용하지 않을 것으로 예상되는 물품을 구분하여 각기 다른 장소에 보관한다.

④ 물품의 재질을 파악하여 동일 재질의 물품을 한 곳에, 다른 재질의 물품을 다른 곳에 각각 보관한다.

 물품 보관 시에는 사용 물품과 보관 물품의 구분, 동일 및 유사 물품으로의 분류, 물품 특성에 맞는 보관 장소 선정 등의 원칙을 따라야 한다. 보관의 가장 중요한 포인트는 '물품의 손쉽고 효과적인 사용'이 되어야 하므로, 단순히 입고일을 기준으로 물품을 보관하는 것은 특별히 필요한 경우가 아니라면 바람직한 물품 관리 기준이 될 수 없다.

Answer ↪ 5.④ 6.①

〈입장료 안내〉

좌석명	입장권가격		K팀 성인회원		K팀 어린이회원	
	주중	주말/공휴일	주중	주말/공휴일	주중	주말/공휴일
프리미엄석	70,000원					
테이블석	40,000원					
블루석	12,000원	15,000원	10,000원	13,000원	6,000원	7,500원
레드석	10,000원	12,000원	8,000원	10,000원	5,000원	6,000원
옐로석	9,000원	10,000원	7,000원	8,000원	4,500원	5,000원
그린석(외야)	7,000원	8,000원	5,000원	6,000원	무료입장	

〈S카드 할인〉

구분	할인내용	비고
K팀 S카드	3,000원/장 할인	청구 시 할인(카드명세서 청구 시 반영)
K팀 L카드	3,000원/장 할인	결제 시 할인
S카드	2,000원/장 할인	청구 시 할인(카드명세서 청구 시 반영)
L카드	2,000원/장 할인	결제 시 할인

1. 주말 가격은 금/토/일 및 공휴일 경기에 적용됩니다.(임시 공휴일 포함)
2. 어린이 회원은 만 15세 이하이며, 본인에 한해 할인이 적용됩니다.(매표소에서 회원카드 제시)
3. 국가유공자, 장애우, 경로우대자(65세 이상)는 국가유공자증, 복지카드 및 신분증 제시 후 본인에 한하여 외야석 50% 할인됩니다. On-line 인증 문제로 예매 시에는 혜택이 제공되지 않습니다.
4. 우천 취소 시 예매 및 카드구입은 자동 결제 취소되며, 현장 현금 구매분은 매표소에서 환불 받으실 수 있습니다.
5. 보호자 동반 미취학 아동(7세 이하)은 무료입장이 가능하나, 좌석은 제공되지 않습니다.
6. 암표 구입 시 입장이 제한됩니다.
※ 올 시즌 변경사항(취소수수료 청구)
  → 다양한 회원들의 관람을 위해 금년부터 예매 익일 취소할 경우 결제금액의 10%에 해당하는 취소수수료가 청구됩니다.(최소 취소수수료 1,000원 청구) 단, 예매일과 취소일이 같을 경우 취소수수료는 청구되지 않습니다.

7 다음 중 위의 안내 사항에 대한 올바른 판단이 아닌 것은?

① "내일 경기 관람을 위해 오늘 예매한 입장권을 수수료 없이 취소하려면 오늘 중에 취소해야 하는 거구나."

② "여보, 우리 애는 5살이니까 당신이 데려 가면 무료입장도 가능하네요. 외야 자리만 가능하다니까 그린석으로 당신 표 얼른 예매하세요."

③ "다음 주 월요일이 공휴일이니까 연속 4일 간은 주말 요금이 적용되겠구나."

④ "난 K팀 L카드가 있는 성인회원이니까, 주중에 레드석에서 관람하려면 5,000원밖에 안 들겠구나."

 그린석(외야)에 무료입장할 수 있는 대상은 어린이 회원이다. 7세 이하 미취학 아동은 보호자 동반 시 무료입장이 가능하나, 좌석은 제공되지 않는다고 언급되어 있다.
① 익일 취소 시 수수료가 발생하며, 예매일과 취소일이 같을 경우 수수료가 청구되지 않는다고 규정되어 있다.
③ 금, 토, 일, 월요일 4일간 주말 요금이 적용된다.
④ 주중 성인회원 레드석 입장료는 8,000원이나, K팀 L카드 3,000원 할인이 적용되어 5,000원이 되며 할인은 결제 시에 반영되어 적게 지불하게 된다.

Answer → 7.②

8 김 과장은 여름 휴가철을 맞아 아이들과 함께 평소 좋아하던 K팀의 야구 경기를 보러가려 한다. 다음 인원이 함께 야구 관람을 할 경우, 카드 결제를 해야 할 전 인원의 총 입장료 지불 금액은 얼마인가?

> • 관람일 15일 금요일, 전원 블루석에서 관람 예정
> • 김 과장(K팀 성인회원), 김 과장 아내(비회원), 김 과장 노부(72세, 비회원)
> • 큰 아들(18세, 비회원), 작은 아들(14세, K팀 어린이 회원)
> • 작은 아들 친구 2명(K팀 어린이 회원)
> • 김 과장의 가족 5인은 김 과장이 K팀 L카드로 결제하며, 작은 아들의 친구 2명은 각각 S카드로 결제함.

① 60,000원
② 61,000원
③ 63,000원
④ 65,500원

 금요일이므로 주말 가격이 적용되며, 블루석 기준 각 인원의 입장료를 지불 방법에 따라 구분하여 정리하면 다음과 같다.
〈K팀 L카드로 결제〉
김 과장 : 13,000−3,000=10,000원
아내 : 15,000−3,000=12,000원
노부 : 15,000−3,000=12,000원(경로우대자이나, 외야석이 아니므로 할인 대상에서 제외됨)
큰 아들 : 15,000−3,000=12,000원
작은 아들 : 7,500−3,000=4,500원
총 : 50,500원
〈S카드로 결제〉
작은 아들 친구 2명 : 7,500 × 2=15,000원(청구 시에 할인 반영되므로, 결제 시에는 할인 없이 1인당 7,500원을 결제하게 된다.)
따라서 7명의 총 입장료는 50,500원+15,000=65,500원이 된다.

9 다음 네 명의 임원들은 회의 참석차 한국으로 출장을 오고자 한다. 이들의 현지 이동 일정과 이동 시간을 참고할 때, 한국에 도착하는 시간이 빠른 순서대로 올바르게 나열한 것은?

구분	출발국가	출발시각(현지시간)	소요시간
H상무	네덜란드	12월 12일 17:20	13시간
P전무	미국 동부	12월 12일 08:30	14시간
E전무	미국 서부	12월 12일 09:15	11시간
M이사	터키	12월 12일 22:30	9시간

※ 현지시간 기준 한국은 네덜란드보다 8시간, 미국 동부보다 14시간, 미국 서부보다 16시간, 터키보다 6시간이 빠르다. 예를 들어, 한국이 11월 11일 20시일 경우 네덜란드는 11월 11일 12시가 된다.

① P전무 – E전무 – M이사 – H상무
② E전무 – P전무 – H상무 – M이사
③ E전무 – P전무 – M이사 – H상무
④ E전무 – M이사 – P전무 – H상무

 출발시각을 한국 시간으로 먼저 바꾼 다음 소요시간을 더해서 도착 시간을 확인해 보면 다음과 같다.

	출발시각(현지시간)	출발시각(한국시간)	소요시간	도착시간
H상무	12월 12일 17:20	12월 13일 01:20	13시간	12월 13일 14:20
P전무	12월 12일 08:30	12월 12일 22:30	14시간	12월 13일 12:30
E전무	12월 12일 09:15	12월 13일 01:15	11시간	12월 13일 12:15
M이사	12월 12일 22:30	12월 13일 04:30	9시간	12월 13일 13:30

따라서 도착 시간이 빠른 순서는 E전무 – P전무 – M이사 – H상무가 된다.

10 다음 중 SMART법칙에 따라 목표를 설정하지 못한 사람을 모두 고른 것은?

> • 민수 : 나는 내년에 자격증을 딸거야.
> • 나라 : 나는 8월까지 볼링 점수 200점에 도달하겠어.
> • 정수 : 나는 오늘 10시까지 단어 100개를 외울거야.
> • 주찬 : 나는 이번 달 안에 NCS강의 20강을 모두 들을거야.
> • 명기 : 나는 이번 여름 방학에 전통 문화에 대해 배울거야.

① 민수, 명기
② 나라, 정수
③ 정수, 주찬
④ 주찬, 민수

 SMART법칙 … 목표를 어떻게 설정하고 그 목표를 성공적으로 달성하기 위해 꼭 필요한 필수 요건들을 S.M.A.R.T. 5개 철자에 따라 제시한 것이다.
ⓐ Specific(구체적으로) : 목표를 구체적으로 작성한다.
ⓑ Measurable(측정 가능하도록) : 수치화, 객관화시켜서 측정 가능한 척도를 세운다.
ⓒ Action-oriented(행동 지향적으로) : 사고 및 생각에 그치는 것이 아니라 행동을 중심으로 목표를 세운다.
ⓓ Realistic(현실성 있게) : 실현 가능한 목표를 세운다.
ⓔ Time limited(시간적 제약이 있게) : 목표를 설정함에 있어 제한 시간을 둔다.

11 다음 〈보기〉는 김준현 대리에게 온 상사로부터의 SNS이다. 아래와 같은 지시사항을 받은 후 김대리가 수행해야 할 업무의 우선순위를 나열한 것으로 가장 적절한 것은?

〈보기〉

11월 14일 (월) 오전 11시

　오늘 오후 급하게 비행기로 울산에 다녀와야겠어요. 재무팀 김상무님하고 장팀장님이 같이 갈 거니까 3시 이후 일정으로 알아보고, 예약되면 연락해주세요. 그리고 내일 오전에 회의하고 돌아올 예정이니, 숙소도 같이 예약해주세요.

11월 14일(월) 오전 12시

　아 참, 내일 있을 회의 자료는 20부 정도 필요하니까 준비해주세요. 그리고 내일 오전에 만나기로 한 거래처 정사장님께는 전화해서 약속을 변경하도록 해주세요.

ⓒ 항공편 예약
ⓒ 숙박시설 예약
ⓒ 거래처 정사장에게 전화
ⓒ 회의자료 정리 후 울산지사로 e-mail 전송
ⓒ 울산지사에 전화하여 회의실 신청

---

① ㉠→㉡→㉢→㉣→㉤
② ㉤→㉠→㉡→㉢→㉣
③ ㉠→㉡→㉤→㉢→㉣
④ ㉢→㉠→㉡→㉣→㉤

 ③ 울산에서의 회의 참석 일정이므로 울산으로의 항공편 예약이 가장 시급하며, 그 이후 숙박시설을 예약해야 한다. 이 두 가지를 완료한 후 회의를 하기 위한 회의실을 신청한 후 회의 자료의 경우 내일 회의에서 사용하는 것으로 여유가 있으므로 가장 마지막에 행하도록 한다.

Answer⤷　10.①　11.③

12 다음은 일의 우선순위를 판단하는 매트릭스이다. 잘못 연결된 것을 고르면?

구분	긴급한 일	긴급하지 않은 일
중요한 일	제1사분면	제2사분면
중요하지 않은 일	제3사분면	제4사분면

① 전화를 통한 급박한 질문은 제1사분면에 해당한다.
② 마감이 다가오는 급박한 프로젝트는 제1사분면에 해당한다.
③ 새로운 기회를 발굴하는 것은 제2사분면에 해당한다.
④ 모바일메신저를 통한 동료들 간의 소통은 제4사분면에 해당한다.

 ① 전화를 통한 급박한 질문은 제3사분면에 해당한다.

구분	긴급한 일	긴급하지 않은 일
중요한 일	위기사항, 급박한 문제, 기간이 정해진 프로젝트	인간관계구축, 새로운 기회의 발굴, 중장기계획
중요하지 않은 일	잠깐의 급한 질문, 일부 보고서, 눈앞의 급박한 사항	하찮은 일, 우편물, 전화, 시간낭비거리, 즐거운 활동

13 A출판사는 자원의 낭비를 막고 비용을 감축하고자 대대적인 경비절감 캠페인을 벌이고 있다. 다음 항목 중 경비절감 요소에 해당하지 않는 것을 고르면?

- 유류비
- 저자 인세비
- 사무용품비
- 사무실 관리비
- 문화지원비
- 식비

① 사무용품비
② 식비
③ 유류비
④ 저자 인세비

 저자 인세비는 매출에 직결되는 항목이므로 경비절감의 요소라기보다는 연구개발비에 해당한다. 그러므로 섣불리 경비절감의 항목에 포함해서는 안 된다.

▌14~15▌ 사무용 비품 재고 현황을 파악하기 위해서 다음과 같이 표로 나타내었다. 다음 물음에 답하시오.

〈사무용 비품 재고 현황〉

품목	수량	단위당 가격
믹스커피	1BOX(100개입)	15,000
과자	2BOX(20개입)	1,800
서류봉투	78장	700
가위	3개	3,000
물티슈	1개	2,500
휴지	2롤	18,000
나무젓가락	15묶음	2,000
종이컵	3묶음	1,200
형광펜	23자루	500
테이프	5개	2,500
볼펜	12자루	1,600
수정액	5개	5,000

14 다음 중 가장 먼저 구매해야 할 비품은 무엇인가?

① 수정액　　　　　　　　　② 물티슈

③ 종이컵　　　　　　　　　④ 믹스커피

 물티슈의 재고는 1개로 가장 적게 남아있다.

15 다음 비품 예산이 3만 원 남았다고 할 때, 예산 안에 살 수 없는 것은 무엇인가?

① 믹스커피 1BOX＋수정액 2개　　　② 형광펜 30자루＋서류봉투 10장

③ 나무젓가락 10묶음＋볼펜 8자루　　④ 휴지 1롤＋물티슈 3개

 ③ (2,000×10)＋(1,600×8)
＝20,000＋12,800
＝32,800

Answer↪ 12.① 13.④ 14.② 15.③

│16~18│ D회사에서는 1년에 1명을 선발하여 해외연수를 보내주는 제도가 있다. 김부장, 최과장, 오과장, 홍대리 4명이 지원한 가운데 〈선발 기준〉과 〈지원자 현황〉은 다음과 같다. 다음을 보고 물음에 답하시오.

〈선발 기준〉

구분	점수	비고
훈련 성적	50점	
근무 경력	20점	15년 이상이 만점 대비 100%, 10년 이상 15년 미만이 70%, 10년 미만이 50%이다. 단, 근무경력이 최소 5년 이상인 자만 선발 자격이 있다.
근무 성적	10점	
포상	20점	3회 이상이 만점 대비 100%, 1~2회가 50%, 0회가 0%이다.
계	100점	

〈지원자 현황〉

구분	정부장	김과장	이팀장	박대리
근무경력	31년	22년	12년	4년
포상	2회	4회	0회	5회

※ 훈련 성적은 정부장과 김과장이 만점 대비 50%이고, 이팀장이 80%, 박대리가 100%이다.
※ 근무 성적은 김과장이 만점이고 정부장, 이팀장, 박대리는 만점 대비 90%이다.

16 위 선발 기준과 지원자 현황을 보고 알 수 있는 내용이 아닌 것은?

① 위의 기준에 따를 때, 이팀장의 근무경력은 14점이다.
② 지원자들의 포상 점수 총합은 50점이다.
③ 근무성적은 김과장이 가장 높다.
④ 박대리의 근무경력 점수는 10점이다.

(Tip) 근무경력이 최소 5년 이상인 자만 선발 자격이 있으므로, 박대리는 기준 미달이다.

17 제시된 기준에 따를 때 가장 높은 점수를 받은 사람은 누구인가?

① 정부장
② 김과장
③ 이팀장
④ 박대리

	정부장	김과장	이팀장	박대리
훈련 성적	25점	25점	40점	50점
근무 경력	20점	20점	14점	기준 미달
근무 성적	9점	10점	9점	9점
포상	10점	20점	0점	20점
계	64점	75점	63점	자격 없음

18 회사의 규정이 아래와 같이 변경되었다면, 새로 선발되는 사람은 누구인가?

구분	점수	비고
훈련 성적	40점	
근무 경력	50점	30년 이상이 만점 대비 100%, 20년 이상 30년 미만이 70%, 20년 미만이 50%이다. 단, 근무경력이 최소 5년 이상인 자만 선발자격이 있다.
근무 성적	10점	
포상	20점	3회 이상이 만점 대비 100%, 1~2회가 50%, 0회가 0%이다.
계	120점	

① 정부장
② 김과장
③ 이팀장
④ 박대리

	정부장	김과장	이팀장	박대리
훈련 성적	20점	20점	32점	40점
근무 경력	50점	35점	25점	기준 미달
근무 성적	9점	10점	9점	9점
포상	10점	20점	0점	20점
계	89점	85점	66점	자격 없음

Answer → 16.④ 17.② 18.①

19 감사원의 공공기관 감사로 인한 회의에 담당자로 참여하게 되었다. 다음 주에 있을 회의의 진행일로 효율적인 요일을 고르면?

• 대한석탄공사 담당자 주간일정

월요일	화요일	수요일	목요일	금요일	토요일
				해외출장	해외출장

• 산업통상자원부 담당자 주간일정

월요일	화요일	수요일	목요일	금요일	토요일
	국회출석				

• 감사원 담당자 주간일정

월요일	화요일	수요일	목요일	금요일	토요일
내부회의		타공사 방문			

① 월요일 ② 화요일

③ 수요일 ④ 목요일

 세 기관의 담당자가 공통으로 일정이 비어있는 목요일이 적합하다.

20 신입사원 H씨는 팀의 다음 사업에 대한 계획을 마련하기 위해 각국의 환경오염의 실태와 해결방안을 조사해서 보고서를 올리라는 지시를 받았다. 다음 보고서 작성 순서를 바르게 나열한 것은?

ⓐ 보고서에 들어갈 내용 중 너무 긴 내용은 표나 그래프로 작성한다.
ⓑ 해외 여러 나라들의 환경오염실태와 해결했던 실례들을 수집한다.
ⓒ 어떤 내용, 어떤 흐름으로 보고서를 작성할지 구상하고 개요를 작성한다.

① ㉠→㉡→㉢ ② ㉠→㉢→㉡

③ ㉡→㉠→㉢ ④ ㉢→㉡→㉠

 보고서를 어떻게 구성해야 할지에 대해서 고민하고 개요를 작성한 후 자료를 수집하는 것이 시간을 절약할 수 있고, 구성 면에서도 우수한 보고서를 작성할 수 있다.

21 입사 2년차인 P씨와 같은 팀원들은 하루에도 수십 개씩의 서류를 받는다. 각자 감당할 수 없을 만큼의 서류가 쌓이다보니 빨리 처리해야할 업무가 무엇인지, 나중에 해도 되는 업무가 무엇인지 확인이 되지 않았다. 이런 상황에서 P씨가 가장 먼저 취해야 할 행동으로 가장 적절한 것은?

① 같은 팀원이자 후배인 K씨에게 서류정리를 시킨다.

② 가장 높은 상사의 일부터 처리한다.

③ 보고서와 주문서 등을 종류별로 정리하고 중요내용을 간추려 메모한다.

④ 눈앞의 급박한 상황들을 먼저 처리한다.

 업무 시에는 일의 우선순위를 정하는 것이 중요하다. 많은 서류들을 정리하고 중요 내용을 간추려 메모하면 이후의 서류들도 기존보다 **빠르게** 정리할 수 있으며 시간을 효율적으로 사용할 수 있다.

22 다음 중 SMART법칙에 따라 목표를 설정한 사람을 모두 고른 것은?

> 지민 : 나는 올해 안에 토익 800점을 넘을 거야.
> 상수 : 나는 점심시간 전까지 팀장님께 제출할 보고서 10페이지를 작성할거야
> 민식 : 올해에는 좀 더 가족을 챙기는 가장이 되어야겠어.
> 소희 : 난 올해 안에 중국어와 일본어를 마스터하겠어.

① 지민, 상수　　　　　　　　　② 상수, 민식

③ 민식, 소희　　　　　　　　　④ 지민, 소희

 SMART법칙 … 목표를 어떻게 설정하고 그 목표를 성공적으로 달성하기 위해 꼭 필요한 필수 요건들을 S.M.A.R.T. 5개 철자에 따라 제시한 것이다.

　㉠ Specific(구체적으로) : 목표를 구체적으로 작성한다.

　㉡ Measurable(측정 가능하도록) : 수치화, 객관화시켜서 측정 가능한 척도를 세운다.

　㉢ Action-oriented(행동 지향적으로) : 사고 및 생각에 그치는 것이 아닌 행동을 중심으로 목표를 세운다.

　㉣ Realistic(현실성 있게) : 실현 가능한 목표를 세운다.

　㉤ Time limited(시간적 제약이 있게) : 목표를 설정함에 있어 제한 시간을 둔다.

23 다음 중 같은 성질을 가진 비용끼리 올바르게 묶은 것은?

> ㉠ 재료비 ㉡ 시설비
> ㉢ 사무실 관리비 ㉣ 인건비
> ㉤ 광고비 ㉥ 비품비

① ㉠, ㉡, ㉣
② ㉡, ㉢, ㉣
③ ㉢, ㉣, ㉤
④ ㉣, ㉤, ㉥

 ㉠㉡㉣는 직접비용, ㉢㉤㉥는 간접비용에 해당한다.

※ 직접비용과 간접비용
　㉠ 직접비용 : 제품 생산 또는 서비스를 창출하기 위해 직접 소비된 것으로 여겨지는 비용으로 재료비, 원료와 장비, 시설비, 인건비 등이 있다.
　㉡ 간접비용 : 제품을 생산하거나 서비스를 창출하기 위해 소비된 비용 중에서 직접비용을 제외한 비용으로 제품 생산에 직접 관련되지 않은 비용을 말한다. 간접비용의 경우 과제에 따라 매우 다양하며 보험료, 건물관리비, 광고비, 통신비, 사무비품비, 각종 공과금 등이 있다.

24 다음은 자원관리 기본 과정이다. 순서대로 나열한 것은?

> (개) 계획대로 수행하기
> (내) 이용 가능한 자원 수집하기
> (대) 필요한 자원의 종류와 양 확인하기
> (래) 자원 활용 계획 세우기

① (내) – (대) – (래) – (개)
② (내) – (래) – (대) – (개)
③ (대) – (내) – (래) – (개)
④ (대) – (래) – (내) – (개)

 자원관리 기본 과정
　㉠ 필요한 자원의 종류와 양 확인하기
　㉡ 이용 가능한 자원 수집하기
　㉢ 자원 활용 계획 세우기
　㉣ 계획대로 수행하기

┃25~26┃ 정부가 총 50억 원의 예산을 가지고 AI의 확산에 따른 농가 피해 현황 심사와 보상을 진행한다고 한다. 다음 글을 읽고 물음에 답하시오.

총 500건의 피해가 발생했고, 정부 측에서는 실제 피해 현황을 심사하여 보상하기로 하였다. 심사에 소요되는 비용은 보상 예산에서 사용한다. 심사를 통해 좀 더 정확한 피해 규모를 파악할 수 있지만, 그에 따라 소요되는 비용 또한 증가하게 된다.

	1일째	2일째	3일째	4일째
일별 심사 비용(억 원)	0.5	0.8	1.1	1.4
일별 보상대상 제외건수	90	75	60	45

- 보상금 총액＝예산－심사 비용
- 표는 누적수치가 아닌, 하루에 소요되는 비용을 말함
- 일별 심사 비용은 매일 0.3억씩 증가하고 제외건수는 매일 15건씩 감소함
- 제외건수가 0이 되는 날, 심사를 중지하고 보상금을 지급함

25 정부 측이 심사를 중지하는 날까지 소요되는 일별 심사 비용은 총 얼마인가?

① 9.8억 원　　　　　　　　② 10.3억 원
③ 10.8억 원　　　　　　　　④ 11.3억 원

 제외건수가 매일 15건씩 감소한다고 했으므로 7일째 되는 날 제외건수가 0이 되고, 일별 심사 비용은 총 9.8억 원이 된다.

26 심사를 중지하고 총 500건에 대하여 보상을 한다면 보상대상자가 받는 건당 평균보상금은 대략 얼마인가?

① 약 500만 원　　　　　　　② 약 600만 원
③ 약 700만 원　　　　　　　④ 약 800만 원

 보상금 총액＝$\dfrac{50억-9.8억}{500건}$

＝804만 원

Answer ➔　23.①　24.③　25.①　26.④

27 서원제조 인사부에 근무하는 김부장은 각 과의 요구를 모두 충족시켜 신규직원을 배치하여야 한다. 각 과의 요구가 다음과 같을 때 재무과에 배정되는 사람은 누구인가?

〈신규직원 배치에 대한 각 과의 요구〉
• 관리과 : 5급이 1명 배정되어야 한다.
• 홍보과 : 5급이 1명 배정되거나 6급이 2명 배정되어야 한다.
• 재무과 : B가 배정되거나 A와 E가 배정되어야 한다.
• 총무과 : C와 D가 배정되어야 한다.

〈신규직원〉

• 5급 2명(A, B)
• 6급 4명(C, D, E, F)

① A
② B
③ A, B
④ C, D

 우선 총무과에는 C, D가 배정된다. 그리고 관리과 또는 재무과에서 5급 A, B가 배정되어야 하므로 홍보과는 남은 E, F가 들어가야 된다. 마지막으로 재무과에 들어갈 수 있는 직원은 남은 인원 중에서 B밖에 배정될 수 없기 때문에 관리과에는 A가 배정된다.

관리과	A
홍보과	E, F
재무과	B
총무과	C, D

28 다음 사례에 나타나는 철민이의 시간관리 유형은 무엇인가?

> 철민이는 하루 24시간 중 8시간 일하고 16시간을 제대로 활용하지 못하기 때문에, 시간은 많은데도 불구하고 마음은 쫓겨 항상 바쁜 척하고 허둥대는 사람 중 한 명이다.

① 시간 절약형
② 시간 창조형
③ 시간 파괴형
④ 시간 소비형

 시간관리의 유형
　㉠ 시간 창조형(24시간형 인간) : 긍정적이며 에너지가 넘치고 빈틈없는 시간계획을 통해 비전과 목표 및 행동을 실천하는 사람
　㉡ 시간 절약형(16시간형 인간) : 8시간 회사 업무 이외에도 8시간을 효율적으로 활용하고 8시간을 자는 사람. 정신없이 바쁘게 살아가는 사람
　㉢ 시간 소비형(8시간형 인간) : 8시간 일하고 16시간을 제대로 활용하지 못하며 빈둥대면서 살아가는 사람, 시간은 많은데도 불구하고 마음은 쫓겨 항상 바쁜 척하고 허둥대는 사람
　㉣ 시간 파괴형(0시간형 인간) : 주어진 시간을 제대로 활용하기는커녕 시간관념이 없이 자신의 시간은 물론 남의 시간마저 죽이는 사람

Answer⟶ 27.② 28.④

29 다음에서 설명하는 예산제도는 무엇인가?

> 예산액을 지출대상별(품목별)로 분류, 지출대상과 그 한계를 명확히 정하여 배정하는 통제 지향적 예산제도를 말한다. 품목별 예산의 기준인 지출대상(품목)이란 예산과목의 목(目)에 해당하는 것으로 인건비·물건비 등의 투입(input)요소를 지칭한다. 입법부의 재정 통제를 통한 재정민주주의 실현의 한 수단으로서 등장했다고 볼 수 있다. 품목별 예산제도는 여러 선진국에서 가장 먼저 도입되었으며 오늘날까지도 지속되고 있는 전통적인 예산제도이다. 우리나라 역시 품목별 예산제도에 주로 의존하고 있다.

① 성인지예산제도
② 성과주의예산제도
③ 품목별예산제도
④ 영기준예산제도

 ① 성인지예산제도 : 정부 예산이 여성과 남성에게 미치는 영향을 평가하고 이를 반영함으로써 예산에 뒷받침되는 정책과 프로그램이 성별 형평성을 담보하고, 편견과 고정관념을 배제하며, 남녀 차이를 고려하여 의도하지 않은 예산의 불평등한 배분효과를 파악하고, 이에 대한 개선안을 제시함으로써 궁극적으로 예산의 배분규칙을 재정립할 수 있도록 하는 제도
② 성과주의예산제도 : 예산을 기능별, 사업계획별, 활동별로 분류하여 예산의 지출과 성과의 관계를 명백히 하기 위한 예산제도
④ 영기준예산제도 : 모든 예산항목에 대해 전년도 예산을 기준으로 잠정적인 예산을 책정하지 않고 모든 사업계획과 활동에 대해 법정경비 부분을 제외하고 영 기준(zero-base)을 적용하여 과거의 실적이나 효과, 정책의 우선순위를 엄격히 심사해 편성한 예산제도

30 다음에 설명하고 있는 합리적인 인사관리 원칙은?

> 근로자의 인권을 존중하고 공헌도에 따라 노동의 대가를 지급한다.

① 적재적소 배치의 원리

② 공정 보상의 원칙

③ 공정 인사의 원칙

④ 종업원 안정의 원칙

 합리적인 인사관리의 원칙
ⓐ 적재적소 배치의 원리 : 해당 직무 수행에 가장 적합한 인재를 배치
ⓑ 공정 보상의 원칙 : 근로자의 인권을 존중하고 공헌도에 따라 노동의 대가를 공정하게 지급
ⓒ 공정 인사의 원칙 : 직무 배당, 승진, 상벌, 근무 성적의 평가, 임금 등을 공정하게 처리
ⓓ 종업원 안정의 원칙 : 직장에서의 신분 보장, 계속해서 근무할 수 있다는 믿음으로 근로자의 안정된 회사 생활 보장
ⓔ 창의력 계발의 원칙 : 근로자가 창의력을 발휘할 수 있도록 새로운 제안·전의 등의 기회를 마련하고 적절한 보상을 지급
ⓕ 단결의 원칙 : 직장 내에서 구성원들이 소외감을 갖지 않도록 배려하고, 서로 협동·단결할 수 있도록 유지

Answer 29.③ 30.②

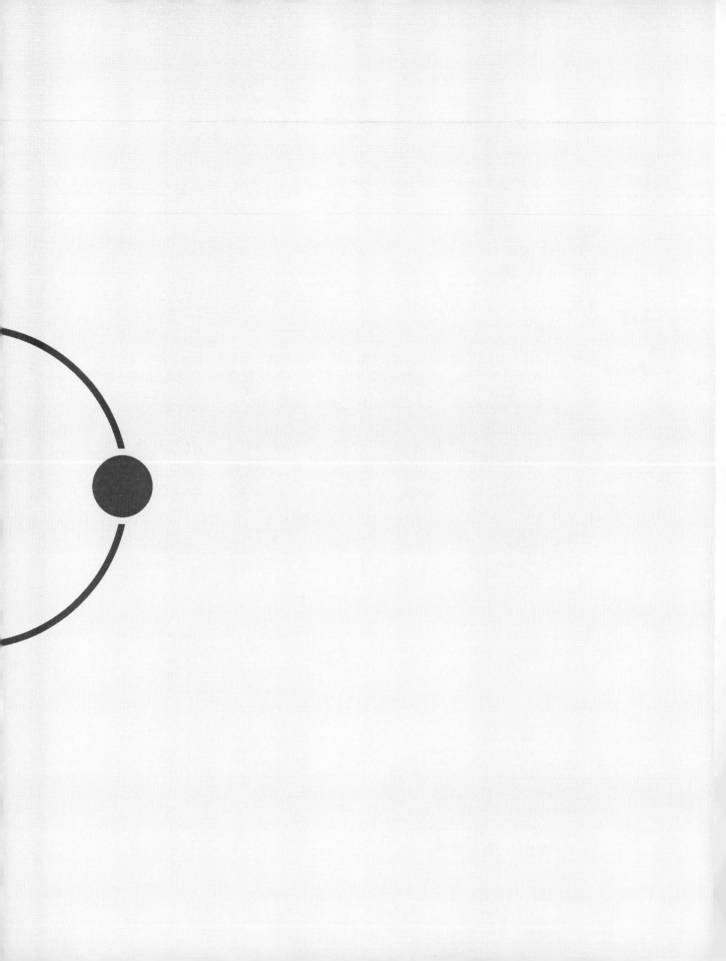

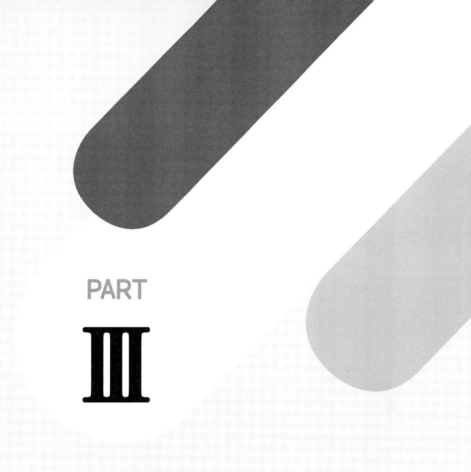

PART

III

고난도
예시 문제

CHAPTER

고난도 예시문제

1 다음은 OO 공사의 식수 오염을 주제로 한 보고서의 내용이다. A ~ E 사원 중 보고서를 바르게 이해한 사람은?

> ① 식수 오염의 방지를 위해서 빠른 시간 내 식수의 분변 오염 여부를 밝히고 오염의 정도를 확인하기 위한 목적으로 지표 생물의 개념을 도입하였다. 병원성 세균, 바이러스, 원생동물, 기생체 소낭 등과 같은 병원체를 직접 검출하는 것은 비싸고 시간이 많이 걸릴 뿐만 아니라 숙달된 기술을 요구하지만, 지표 생물을 이용하면 이러한 문제를 많이 해결할 수 있다.
>
> ② 식수가 분변으로 오염되어 있다면 분변에 있는 병원체 수와 비례하여 존재하는 비병원성 세균을 지표 생물로 이용한다. 이에 대표적인 것은 대장균이다. 대장균은 그 기원이 전부 동물의 배설물에 의한 것이므로, 시료에서 대장균의 균체 수가 일정 기준보다 많이 검출되면 그 시료에는 인체에 유해할 만큼의 병원체도 존재한다고 추정할 수 있다. 그러나 온혈 동물에게서 배설되는 비슷한 종류의 다른 세균들을 배제하고 대장균만을 측정하기는 어렵다. 그렇기 때문에 대장균이 속해 있는 비슷한 세균군을 모두 검사하여 분변 오염 여부를 판단하고, 이 세균군을 총대장균군이라고 한다.
>
> ③ 총대장균군에 포함된 세균이 모두 온혈동물의 분변에서 기원한 것은 아니지만, 온혈동물의 배설물을 통해서도 많은 수가 방출되고 그 수는 병원체의 수에 비례한다. 염소 소독과 같은 수질 정화 과정에서도 병원체와 유사한 저항성을 가지므로 식수, 오락 및 휴양 용수의 수질 결정에 좋은 지표이다. 지표 생물로 사용하는 또 다른 것은 분변성 연쇄상구균군이다. 이는 대장균을 포함하지는 않지만 사람과 온혈동물의 장에 흔히 서식하므로 물의 분변 오염 여부를 판정하는 데 이용된다. 이들은 잔류성이 높고 장 밖에서는 증식하지 않기 때문에 시료에서도 그 수가 일정하게 유지되어 좋은 상수 소독 처리지표로 활용된다.

① A 사원 : 온혈동물의 분변에서 기원되는 균은 모두 지표 생물이 될 수 있다.
② B 사원 : 수질 정화 과정에서 총대장균군은 병원체보다 높은 생존율을 보인다.
③ C 사원 : 채취된 시료 속의 총대장균군의 세균 수와 병원체 수는 비례하여 존재한다.
④ D 사원 : 지표 생물을 검출하는 것은 병원체를 직접 검출하는 것보다 숙달된 기술을 필요로 한다.
⑤ E 사원 : 분변성 연쇄상구균은 시료 채취 후 시간이 지남에 따라 시료 안에서 증식하여 정확한 오염지표로 사용하기 어렵다.

C 사원은 "채취된 시료 속의 총대장균군의 세균 수와 병원체 수는 비례하여 존재한다"고 본다. ③ 문단에서는 온혈동물의 배설물을 통해서 다수의 세균이 방출되고, 총대장균군에 포함된 세균 수는 병원에의 수에 비례한다고 설명하고 있으므로 C 사원은 바르게 이해하였다.

① ② 문단에서는 비병원성 세균을 지표생물로 이용하고 그 대표적 예로 대장균을 들고 있다. 그러나 '온혈동물의 분변에서 기원된 모든 균이 지표생물이 될 수 있는지'는 확인할 수 없다.

② ② 문단에서는 수질 정화과정에서 총대장균군이 병원체와 유사한 저항성을 보인다는 사실이 나타나 있다. 그러나 '총대장균군이 병원체보다 높은 생존율을 보이는지'는 확인할 수 없다.

④ ① 문단에서는 병원체를 직접 검출하는 것이 비싸고 시간이 많이 걸리며 숙달된 기술을 요구한다고 본다. 이어서 이를 해결하기 위해 지표생물을 검출하는 것임을 설명하고 있다. 따라서 '지표생물을 검출하는 것이 병원체 검출보다 숙달된 기술을 필요로 하는지'는 확인할 수 없다.

⑤ ③ 문단에서는 분변성 연쇄상구균은 장 밖에서는 증식하지 않아 시료에서 그 수를 일정하게 유지한다는 것을 확인할 수 있다.

Answer↘ 1.③

2 귀하는 OO 복지 공단에서 아래의 글로 사내 교육을 진행할 예정이다. 빈칸에 들어갈 말을 질문했을 때 가장 적절하게 답한 사람은?

기분관리 이론은 사람들의 기분과 선택 행동의 관계에 대해 설명하기 위한 이론이다. 이 이론의 핵심은 사람들이 현재의 기분을 최적 상태로 유지하려고 한다는 것이다. 따라서 기분관리 이론은 흥분 수준이 최적 상태보다 높을 때는 사람들이 이를 낮출 수 있는 수단을 선택한다고 예측한다. 반면에 흥분 수준이 낮을 때는 이를 회복시킬 수 있는 수단을 선택한다고 예측한다. 예를 들어, 음악 선택의 상황에서 전자의 경우에는 차분한 음악을 선택하고 후자의 경우에는 흥겨운 음악을 선택한다는 것이다. 기분조정 이론은 기분관리 이론이 현재 시점에만 초점을 맞추고 있다는 점을 지적하고 이를 보완하고자 한다. 기분조정 이론을 음악 선택의 상황에 적용하면, [   ]고 예측할 수 있다.

연구자 A는 음악 선택 상황을 통해 기분조정 이론을 검증하기 위한 실험을 했다. 그는 실험 참가자들을 두 집단으로 나누고 집단 1에게는 한 시간 후 재미있는 놀이를 하게 된다고 말했고, 집단 2에게는 한 시간 후 심각한 과제를 하게 된다고 말했다. 집단 1은 최적 상태 수준에서 즐거워했고, 집단 2는 최적 상태 수준을 벗어날 정도로 기분이 가라앉았다. 이때 연구자 A는 참가자들에게 기다리는 동안 음악을 선택하게 했다. 그랬더니 집단 1은 다소 즐거운 음악을 선택한 반면, 집단 2는 과도하게 흥겨운 음악을 선택했다. 그런데 30분이 지나고 각 집단이 기대하는 일을 하게 될 시간이 다가오자 두 집단 사이에는 뚜렷한 차이가 나타났다. 집단 1의 선택에는 큰 변화가 없었으나, 집단 2는 기분을 가라앉히는 차분한 음악을 선택하는 쪽으로 기분이 변하는 경향을 보인 것이다. 이러한 선택의 변화는 기분조정 이론을 뒷받침하는 것으로 간주되었다.

① A 사원 : 사람들은 현재의 기분을 지속하는 데 도움이 되는 음악을 선택한다.
② B 사원 : 사람들은 다음에 올 상황을 고려해 흥분을 유발할 수 있는 음악을 선택한다.
③ C 사원 : 사람들은 다음에 올 상황에 맞추어 현재의 기분을 조정하는 음악을 선택한다.
④ D 사원 : 사람들은 현재의 기분과는 상관없이 자신이 평소 선호하는 음악을 선택한다.
⑤ E 사원 : 사람들은 현재의 기분이 즐거운 경우에는 그것을 조정하기 위해 그와 반대되는 기분을 자아내는 음악을 선택한다.

Tip 제시문은 기분관리 이론을 주제로 하고 있다. 이는 사람들이 현재의 기분을 최적 상태로 유지하려 한다는 입장을 바탕으로 하고 있다. 흥분 수준이 낮을 때는 이를 높일 수 있는 수단을 선택하고 흥분 수준이 최적 상태보다 높을 때 이를 낮출 수 있는 수단을 선택한다고 본다.

여기서, 빈칸은 기분조정 이론이 음악 선택의 상황에 적용될 때 나타나는 결론을 찾는 것이다. 단서는 연구자 A의 실험을 통해 기분조정 이론의 내용을 파악할 수 있다. 집단 1은 최적 상태에서 다소 즐거운 음악을 선택했다. 반면 집단 2는 최적 상태보다 기분이 가라앉은 상태에서 과도하게 흥겨운 음악을 선택했다. 30분이 지난 뒤 다시 음악을 선택하는 상황에서 놀이하기를 앞둔 집단 1의 선택에는 변화가 없었다. 반면에 과제하기를 앞둔 집단 2는 차분한 음악을 선택하는 쪽으로 변화가 나타났다.

실험 결과로부터 참가자가 기분이 가라앉았을 때는 흥분을 끌어올리기 위해 흥겨운 음악을 선택한다는 것을 도출할 수 있다. 또한, 과제를 해야 할 상황을 앞두고 과도하게 흥겨운 상태가 되자 이를 가라앉히기 위해 차분한 음악을 선택한다는 것을 알 수 있다. C 사원은 "사람들은 다음에 올 상황에 맞추어 현재의 기분을 조정하는 음악을 선택한다."고 했는데, 가장 적절하게 답하였다.

Answer → 2.③

3 귀하는 OO공단의 직원으로 공문서 교육을 담당하게 되었나. 신입사원을 대상으로 아래의 규정을 교육한 후 적절한 평가를 한 사람은?

제OO조(문서의 성립 및 효력발생)
① 문서는 결재권자가 해당 문서에 서명(전자이미지서명, 전자문자서명 및 행정 전자서명을 포함한다.)의 방식으로 결재함으로 성립한다.
② 문서는 수신자에게 도달(전자문서의 경우는 수신자가 지정한 전자적 시스템에 입력되는 것을 말한다.)됨으로써 효력이 발생한다.
③ 제2항에도 불구하고 공고문서는 그 문서에서 효력발생 시기를 구체적으로 밝히고 있지 않으면 그 고시 또는 공고가 있는 날부터 5일이 경과한 때에 효력이 발생한다.

제OO조(문서 작성의 일반원칙)
① 문서는 어문규범에 맞게 한글로 작성하되, 뜻을 정확하게 전달하기 위하여 필요한 경우에는 괄호 안에 한자나 그 밖의 외국어를 함께 적을 수 있으며, 특별한 사유가 없으면 가로로 쓴다.
② 문서의 내용은 간결하고 명확하게 표현하고 일반화되지 않은 약어와 전문용어 등의 사용을 피하여 이해하기 쉽게 작성하여야 한다.
③ 문서에는 음성정보나 영상정보 등을 수록할 수 있고 연계된 바코드 등을 표기할 수 있다.
④ 문서에 쓰는 숫자는 특별한 사유가 없으면 아라비아 숫자를 쓴다.
⑤ 문서에 쓰는 날짜는 숫자를 표기하되, 연·월·일의 글자는 생략하고 그 자리에 온점(.)을 찍어 표기하며, 시·분은 24시각제에 따라 숫자로 표기하되, 시·분의 글자는 생략하고 그 사이에 쌍점(:)을 찍어 구분한다. 다만 특별한 사유가 있으면 다른 방법으로 표시할 수 있다.

---

① 박 사원 : 문서에 '2020년 7월 18일 오후 11시 30분'을 표기해야 할 때 특별한 사유가 없으면 '2020. 7. 18. 23:30'으로 표기한다.

② 채 사원 : 2020년 9월 7일 공고된 문서에 효력발생 시기가 구체적으로 명시되지 않은 경우 그 문서의 효력은 즉시 발생한다.

③ 한 사원 : 전자문서의 경우 해당 수신자가 지정한 전자적 시스템에 도달한 문서를 확인한 때부터 효력이 발생한다.

④ 현 사원 : 문서 작성 시 이해를 쉽게 하기 위해 일반화되지 않은 약어와 전문 용어를 사용하여 작성하여야 한다.

⑤ 윤 사원 : 연계된 바코드는 문서에 함께 표기할 수 없기 때문에 영상 파일로 처리하여 첨부하여야 한다.

문서 작성의 일반원칙 제5항에 의거하여 연·월·일의 글자는 생략하고 그 자리에 온점(.)을 찍어 표시한다.

'2020년 7월 18일'은 '2018. 7. 18.'로, 시·분은 24시각제에 따라 쌍점을 찍어 구분하므로 '오후 11시 30분'은 '23:30'으로 표기해야 한다.

② 문서의 성립 및 효력발생 제3항에 의거하여 문서의 효력은 시기를 구체적으로 밝히고 있지 않으면 즉시 효력이 발생하는 것이 아니고 고시 또는 공고가 있는 날부터 5일이 경과한 때에 발생한다.

③ 문서의 성립 및 효력발생 제2항에 의거하여 전자문서의 경우 수신자가 확인하지 않더라도 지정한 전자적 시스템에 입력됨으로써 효력이 발생한다.

④ 문서 작성의 일반원칙 제2항에 의거하여 문서의 내용은 일반화되지 않은 약어와 전문 용어 등의 사용을 피하여야 한다.

⑤ 문서 작성의 일반원칙 제3항에 의거하여 문서에는 영상정보 등을 수록할 수 있고 연계된 바코드 등을 표기할 수 있다.

Answer → 3.①

4 다음 글의 내용이 참일 때, 반드시 참인 진술은?

> - 김 대리, 박 대리, 이 과장, 최 과장, 정 부장은 A 회사의 직원들이다.
> - A 회사의 모든 직원은 내근과 외근 중 한 가지만 한다.
> - A 회사의 직원 중 내근을 하면서 미혼인 사람에는 직책이 과장 이상인 사람은 없다.
> - A 회사의 직원 중 외근을 하면서 미혼이 아닌 사람은 모두 그 직책이 과장 이상이다.
> - A 회사의 직원 중 외근을 하면서 미혼인 사람은 모두 연금 저축에 가입해 있다.
> - A 회사의 직원 중 미혼이 아닌 사람은 모두 남성이다.

① 갑 : 김 대리가 내근을 한다면, 그는 미혼이다.
② 을 : 박 대리가 미혼이면서 연금 저축에 가입해 있지 않다면, 그는 외근을 한다.
③ 병 : 이 과장이 미혼이 아니라면, 그는 내근을 한다.
④ 정 : 최 과장이 여성이라면, 그는 연금 저축에 가입해 있다.
⑤ 무 : 정 부장이 외근을 한다면, 그는 연금 저축에 가입해 있지 않다.

제시된 진술을 다음과 같이 정리할 수 있다.

㉮ : 내근 vs 외근(배타적 선언문)

㉯ : 내근 + 미혼→not 과장 이상

㉰ : 외근 + not 미혼→과장 이상

㉱ : 외근 + 미혼→연금 저축 가입

㉲ : not 미혼→남성

① '㉰'에 의해 과장 이상이 아닌 경우 외근을 하지 않거나 미혼이다. 김 대리가 내근을 한다면 그가 미혼이든 미혼이 아니든 지문의 내용은 참이 된다. 따라서 반드시 참은 아니다.

② '㉱'에 의해 박 대리가 연금 저축에 가입해 있지 않다면 그는 외근을 하지 않거나 미혼이 아니다. 박 대리는 미혼이므로 외근을 하지 않는다. 따라서 반드시 거짓이다.

③ 이 과장이 미혼이 아니라면 '㉯'에 의해 그가 내근을 하지 않는 경우도 성립한다. 따라서 반드시 참은 아니다.

⑤ 정 부장이 외근을 한다면 '㉰'에 의해 그는 미혼이거나 그렇지 않은 경우가 성립하며, 외근을 하면서 미혼이 아닌 경우라면 '㉱'에 의해 그가 연금 저축에 가입해 있는지는 파악할 수 없다.

Answer ↪ 4.④

5   다음 글의 내용이 참일 때, 우수사원으로 반드시 표창받는 사람의 수는?

> 지난 1년간의 평가에 의거하여, 우수사원 표창을 하고자 한다. 세 개의 부서에서 갑, 을, 병, 정, 무 다섯 명을 표창 대상자로 추천했는데, 각 부서는 근무평점이 높은 순서로 추천하였다. 이들 중 갑, 을, 병은 같은 부서 소속이고 갑의 근무평점이 가장 높다. 추천된 사람 중에서 아래 네 가지 조건 중 적어도 두 가지를 충족하는 사람만 우수사원으로 표창을 받는다.
>
> - 소속 부서에서 가장 높은 근무평점을 받아야 한다.
> - 근무한 날짜가 250일 이상이어야 한다.
> - 직원 교육자료 집필에 참여한 적이 있으면서, 직원 연수교육에 3회 이상 참석하여야 한다.
> - 정부출연연구소에서 활동한 사람은 그 활동 보고서가 인사부서에 공식 자료로 등록되어야 한다.
>
> 지난 1년 동안 이들의 활동 내역은 다음과 같다.
> - 250일 이상을 근무한 사람은 을, 병, 정이다.
> - 갑, 병, 무 세 명 중에서 250일 이상을 근무한 사람은 모두 자신의 정부출연연구소 활동 보고서가 인사부서에 공식 자료로 등록되었다.
> - 만약 갑이 직원 교육자료 집필에 참여하지 않았거나 무가 직원 교육자료 집필에 참여하지 않았다면, 다섯 명의 후보 중에서 근무한 날짜의 수가 250일 이상인 사람은 한 명도 없다.
> - 정부출연연구소에서 활동한 적이 없는 사람은 모두 직원 연수교육에 1회 또는 2회만 참석했다.
> - 그리고 다섯 명의 후보 모두 직원 연수교육에 3회 이상 참석했다.

① 1명

② 2명

③ 3명

④ 4명

⑤ 5명

지문에 제시된 우수사원으로 표창받기 위한 조건을 다음과 같이 정리할 수 있다.

㉮ : 소속 부서에서 가장 높은 근무평점

㉯ : 근무한 날짜가 250일 이상

㉰ : 직원 교육자료 집필에 참여하고 직원 연수교육에 3회 이상 참석

㉱ : 정부출연연구소에서 활동한 사람은 그 활동 보고서가 인사부서 공식자료로 등록

조건과 지문의 진술을 통해 각 조건에 해당하는 후보를 다음과 같이 추론할 수 있다.

조건 ㉮ : 갑, 을, 병이 같은 부서 소속이고 갑의 근무평점이 가장 높다. 이때 세 부서가 근무평점 순으로 추천하므로 정, 무는 나머지 2개 부서 소속이고 각 부서에서 가장 높은 근무평점을 받았음을 알 수 있다. 따라서 조건을 충족하는 후보는 갑, 정, 무다.

조건 ㉯ : 250일 이상을 근무해야 조건이 충족되므로 조건을 충족하는 후보는 을, 병, 정이다.

조건 ㉰ : 250일 이상을 근무한 사람이 있으므로 갑과 무는 모두 직원 교육자료 집필에 참여하였다. 다섯 명의 후보 모두 직원 연수교육에 3회 이상 참석했으므로 조건을 충족하는 후보는 갑, 무다.

조건 ㉱ : 다섯 명의 후보 모두 직원 연수교육에 3회 이상 참석했으므로 이들 모두가 정부출연연구소에서 활동한 적이 있다. 여기서 250일 이상을 근무하여 활동 보고서가 인사부서에 공식 자료로 등록된 사람은 병이므로 조건을 충족하는 후보는 병이다.

이를 다음과 같이 표로 정리할 수 있다.

구분		최고평점	250일	집필 + 연수	자료 등록
부서 1	갑	O	×	O	×
	을	×	O		×
	병	×	O		O
부서 2	정	O	O		×
부서 3	무	O	×	O	×

을을 제외한 4명은 두 가지 조건을 충족하므로, 우수 직원으로 반드시 표창받는다.

6 다음 글은 ○○생명연구원의 연구자료이다. 이를 근거로 판단할 때, 옳은 평가를 내린 사람을 모두 고르면?

특정 물질의 치사량은 주로 동물 연구와 실험을 통해서 결정한다. 치사량의 단위는 주로 LD50을 사용하는데, 'LD'는 'Lethal Dose'의 약어로 치사량을 의미하고, '50'은 물질 투여 시 실험 대상 동물의 50%가 죽는 것을 의미한다. 이런 이유로 LD50을 반수(半數) 치사량이라고 한다. 일반적으로 치사량이란 '즉시' 생명을 앗아갈 수 있는 양을 의미하고 있으므로 '급성' 반수 치사량이 사실 정확한 표현이다. LD50 값을 표기할 때는 보통 실험 대상 동물이 몸무게 1kg을 기준으로 하는 mg/kg 단위를 사용한다.

독성이 강하다는 보톡스의 LD50 값은 1ng/kg으로 복어 독보다 1만 배 이상 강하다. 일상에서 쉽게 접할 수 있는 카페인의 LD50 값은 200mg/kg이며 니코틴의 LD50 값은 1mg/kg이다. 커피 1잔에는 평균적으로 150mg의 카페인이 들어있으며 담배 한 개비에는 평균적으로 0.1mg의 니코틴이 함유되어 있다.

※ 1ng(나노그램)=10^{-6}mg=10^{-9}g

갑 : 복어 독의 LD50 값은 0.01mg/kg 이상이다.
을 : 일반적으로 독성이 더 강한 물질일수록 LD50 값이 더 작다.
병 : 몸무게가 7kg인 실험 대상 동물의 50%가 즉시 치사하는 카페인 투여량은 1.4g이다.
정 : 몸무게가 60kg인 실험 대상 동물의 50%가 즉시 치사하는 니코틴 투여량은 1개비당 니코틴 함량이 0.1mg인 담배 60개비에 들어 있는 니코틴의 양에 상응한다.

① 갑, 을
② 갑, 병
③ 갑, 을, 병
④ 을, 병, 정
⑤ 갑, 을, 병, 정

- 갑은 "복어 독의 LD50 값은 0.01mg/kg 이상"이라고 했는데 옳은 평가이다. 보톡스의 LD50 값은 1ng/kg으로 복어 독보다 1만 배 이상 강하다고 했으므로 10,000ng/kg을 mg/kg으로 변환하면 $1ng = 10^{-6}mg$이므로 0.01mg/kg이 된다.
- 을은 "일반적으로 독성이 더 강한 물질일수록 LD50 값이 더 작다"고 했는데 옳은 평가다. 반수를 죽음에 이르도록 할 때 필요한 물질의 양이 더 작다면 일반적으로 독성이 더 강하다고 할 수 있다.
- 병은 "몸무게가 7kg인 실험 대상 동물의 50%가 즉시 치사하는 카페인 투여량은 1.4g이다."라고 했는데 옳은 평가다. 7kg 동물의 LD50 값은 1,400mg/kg이다. g와 mg는 1,000단위만큼 차이가 나므로, 1.4g/kg이다.
- 정은 "몸무게가 60kg인 실험 대상 동물의 50%가 즉시 치사하는 니코틴 투여량은 1개비당 니코틴 함량이 0.1mg인 담배 60개비에 들어있는 니코틴의 양에 상응한다"고 했는데 이는 적절하지 않다. 몸무게와 담배 개비 수가 같으므로, 1kg에 대한 LD50 값이 0.1mg/kg인지 확인하면 된다. 그러나 니코틴의 LD50은 1mg/kg이다.

Answer → 6.③

7 다음 글은 OO법률구조공단의 자료에서 발췌한 글이다. 이 글과 〈보기〉의 상황을 근거로 옳은 판단을 내린 직원은?

1 민사소송에서 판결은 다음의 어느 하나에 해당하면 확정되며, 확정된 판결에 대해서 당사자는 더 이상 상급심 법원에 상소를 제기할 수 없게 된다.

2 첫째, 판결은 선고와 동시에 확정되는 경우가 있다. 예컨대 대법원 판결에 대해서는 더 이상 상소할 수 없기 때문에 그 판결은 선고 시에 확정된다. 그리고 하급심 판결이더라도 선고 전에 당사자들이 상소하지 않기로 합의하고 이 합의서를 법원에 제출할 경우, 판결은 선고 시에 확정된다.

3 둘째, 상소기간이 만료된 때에 판결이 확정되는 경우가 있다. 상소는 패소한 당사자가 제기하는 것으로, 상소를 하고자 하는 자는 판결문을 송달받은 날부터 2주 이내에 상소를 제기해야 한다. 이 기간 내에 상소를 제기하지 않으면 더 이상 상소할 수 없게 되므로, 판결은 상소기간 만료 시에 확정된다. 또한, 상소기간 내에 상소를 제기하였더라도 그 후 상소를 취하하면 상소기간 만료 시에 판결은 확정된다.

4 셋째, 상소기간이 경과하기 전에 패소한 당사자가 법원에 상소포기서를 제출하면, 제출 시에 판결은 확정된다.

〈보기〉

원고 甲은 피고 乙을 상대로 OO지방법원에 매매대금지급청구소송을 제기하였다. OO지방법원은 甲에게 매매대금지급청구권이 없다고 판단하여 2016년 11월 1일 원고 패소판결을 선고하였다. 이 판결문은 甲에게는 2016년 11월 10일 송달되었고, 乙에게는 2016년 11월 14일 송달되었다.

① 정 계장 : 乙은 2016년 11월 28일까지 상소할 수 있다.

② 오 주임 : 甲이 2016년 11월 28일까지 상소하지 않으면, 같은 날 판결은 확정된다.

③ 김 과장 : 甲이 2016년 11월 11일 상소한 후 2016년 12월 1일 상소를 취하하였다면, 취하한 때 판결은 확정된다.

④ 장 팀장 : 甲과 乙이 상소하지 않기로 하는 내용의 합의서를 2016년 10월 25일 법원에 제출하였다면, 판결은 2016년 11월 1일 확정된다.

⑤ 손 주임 : 甲이 2016년 11월 21일 법원에 상소포기서를 제출하면, 판결은 2016년 11월 1일 확정된 것으로 본다.

② 문단에 따르면 하급심 판결이더라도 당사자들 간에 상소하지 않기로 합의하고 합의서를 제출할 경우 판결은 선고 시인 11월 1일에 확정되므로 장 팀장이 옳은 판단을 내렸다.

① ③ 문단에 따르면 상소는 패소한 당사자가 송달받은 날로부터 2주 이내에 해야 한다. 오 주임은 상소를 언급하고 있는데 승소한 乙은 상소하지 않는다.

② ③ 문단에 따르면 甲이 패소하였으므로, 상소기한은 甲이 송달받은 10일부터 2주 이내인 24일이다.

③ ③ 문단 마지막에 따르면 상소를 취하한 경우 상소기간 만료 시에 판결이 확정됨을 명시하고 있다.

⑤ ④ 문단에 따르면 상소기간 경과 이전에 패소당사자가 상소포기서를 제출한 경우 제출 시에 판결이 확정된다. 이 날짜는 11월 21일이므로 손 주임은 잘못 판단하였다.

Answer 7.④

8 귀하는 ○○국제협력단의 회의 담당자이다. 귀사의 〈통역경비 산정기준〉과 아래의 〈상황〉을 근거로 판단할 때, 귀사가 A시에서 개최한 설명회에 쓴 총 통역경비는?

〈통역경비 산정기준〉

통역경비는 통역료와 출장비(교통비, 이동보상비)의 합으로 산정한다.

■ 통역료(통역사 1인당)

구분	기본요금(3시간까지)	추가요금(3시간 초과 시)
영어, 아랍어, 독일어	500,000원	100,000원/시간
베트남어, 인도네시아어	600,000원	150,000원/시간

■ 출장비(통역사 1인당)
 – 교통비는 왕복으로 실비 지급
 – 이동보상비는 이동 시간당 10,000원 지급

〈상황〉

 귀사는 2019년 3월 9일 A시에서 설명회를 개최하였다. 통역은 영어와 인도네시아어로 진행되었고, 영어 통역사 2명과 인도네시아어 통역사 2명이 통역하였다. 설명회에서 통역사 1인당 영어 통역은 4시간, 인도네시아어 통역은 2시간 진행되었다. A시까지는 편도로 2시간이 소요되며, 개인당 교통비는 왕복으로 100,000원이 들었다.

① 244만 원

② 276만 원

③ 288만 원

④ 296만 원

⑤ 326만 원

통역료는 통역사 1인 기준으로 영어 통역은 총 4시간 진행하였으므로 기본요금 500,000원에 추가요금 100,000원을 합쳐 600,000원을 지급해야 한다. 인도네시아어 통역사에게는 2시간 진행하였으므로 기본 요금 600,000원만 지급한다.

- 영어, 인도네시아 언어별로 2명에게 통역을 맡겼으므로
  (600,000 + 600,000)×2 = 2,400,000원
- 출장비의 경우 통역사 1인 기준 교통비는 왕복실비인
  100,000원으로 4회 책정되므로 400,000원
- 이동보상비는 이동 시간당 10,000원 지급하므로 왕복 4시간을 이동하였으므로
  10,000×4×4 = 160,000원

총 출장비는 교통비와 이동보상비를 합한 560,000원
총 통역경비는 2,400,000 + 560,000 = 2,960,000원

Answer 8.④

9 다음 글을 근거로 판단할 때 (   ) 안에 들어갈 일시는?

- 서울에 있는 A 대리, 런던에 있는 B 대리, 시애틀에 있는 C 주임은 같은 프로젝트를 진행하면서 다음과 같이 영상업무회의를 진행하였다.
- 회의 시각은 런던을 기준으로 11월 1일 오전 9시였다.
- 런던은 GMT+0, 서울은 GMT+9, 시애틀은 GMT−7을 표준시로 사용한다. (즉, 런던이 오전 9시일 때 서울은 같은 날 오후 6시이며, 시애틀은 같은 날 오전 2시이다.)

A : 제가 프로젝트에서 맡은 업무는 오늘 오후 10시면 마칠 수 있습니다. 런던에서 받아서 1차 수정을 부탁드립니다.

B : 네, 저는 A 대리님께서 제시간에 끝내 주시면 다음 날 오후 3시면 마칠 수 있습니다. 시애틀에서 받아서 마지막 수정을 부탁드립니다.

C : 알겠습니다. 저는 앞선 두 분이 제시간에 끝내 주신다면 서울을 기준으로 모레 오전 10시면 마칠 수 있습니다. 제가 업무를 마치면 프로젝트가 최종 마무리 되겠군요.

A : 잠깐, 다들 말씀하신 시각의 기준이 다른 것 같은데요?
　　저는 처음부터 런던을 기준으로 이해하고 말씀드렸습니다.

B : 저는 처음부터 시애틀을 기준으로 이해하고 말씀드렸는데요?

C : 저는 처음부터 서울을 기준으로 이해하고 말씀드렸습니다. 그렇다면 계획대로 진행될 때 서울을 기준으로 (　)에 프로젝트를 최종 마무리할 수 있겠네요.

A, B : 네, 맞습니다.

---

① 11월 2일 오후 3시
② 11월 2일 오후 11시
③ 11월 3일 오전 10시
④ 11월 3일 오후 3시
⑤ 11월 3일 오후 7시

A, B, C 세 사람은 모두 각자 자신의 기준에 맞추어 프로젝트 가능 시간을 말하고 있다. 회의 시간은 11월 1일 런던의 오전 9시를 기준으로 하며 서울은 그보다 9시간이 빠르고, 시애틀은 7시간이 느린 상황이다.

A는 런던 기준으로 오늘 오후 10시에 프로젝트를 마칠 수 있다고 했다. A가 완성할 경우 B는 그 기준으로 다음날 오후 3시에 마칠 수 있게 된다. 이를 통해 B와 A의 완료 시간 격차는 17시간이라는 것을 알 수 있다. 다시 말해 B는 A로부터 자료를 받은 뒤부터 17시간 뒤에 일을 끝낼 수 있다는 것이다. C는 모레 10시에 일을 마칠 수 있다고 했는데, B가 완성한 시점으로부터 19시간이 완료에 소요된다.

전체적으로 완료시간이 도출되었으므로 최초에 서울을 기준으로 A가 언제 B에게 자료를 주는지를 알아야 한다. A는 런던시각 기준으로 오늘 오후 10시에 B에게 자료를 전달할 수 있다. 이때 서울은 런던보다 9시간 빠르므로 A는 자료를 내일 아침 7시에 B에게 전달할 수 있다. B는 이로부터 17시간 뒤에 C에게 자료를 전달하고, C는 이로부터 19시간 뒤에 프로젝트를 마무리하게 된다. 결과적으로 아침 7시에 총 36시간을 더한 시간이 프로젝트 완료 시각이다. 따라서 모레 11월 1일 런던을 기준으로 11월 3일 오후 7시에 프로젝트는 완료된다.

Answer⤶ 9.⑤

10 다음 〈그림〉은 OO건설근로자 공제회 혁신기획팀의 우리나라의 지역별 한옥건설업체수 현황이다. 이에 대해 적절히 평가한 사람을 〈보기〉에서 모두 고르면?

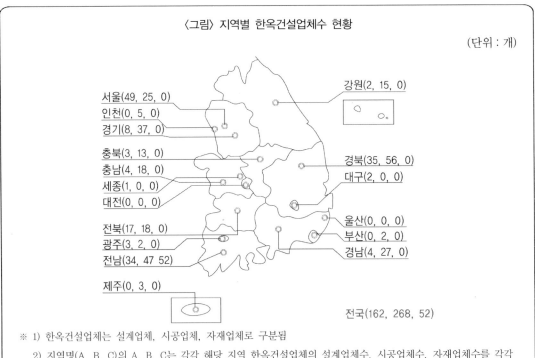

〈그림〉 지역별 한옥건설업체수 현황

(단위 : 개)

서울(49, 25, 0)
인천(0, 5, 0)
경기(8, 37, 0)
충북(3, 13, 0)
충남(4, 18, 0)
세종(1, 0, 0)
대전(0, 0, 0)
전북(17, 18, 0)
광주(3, 2, 0)
전남(34, 47 52)
제주(0, 3, 0)

강원(2, 15, 0)
경북(35, 56, 0)
대구(2, 0, 0)
울산(0, 0, 0)
부산(0, 2, 0)
경남(4, 27, 0)

전국(162, 268, 52)

※ 1) 한옥건설업체는 설계업체, 시공업체, 자재업체로 구분됨
　 2) 지역명(A, B, C)의 A, B, C는 각각 해당 지역 한옥건설업체의 설계업체수, 시공업체수, 자재업체수를 각각 의미함
　 3) 수도권은 서울, 인천, 경기로 구성됨

〈보기〉
한 차장 : 설계업체수가 시공업체수보다 많은 지역의 수는 한옥 건설업체가 없는 지역의 수보다 많다.
서 대리 : 전국의 설계업체수는 시공업체수보다 많다.
심 대리 : 수도권 시공업체 중 서울 시공업체가 차지하는 비중은 전국 설계업체 중 수도권 설계업체 가 차지하는 비중보다 크다.
민 대리 : 설계업체수 기준, 상위 2개 지역의 설계업체수 합은 전국 설계업체수의 50% 미만이다.

① 한 차장, 서 대리
② 한 차장, 심 대리
③ 서 대리, 민 대리
④ 한 차장, 심 대리, 민 대리
⑤ 서 대리, 심 대리, 민 대리

한 차장 : 설계업체수가 시공업체수보다 많은 지역은 서울, 세종, 광주, 대구로 총 4개 지역이다. 반면 한옥건설업체가 없는 지역은 대전과 울산 총 2개로 한 차장은 적절히 평가하였다.

심 대리 : 수도권 시공업체 중 서울 시공업체가 차지하는 비중은

$$\frac{25}{25+5+37} \times 100 \fallingdotseq 37.3\%$$로, 전국 설계업체 중 수도권 설계업체가 차지하는 비중인

$$\frac{49+0+8}{162} \times 100 \fallingdotseq 35.2\%$$보다 크므로 심 대리는 적절히 평가하였다.

서 대리 : 전국의 설계업체수는 162개로, 268개인 시공업체수보다 적으므로 서 대리의 평가는 적절하지 않다.

민 대리 : 설계업체수 기준 상위 2개 지역은 서울, 경북으로 설계업체수 합은 49 + 35 = 84이다. 이는 전국 설계업체수(162개)의 50% 이상이므로 민 대리의 평가는 적절하지 않다.

Answer↪ 10.②

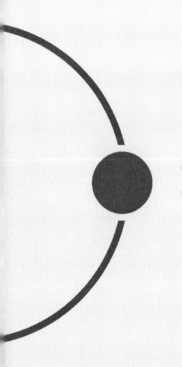

PART

IV

한국사

빈출 용어 정리

✎ 한민족(韓民族)의 형성

농경생황을 바탕으로 동방문화권(東方文化圈)을 성립하고 독특한 문화를 이룩한 우리 민족은 인종학상으로는 황인종 중 퉁구스족(Tungus族)의 한 갈래이며, 언어학상 알타이어계(Altai語係)에 속한다. 한반도에는 구석기 시대부터 사람이 살기 시작하였고 신석기시대에서 청동기시대를 거치는 동안 민족의 기틀이 이루어졌다.

✎ 소도(蘇塗)

삼한시대에 제사를 지냈던 신성지역을 말한다. 정치적 지배자 이외의 제사장인 천군이 다스리는 지역으로 이곳에서 농경과 종교에 대한 의례를 주관하였다. 소도는 매우 신성한 곳으로서 군장의 세력이 미치지 못하였으며 죄인이 들어와도 잡지 못하였다.

✎ 단군신화(檀君神話)

우리민족의 시조 신화로 이를 통해 청동기시대를 배경으로 고조선의 성립이라는 역사적 사실과 함께 당시 사회모습을 유추할 수 있다.

• 천제의 아들 환웅이 천부인 3개와 풍백·운사·우사 등의 무리를 거느리고 태백산 신시에 세력을 이루었다. → 천신사상, 선민사상, 농경사회, 계급사회, 사유재산제 사회

• 곰과 호랑이가 와서 인간이 되게 해달라고 하였으며, 곰만이 인간여자가 되어 후에 환웅과 결합하여 아들 단군왕검을 낳았다. → 토테미즘, 샤머니즘, 제정일치

• 널리 인간을 이롭게 한다(홍익인간). → 민본주의, 지배층의 권위(통치이념)

✎ 책화(責禍)

동예에서 공동체지역의 경계를 침범한 측에게 과하였던 벌칙으로, 읍락을 침범하였을 경우에 노예와 우마로써 배상하여야 했다.

✎ 영고(迎鼓)

부여의 제천행사이다. 12월 음식과 가무를 즐기고 국사를 의논하며 죄수를 풀어 주기도 한 행사로, 추수감사제의 성격을 띠었다.

✍ 8조법(八條法)

고조선사회의 기본법으로, 한서지리지에 기록되어 있다. 살인·상해·절도죄를 기본으로 하는 이 관습법은 족장들의 사회질서유지 수단이었으며, 동시에 가부장 중심의 계급사회로서 사유재산을 중히 여긴 당시의 사회상을 반영하고 있다. 그 내용 중 전하는 것은 '사람을 죽인 자는 사형에 처한다, 남에게 상해를 입힌 자는 곡물로 배상한다, 남의 물건을 훔친 자는 노비로 삼고 배상하려는 자는 50만전을 내야 한다' 등 3조이다.

✍ 살수대첩(薩水大捷)

고구려 영양왕 23년(1612) 중국을 통일한 수의 양제가 100만대군을 이끌고 침공해 온 것을 을지문덕장군이 살수(청천강)에서 크게 이긴 싸움이다. 그 후 몇 차례 더 침공해 왔으나 실패했으며, 결국 수는 멸망하게 되었다.

✍ 을파소(乙巴素)

고구려의 명재상으로, 고국천왕 13년에 안류가 추천하여 국상이 되었다. 그의 건의로 진대법이 실시되었다.

✍ 골품제도(骨品制度)

신라의 신분제로, 성골·진골·6두품 등이 있었다. 성골은 양친 모두 왕족인 자로서 28대 진덕여왕까지 왕위를 독점 세습하였으며, 진골은 양친 중 한편이 왕족인 자로서 태종무열왕 때부터 왕위를 세습하였다. 골품은 가계의 존비를 나타내고 골품 등급에 따라 복장·가옥·수레 등에 여러가지 제한을 두었다.

✍ 마립간(麻立干)

신라시대의 왕호이다. 신라 건국초기에는 박·석·김의 3성(姓) 부족이 연맹하여 연맹장을 세 부족이 교대로 선출했으며, 이들이 주체가 되어 신라 6촌이라는 연맹체를 조직하기에 이르렀다. 이것이 내물왕 때부터는 김씨의 왕위세습권이 확립되었고 대수장(大首長)이란 뜻을 가진 마립간을 사용하게 되었다.

> Point 》 신라의 왕호
> ㉠ 거서간 : 1대 박혁거세, 군장·대인·제사장의 의미 내포
> ㉡ 차차웅 : 2대 남해왕, 무당·사제의 의미로 샤먼적 칭호
> ㉢ 이사금 : 3대 유리왕~16대 흘해왕, 계승자·연장자의 의미
> ㉣ 마립간 : 17대 내물왕~21대 소지왕, 대수장을 의미하는 정치적 칭호
> ㉤ 왕 : 22대 지증왕 이후, 중국식 왕명 사용
> • 불교식 왕명 : 23대 법흥왕 이후
> • 중국식 시호 : 29대 무열왕 이후

✏ 향(鄕) · 소(巢) · 부곡(部曲)

신라시대 특수천민집단으로, 향과 부곡에는 농업에 종사하는 천민이, 소에는 수공업에 종사하는 천민이 거주하였다. 이는 고려시대까지 계속되었으나 조선초기에 이르러 소멸되었다.

✏ 진대법(賑貸法)

고구려 고국천왕 16년(194) 을파소의 건의로 실시한 빈민구제법이다. 춘궁기에 가난한 백성에게 관곡을 빌려주었다가 추수기인 10월에 관에 환납하게 하는 제도이다. 귀족의 고리대금업으로 인한 폐단을 막고 양민들의 노비화를 막으려는 목적으로 실시한 제도였으며, 고려의 의창제도, 조선의 환곡제도의 선구가 되었다.

✏ 지리도참설(地理圖讖說)

신라 말 도선(道詵)이 중국에서 받아들인 인문지리학이다. 인문지리적인 인식과 예언적인 도참신앙이 결부된 학설로 우리나라의 수도를 중앙권으로 끌어올리는데 기여하고 신라정부의 권위를 약화시키는 역할을 하였다.

✏ 광개토대왕비(廣開土大王碑)

만주 집안현 통구(通溝)에 있는 고구려 19대 광개토대왕의 비석으로, 왕이 죽은 후인 장수왕 2년(414)에 세워졌다. 비문은 고구려 · 신라 · 가야의 3국이 연합하여 왜군과 싸운 일과 왕의 일생사업을 기록한 것으로, 우리나라 최대의 비석이다. 일본은 '辛卯年來渡海破百殘ㅁㅁㅁ羅'라는 비문을 확대 · 왜곡 해석하여 임나일본부설의 근거로 삼고 있다.

> Point 》 임나일본부설(任那日本府說) … 일본의 '니혼쇼기(日本書紀)'의 임나일본부, 임나관가라는 기록을 근거로 고대 낙동강유역의 변한지방을 일본의 야마토[大和]정권이 지배하던 관부(官府)라고 주장하는 설이다.

✏ 태학(太學)

고구려의 국립교육기관으로, 우리나라 최초의 교육기관이다. 소수림왕 2년(372)에 설립되어 중앙귀족의 자제에게 유학을 가르쳤다.

> Point 》 경당(慶堂) … 지방의 사립교육기관으로 한학과 무술을 가르쳤다.

✏ 다라니경(陀羅尼經)

국보 제126호로 지정되었다. 불국사 3층 석탑(석가탑)의 보수공사 때(1966) 발견된 것으로, 현존하는 세계 최고(最古)의 목판인쇄물이다. 다라니경의 출간연대는 통일신라 때인 700년대 초에서 751년 사이로 추정되며 정식 명칭은 무구정광 대다라니경이다.

신라방(新羅坊)

중국 당나라의 산둥반도로부터 장쑤성[江蘇省]에 걸쳐 산재해 있던 신라인의 집단거주지로, 삼국통일 후 당과의 해상무역이 많은 신라인이 이주함으로써 형성되었다. 여기에 자치적으로 치안을 유지한 신라소, 신라인의 사원인 신라원도 세워졌다.

독서출신과(讀書出身科)

신라 때의 관리등용방법으로, 원성왕 4년(788) 시험본위로 인재를 뽑기 위하여 태학감에 설치한 제도이다. 좌전 · 예기 · 문선을 읽어 그 뜻에 능통하고 아울러 논어 · 효경에 밝은 자를 상품(上品), 곡례 · 논어 · 효경을 읽을 줄 아는 자를 중품(中品), 곡례와 논어를 읽을 줄 아는 자를 하품(下品)이라 구별하였으며, 이 때문에 독서삼품과(讀書三品科)라고도 하였다. 그러나 골품제도 때문에 제기능을 발휘하지는 못하였다.

신라장적(新羅帳籍)

1933년 일본 도오다이사[東大寺] 쇼소인[正倉院]에서 발견된 것으로, 서원경(淸州)지방 4개 촌의 민정문서이다. 남녀별 · 연령별의 정확한 인구와 소 · 말 · 뽕나무 · 호도나무 · 잣나무 등을 집계하여 3년마다 촌주가 작성하였다. 호(戶)는 인정(人丁)수에 의해 9등급, 인구는 연령에 따라 6등급으로 나뉘었고, 여자도 노동력수취의 대상이 되었다. 촌주는 3~4개의 자연촌락을 다스리고 정부는 촌주에게 촌주위답을, 촌민에게는 연수유답을 지급하였다. 이 문서는 조세수취와 노동력징발의 기준을 정하기 위해 작성되었다.

진흥왕순수비(眞興王巡狩碑)

신라 제 24 대 진흥왕이 국토를 확장하고 국위를 선양하기 위하여 여러 신하를 이끌고 변경을 순수하면서 기념으로 세운 비로, 현재까지 알려진 것은 창녕비 · 북한산비 · 황초령비 · 마운령비 등이다.

화백제도(和白制度)

신라 때 진골 출신의 고관인 대등(大等)들이 모여 국가의 중대사를 결정하는 회의이다. 만장일치로 의결하고, 한 사람이라도 반대하면 결렬되는 회의제도였다.

도병마사(都兵馬使)

고려시대 중서문하성의 고관인 재신과 중추원의 고관인 추밀이 합좌하여 국가 중대사를 논의하던 최고기관(도당)이다. 충렬왕 때 도평의사사로 바뀌었다.

🖊 교정도감(敎定都監)

고려시대 최충헌이 무단정치를 할 때 설치한 최고행정집행기관(인사권 · 징세권 · 감찰권)으로, 국왕보다 세도가 강했으며 우두머리인 교정별감은 최씨에 의해 대대로 계승되었다.

🖊 묘청의 난

고려 인종 13년(1135)에 묘청이 풍수지리의 이상을 표방하고, 서경으로 천도할 것을 주장하였으나 유학자 김부식 등의 반대로 실패하자 일으킨 난이다. 관군에 토벌되어 1년만에 평정되었다. 신채호는 '조선역사상 1천년내의 제1의 사건'이라 하여 자주성을 높이 평가하였다.

🖊 별무반(別武班)

고려 숙종 9년(1104) 윤관의 건의에 따라 여진정벌을 위해 편성된 특수부대이다. 귀족 중심의 신기군(기병부대), 농민을 주축으로 한 신보군(보병부대), 승려들로 조직된 항마군으로 편성되었다.

🖊 사심관제도(事審官制度)

고려 태조의 민족융합정책의 하나로, 귀순한 왕족에게 그 지방정치의 자문관으로서 정치에 참여시킨 제도이다. 신라 경순왕을 경주의 사심관으로 임명한 것이 최초이다. 사심관은 부호장 이하의 향리를 임명할 수 있으며, 그 지방의 치안에 대해 연대책임을 져야 했다. 지방세력가들을 견제하기 위한 제도였다.

🖊 훈요 10조(訓要十條)

고려 태조 26년(943)에 대광 박술희를 통해 후손에게 훈계한 정치지침서로, 신서와 훈계 10조로 이루어져 있다. 불교 · 풍수지리설 숭상, 적자적손에 의한 왕위계승, 당풍의 흡수와 거란에 대한 강경책 등의 내용으로 고려정치의 기본방향을 제시하였다.

🖊 삼별초(三別抄)

고려 최씨집권시대의 사병집단이다. 처음에 도둑을 막기 위하여 조직한 야별초가 확장되어 좌별초 · 우별초로 나뉘고, 몽고군의 포로가 되었다가 도망쳐 온 자들로 조직된 신의군을 합하여 삼별초라 한다. 원종의 친몽정책에 반대하여 항쟁을 계속하였으나, 관군과 몽고군에 의해 평정되었다.

🖊 상정고금예문(詳定古今禮文)

고려 인종 때 최윤의가 지은 것으로, 고금의 예문을 모아 편찬한 책이나 현존하지 않는다. 이규보의 동국이상국집에 이 책을 1234년(고종 21)에 활자로 찍었다고 한 것으로 보아 우리나라 최초의 금속활자본으로 추정된다.

📝 노비안검법(奴婢按檢法)

고려 광종 7년(956) 원래 양인이었다가 노비가 된 자들을 조사하여 해방시켜 주고자 했던 법으로, 귀족세력을 꺾고 왕권을 강화하기 위한 정책적 목적으로 실시되었다. 그러나 후에 귀족들의 불평이 많아지고 혼란이 가중되어 노비환천법이 실시되게 되었다.

> Point 》 노비환천법(奴婢還賤法) … 노비안검법의 실시로 해방된 노비 중 본주인에게 불손한 자를 다시 노비로 환원시키기 위해 고려 성종 때 취해진 정책이다.

📝 상평창(常平倉)

고려 성종 12년(993)에 설치한 물가조절기관으로, 곡식과 포목 등 생활필수품을 값쌀 때 사두었다가 흉년이 들면 파는 기관이다. 이는 개경과 서경을 비롯한 전국 주요 12목에 큰 창고를 두었으며, 사회구제책과 권농책으로 오래 활용되었다.

📝 백두산정계비(白頭山定界碑)

숙종 38년(1712) 백두산에 세운 조선과 청 사이의 경계비를 말한다. 백두산 산정 동남쪽 4km, 해발 2,200m 지점에 세워져 있으며 '西爲鴨綠 東爲土門 故於分水嶺'이라고 쓰여 있다.

> Point 》 '土門'의 해석을 두고 우리는 송화강으로, 중국은 두만강으로 보아 양국 사이에 간도 귀속에 대한 분쟁을 불러 일으켰다.

📝 음서제도(蔭書制度)

고려·조선시대에 공신이나 고위관리의 자제들이 과거에 응하지 않고도 관직에 등용되던 제도를 말한다. 조선시대에는 음관벼슬을 여러 대에 걸친 자손들에게까지 혜택을 주었다.

📝 벽란도(碧瀾渡)

예성강 하류에 위치한 고려시대 최대의 무역항으로, 송·왜는 물론 아리비아 상인들까지 쉴새없이 드나들던 곳이다. 이때 우리나라의 이름이 서양에 알려지게 되어 고려, 즉 Korea라고 부르게 되었다.

📝 위화도회군(威化島回軍)

고려 우왕 때 명을 쳐부수고자 출병한 이성계가 4대불가론을 내세워 위화도에서 회군하여 개경을 반격함으로써 군사적 정변을 일으킨 것을 말한다. 이성계는 최영과 우왕을 내쫓고 우왕의 아들 창왕을 옹립하였는데, 이로써 이성계를 비롯한 신진사대부계급들의 정치적 실권장악의 계기가 되었다.

✒ 의창(義倉)

고려 성종 5년(986)에 태조가 만든 흑창을 개칭한 빈민구제기관으로, 전국 각 주에 설치하였다. 춘궁기에 관곡에 빌려주고 추수 후에 받아들이는 제도로, 고구려 진대법과 조선의 사창·환곡과 성격이 같다.

✒ 쌍성총관부(雙城摠管府)

고려 말 원이 화주(지금의 영흥)에 둔 관청으로, 1258년 조휘·탁청 등이 동북병마사를 죽이고 몽고에 항거하자 몽고가 그 지역을 통치하기 위해 설치하였다.

✒ 직지심경(直指心經)

고려 우왕 3년(1377)에 백운이라는 승려가 만든 불서로 직지심체요절(直指心體要節)이라고도 한다. 1972년 파리의 국립도서관에서 유네스코 주최로 개최된 '책의 역사' 전시회에서 발견되어 현존하는 세계 최고(最古)의 금속활자본으로 판명되었다.

✒ 균역법(均役法)

영조 26년(1750) 백성의 부담을 덜기 위하여 실시한 납세제도로, 종래 1년에 2필씩 내던 포를 1필로 반감하여 주고 그 재정상의 부족액을 어업세·염세·선박세와 결작의 징수로 보충하였다. 역을 균등히 하기 위해 제정하고 균역청을 설치하여 이를 관할하였으나, 관리의 부패로 농촌생활이 피폐해졌으며 19세기에는 삼정문란의 하나가 되었다.

✒ 중방정치(重房政治)

중방은 2군 6위의 상장군·대장군 16명이 모여 군사에 관한 일을 논의하던 무신의 최고회의기관으로, 정중부가 무신의 난 이후 중방에서 국정전반을 통치하던 때의 정치를 의미한다.

✒ 도방정치(都房政治)

도방은 경대승이 정중부를 제거한 후 정권을 잡고 신변보호를 위해 처음 설치하여 정치를 하던 기구로, 그 뒤 최충헌이 더욱 강화하여 국가의 모든 정무를 이 곳에서 보았다. 이를 도방정치라 하며, 일종의 사병집단을 중심으로 행한 정치이다.

✒ 도첩제(度牒制)

조선 태조 때 실시된 억불책의 하나로, 승려에게 신분증명서에 해당하는 도첩을 지니게 한 제도이다. 승려가 되려는 자에게 국가에 대해 일정한 의무를 지게 한 다음 도첩을 주어 함부로 승려가 되는 것을 억제한 제도인데, 이로 말미암아 승려들의 세력이 크게 약화되고 불교도 쇠퇴하였다.

📝 삼정(三政)

조선시대 국가재정의 근원인 전정(田政) · 군정(軍政) · 환곡(還穀)을 말한다. 전정이란 토지에 따라 세를 받는 것이고, 군정은 균역 대신 베 한필씩을 받는 것이며, 환곡은 빈민의 구제책으로 봄에 곡식을 빌려 주었다가 가을에 10분의 1의 이자를 합쳐 받는 것이다.

📝 계유정란(癸酉靖亂)

문종이 일찍 죽고 단종이 즉위하자, 수양대군(세조)이 단종과 그를 보좌하던 김종서 · 황보인 등을 살해하고 안평대군을 축출한 후 권력을 장악한 사건이다.

📝 동의보감(東醫寶鑑)

광해군 때 허준이 중국과 한국의 의서를 더욱 발전시켜 펴낸 의서로, 뒤에 일본과 중국에서도 간행되는 등 동양의학 발달에 크게 기여하였다. 이 책은 내과 · 외과 · 소아과 · 침구 등 각 방면의 처방을 우리 실정에 맞게 풀이하고 있다.

📝 4대 사화(四大士禍)

조선시대 중앙관료들 간의 알력과 권력쟁탈로 인하여 많은 선비들이 화를 입었던 사건을 말한다. 4대 사화는 연산군 4년(1498)의 무오사화, 연산군 10년(1504)의 갑자사화, 중종 14년(1519)의 기묘사화, 명종 원년(1545)의 을사사화를 말한다.

> Point ≫ 조의제문(弔義帝文) ⋯ 조선 김종직이 초나라의 항우가 의제(義帝)를 죽여 폐위시킨 것을 조위하여 쓴 글이다. 이는 세조가 어린 단종을 죽이고 즉위한 것을 풍자한 글로서, 후에 무오사화(戊午士禍)의 원인이 되었다.

📝 신사유람단(紳士遊覽團)

고종 18년(1881) 일본에 파견하여 새로운 문물제도를 시찰케 한 사절단을 말한다. 강화도조약이 체결된 뒤 수신사 김기수와 김홍집은 일본에 다녀와서 서양의 근대문명과 일본의 문물제도를 배워야 한다고 주장하였다. 이에 조선정부는 박정양 · 조준영 · 어윤중 · 홍영식 등과 이들을 보조하는 수원 · 통사 · 종인으로 신사유람단을 편성하여 일본에 체류하면서 문교 · 내무 · 농상 · 의무 · 군부 등 각 성(省)의 시설과 세관 · 조례 등의 주요 부분 및 제사(製絲) · 잠업 등에 이르기까지 고루 시찰하고 돌아왔다.

📝 조선경국전(朝鮮經國典)

조선왕조의 건국이념과 정치 · 경제 · 사회 · 문화에 대한 기본방향을 설정한 헌장법전으로, 정도전 · 하윤 등에 의해 편찬되었다. 경국대전을 비롯한 조선왕조 법전편찬의 기초가 되었다.

✒ 규장각(奎章閣)

정조 원년(1776)에 궁중에 설치된 왕립도서관 및 학문연구소로, 역대 국왕의 시문·친필·서화·유교 등을 관리하던 곳이다. 이는 학문을 연구하고 정사를 토론케 하여 정치의 득실을 살피는 한편, 외척·환관의 세력을 눌러 왕권을 신장시키고 문예·풍속을 진흥시키기 위한 것이었다.

✒ 탕평책(蕩平策)

영조가 당쟁의 뿌리를 뽑아 일당전제의 폐단을 없애고, 양반의 세력균형을 취하여 왕권의 신장과 탕탕평평을 꾀한 정책이다. 이 정책은 정조 때까지 계승되어 당쟁의 피해를 막는데 큰 성과를 거두었으나, 당쟁을 근절시키지는 못하였다.

✒ 하멜표류기

조선 효종 4년(1653) 제주도에 표착한 네덜란드인 하멜(Hamel)의 14년간(1653~1668)에 걸친 억류 기록으로, '난선 제주도 난파기' 및 그 부록 '조선국기'를 통칭한 것이다. 부록인 '조선국기'는 조선의 지리·풍토·산물·정치·법속 등에 대하여 실제로 보고 들은 바를 기록한 것이다. 이 기록은 유럽인들에게 한국을 소개한 최초의 문헌이다.

✒ 조선의 3대 화가

조선시대 안견, 김홍도, 장승업을 말한다. 안견은 산수화, 김홍도는 풍속화, 장승업은 산수화·인물화를 잘 그렸다.

✒ 만인소(萬人疏)

정치의 잘못을 시정할 것을 내용으로 하는 유생들의 집단적인 상소를 말한다. 그 대표적인 것으로는 순조 23년(1823)에 서자손 차별반대 상소, 철종 6년(1845)에 사도세자 추존의 상소, 그리고 고종 18년(1881)에 김홍집이 소개한 황쭌셴의 조선책략에 의한 정치개혁반대 상소를 들 수 있다.

✒ 상평통보(常平通寶)

인조 11년(1663) 이덕형의 건의로 만들어진 화폐이다. 만들어진 후 곧 폐지되었으나, 효종 2년 김육에 의하여 새로 만들어져 서울과 서북지방에서 잠시 사용되다가 다시 폐지되었다. 그후 숙종 4년(1678)에 허적에 의하여 새로이 주조되어 전국적으로 통용되었다.

✎ 육의전(六矣廛)

조선 때 운종가(종로)에 설치되어 왕실·국가의식의 수요를 도맡아 공급하던 어용상점을 말한다. 비단·무명·명주·모시·종이·어물 등 여섯 종류였고, 이들은 고율의 세금과 국역을 물고 납품을 독점하였으며, 금난전권을 행사하며 자유로운 거래를 제한하였다.

> Point 》 금난전권 … 난전을 금압하는 시전상인들의 독점판매권이다. 18세기 말 정조 때 신해통공정책으로 육의전을 제외한 모든 시전상인들의 금난전권이 철폐되었다.

✎ 갑신정변(甲申政變)

고종 21년(1884) 개화당의 김옥균, 박영효 등이 중심이 되어 우정국 낙성식에서 민씨일파를 제거하고 개화정부를 세우려 했던 정변이다. 갑신정변은 청의 지나친 내정간섭과 민씨세력의 사대적 경향을 저지하고 자주독립국가를 세우려는 의도에서 일어났으나, 청의 개입과 일본의 배신으로 3일천하로 끝났다. 근대적 정치개혁에 대한 최초의 시도였다는 점에 큰 의의가 있다.

✎ 동학농민운동

고종 31년(1894) 전라도 고부에서 동학교도 전봉준 등이 일으킨 민란에서 비롯된 농민운동을 말한다. 교조신원운동의 묵살, 전라도 고부군수 조병갑의 착취와 동학교도 탄압에 대한 불만이 도화선이 된 이 운동은 조선 봉건사회의 억압적인 구조에 대한 농민운동으로 확대되어 전라도·충청도 일대의 농민이 참가하였으나, 청·일 양군의 간섭으로 실패했다. 이 운동의 결과 대외적으로는 청일전쟁이 일어났고, 대내적으로는 갑오개혁이 추진되었다. 또한 유교적 전통사회가 붕괴되고 근대사회로 전진하는 중요한 계기가 되었다.

✎ 갑오개혁(甲午改革)

고종 31년(1894) 일본의 강압에 의해 김홍집을 총재관으로 하는 군국기무처를 설치하여 실시한 근대적 개혁이다. 내용은 청의 종주권 부인, 개국연호 사용, 관제개혁, 사법권 독립, 재정의 일원화, 은본위제 채택, 사민평등, 과부개가 허용, 과거제 폐지, 조혼금지 등이다. 이 개혁은 보수적인 봉건잔재가 사회 하층부에 남아 있어 근대화의 기형적인 발달을 이루게 되었다.

> Point 》 군국기무처 … 청일전쟁 당시 관제를 개혁하기 위해 임시로 설치했던 관청으로 갑오개혁의 중추적 역할을 하였다. 모든 관제와 행정·사법·교육·재정·군사 및 상업에 이르기까지 모든 사무를 총괄하였으며 모든 정무를 심의하였다. 문벌과 노비를 철폐하고 조혼을 금지하였으며 과거제와 연좌제 등을 폐지하였다.

✎ 거문도사건

고종 22년(1885) 영국이 전라남도에 있는 거문도를 불법 점거한 사건이다. 당시 영국은 러시아의 남하를 막는 다는 이유로 러시아함대의 길목인 대한해협을 차단하고자 거문도를 점령하였다. 그리하여 조선정부는 청국정부를 통해서 영국에 항의를 하게 되고 청국정부도 중간 알선에 나서게 되었다. 그 후 러시아도 조선의 영토를 점거할 의사가 없다고 약속함으로써 영국함대는 고종 24년(1887) 거문도에서 철수했다.

✎ 강화도조약

운요호사건을 빌미로 고종 13년(1876) 일본과 맺은 최초의 근대적 조약으로, 일명 병자수호조약이라고도 한다. 부산 · 인천 · 원산 등 3항의 개항과 치외법권의 인정 등을 내용으로 하는 불평등한 조약이나, 이를 계기로 개국과 개화가 비롯되었다는데 큰 의의가 있다.

> Point 》 운요호사건 … 고종 12년(1875) 수차에 걸쳐 통상요구를 거절당한 일본이 수호조약의 체결을 목적으로 군함 운요호를 출동시켜 한강으로 들어오자 강화수병이 이에 발포, 충돌한 사건이다.

✎ 단발령(斷髮令)

고종 32년(1895) 친일 김홍집내각이 백성들에게 머리를 깎게 한 명령이다. 그러나 을미사변으로 인하여 일본에 대한 감정이 좋지 않았던 차에 단발령이 내리자, 이에 반대한 전국의 유생들이 각지에서 의병을 일으키게 되었다.

> Point 》 을미사변(乙未事變) … 조선 고종 32년(1895) 일본공사 미우라가 친러세력을 제거하기 위하여 명성황후를 시해한 사건이다. 을미사변은 민족감정을 크게 자극하여 의병을 일으키는 계기가 되었다.

✎ 홍범 14조

고종 31년(1894)에 국문 · 국한문 · 한문의 세 가지로 반포한 14개조의 강령으로, 우리나라 최초의 헌법이다. 갑오개혁 이후 내정개혁과 자주독립의 기초를 확고히 하려는 목적으로 발표되었다.

✎ 조선어학회(朝鮮語學會)

1921년 1월 우리말과 글의 연구 · 통일 · 발전을 목적으로 창립된 민간학술단체이다. 장지영, 이윤재, 최현배, 김윤경 등이 조선어연구회로 조직한 후 1931년 조선어학회로 개칭하였다. 주요 활동으로 한글날과 맞춤법 통일안 제정, 잡지 '한글'의 발행 등이 있다.

✎ 광혜원

우리나라 최초의 근대식 병원이다. 조선 고종 22년(1885)에 통리교섭아문의 관리하에 지금의 서울 재동에 설립되어 미국인 알렌(H.N. Allen)이 주관, 일반사람들의 병을 치료하였다.

✎ 여수 · 순천사건

제주도 4 · 3사건을 진압하기 위하여 여수와 순천지방의 국방경비대에게 진압명령을 내렸으나, 일부 좌익계열 군장교들이 동족을 죽일 수 없다는 선동으로 항명한 사건이다. 여수에 주둔하고 있던 14연대는 제주도 상륙을 거부하고 단독 정부를 저지하고자 하였으나 실패하여 지리산으로 숨어 들어 빨치산이 되었다. 이로 인해 정부는 국가보안법을 제정하여 강력한 반공정책을 추진하였다. 이 사건은 '여 · 순반란사건'이라고 하였으나 반란의 주체를 주민들로 오인할 수 있다고 하여 1995년부터 '여수 · 순천사건', '여수 · 순천 10 · 19사건'이라고 명명하였다.

✎ 관민공동회(官民共同會)

열강의 이권침탈에 대항하여 자주독립의 수호와 자유민권의 신장을 위하여 독립협회 주최로 열린 민중대회이다. 1898년 3월 서울 종로 네거리에서 러시아인 탁지부 고문과 군부 교련사관의 해고를 요구하고 이승만 · 홍정하 등 청년 연사가 열렬한 연설을 하여 대중의 여론을 일으켰다. 이 대회는 계속 개최되어 그 해 10월에는 윤치호를 회장으로 선출, 정부의 매국적 행위를 공격하고 시국에 대한 개혁안인 헌의 6조를 결의하였다. 이 개혁안은 국왕에게 제출되어 왕도 처음에는 그 정당성을 인정하고 그 실시를 확약하였으나 보수적 관료들의 반대로 이에 관계한 대신들만 파면되고 실현을 보지 못하였다. 독립협회의 해산 후 얼마 동안은 만민공동회라는 이름으로 활약하였다.

Point 》 헌의 6조의 내용

ㄱ 외국인에게 의지하지 말 것

ㄴ 외국과의 이권에 관한 계약과 조약은 각 대신과 중추원 의장이 합동 날인하여 시행할 것

ㄷ 국가재정은 탁지부에서 전관하고, 예산과 결산을 국민에게 공포할 것

ㄹ 중대 범죄를 공판하되, 피고의 인권을 존중할 것

ㅁ 칙임관을 임명할 때에는 정부에 그 뜻을 물어서 중의에 따를 것

ㅂ 정해진 규정을 실천할 것

✎ 물산장려운동(物産獎勵運動)

1922년 평양에 설립된 조선물산장려회가 계기가 되어 조만식을 중심으로 일어난 민족운동이다. 서울의 조선청년연합회가 주동이 되어 전국적 규모의 조선물산장려회를 조직, 국산품 애용 · 민족기업의 육성 등의 구호를 내걸고 강연회와 시위선전을 벌였으나, 일제의 탄압으로 유명무실해지고 1940년에는 총독부 명령으로 조선물산장려회가 강제 해산되었다.

✎ 국권수호운동(國權守護運動)

1905년 체결된 한일협약에 반대하여 일어난 국민적 운동이다. 고종은 만국평화회의에 밀사를 파견하여 을사조약이 무효임을 호소하였으나 결국 일제에 의해 고종이 강제 퇴위당하고 정미 7조약이 맺어지면서 일본이 내정을 장악하게 되었다. 이에 일본의 식민지화를 반대하고 주권회복과 자주독립을 위해 근대문물을 받아들여 실력을 양성하자는 애국계몽운동과 무력으로 일제를 물리치자는 항일의병운동이 일어났다. 이와 같은 국권회복운동은 관원·양반·상인·농민·천민에 이르기까지 전 계층의 호응을 얻어 전국적으로 전개되었다. 이러한 운동들은 일제강점기 동안 점차 실력양성론과 무장투쟁론으로 자리잡아갔다.

✎ 신간회(新幹會)

1927년 민족주의자와 사회주의자가 통합하여 조직한 최대 항일민족운동단체이다. 주요 활동으로는 아동의 수업료 면제·조선어교육 요구·착취기관 철폐·이민정책 반대 등을 제창하였고, 광주학생운동을 지원하기도 했다. 자매단체로는 여성단체인 근우회가 있었다.

✎ 6·10만세운동

1926년 6월 10일 순종의 인산일을 기해 일어난 독립만세운동이다. 황제의 상여가 종로를 통과할 때 '자주교육, 타도 일본제국주의, 토지는 농민에게, 8시간 노동제' 등을 주장한 전단을 뿌리면서 만세시위를 했다. 이 사건으로 이병립·박하균이 주모자로 체포되었으며 공모자 또는 관련자로 전국에서 1천명이 체포, 투옥되었다.

✎ 방곡령(防穀令)

고종 26년(1889) 함경감사 조병식이 식량난을 막기 위해 곡물의 일본수출을 금지한 것이다. 함경도와 황해도 지방에 방곡령을 선포하였으나 조일통상장정에 위배된다는 일본의 항의로 배상금만 물고 실효를 거두지 못하였다.

✎ 독립협회(獨立協會)

조선 고종 33년(1896)에 서재필·안창호·이승만·윤치호 등이 정부의 외세의존, 외국의 침략, 이권의 박탈 등을 계기로 독립정신을 고취시키기 위하여 만든 정치적 색채를 띤 사회단체이다. 종래의 인습타파 및 독립정신 고취 등 국민계몽에 힘썼으며, 독립문을 건립하고 독립신문을 발간하였으나 황국협회의 방해 등으로 1898년에 해산되었다.

> Point 》 황국협회 … 광무 2년(1898)에 홍종우·길영수·이기동·박유진 등이 조직한 정치·사회단체로, 보부상과 연결되어 독립협회의 활동을 견제하였다.

✎ 임오군란(壬午軍亂)

고종 19년(1882) 개화파와 보수파의 대립으로 일어난 사건으로, 신·구식 군대차별이 발단이 되었다. 이 결과 대원군이 재집권하게 되었으나, 민씨일파의 책동으로 청의 내정간섭이 시작되고 이로 인해 제물포조약이 체결되어 일본의 조선침략의 발판이 되었다.

> **Point** 》 제물포조약 … 배상금 지급과 일본 공사관의 경비병 주둔을 인정하는 내용이다.

✎ 병인양요(丙寅洋擾)

고종 66) 대원군이 천주교도를 탄압하자 리델(Ridel)신부가 탈출하여 천진에 와 있던 프랑스함대에 보고함으로써 일어난 사건이다. 그해에 프랑스 로즈(Rose)제독은 함선을 이끌고 강화도를 공격·점령했는데, 대원군이 이경하 등으로 하여금 싸우게 하여 40여일만에 프랑스군을 격퇴시켰다. 이로 인해 대원군은 천주교 탄압과 통상·수교 요구 거부는 더욱 강화하게 되었다.

✎ 105인사건

1910년 안명근의 데라우치총독 암살기도사건을 계기로 양기탁·윤치호 등 600여명을 검거하여 그중 신민회 간부 105명을 투옥한 사건이다. 이 사건이 특히 평안·황해지방에서 일어난 것은 기독교의 보급으로 민족운동이 성하였기 때문이다.

✎ 정미 7조약(丁未七條約)

정식명칭은 한일신협약이다. 1907년 일본이 대한제국을 병합하기 위한 예비조처로 헤이그밀사사건을 구실삼아 고종을 퇴위시키고 강제적으로 맺은 조약이다. 이로 인해 통감의 권한이 확대되고 일본인 차관이 행정실무를 담당하는 차관정치가 실시되었다.

✎ 을사조약(乙巳條約)

광무 9년(1905) 일본이 한국을 보호한다는 명목아래 강제로 체결한 조약으로 제2차 한일협약이라고도 한다. 러일전쟁의 승리와 영일동맹조약 개정 등으로 한국에 대한 우월한 권익과 지위를 국제적으로 인정받은 일본은 이토 히로부미를 파견하여 강압적으로 조약을 체결하였다. 이 결과 우리나라는 주권을 상실하고 외교권을 박탈당했으며, 일본은 서울에 통감부를 두고 보호정치를 실시하였다.

> **Point** 》 을사 5적(乙巳五賊) … 을사조약을 체결할 때 찬성 또는 묵인한 5인의 매국노로, 박제순·이완용·이근택·이지용·권중현을 말한다.

출제예상문제

1 다음 법률을 통해 고조선에 대해 알 수 잇는 사실만을 있는 대로 고른 것은?

> 사람을 죽인 자는 즉시 죽이고, 남에게 상처를 입힌 자는 곡식으로 갚는다. 도둑질한 자는 노비로 삼는다. 용서받고자 하는 자는 한 사람마다 50만 전을 내야 한다.

> ㉠ 형벌 노비가 존재하였다.
> ㉡ 인간의 생명을 중시하였다.
> ㉢ 노동력과 사유 재산을 중시하였다.
> ㉣ 지혜로운 사람이 부족을 이끄는 평등 사회였다.

① ㉠, ㉡

② ㉠, ㉣

③ ㉢, ㉣

④ ㉠, ㉡, ㉢

 ㉠ 도둑질한 자를 노비로 삼는다는 것은 형벌노비가 존재했음을 의미한다.
㉡ 사람을 죽인 자는 즉시 죽인다는 것은 인간 생명 중시를 의미한다.
㉢ 남에게 상처 입힌 자는 곡식으로 갚도록 한 것은 사유재산이 중시되었음을 의미한다.
㉣ 신석기 시대에 대한 설명이다. 고조선은 계급사회이다.

2 다음 자료와 관련된 단체의 활동으로 옳은 것을 모두 고른 것은?

> 남만주로 집단 이주하려고 기도하고, 조선 본토에서 상당한 재력이 있는 사람들을 그 곳에 이주시켜 토지를 사들이고 촌락을 세워 새 영토로 삼고, 다수의 청년 동지들을 모집, 파견하여 한인 단체를 일으키고, 학교를 설립하여 문무를 겸하는 교육을 실시하면서, 기회를 엿보아 독립 전쟁을 일으켜 구한국의 국권을 회복하려고 하였다.
>
> — 105인 사건 판결문 —

> ⊙ 해외 독립군 기지 건설에 앞장섰다.
> ⓒ 헌의 6조를 올려 개혁을 요구하였다.
> ⓒ 위정척사사상을 계승하여 활동하였다.
> ② 공화제에 입각한 국민 국가 수립을 목표로 하였다.

① ⊙, ⓒ
② ⊙, ②
③ ⓒ, ⓒ
④ ⓒ, ②

 제시된 내용은 신민회를 해산시키기 위하여 일제에 의해 조작된 '105인 사건'의 판결문으로 신민회의 활동에 관한 내용이 간략하게 언급되어 있다.
ⓒ 독립 협회의 활동
ⓒ 위정척사사상은 의병 전쟁으로 계승

Answer ☞ 1.④ 2.②

3 다음 상황에서 추진된 두 개혁의 공통점으로 직질한 것은?

> ㉠ 청·일 전쟁에서 승기를 잡은 일본은 박영효를 불러들여 군국기무처를 폐지하고 제2차 김홍집 내각을 출범시켰으며 고종으로 하여금 홍범 14조를 반포하게 하였다.
> ㉡ 아관 파천으로 러시아 공사관에 머물던 고종이 1897년에 경운궁으로 돌아온 뒤 조선 정부는 국호를 대한 제국, 연호를 광무, 국왕을 황제라 칭하여 독립 국가의 체제를 갖추었다.

① 전제 왕권을 강화하고자 하였다.
② 민중의 지지를 바탕으로 추진되었다.
③ 군제 개혁을 통해 국방력이 강화되었다.
④ 근대식 교육 기관의 확대를 위해 노력하였다.

 ㉠ 갑오개혁, ㉡ 광무개혁
갑오개혁에서는 교육 입국 조서를 발표하여 소학교, 사범학교, 외국어 학교 등 근대식 교육 기관의 확대를 위해 노력하였고, 광무개혁에서도 각종 산업학교와 기술학교 등을 설립하였다.
① 광무개혁에 대한 내용이다.
② 갑오개혁과 광무개혁은 모두 민중의 지지와 참여는 적었다.
③ 갑오개혁에서는 소홀히 다루어졌다.

4 다음의 글을 통해 알 수 있는 신라 사회의 모습이 아닌 것은?

> ㉠ 웅천주 도독 헌창은 아버지 주원이 왕이 되지 못하였다는 핑계로 반역을 하였다. 나라 이름을 장안, 연호를 경운 원년이라 하였다. 무진주, 완산주, 청주, 사벌주 등 네 주 도독과 국원, 서원, 금관의 여러 지방관들과 여러 군현 수령들을 위협하여 자기 편으로 삼았다.
> ㉡ 국내 여러 주·군이 세금을 바치지 않아 국고가 비고 나라 살림이 어려워졌다. 왕이 사자를 보내 독촉하자 도적이 벌떼처럼 일어났다. 이때 원종, 애노 등이 사벌주(경북 상주)에서 반란을 일으켰다.
>
> — 삼국사기 —

① 무열왕 직계 자손이 왕위를 계승하였다.
② 호족이 반독립적인 세력으로 성장하였다.
③ 지방세력의 후원을 받아 선종 불교가 발달하였다.
④ 농민이 몰락하여 노비나 초적이 되기도 하였다.

 ① 혜공왕 이후의 상황에 해당한다. 무열왕 직계 자손이 왕위를 계승한 시기는 혜공왕 때까지이다.

5 다음 시기에 볼 수 있는 사회 모습은?

송나라 황제께서 사신을 보내실 적에 담당 관리에게 명령을 내려 거대한 배 두척을 건조하게 하였다. …… 비가 멎자 조수를 따라 예성항으로 들어가고, 정사와 부사는 담당 관리를 거느리고 채색 배에서 조서를 받들고 갔다. …… 채색 배가 해안에 닿자 담당 관리가 조서를 받들고 육로를 따라 왕궁으로 들어갔다.

－고려도경－

11월 병인일에 대식국에 상인 보나합 등이 와서 수은, 용치, 점성향, 몰약 등 각종 물자를 바쳤다. 왕이 해당 관원에게 명령을 내려 그들을 객관(客館)에서 후하게 접대하도록 하였으며, 그들이 돌아갈 때에는 금과 비단을 후히 주라고 하였다.

－고려사－

① 관청에 납품할 물건을 구입하는 공인
② 벽란도에서 수입 물품을 하역하는 인부
③ 발해관에 머물고 있는 사신
④ 상평통보로 물품을 구매하는 상인

(Tip) 서문은 고려 시대의 모습이다.
① 공인의 등장은 대동법의 실시를 알 수 있으므로 조선 후기이다.
③ 당은 산둥 반도의 덩저우에 발해관을 설치하였다.
④ 상평통보는 조선 후기 화폐이다.

Answer⤵ 3.④ 4.① 5.②

6 다음의 사실이 있었던 시대에 대한 설명으로 옳은 것은?

> 상왕이 어려서 무릇 조치하는 바는 모두 대신에게 맡겨 논의 시행하였다. 지금 내가 명을 받아 왕통을 계승하여 군국 서무를 아울러 모두 처리하며 조종의 옛 제도를 모두 복구한다. 지금부터 형조의 사형수를 제외한 모든 서무는 6조가 각각 그 직무를 담당하여 직계한다.

① 강력한 왕권을 행사하기 위해 집현전을 없앴다.
② 사간원을 독립시켜 대신들을 견제하였다.
③ 정도전이 민본적 통치 규범을 마련하였다.
④ 국가 의례를 정리한 국조오례의를 편찬하였다.

 ① 세조 ② 태종 ③ 태조 ④ 성종

7 다음과 같이 말한 왕의 활동으로 볼 수 있는 것은?

> 홍문관은 집현전을 모방하였고, 예문관은 학사원을 모방하였으며, 춘추관은 국사원을 모방하였으나, 유독 어제를 보존할 곳이 마땅히 없었다. 이에 중국의 제도를 참고하여 창덕궁 후원에 건물을 짓고 우선 영고(영조)의 어제부터 봉안하도록 하라.

① 서원을 대폭 정리하였다.
② 상감행실도를 처음 편찬하였다.
③ 초계문신제로 관리를 재교육하였다.
④ 북방 지역에 4군과 6진을 개척하였다.

 ① 영조 ②, ④ 세종 ③ 정조

8 다음 글의 내용을 보고 이 문제를 해결하기 위해 시행한 흥선 대원군의 정책은?

> 시아버지 삼년상 벌써 지났고,
> 갓난아인 배냇물도 안 말랐는데
> 이 집 삼대 이름 군적에 모두 실렸네.
> 억울한 사연 하소연하려 해도
> 관가 문지기는 호랑이 같고,
> 이정은 으르렁대며 외양간 소마저 끌고 갔다네.

① 서원의 정리
② 사창제의 실시
③ 호포법의 시행
④ 당백전의 발행

 ① 붕당 정치의 폐단을 방지하기 위해 서원을 정리
② 환곡의 문란을 개혁하기 위해 사창제 실시
④ 경복궁 중건 비용 충당을 위한 화폐

9 다음 글에 나타난 토지제도의 특징으로 옳지 않은 것은?

> 고려시대에 문무 관리들에게 지급하던 토지제도이다. 최고위직인 중서령으로부터 최하위 지방관리인 이원(吏員)에 이르기까지 국가 관직에 복무하거나 또는 직역(職役)을 부담하는 자들에 대하여 그 지위에 따라 응분의 전토(田土)와 시지(柴地)를 지급하던 제도이다.

① 토지소유권은 국유를 원칙으로 하나 사유지가 인정되었다.
② 전시과는 전지와 시지를 직접 관리에게 지급한다.
③ 문종 대에는 지급 대상을 현직 관료로 제한하였다.
④ 퇴직하거나 사망시 국가에 반납 하는 것이 원칙이었다.

 제시된 글은 전시과에 관한 내용이다.
② 전시과는 전지와 시지를 직접 관리에게 지급하는 것이 아니라, 그 토지에 대한 수조권(收租權)을 준 것이다. 따라서 수조권을 가진 개인이나 기관은 경작자와 아무런 관련이 없었고, 국가가 경작자로부터 조(租)를 거두어 지급하였다.

Answer → 6.① 7.③ 8.③ 9.②

10 다음의 자료에 나타난 나라에 대한 설명으로 옳은 것은?

> 큰 산과 깊은 골짜기가 많고 평원과 연못이 없어서 계곡을 따라 살며 골짜기 물을 식수로 마셨다. 좋은 밭이 없어서 힘들여 일구어도 배를 채우기는 부족하였다.
>
> —삼국지 동이전—

① 가족 공동의 무덤인 목곽에 쌀을 부장하였다.
② 특산물로는 단궁·과하마·반어피 등이 유명하였다
③ 국동대혈에서 제사를 지내는 의례가 있었다.
④ 남의 물건을 훔쳤을 때에는 50만 전을 배상토록 하였다.

 제시된 글은 고구려에 대한 내용이다.
① 옥저의 골장제
② 동예의 특산품
③ 고조선의 8조법

11 다음에 해당하는 세력에 대한 설명으로 옳은 것은?

> 경제력을 토대로 과거를 통해 관계에 진출한 향리출신자들이다. 이들은 사전의 폐단을 지적하고, 권문세족과 대립하였으며 구질서와 여러 가지 모순을 비판하고 전반적인 사회개혁과 문화 혁신을 추구하였다. 이들은 온건파와 급진파로 나뉘는데 조선건국을 도운 급진파가 조선의 지배층이 되었다.

① 신진사대부   ② 문벌귀족
③ 신흥무인세력   ④ 호족

 제시된 글은 신진사대부에 대한 내용이다.
② 문벌귀족 : 고려 전기의 지배 계층으로 신라 말에 등장한 호족, 6두품, 개국 공신들이 문벌 귀족이 되었다.
③ 신흥무인세력 : 고려 말에 홍건적과 왜구의 침입을 물리치면서 새롭게 등장한 이성계, 최무선, 박위 등의 무인을 말한다.
④ 호족 : 중앙의 귀족과 대비되는 용어로서 지방의 토착세력을 의미한다.

12 고려시대의 여성의 지위에 관한 일반적 사항으로서 적절한 것을 모두 고르면?

> ㉠ 부모의 유산은 자녀에게 골고루 분배되었다.
> ㉡ 태어난 차례대로 호적을 기재하여 남녀 차별을 하지 않았다.
> ㉢ 아들이 없을 경우 양자를 들이지 않고 딸이 제사를 받들었다.
> ㉣ 재가한 여성이 낳은 자식의 사회적 진출에 차별을 두지 않았다.
> ㉤ 사위와 외손자에게까지 음서의 혜택이 있었다.

① ㉠㉡   ② ㉢㉣
③ ㉡㉢㉣   ④ ㉠㉡㉢㉣㉤

 고려의 가족제도 및 여성의 삶
㉠ 재산 상속은 남녀균분상속으로 이루어졌다.
㉡ 호적에 남녀 구별없이 연령순으로 기재하였다.
㉢ 아들이 없을 경우 양자를 들이지 않고 딸이 제사를 받들었다.
㉣ 여성도 호주가 될 수 있었다.
㉤ 양자와 양녀가 모두 있었으며, 사위가 처가의 호적에 입적하여 처가에서 생활을 하기도 하였다.
㉥ 여성은 비교적 자유롭게 가정 밖을 출입하고 남녀관계도 자유로웠다.
㉦ 남녀 모두 재혼이 자유롭고 자식을 데리고 가는 것은 물론 죽은 남편의 재산을 가지고도 재혼이 가능하였다.
㉧ 소생 자식의 사회적 진출에도 차별이 없으며, 가정생활 및 경제운영에서는 남녀 모두 동등한 위치에 있었다.

13 다음 제시된 비문과 관련된 내용으로 옳은 것은?

> 洋夷侵犯 非戰則和 主和賣國

① 장수왕이 남진정책을 기념하기 위해 세운 것이다.
② 광개토대왕의 업적과 고구려의 건국 설화 등을 담고 있다.
③ 통일신라 당시 한 촌락의 인구 수와 가옥 수 및 가축 수 등이 자세히 나와 있다.
④ 개항을 요구하는 서양세력에 대한 쇄국정책을 엿볼 수 있다.

 제시된 비문의 내용은 흥선대원군이 전국 각지에 세운 척화비의 내용이다.
① 충주고구려비(중원고구려비)의 내용이다.
② 광개토대왕릉비의 내용이다.
③ 신라촌락문서(신라민정문서)의 내용이다.

Answer ↪ 10.③ 11.① 12.④ 13.④

14 다음 자료를 읽고 이 자료의 배경이 된 전쟁과 관련된 것을 모두 고르면?

> 이십삼일 동서남문의 영문에서 군사를 내고 임금께서는 북문에서 싸움을 독촉하셨다.
>
> 이십사일 큰 비가 내리니 성첩(城堞)을 지키는 군사들이 모두 옷을 적시고 얼어죽은 사람이 많으니 임금이 세자와 함께 뜰 가운데에 서서 하늘게 빌어 가로대, "오늘날 이렇게 이른 것은 우리 부자가 죄를 지었음이니 이 성의 군사들과 백성들이 무슨 죄가 있으리오. 하늘께서는 우리 부자에게 재앙을 내리시고 원컨대 만민을 살려주소서." 여러 신하들이 안으로 드시기를 청하였지만 임금께서 허락하지 아니하시더니 얼마 있지 않아 비가 그치고 날씨가 차지 아니하니 성중의 사람들이 감격하여 울지 않은 이가 없더라.
>
> 이십육일 이경직, 김신국이 술과 고기, 은합을 가지고 적진에 들어가니 적장이 가로되, "우리 군중에서는 날마다 소를 잡고 보물이 산처럼 높이 쌓여 있으니 이따위 것을 무엇에 쓰리오. 네 나라 군신(君臣)들이 돌구멍에서 굶은 지 오래되었으니 가히 스스로 쓰는 것이 좋을 듯 하도다."하고 마침내 받지 않고 도로 보냈다.

> ㉠ 권율은 행주산성에서 일본군을 크게 무찔렀다.
> ㉡ 왕이 삼전도에서 항복의 예를 함으로써 전쟁은 일단락되었다.
> ㉢ 진주목사 김시민이 지휘한 조선군은 진주성에서 일본군에게 막대한 피해를 입혔다.
> ㉣ 전쟁이 끝난 후 조선은 명과의 관계를 완전히 끊고 청나라에 복속하였다.
> ㉤ 청은 소현세자와 봉림대군을 비롯하여 대신들의 아들을 볼모로 데려갔다.

① ㉠, ㉡, ㉢
② ㉠, ㉢, ㉤
③ ㉡, ㉣, ㉤
④ ㉡, ㉢, ㉣

 제시된 자료는 산성일기의 일부로 이 작품의 배경과 관련된 전쟁은 병자호란이다. 따라서 병자호란과 관련된 것은 ㉡㉣㉤이다.
㉠ 임진왜란 때의 행주대첩 ㉢ 임진왜란 때의 진주대첩

15 다음 사건과 관련된 단체는 무엇인가?

- 밀양 · 진영 폭탄반입사건
- 상해 황포탄 의거
- 종로경찰서 폭탄투척 및 삼판통 · 효제동 의거
- 동경 니주바시 폭탄투척의거
- 동양척식회사 및 식산은행폭탄투척의거

① 의열단   ② 한인애국단

③ 구국모험단   ④ 대한독립군단

 제시된 사건과 관련있는 단체는 의열단이다.
① 의열단 : 1919년 11월 만주에서 조직된 독립운동단체
② 한인애국단 : 1931년 중국 상해에서 조직된 독립운동단체
③ 구국모험단 : 1919년 중국 상해에서 조직된 독립운동단체
④ 대한독립군단 : 1920년 만주에서 조직된 독립군 연합부대

16 다음은 통일을 위한 남 · 북간의 노력들이다. 시기 순으로 옳게 나열한 것은?

| ㉠ 한민족공동체통일방안 | ㉡ 민족화합민주통일방안 |
| ㉢ 6 · 23평화통일선언 | ㉣ 민족공동체통일방안 |

① ㉠-㉢-㉣-㉡   ② ㉡-㉣-㉢-㉠

③ ㉢-㉡-㉠-㉣   ④ ㉣-㉠-㉡-㉢

 ㉢ 1973.6.23 ㉡ 1982.1.12 ㉠ 1989.9 ㉣ 1994.8.15

Answer⤷   14.③   15.①   16.③

17 다음 뉴스의 사건과 관련된 내용으로 옳은 것은?

> 앵커 : 김 기자, 현재 그 곳 상황은 어떻습니까?
>
> 김 기자 : 네, 현재 이 곳은 그야말로 하루아침에 아비규환으로 변했습니다. 11월 17일부터 제주도에 선포된 계엄령으로 인해 한라산 중산간 지대는 초토화의 참상을 겪게 되었습니다. 이 곳에 투입된 진압군들은 중산간 지대에서 뿐만 아니라 해안마을에 거주하는 주민들에게까지도 무장대에 협조했다는 이유로 불을 지르고 살상을 일삼았는데요. 이로 인해 목숨을 부지하기 위해 한라산으로 입산하는 피난민들이 더욱 늘어났고 이들도 산 속에서 숨어 다니다 잡히면 그 자리에서 사살되거나 형무소 등지로 보내졌습니다.

① 북한 경비정의 침범이 계속되자 대한민국 해군은 함미 충돌작전을 시작하였다.

② 3명의 유엔군측 장교와 경비병들이 미루나무의 가지를 치고 있을 때 북한군 30여 명이 곡괭이 및 도끼로 미군 장교 2명을 살해하였다.

③ 강릉 일대로 침투한 북한군의 무장공비를 소탕하기 위해 49일간 수색작전을 벌였다.

④ 남로당 계열의 장교들을 포함한 약 2,000여 명의 군인이 전라남도 여수와 순천에서 봉기하였다.

 위의 뉴스는 제주 4 · 3사건에 대한 내용이다.

④ 여수 · 순천 사건(여순사건)으로 이는 당시 제주 4 · 3사건의 진압출동 명령을 받고 전라남도 여수에 대기하고 있던 국방군 제14연대 내 남로당 계열의 일부 군인들이 출동명령을 거부하고 여수와 순천 일대에서 무장봉기한 사건이다.

① 연평해전에 대한 내용이다.

② 8 · 18 도끼 만행 사건에 대한 내용이다.

③ 강릉지역 무장공비 침투사건에 대한 내용이다.

18 밑줄 친 '이들'에 대한 설명으로 옳은 것을 〈보기〉에서 모두 고른 것은?

> 신분계층으로서 이들은 역관, 의관, 산관, 율관 등의 기술관과 서리, 향리, 군교, 서얼 등을 일컫는다. 양반이 상급 지배 신분층이라면, 이들은 하급지배 신분층으로서 양반이 입안한 정책을 실제로 수행하는 행정 실무자이다.

> 〈보기〉
> ㉠ 서얼들의 차별 폐지 운동을 펼치기도 했다.
> ㉡ 하나의 재산으로 취급되었고 매매, 상속, 증여의 대상이었다.
> ㉢ 서리, 향리는 직역을 세습하고, 관청에서 가까운 곳에 거주하였다.
> ㉣ 행정 실무자로써 양반들과 같은 대우를 받았다.

① ㉠, ㉢   ② ㉡, ㉢

③ ㉠, ㉣   ④ ㉡, ㉣

 제시된 자료의 '이들'은 중인이다.
    ㉠ 서얼 또한 중인 신분의 하나로 18세기 후반부터 서얼 층은 차별 없이 사회적 활동을 펼 수 있게 해달라는 허통운동을 하였다.
    ㉢ 중앙과 지방관청의 서리와 향리 및 기술관으로 그들의 직역을 세습하고 같은 신분 안에서 혼인하였으며 관청에서 가까운 곳에 거주하였다.

Answer↪   17.④   18.①

19 다음 중 고려 후기 농민들의 생활상으로 옳지 않은 것은?

① 신속이 「농가집성(農歌集成)」을 편술하여 간행하였다.

② 깊이갈이가 보급되어 휴경기간이 단축되었다.

③ 밭농사는 2년 3작의 윤작법이 보급되었다.

④ 남부 일부 지방에 이앙법이 보급되기도 했다.

 조선 중기에 신속은 농민과 권농관을 위한 전형적인 농업지침서인 「농가집성(農歌集成)」을 편술하여 간행하였다.

20 다음 제시된 자료의 밑줄 친 '이것'에 참여한 인물로 옳은 것을 〈보기〉에서 고르면?

'이것'은 한국 임시정부 수립 문제를 해결할 목적으로 중도파와 좌우 정치인들이 중심이 되어 1946년 5월 25일 구성되었다. 1946년 초 서울에서 열린 제1차 미소공동위원회가 아무 성과도 없이 결렬되고 좌·우익의 대립이 격화되면서 중도파 세력들은 위기감을 느꼈다. 좌우파의 중도계열 인사들은 좌·우파 협의기구 설립에 나섰고 미군정 당국도 이를 지원하여 이에 '이것'이 구성되었다.

〈보기〉

㉠ 김구   ㉡ 여운형

㉢ 이승만   ㉣ 김규식

① ㉠, ㉡   ② ㉡, ㉢

③ ㉠, ㉢   ④ ㉡, ㉣

 위의 제시된 자료의 '이것'은 좌우 합작 위원회를 말한다. 당시 좌우 합작 위원회에 참여한 대표적인 인물로 남측의 김규식와 북측의 여운형 등이 있다.

21 다음 제시된 자료를 읽고 해당 자료의 배경이 된 사건과 관련이 있는 것은?

> • "우리나라 건국 초기에는 각도의 군사들을 다 진관에 나누어 붙여서 사변이 생기면 진관에서는 그 소속된 고을을 통솔하여 물고기 비늘처럼 차례로 정돈하고 주장의 호령을 기다렸습니다. 경상도를 말하자면 김해, 대구, 상주, 경주, 안동, 진주가 곧 여섯 진관이 되어서 설사 적병이 쳐들어와 한 진의 군사가 패한다 할지라도 다른 진이 차례로 군사를 엄중히 단속하여 굳건히 지켰기 때문에 한꺼번에 다 허물어져 버리지는 않았습니다."
>
> • "(오늘날에는 군제가 제승방략 체제로 편성되어 있기에) 비록 진관이라는 명칭은 남아 있사오나 그 실상은 서로 연결이 잘 되지 않으므로 한 번 경급을 알리는 일이 있으면 반드시 멀고 가까운 곳이 함께 움직이게 되어 장수가 없는 군사들로 하여금 먼저 들판 가운데 모여 장수 오기를 천리 밖에서 기다리게 하다가 장수가 제때에 오지 않고 적의 선봉이 가까워지면 군사들이 마음 속으로 놀라고 두려워하게 되니 이는 반드시 무너지기 마련입니다. 대중이 한 번 무너지면 다시 수습하기가 어려운 것인데 이 때는 비록 장수가 온다 하더라도 누구와 더불어 싸움을 하겠습니까? 그러하오니 다시 조종 때 마련한 진관 제도로 돌아감이 좋을 것 같습니다."
>
> -「징비록(懲毖錄)」-

① 후금이 쳐들어오자 인조는 강화도로 피신하였다.

② 여몽연합군에 대항하여 강화도에서 진도, 제주도로 본거지를 옮기며 항전하였다.

③ 사명대사는 전쟁이 끝난 후 일본에 가서 전란으로 잡혀간 3,000여 명의 조선인을 데리고 귀국하였다.

④ 인조가 삼전도에서 청나라 왕에게 항복의 예를 올림으로써 전쟁은 막을 내렸다.

 위의 제시된 자료는 서애 유성룡의 「징비록(懲毖錄)」 중 일부이다. 이 책은 저자가 임진왜란이 끝난 후 벼슬에서 물러나 있을 때 저술한 것으로 임진 전란사를 연구하는데 귀중한 자료이다.
① 정묘호란에 대한 내용이다.
② 삼별초의 몽고 항전에 대한 내용이다.
④ 병자호란에 대한 내용이다.

22 조선시대에 전국 8도에 임명되어 도(道)의 시법권 · 행정권 · 군사권 및 감찰권을 가진 중요한 직책이었던 이것은 무엇인가?

① 안찰사   ② 관찰사

③ 수령   ④ 향리

 ① 고려시대 양계를 제외한 일반 행정구역인 5도에 파견된 지방관리이다.

③ 조선시대 해당 군현의 행정권 · 사법권 · 군사권을 가지고 있었으며 이러한 수령을 보좌하고 향리를 규찰하던 유향소가 있었다.

④ 고려의 향리는 지방의 실제 행정 실무를 담당했고, 조선의 향리는 수령의 행정 보조로 수령의 책임하에 실무를 담당했다.

23 다음 자료의 조세제도와 관련된 왕에 대한 설명으로 옳은 것은?

> 토지의 조세는 비옥도와 연분의 높고 낮음에 따라 거둔다. 감사는 각 읍(邑)마다 연분을 살펴 정하되, 곡식의 작황이 비록 같지 않더라도 종합하여 10분을 기준으로 삼아 소출이 10분이면 상상년, 9분이면 상중년 … 2분이면 하하년으로 각각 등급을 정하여 보고한다. 이를 바탕으로 의정부와 6조에서 의논하여 결정한다.

① 규장각을 설치하고 능력 있는 서얼들을 대거 등용하였다.

② 「향약집성방」, 「의방유취」 등의 의약서적들이 편찬되었다.

③ 이시애가 난을 일으키자 이를 평정하고 중앙집권 체제를 공고히 수립하였다.

④ 「동국여지승람」, 「동국통감」, 「동문선」, 「오례의」, 「악학궤범」 등의 서적을 간행하였다.

 제시된 자료는 조선 세종 때 실시된 연분 9등법과 전분 6등법에 대한 내용이다.

① 정조와 관련된 내용이다.

③ 세조와 관련된 내용이다.

④ 성종과 관련된 내용이다.

24 다음 중 고조선의 세력 범위가 요동반도에서 한반도에 걸쳐 있었음을 알게 해 주는 유물을 모두 고르면?

> ㉠ 조개껍데기 가면　　　　　　 ㉡ 거친무늬 거울
> ㉢ 비파형 동검　　　　　　　　 ㉣ 미송리식 토기

① ㉠, ㉡　　　　　　　　　　　② ㉡, ㉢
③ ㉠, ㉡, ㉢　　　　　　　　　④ ㉡, ㉢, ㉣

 요령지방에서 출토된 비파형동검을 조형으로 한 세형동검이 BC 3C 초부터 대동강 일대에서 나타나는 사실로서 알 수 있으며, 고인돌과 비파형동검, 미송리식 토기 등이 대표적인 고조선의 유물에 해당한다.

25 다음은 삼국지 위지 동이전에 제시된 어느 나라의 형벌 내용이다. 어느 나라의 것인가?

> • 사람을 죽인 자는 사형에 처하고 그 가족은 노비로 삼는다.
> • 절도자는 12배를 배상한다.
> • 간음한 자는 사형에 처한다.
> • 부녀의 투기를 사형에 처하되 그 시체를 남쪽 산에 버려서 썩게 한다.

① 고구려　　　　　　　　　　　② 부여
③ 옥저　　　　　　　　　　　　④ 동예

 위에 제시된 것은 진수의 「삼국지 위지 동이전」에 나와 있는 부여의 4대 금법의 내용이다. 이를 통해 부여의 생명존중사상, 사유재산의 보호, 연좌법의 적용, 가부장적 가족제도의 확립을 알 수 있다. 고조선의 8조 금법과는 살인과 절도 조항이 공통적으로 들어가 있다.

Answer↱ 22.② 23.② 24.④ 25.②

26 백제 건국의 주도세력이 고구려와 같은 계통임을 보여주는 문화유산으로 옳은 것은?

① 공주 송산리 고분
② 부여 능산리 고분
③ 백제 금동 대향로
④ 서울 석촌동 고분

 백제 건국의 주도세력이 고구려와 같은 계통임을 알 수 있는 사실은 백제의 석촌동 고분과 고구려의 장군총이 같은 형태의 계단식 돌무지무덤(계단식 적석총)이라는 점과 고구려와 백제의 건국이야기의 구조가 비슷하다는 점, 백제 개로왕이 북위에 보낸 국서 등이 있다.
　① 남조의 영향을 받은 벽돌무덤
　② 사비시대의 고분으로 굴식돌방무덤
　③ 부여 능산리 고분에서 출토, 도교 및 불교사상의 영향

27 다음과 같은 특징을 가진 사회에 대한 설명으로 옳은 것은?

> 천군이 지배하는 소도라는 독립 영역을 두고, 죄인이 들어오더라도 잡아가지 못하게 하였다.

① 도둑질한 자에게는 12배를 배상하게 하였다.
② 다른 부족의 영역을 침범하면 노비나 가축으로 변상하게 하였다.
③ 철이 많이 생산되어 교역 수단으로 활용되었다.
④ 매매혼의 일종인 민며느리제가 행하여졌다.

 천군은 삼한에서 존재하던 제사장이고 소도는 천군이 다스리고 하늘에 제사지내던 곳으로 이를 통해 삼한이 제정분리 사회라는 것을 알 수 있다.
　① 1책 12법은 부여에 해당한다.
　② 동예의 책화에 대한 내용이다.
　③ 삼한 중 철이 생산되던 지역은 변한이었다.
　④ 민며느리제는 옥저의 결혼제도이다.

28 다음 중 통일신라와 발해에 대한 설명으로 옳지 않은 것은?

① 양국 사이에 동족의식은 전혀 없었다.

② 발해의 문화는 고구려 문화를 계승하였다.

③ 문화적인 면에서 강한 경쟁의식을 가지고 있었다.

④ 발해 멸망 후 그 지배층이 고려로 흡수되었다.

 ① 통일신라와 발해는 친선책과 대립의식, 민족의식이 있었다. 발해 멸망기에는 거란의 공격을 받은 발해가 911년경 신라에 사신을 보내어 도움을 요청하였고 신라는 이를 수락 하였으며 「삼국사기」와 최치원의 글에 발해를 북국으로 지칭하고 있어 동일 민족의식 또는 양국이 같은 운명체라는 의식도 있었음을 알 수 있다.

29 다음 중 우리나라 근대사 사건이 순서대로 나열된 것은?

① 병인양요 – 갑신정변 – 만인소 사건 – 동학운동 – 교조신원운동

② 강화도조약 – 임오군란 – 거문도사건 – 동학운동 – 아관파천

③ 병인양요 – 강화도조약 – 임오군란 – 아관파천 – 을미사변

④ 강화도조약 – 거문도사건 – 갑신정변 – 청·일전쟁 – 만민공동회

 병인양요(1866) – 강화도조약(1876) – 신사유람단 파견(1881) – 만인소사건(1881) – 임오군란(1882) – 갑신정변(1884) – 거문도사건(1885) – 교조신원운동(1892) – 동학운동(1894) – 청·일전쟁(1894) – 을미사변(1895) – 아관파천(1896) – 만민공동회(1898) – 국채보상운동(1907) – 헤이그특사사건(1907)

30 고려 충목왕 4년(1348)에 세워졌으며 라마 양식의 영향을 받은 석탑으로 국보 제86호로 지정되었으며 현재 국립중앙박물관에 보존되어 있는 탑의 이름은?

① 정림사지 오층석탑   ② 월정사 팔각구층석탑

③ 경천사 십층석탑   ④ 원각사지 십층석탑

 정림사지 오층석탑(국보 제9호)은 백제의 대표적인 석탑으로 충남 부여에 위치해 있고, 월정사 팔각구층석탑(국보 제48호)은 오대산 월정사에 위치한 고려시대의 석탑이다. 원각사지 십층석탑(국보 제2호)은 경천사 십층석탑의 영향을 받은 조선 초기의 석탑으로 현재 탑골공원에 위치하고 있다.

Answer↱ 26.④ 27.③ 28.① 29.② 30.③

31 다음 중 조선의 삼사(三司)에 해낭하지 않는 것은?

① 예문관   ② 홍문관

③ 사간원   ④ 사헌부

 예문관은 고려시대에는 임금의 말이나 명령에 관한 일을 담당하였고, 조선시대에는 칙령(勅令)과 교명(敎命)을 기록하는 일을 하는 곳이었다. 삼사는 조선시대의 대표적인 언론담당관청으로 사헌부, 사간원, 홍문관을 말한다.

32 다음 글에 대한 설명으로 옳은 것은?

> 농경과 정착생활을 시작하면서 인간은 자연의 섭리를 생각하게 되었다. 그리하여 농사에 큰 영향을 끼치는 자연현상이나 자연물에도 정령이 있다는 믿음이 생겨났다.

① 태양이나 물의 숭배가 대표적이다.

② 구석기시대에 나타난 종교생활이다.

③ 곰과 호랑이를 부족의 수호신으로 섬겼다.

④ 우세한 부족이 스스로 하늘의 후손이라고 주장하였다.

 제시된 글은 애니미즘에 대한 설명으로, 자연계의 모든 사물에 생명이 있고, 따라서 영혼이 깃들어 있다고 생각하여 생겨났다. 특히 '농사에 큰 영향을 끼치는 자연현상이나 자연물'이라는 점을 주목하면 태양과 물이 농사에 필수적인 요소였다는 것을 생각할 수 있다.

33 다음은 백두산정계비의 내용이다. 이 비문의 해석과 관련하여 청나라와의 영토분쟁이 있었던 지역은?

> 西爲鴨綠　東爲土門　故於分水嶺上 ……

① 간도   ② 요동

③ 연해주   ④ 산동반도

 백두산정계비 … 정계비에서 서쪽으로는 압록강, 동쪽으로는 토문강이 조선과 청 두 나라 사이의 경계선으로 확정되었으나, 후에 이 비문의 해석을 둘러싸고 양국 사이에 간도귀속문제에 대한 분쟁이 야기되었다.

34 다음 설명에 해당하는 조선 시대의 신분층은?

> • 시사(詩社)를 조직하여 문예 활동을 하였다.
> • 주로 전문 기술이나 행정 실무를 담당하였다.
> • 개화 운동의 선구적 역할을 담당하기도 하였다.

① 양반 ② 부농
③ 중인 ④ 백정

① 본래 '문반 + 무반'을 지칭하는 말이었지만 조선 후기 가족이나 가문까지도 양반이라 지칭하였고 각종 국역 · 세금 등을 면제 받았다.
② 농작시설, 시비법 등의 발달로 넓은 땅을 경작할 수 있었고 이로 인해 농민들이 부유해지면서 생겨났다.
④ 고려시대에 백정은 평민을 뜻하는 말이었으나 조선시대에 와서는 가장 천한 계급을 뜻하는 말로 변하였다.

35 다음 ( ) 안에 들어갈 수를 모두 더하면 얼마인가?

> ㉠ 19( )년 − 5.18광주민주화 운동
> ㉡ 19( )년 − 6.25전쟁
> ㉢ 19( )년 − 경술국치

① 130 ② 135
③ 138 ④ 140

㉠ 5 · 18 광주 민주화 운동 : 1980년 5월 18일에서 27일까지 전라남도 및 광주 시민들이 계엄령 철폐와 전두환 퇴진, 김대중 석방 등을 요구하여 벌인 민주화운동이다.
㉡ 6 · 25전쟁 : 1950년 6월 25일 새벽에 북한 공산군이 남북군사분계선이던 38선 전역에 걸쳐 불법 남침함으로써 일어난 한국에서의 전쟁이다.
㉢ 경술국치 : 1910년 8월 29일에 일본이 우리나라를 병합한 날을 말하는 것으로 경술년, 나라의 큰 수치라는 의미이다.
따라서 ( )안에 들어가는 숫자는 80 + 50 + 10이고, 모두 더하면 140이다.

Answer↗ 31.① 32.① 33.① 34.③ 35.④

36 다음에서 공통적으로 설명하는 것은?

> • 우리나라에서 가장 오래된 건축물 중 하나
> • 배흘림기둥과 팔작지붕

① 봉정사 극락전　　　　　　② 부석사 무량수전
③ 수덕사 대웅전　　　　　　④ 성불사 응진전

 공통적으로 설명하는 것은 국보 제8호인 부석사 무량수전이다.
① 국보 제15호로 고려 후기에 지어진 목조건물로 맞배지붕, 주심포 양식이다.
③ 국보 제49호이며 맞배지붕, 주심포양식으로 지어졌고 현존하는 고려시대 건물 중 특이하게 백제적인 곡선을 보이는 목조건축이다.
④ 조선시대 목조건물(고려 때 지어졌으나 임진왜란 때 불타서 조선 중종 때 수리)로 북한국보 제87호 이며 다포계의 맞배지붕 건물이다.

37 한·중·일 3국의 개항에 대한 설명으로 적절한 것은?

① 청, 도쿠가와 막부, 조선의 순서로 개항하였다.
② 청은 프랑스와의 난징조약으로 개항하였다.
③ 조선은 청과의 강화도조약으로 개항하였다.
④ 도쿠가와 막부는 개항과 동시에 명치유신을 단행하였다.

 청은 1842년에 영국과 난징조약을 체결하면서 개항했다. 도쿠가와 막부가 개항한 것은 1853년이며, 조선은 일본과의 강화도 조약 체결로 1876년 개항했다.
② 난징조약은 청과 영국간의 조약이다.
③ 강화도조약은 조선과 일본간의 조약이다.
④ 도쿠가와 막부는 1853년 미국의 페리 제독이 동경만을 무차별 폭격하여 500명의 사망자가 나오는 아비규환을 겪고 문호 개방을 하였다. 명치유신을 단행한 것은 그로부터 15년 뒤의 일이다.

38 우리나라 최초로 설립된 국립교육 기관은?

① 태학   ② 국학

③ 국자감   ④ 성균관

 ① 고구려 ② 통일신라 ③ 고려 ④ 조선

39 다음 중 가장 이른 시기에 발생한 사건부터 바르게 나열한 것은?

> ㉠ 민족자존과 통일번영에 관한 특별선언(7.7선언)
> ㉡ 7.4남북공동성명 발표
> ㉢ 6.15남북공동선언

① ㉢ – ㉡ – ㉠   ② ㉡ – ㉢ – ㉠

③ ㉡ – ㉠ – ㉢   ④ ㉠ – ㉡ – ㉢

 ㉠ 1998년 7월 7일
㉡ 1972년 7월 4일
㉢ 2000년 6월 15일

40 조선이 국호를 대한제국이라고 처음 부른 것은 어떤 사건 이후인가?

① 임오군란   ② 갑신정변

③ 아관파천   ④ 갑오개혁

 명성황후가 시해된 을미사변 이후 일본에 대해 신변의 위협을 느낀 고종이 1896년 2월 11일부터 약 1년 간 러시아 공관에 옮겨 거처한 사건을 아관파천이라 한다. 1897년 2월 25일 고종이 경운궁으로 환궁하면서 국호를 대한제국(大韓帝國)으로 고치고 황제 즉위식을 하여 독립제국임을 내외에 선포하였다.

Answer ☞ 36.② 37.① 38.① 39.③ 40.③

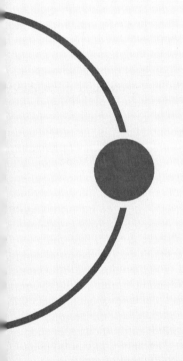

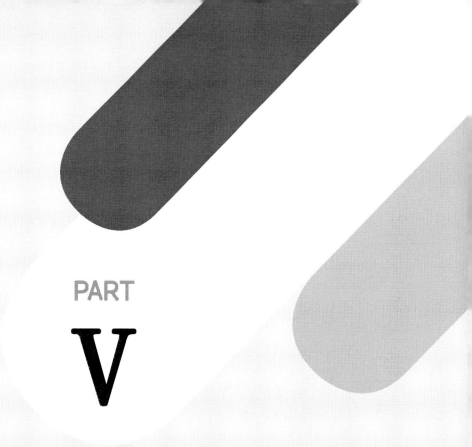

PART

V

직무지식평가

1회 실전 모의고사

법

1 지역권에 대한 설명 중 옳지 않은 것은?

① 지역권은 요역지소유권에 부종하여 이전하며 또는 요역지에 대한 소유권이외의 권리의 목적이 된다.

② 토지공유자의 1인은 지분에 관하여 그 토지를 위한 지역권 또는 그 토지가 부담한 지역권을 소멸하게 하지 못한다.

③ 공유자의 1인이 지역권을 취득한 때에는 다른 공유자도 이를 취득한다.

④ 점유로 인한 지역권취득기간의 중단은 지역권을 행사하는 모든 공유자에 대한 사유가 아니어도 효력이 있다.

2 다음 중 행정상 강제집행에 관한 설명으로 옳지 않은 것은?

① 건축법상의 이행강제금 부과

② 국세징수법상의 체납처분

③ 주민등록법상의 과태료 부과

④ 식품위생법상의 무허가영업소 폐쇄

3 다음 중 법률행위적 행정행위로 옳지 않은 것은?

① 대리   ② 인가

③ 특허   ④ 통지

4 상거래로 생긴 채권의 소멸시효에 대해서 상법의 규정이 민법의 규정에 우선하여 적용된다. 어느 원칙이 적용되기 때문인가?

① 특별법은 일반법에 우선한다.
② 상위법은 하위법에 우선한다.
③ 신법은 구법에 우선한다.
④ 법률은 원칙적으로 소급하여 적용하여서는 안된다.

5 법의 해석에 있어서 "악법도 법이다."라는 말이 있는데, 이는 다음 어느 것을 나타내는가?

① 법의 윤리성   ② 법의 강제성
③ 법의 타당성   ④ 법의 규범성

6 우리 헌법상 법치주의원리의 요소로 볼 수 없는 것은?

① 복수정당제   ② 권력분립
③ 위헌법률심판   ④ 국가배상

7 우리나라 헌법에서 국민의 권리인 동시에 의무인 것은?

① 납세 · 교육   ② 국방 · 교육
③ 납세 · 국방   ④ 교육 · 근로

8 헌법상 국가기관이 아닌 것은?

① 감사원
② 헌법재판소
③ 정당
④ 중앙선거관리위원회

9 다음 중 평등의 원칙에 위반되는 것은?

① 여성 근로에 대한 특별한 보호
② 누범자에 대한 형의 가중
③ 귀화인에 대한 공직취임의 제한
④ 헌법재판에 있어서의 변호사 강제주의

10 민법상 도급에 대한 설명으로 옳지 않은 것은?

① 도급은 당사자 일방이 어느 일을 완성할 것을 약정하고 상대방이 그 일의 결과에 대하여 보수를 지급할 것을 약정함으로써 그 효력이 생긴다.
② 보수는 그 완성된 목적물의 인도와 동시에 지급하여야 한다.
③ 완성된 목적물 또는 완성전의 성취된 부분에 하자가 있는 때에는 도급인은 수급인에 대하여 상당한 기간을 정하여 그 하자의 보수를 청구할 수 있다.
④ 도급인은 하자의 보수에 갈음하여 또는 보수와 함께 손해배상을 청구할 수 없다.

11 다음 중 책임운영기관에 대한 설명으로 옳지 않은 것은?

① 직원의 임용권한은 중앙행정기관의 장에게 있다.

② 특별회계는 기획재정부 장관이 통합 관리한다.

③ 소속 직원의 신분은 공무원으로서 신분이 보장된다.

④ 공기업보다 책임운영기관이 이윤 추구를 더 중시한다.

12 다음 중 다면평가제에 대한 설명으로 옳지 않은 것은?

① 업무의 효율성과 이해의 폭 증진이 가능하다.

② 평가의 장·단점 환류를 통한 자기 역량 강화의 기회를 가질 수 있다.

③ 감독자의 민주적 리더십 발전에 기여한다.

④ 당사자들의 승복을 받아내기는 어렵다.

13 다음 중 세계잉여금의 사용 우선순위로 옳은 것은?

> ㉠ 공적자금상환 ㉡ 교부세 및 교부금 정산
> ㉢ 국채차입금상환 ㉣ 다음 연도 세입에의 이입
> ㉤ 추경재원

① ㉠ → ㉡ → ㉢ → ㉣ → ㉤

② ㉡ → ㉠ → ㉢ → ㉤ → ㉣

③ ㉡ → ㉠ → ㉢ → ㉣ → ㉤

④ ㉢ → ㉠ → ㉡ → ㉤ → ㉣

14 본래의 정책목표를 달성하였거나 표방한 목표를 달성할 수 없게 되었을 경우 새로운 목표를 재설정하는 것은?

① 목표의 비중변동   ② 목표의 전환

③ 목표의 승계   ④ 목표의 축소

15 다음은 행정의 과정이다. 괄호 안에 들어갈 과정으로 옳은 것은?

> 목표설정 → (　　　) → 기획 → 조직화 → 동작화 → 평가 → 시정조치

① 정책결정   ② 정책분석

③ 정책평가   ④ 문제의 구조화

16 다음 중 무의사결정의 수단 및 방법에 해당하지 않는 것은?

① 편견의 동원   ② 폭력

③ 적응적 흡수   ④ 과잉충성

17 다음 중 예산제도별 특징에 관한 설명으로 옳지 않은 것은?

① 품목별 예산제도 - 조직마다 품목예산을 배정하기 때문에 활동의 중복을 막을 수 있다.

② 성과주의 예산제도 - 성과주의 예산에 있어 가장 어려운 점은 업무측정단위의 선정이다.

③ 자본예산제도 - 경상계정과 자본계정으로 구분한다.

④ 계획예산제도 - 계획예산제도는 질적이라기보다는 계량적 분석을 주로 한다.

18 다음 중 신중앙집권화를 촉진하고 있는 요인이 아닌 것은?

① 행정국가화　　　　　　　② 행정의 광역화

③ 정보화의 진전　　　　　　④ 국민적 최저수준 유지

19 신공공관리론에 대한 설명으로 옳지 않은 것은?

① 고위관리자의 개인적 책임과 역할을 강조한다.

② 행정조직을 비롯한 인사, 재정의 신축성과 탄력성을 추구한다.

③ 민간경영기법의 도입과 같은 시장과 유사한 기제를 활용한다.

④ 업무의 결과보다 투입 또는 과정을 중시한다.

20 정부실패의 원인으로 옳지 않은 것은?

① 정치인의 단결

② 정보의 불충분

③ 외부효과의 발생

④ 수혜자와 비용부담자의 불일치

21 직무설계의 효과로 적절하지 않은 것은?

① 직무만족의 증대　　　　　　　　② 작업생산성 향상

③ 이직, 결근율 감소　　　　　　　　④ 훈련비용의 증가

22 우진이는 이번에 새로 사귄 여자 친구와 데이트하면서 저녁식사를 할 만한 곳을 알아보고 있다. 하지만 외식을 거의 해 본 경험이 없었고, 금전적 여유도 별로 없던 우진이는 그 많은 선택 가능한 대안 중에서도 상황 상 주위의 가까운 친구들이 강력하게 추천하는 분식집을 선택하기로 했는데, 이것은 소비자 구매의사결정 과정에서 대안의 평가에 속하는 한 부분으로 어디에 가깝다고 볼 수 있는가?

① 사전편집식　　　　　　　　　　② 휴리스틱 기법

③ 순차적제거식　　　　　　　　　　④ 결합식

23 다음이 설명하는 오류는?

> 어떤 한 부분에 있어 어떠한 사람에 대해서 호의적인 태도 등이 다른 부분에 있어서도 그 사람에 대한 평가에 영향을 주는 것을 의미하는데, 예를 들어 종업원 선발 시 면접관에게 면접에서 좋은 인상을 준 사람에 대해, 면접관들이 생각할 때 그 사람에게서 좋은 인상을 받은 만큼 업무에 대한 책임감이나 능력 등도 좋은 것이라고 판단하는 것을 말한다.

① 현혹효과　　　　　　　　　　　② 관대화 경향

③ 규범적 오류　　　　　　　　　　④ 규칙적 오류

24 다음 중 인적 자원 관리의 환경 요소 중 외부 환경에 속하지 않는 것은?

① 정부개입의 증대　　　　　　　② 가치관의 변화
③ 노동조합의 발전　　　　　　　④ 정보기술의 발전

25 다음 중 기업인수ㆍ합병(M&A)에 따른 이점이 아닌 것은?

① 독자적인 시장개척능력이 신속하게 이루어진다.
② 기업을 그대로 인수할 경우 인수되는 기업이 보유한 유리함을 그대로 향유할 수 있다.
③ 경영실적을 어느 정도 예측할 수 있으므로 미래의 불확실성 정도를 줄일 수 있다.
④ 기존 기업이 갖고 있는 모든 설비나 종업원을 그대로 물려받게 될 경우 창업에 따르는 시간과 경비를 그만큼 절감할 수 있다.

26 경영기능의 분화과정에서 경영활동의 목적달성을 위해 직접 공헌하는 기능은?

① staff　　　　　　　　　　　　② line
③ OD　　　　　　　　　　　　　④ lower management

27 ZD운동이란?

① 품질관리운동　　　　　　　　② 지역방위운동
③ 무결점운동　　　　　　　　　④ 전격디지털운동

28 다음 중 주식회사의 장점으로 옳은 것은?

① 기업의 단순성
② 무한책임사원으로만 구성
③ 자본조달의 용이성
④ 법인이 아니라는 점

29 포드시스템(ford system)에 관한 설명 중 적절하지 않은 것은?

① 기업관리에 있어서 인간관계의 분석과 노사 간의 협조에 중점을 두었다.
② 포드(H. Ford)는 기업의 경영을 사회에 대한 봉사의 수단으로 생각하였다.
③ 포드시스템은 백색사회주의라는 비난을 받기도 하였다.
④ 포드시스템은 과학적 관리운동이 봉착한 딜레마를 타개하기 위하여 주창된 것이었다.

30 호텔이나 펜션 등이 성수기에는 가격을 인상하고 비수기에 가격을 할인하고 있다. 이러한 유형의 마케팅활동을 무엇이라 하는가?

① 재마케팅
② 개발적 마케팅
③ 자극적 마케팅
④ 동시화 마케팅

31 다음의 사례와 가장 관련 깊은 경제학 개념이 바르게 연결된 것은?

> 희경이는 며칠 전부터 계속되는 야근으로 피곤한 남자친구를 위해 보양식을 사주려고 한다. 인터넷을 검색한 결과 TV음식프로그램에도 소개되었고 평소 남자친구가 좋아하는 메뉴를 판매하는 ○○음식점을 찾아내었다. 희경이와 남자친구는 주말을 이용해 ○○음식점을 방문하였다. 하지만 ○○음식점 앞에는 사람들이 길게 늘어서 있다. 희경이와 남자친구는 배는 고프지만 다른 가게로 가지 않고 자리가 날 때까지 기다리기로 했다.

① 기대효용 – 기대가치　　　　　② 기대효용 – 기회비용
③ 기회비용 – 한계효용　　　　　④ 희소성 – 한계효용

32 다음 중 케인즈 경제학이 성립된 역사적 배경으로 적절한 것은?

① 1930년대 대공황
② 제2차 세계대전
③ 1950년대 냉전시대
④ 제1차 석유파동

33 경제활동에 있어서는 합리적인 선택과 결정이 항상 필요하다. 그렇다면 다음의 내용과 관련하여 중요한 판단기준 두 가지를 고른다면?

> • 인간의 욕망은 무한한데 자원은 희소하므로 항상 선택의 문제에 직면한다.
> • 누구를 위하여 생산할 것인가의 문제에는 공공복리와 사회정의의 실현을 함께 고려해야 한다.

① 효율성과 형평성　　　　　② 타당성과 실효성
③ 안정성과 능률성　　　　　④ 희소성과 사회성

34 다음 중 '빈곤의 악순환'이란 말을 한 학자는?

① 넉시(R. Nurkse)
② 로스토(W.W. Rostow)
③ 클라크(C. Clark)
④ 맬더스(T.R. Malthus)

35 다음의 내용과 관련이 있는 용어로 적합한 것은?

> • 정수네 아버지의 소득이 경기불황으로 300만 원에서 250만 원으로 줄었다.
> • 정수네 집의 소비수준은 변한 것이 없다.

① 마샬효과
② 베블렌효과
③ 립스틱효과
④ 톱니효과

36 기업이 생산물을 해외시장에서는 낮은 가격에 판매하고, 국내시장에서는 높은 가격에 판매하여 이윤을 증대시킬 수 있는 경우로 옳은 것은?

① 수요의 가격탄력성이 해외시장에서는 높고 국내시장에서는 낮은 경우
② 수요의 가격탄력성이 해외시장에서는 낮고 국내시장에서는 높은 경우
③ 수요의 소득탄력성이 해외시장에서는 높고 국내시장에서는 낮은 경우
④ 수요의 소득탄력성이 해외시장에서는 낮고 국내시장에서는 높은 경우

37 생산요소의 투입량과 생산량 간의 관계가 다음과 같다면 알 수 있는 것은?

구분	노동 = 1	노동 = 2	노동 = 3
자본 = 1	60	90	110
자본 = 2	80	120	150
자본 = 3	90	140	180

① 규모에 대한 수확체감, 한계생산성 체감
② 규모에 대한 수확체감, 한계생산성 불변
③ 규모에 대한 수확불변, 한계생산성 체감
④ 규모에 대한 수확불변, 한계생산성 불변

38 물가상승률이 지나치게 높은 시기에 가장 바람직하지 않은 경제정책은?

① 세율 인하   ② 통화량 감축
③ 정부지출 삭감   ④ 공무원봉급 동결

39 다음 중 모라토리움이란?

① 통화개혁   ② 지불유예
③ 채무청산   ④ 약정이율

40 소득이 200,000원일 때 150,000원을 소비하던 사람의 소득이 250,000원으로 오르자 소비는 180,000원으로 올랐다고 하면, 그 사람의 한계소비성향은?

① 0.2   ② 0.6
③ 0.72   ④ 0.8

41 한국채택 국제회계기준의 도입과 관련한 설명으로 옳지 않은 것은?

① 공시체계가 연결 재무제표 중심으로 전환되어 내부거래가 제거된 연결재무정보가 공시되므로 회계투명성과 재무정보의 질이 높아진다.

② 회계처리의 기본원칙과 방법론을 제시하는 데 주력하는 원칙중심의 기준체계로 복잡한 현실을 모두 규율할 수 없어 기업의 규제회피가 쉬워진다.

③ 자본시장의 투자자에게 기업의 재무상태 및 내재가치에 대한 의미있는 투자정보를 제공하는 데 중점을 두어 공정가치 회계가 확대 적용된다.

④ 한국회계기준원 및 규제기관에 대한 질의와 회신의 역할이 축소되어 기업 회계담당자들의 전문성이 절실하게 요구된다.

42 재고자산과 관련된 회계처리방법으로 옳지 않은 것은?

① 실지재고조사법에서는 매입 계정을 통해 상품의 구입을 기록한다.

② 계속기록법에서는 상품의 구입과 판매가 있을 때마다 상품 계정에 기록한다.

③ 계속기록법에서는 매입에누리가 발생하면 이를 상품 계정에 차기한다.

④ 계속기록법은 상품을 판매할 때마다 매출원가를 계산하고 이를 매출원가 계정에 누적한다.

43 유형자산 취득원가를 인식할 때 경영진이 의도하는 방식으로 자산을 가동하기 위해 필요한 장소와 상태에 이르게 하는 데 직접적으로 관련되는 원가의 예로 옳지 않은 것은?

① 설치장소 준비 원가

② 최초의 운송 및 취급 관련 원가

③ 새로운 시설을 개설하는 데 소요되는 원가

④ 전문가에게 지급하는 수수료

44 다음 자료로 자산의 취득원가를 구하면?

> - 내용연수는 5년이다. 동 자산은 2014년 초에 구입하였다.
> - 잔존가액은 ₩100,000이다.
> - 감가상각방법은 연수합계법이다.
> - 2016년도 감가상각비가 ₩200,000이다.

① ₩1,000,000   ② ₩1,100,000

③ ₩1,200,000   ④ ₩1,300,000

45 다음 중 부채의 분류에 대한 설명으로 옳지 않은 것은?

① 단기차입금 – 대차대조표일로부터 1년 이내에 상환할 차입금을 말하며 여기에는 당좌차월계약에 의한 금액을 포함한다.

② 선수수익 – 기업이 일정 기간 계속적으로 용역을 제공하기로 약정하고 받은 수익 중 차기 이후에 속하는 부분을 말한다.

③ 예수금 – 미래에 상품이나 용역을 제공하기로 하고 그 대금을 미리 수령한 금액을 말한다.

④ 유동성 장기부채 – 사채·장기차입금 등의 고정부채 중 결산일로부터 1년 이내에 지급시기가 도래하는 부분을 말한다.

46 다음에서 제시하고 있는 계정과목이 속한 수익과 비용의 분류영역은?

> - 신문광고료
> - 사무실, 건물 등에 대한 임차료
> - 종업원을 위한 복리시설비, 후생비

① 매출원가   ② 판매관리비

③ 특별손실   ④ 영업 외 비용

47 다음 중 당기순이익에 영향을 미치는 거래는?

① 만기보유채권을 만기보유 이외의 채권으로 재분류하였다.

② 자기주식을 처분하였다.

③ 회수불능채권이 발생하였다.

④ 자기사채를 취득하였다.

48 다음은 리스회계처리기준에 대한 설명이다. 옳지 않은 것은?

① 리스라 함은 리스회사가 특정자산의 사용권을 일정기간 동안 리스이용자에게 이전하고, 리스이용자는 그 대가로 사용료를 리스회사에게 지급하는 계약을 말한다.

② 리스실행일은 리스료가 최초로 기산되는 날을 말한다.

③ 리스기간이라 함은 리스실행일로부터 리스자산 소유권이전일을 말한다.

④ 조정리스료란 기본리스료보다 증가 또는 감소되는 차액을 말한다.

49 현금흐름표에 대한 설명 중 옳지 않은 것은?

① 투자활동으로 인한 현금흐름에는 현금의 대여, 회수가 포함된다.

② 각종 투자활동과 재무활동에 대한 정보도 제공한다.

③ 현금흐름표는 현금등가물에 대한 정보를 제공한다.

④ 이자비용은 재무활동으로 구분된다.

50 해외지점 등의 외화환산회계에 대한 내용이다. 옳지 않은 것은?

① 화폐성·비화폐성법에 의하여 환산한 경우에 발생하는 손익은 외화환산차손익계정으로 당기손익으로 처리한다.

② 영업, 재무활동이 본점과 독립적으로 운영되는 해외지점, 해외사업소, 또는 해외소재 지분법적용대상회사의 경우에는 당해 자산, 부채는 재무상태표의 환율로, 자본은 발생당시 환율로 한다.

③ ②의 경우에 발생하는 환산손익은 해외사업환산차손익의 과목으로 자본조정에서 처리하며, 그 내용을 주석으로 기재하여야 한다.

④ 해외사업환산차익은 사업소가 청산·폐쇄·매각되는 회계연도의 영업외손익으로 처리한다.

2회 실전 모의고사

법

1 다음 중 민법상 공탁에 관한 설명으로 옳지 않은 것은?

① 공탁은 채무이행지의 공탁소에 하여야 한다.

② 변제자는 언제든지 공탁물을 회수할 수 있다.

③ 채무자가 채권자의 상대의무이행과 동시에 변제할 경우에는 채권자는 그 의무이행을 하지 아니하면 공탁물을 수령하지 못한다.

④ 공탁자는 지체 없이 채권자에게 공탁통지를 하여야 한다.

2 다음 중 헌법개정절차에 관한 순서가 올바르게 나열된 것은?

① 제안 – 공고 – 국민투표 – 국회의결 – 공포 – 발효

② 제안 – 공포 – 국회의결 – 국민투표 – 공고 – 발효

③ 제안 – 공포 – 국민투표 – 국회의결 – 공포 – 발효

④ 제안 – 공고 – 국회의결 – 국민투표 – 공포 – 발효

3 법의 효력에 대한 설명 중 옳지 않은 것은?

① 신법은 구법에 우선하여 적용된다.

② 특별법은 일반법에 우선하여 적용된다.

③ 법은 법률에 특별한 규정이 없는 한 공포한 날로부터 20일이 경과함으로써 효력을 발생한다.

④ 속인주의를 원칙으로 하고, 속지주의를 보충적으로 적용한다.

4 행정지도에 대한 다음 설명 중 옳지 않은 것은?

① 상대방의 의사에 반하여 부당하게 강요하여서는 아니 된다.

② 행정기관은 행정지도의 상대방이 행정지도에 따르지 아니하였다는 것을 이유로 불이익한 조치를 하여서는 아니 된다.

③ 행정지도를 하는 자는 그 상대방에게 그 행정지도의 취지 및 내용과 신분을 밝혀야 한다.

④ 행정지도는 반드시 문서로 하여야 한다.

5 유권해석(有權解釋)이란 무엇인가?

① 주권자인 국민의 해석　　　　　② 관계 국가기관의 해석

③ 저명한 법학자의 해석　　　　　④ 권리 당사자의 해석

6 법률이 시행시기를 정하고 있었는데, 법률이 정한 시행일 이후에 법률을 공포한 경우는?

① 법률은 효력이 발생하지 않는다.

② 법률을 공포한 때부터 효력이 발생한다.

③ 법률이 정한 시행시기부터 효력이 발생한다.

④ 법률을 공포한 때부터 20일이 지나야 효력이 발생한다.

7 우리나라 헌법의 편제순서로 옳은 것은?

① 국회 – 정부 – 국민의 권리의무 – 법원 – 헌법재판소

② 법원 – 정부 – 국회 – 헌법재판소 – 국민의 권리의무

③ 국민의 권리의무 – 국회 – 정부 – 법원 – 헌법재판소

④ 정부 – 국회 – 법원 – 헌법재판소 – 국민의 권리의무

8 기본권은 인간의 권리와 국민의 권리로 나누어 설명할 수 있다. 다음 중 성격이 다른 하나는?

① 종교의 자유   ② 평등권

③ 행복추구권   ④ 선거권

9 헌법 제10조의 인간의 존엄과 가치 · 행복추구권에 관한 다음 설명 중 타당치 않은 것은?

① 기본권 보장의 궁극적 목적이자 국가의 공권력 행사의 한계가 된다.

② 법인은 주체가 될 수 없으나 태아와 사자(死者)에게는 예외적으로 주체성이 인정된다.

③ 인간으로서의 존엄과 가치는 헌법에 열거되지 아니한 자유 · 권리와 상호보완관계에 있다.

④ 행복추구권은 1787년 미국연방헌법에서 최초로 명문화되었다.

10 「질서위반행위규제법」의 내용에 대한 설명으로 옳지 않은 것은?

① 고의 또는 과실이 없는 질서위반행위는 과태료를 부과하지 아니한다.

② 과태료는 행정청의 과태료 부과처분이나 법원의 과태료 재판이 확정된 후 5년간 징수하지 아니하거나 집행하지 아니하면 시효로 인하여 소멸한다.

③ 신분에 의하여 성립하는 질서위반행위에 신분이 없는 자가 가담한 때에는 신분이 없는 자에 대하여는 질서위반행위가 성립하지 않는다.

④ 행정청이 질서위반행위에 대하여 과태료를 부과하고자 하는 때에는 미리 당사자에게 대통령령으로 정하는 사항을 통지하고, 10일 이상의 기간을 정하여 의견을 제출할 기회를 주어야 한다.

11 계획예산제도(PPBS)의 특징으로 옳지 않은 것은?

① 목표지향주의

② 효과성과 비교선택주의

③ 절약과 능률

④ 예산기간의 단기화

12 다음 중 기금에 대한 설명으로 옳은 것은?

① 특정수입과 특정지출을 연계한다는 점에서 특별회계와 다르다.

② 기금운용계획도 예산과 마찬가지로 국회의 승인이 필요하다.

③ 예산의 팽창을 예방하고자 할 때 설치한다.

④ 집행에 있어서 엄격한 통제가 이루어진다.

13 다음에서 설명하는 직위분류제의 주요 개념을 올바르게 짝지은 것은?

> ㉠ 직무의 성질, 난이도, 책임의 정도가 유사해 채용과 보수 등에서 동일하게 다룰 수 있는 직위의
> 군을 말한다.
> ㉡ 동일한 직렬 내에서 담당 직책이 동일한 직무군을 말한다.

	㉠	㉡
①	직급	직류
②	직류	직군
③	직위	직류
④	등급	직위

14 다음 중 행정을 정책의 구체화, 정책결정·형성 및 준입법적 기능으로 보며 행정의 기치지향성, 기술성을 중시하는 학설은?

① 통치기능설　　　　　　　　　② 행정행태설
③ 행정관리설　　　　　　　　　④ 발전기능설

15 다음 중 행정의 생태론적 접근방법에 대한 설명으로 옳지 않은 것은?

① 행정을 하나의 유기체로 파악한다.
② 1950년대 비교행정론의 중요한 방법론이 되었다.
③ 행정을 환경의 종속변수로 취급하는 접근법이다.
④ 행정을 독립변수로 취급한다.

16 직업공무원제의 특징으로 적절하지 않은 것은?

① 신분보장으로 인한 행정의 안정화
② 공직에 대한 직업의식의 확립
③ 공직의 특권화와 관료주의화
④ 기회의 균형

17 엽관주의에서 나타날 수 있는 병폐와 가장 거리가 먼 것은?

① 국민요구에 대한 비대응성　　　② 공무원 임명의 자의성
③ 정책의 비일관성　　　　　　　④ 행정의 비능률성

18 행정통제에서 외부통제에 해당하지 않는 것은?

① 민중통제
② 사법통제
③ 입법통제
④ 관리통제

19 다음 중 공행정과 사행정의 유사성에 대한 예로 적절하지 않은 것은?

① 형평성을 고려한 복지정책
② 목적달성을 위한 수단
③ 관료제적 성격
④ 관리기술

20 균형성과표(BSC)에 대한 설명으로 옳은 것만을 모두 고른 것은?

> ㉠ 조직의 비전과 목표, 전략으로부터 도출된 성과지표의 집합체이다.
> ㉡ 재무지표 중심의 기존 성과관리의 한계를 극복하기 위한 것이다.
> ㉢ 조직의 내부요소보다는 외부요소를 중시한다.
> ㉣ 재무, 고객, 내부 프로세스, 학습과 성장이라는 4가지 관점 간의 균형을 중시한다.

① ㉠, ㉡
② ㉠, ㉡, ㉣
③ ㉡, ㉢, ㉣
④ ㉡, ㉣

21 직무분석을 하는 방법 가운데 다음이 설명하는 직무분석법은?

> 직무분석자가 직무수행을 하는 종업원의 행동을 관찰한 것을 토대로 직무를 판단하는 것으로서, 장점으로는 간단하게 실시할 수 있는 반면에 정신적 집중을 필요로 하는 업무의 활용에는 다소 어려우며 피관찰자의 관찰을 의식한 직무수행 왜곡으로 인해 신뢰성의 문제점이 생길 수 있다.

① 면접법   ② 질문지법
③ 워크 샘플링법   ④ 관찰법

22 다음 중 윤리경영의 중요성 및 그 효과에 대한 내용으로 가장 거리가 먼 것을 고르면?

① 기업의 경영성과 및 조직유효성 증대에도 영향을 미친다.
② 대내적인 기업이미지 향상으로 브랜드 가치를 높이는데 기여한다.
③ 조직구성원의 행동규범을 제시하고, 윤리적 성취감을 충족시켜준다.
④ 사회적 정당성 획득의 기반으로 시장, 특히 주주와 투자자로부터 지속적인 신뢰를 얻는 데 기여한다.

23 다음 중 마이클 포터의 5-Forces에 대한 설명으로 적절한 것은?

① 공급자의 교섭력 - 집중도
② 신규 진입의 위협 - 규모의 경제
③ 대체재의 위협 - 산업의 경기변동
④ 구매자의 교섭력 - 유통망에 대한 접근

24 Taylor의 과학적 관리법의 목표는 무엇인가?

① 인간관계의 개선

② 기계화의 지속적인 발전

③ 인간노동의 능률화

④ 개인목표와 조직목표의 합치

25 포드주의에 대한 설명 중 옳은 것은?

① 유연생산체계를 극복하기 위해 고안된 생산방식이다.

② 과학적 관리법으로 노동자들의 숙련지식을 박탈하고 노동을 단순화시킨다.

③ 노동자들의 업무를 최대한 세분화하고 각 업무를 표준화시킴으로써 노동에 대한 구상기능과 실행기능을 분리시켜 작업에 대한 관리와 성과측정을 용이하게 한다.

④ 컨베이어 벨트라는 자동화설비를 도입하여 작업의 흐름을 기계의 흐름에 종속시켜 높은 생산성을 유지하게 하는 생산방식으로, 대량생산·소비체제를 구축한다.

26 브레인스토밍(Brain Storming)에 대한 설명으로 옳지 않은 것은?

① 즉흥적이고 자유분방하게 여러가지 아이디어를 창안하는 활동이다.

② 오스본(A.F. Osborn)에 의하여 제안되었다.

③ 관련분야 최고의 전문가들만 참여한다.

④ 여러 사람이 모여서 집단적 토의를 하게 된다.

27 다음 중에서 정부나 기업체가 일반에게 이해를 얻고 관심을 끌기 위해 하는 모든 활동은?

① HR(Human Relation)
② PR(Public Relations)
③ MBO(Management By Objects)
④ OR(Operations Research)

28 경영의 합리화를 기하는 목적은?

① 종업원의 임금향상
② 재정의 균형과 안전을 도모하여 독점 배제
③ 생산비의 절감과 기술 및 능률 향상
④ 고용량 증대 및 생산량 증대

29 다음에서 설명하고 있는 마케팅 기법을 일컫는 말로 적절한 것은?

> • 사회 구성원으로서의 책임을 다하여 기업의 이미지를 긍정적으로 구축하는 것
> • 사람으로서 마땅히 해야 할 도리
> • 한 예시로 신발을 판매하는 T브랜드가 활발한 기부활동을 펼치는 것

① PPL 마케팅   ② 노이즈 마케팅
③ 코즈 마케팅   ④ 퍼포먼스 마케팅

30 마케팅믹스의 요소가 아닌 것은?

① 가격   ② 촉진
③ 제품   ④ 수량

31 희소성의 법칙이란 무엇인가?

① 모든 재화의 수량이 어떤 절대적 기준에 미달한다는 원칙이다.

② 몇몇 중요한 재화의 수량이 어떤 절대적 기준에 미달한다는 법칙이다.

③ 인간의 생존에 필요한 재화가 부족하다는 법칙이다.

④ 인간의 욕망에 비해 재화의 수량이 부족하다는 법칙이다.

32 경제문제가 발생하는 가장 근본적인 원인은?

① 이윤극대화의 원칙

② 한계효용의 법칙

③ 희소성의 원칙

④ 분배의 원칙

33 자유주의적 경제에 의한 생산불균형과 경제적 변화는 '보이지 않는 손(invisible hands)'에 의하여 조정된다고 주장한 사람은?

① 마르크스(K. Marx)

② 리카도(D. Ricardo)

③ 슘페터(J.A. Schumpeter)

④ 스미스(A. Smith)

34 다음 중 자본주의의 발전단계로 적절한 깃은?

① 상업자본주의 → 산업자본주의 → 독점자본주의 → 수정자본주의
② 산업자본주의 → 상업자본주의 → 독접자본주의 → 수정자본주의
③ 산업자본주의 → 독점자본주의 → 수정자본주의 → 상업자본주의
④ 독점자본주의 → 상업자본주의 → 산업자본주의 → 수정자본주의

35 소득소비곡선상의 X재의 수요가 증대할 때 Y재의 수요는 감소하는 경우 X재에 대해서 Y재를 무엇이라 부르는가?

① 보통재
② 보완재
③ 대체재
④ 열등재

36 다음 내용 중 옳은 것은?

① 열등재는 항상 기펜의 역설현상을 나타낸다.
② 정상재는 절대로 기펜의 역설현상을 나타낼 수 없다.
③ 대체효과는 항상 가격의 변화와 같은 방향으로 나타난다.
④ 소득효과는 항상 가격의 변화와 같은 방향으로 나타난다.

37 화폐의 기능으로 옳지 않은 것은?

① 교환의 매개수단
② 가치의 혼란
③ 장래 지불의 표준
④ 가치저장수단

38 물가상승률과 실업률 사이에는 상충관계(trade-off)가 있어서 완전고용과 물가안정이라는 두 가지 정책 목표를 동시에 달성시킬 수 없음을 보여주는 것은?

① 필립스곡선

② 구축효과(crowding out effect)

③ 거미집이론

④ 풀코스트원리(full-cost principle)

39 수입 200,000원, 저축 40,000원, 음식물 80,000원일 때 엥겔계수는?

① 40%   ② 45%

③ 50%   ④ 60%

40 다음 중 공급의 탄력성과 수요의 탄력성이 비교적 작은 것은?

① 쌀   ② 영화관람

③ 시계   ④ 책

41 재무제표에 대한 설명 중 옳지 않은 것은?

① 계속기업의 전제가 타당한지 판단하기 위하여 경영자는 최소한 향후 3년 간의 수익성, 부채상환계획, 대체적 재무자원의 조달계획 등 예상가능한 모든 정보를 고려하여야 한다.

② 재무제표의 작성과 표시에 대한 책임은 경영자에게 있다.

③ 재무제표가 기업회계기준에서 요구하는 사항을 모두 충족하지 않은 경우에는 기업회계 기준에 따라 작성되었다고 기재하여서는 안 된다.

④ 재무제표의 기간별 비교가능성을 제고하기 위하여 전기 재무제표상의 모든 계량정보를 당기와 비교하는 형식으로 표시한다.

42 다음 중 회계의 목적에 대한 설명으로 옳은 것은?

① 회계는 기업의 재무상태와 경영성과를 파악하는 것을 목적으로 한다.

② 회계는 기업에서 발생한 사건을 단순히 장부에 기입하는 작업이다.

③ 회계는 기업의 손익 등 경영성과 만을 파악하는 것을 목적으로 한다.

④ 회계는 기업의 자산·부채 등 재무상태 만을 파악하는 것을 목적으로 한다.

43 재고자산의 저가법 평가와 관련된 기업회계기준서의 설명으로 옳지 않은 것은?

① 판매가능한 상태에 있는 재고자산의 공정가치는 현행원가를 말하며, 제조가 필요한 재고자산의 공정가치는 순실현가능액을 말한다.

② 저가법의 적용에 따라 평가손실을 초래한 상황이 해소되어 새로운 시가가 장부가액보다 상승한 경우, 최초의 장부가액을 초과하지 않는 범위 내에서 평가손실을 환입하고 매출원가에서 차감한다.

③ 저가법에 의한 재고자산 평가는 종목별로 적용하되, 재고항목들이 서로 유사할 경우에는 조별로 적용할 수 있다.

④ 원재료의 현행대체원가가 장부가액보다 낮더라도 원재료를 투입하여 완성할 제품의 시가가 원가보다 높을 때에는 원재료에 대하여 저가법을 적용하지 아니한다.

44 유형자산에 해당되는 것은?

① 주택시장의 침체로 인하여 건설회사가 소유하고 있는 미분양 상태의 아파트

② 남해안에서 양식 중인 5년 된 양식장의 참치

③ 해양 천연가스를 발굴하기 위하여 설치한 대형 해양탐사 구조물

④ 시세가 상승할 것으로 예측하여 취득하였으나 아직 사용목적을 결정하지 못한 대도시 외곽의 토지

45 유효이자율법을 적용하여 사채발행차금을 상각하는 회계처리와 관련된 설명으로 옳은 것은?

① 할증발행된 경우 차금상각액은 매기 증가한다.

② 할인발행된 경우 이자비용은 매기 감소한다.

③ 사채발행비가 있는 경우 유효이자율은 시장이자율보다 낮다.

④ 할증발행된 경우 사채의 장부가액은 매기 증가한다.

46 수익과 관련된 내용으로 옳지 않은 것은?

① 대금지급약정이 실질적으로 자금대여거래에 해당하는 경우, 그 대가의 공정가치는 미래 총수취액을 내재이자율로 할인하여 결정한다.

② 수익은 받았거나 받을 대가의 공정가치로 측정한다.

③ 재화를 판매하고 동시에 당해 재화를 나중에 재구매하기로 하는 별도의 약정을 체결함으로써 판매거래의 실질적 효과가 상쇄되는 경우에 두 개의 거래를 하나의 거래로 보아 회계처리한다.

④ 배당수익은 주주로서 배당지급기일에 인식한다.

47 다음의 거래에서 수익으로 인식될 수 있는 거래를 모두 고른 것은?

> ㉠ 외상매출금 회수액이 당좌예금 통장에 입금되었다.
> ㉡ 단기대여금에 대한 이자가 보통예금 통장에 입금되었다.
> ㉢ 단기매매금융자산을 장부가액 보다 초과하여 매각하고 대금은 보통예금 통장에 입금되었다.

① ㉠, ㉢
② ㉠, ㉡
③ ㉡, ㉢
④ ㉠, ㉡, ㉢

48 현금흐름표에 대한 설명 중 옳지 않은 것은?

① 발생주의에 근거해서 작성하는 재무상태표나 손익계산서와는 달리 현금주의에 근거해서 작성한다.
② 발생주의에 의한 손익계산서와 비교해 볼 때 기업이익의 질을 평가하기가 곤란하다.
③ 흑자도산의 경우 현금흐름표를 이용하면 어느 정도 도산을 예측할 수 있는 정보를 제공한다.
④ 총재무자원 또는 순운전자본의 개념보다는 현금예금개념의 자금운용이 더욱 유용하므로 현금흐름표를 작성하는 것이다.

49 다음은 연결재무제표에 관한 설명이다. 옳지 않은 것은?

① 연결재무제표란 지배·종속관계에 있는 둘 이상의 관계회사를 보고대상으로 한다.
② 상장회사는 증권거래법에 의하여 연결재무제표의 보고가 의무화되어 있다.
③ 개별 기본재무제표만 가지고 종속회사를 소유하고 있는 지배회사의 재무정보를 적정하게 나타낼 수 없으므로 연결재무제표를 작성한다.
④ 연결재무상태표와 손익계산서만 작성한다.

50 다음 중 연결재무제표의 작성기준으로 옳지 않은 것은?

① 지배법인과 종속법인 간 손익거래는 전액 상계 제거한다.

② 지배법인과 종속법인 간 거래에 의하여 취득한 재고자산에 포함된 미실현손익은 전액 상계제거한다.

③ 지배법인의 이연자산과 종속법인의 이연부채를 상계 제거한다.

④ 지배법인의 투자계정과 이에 대응하는 종속법인의 자본계정은 주식취득일을 기준으로 상계제거한다.

CHAPTER

03

3회 실전 모의고사

법

1 다음 중 형사소송법상 재정신청에 관한 설명으로 옳은 것은?

① 고소권자로서 고소를 한 자는 검사로부터 공소를 제기하지 아니한다는 통지를 받은 때에는 그 검사 소속의 지방검찰청 소재지를 관할하는 고등법원에 그 당부에 관한 재정을 신청할 수 있다.

② 재정신청서에는 사유를 기재하지 않아도 된다.

③ 항고 신청 후 항고에 대한 처분이 행하여지지 아니하고 5개월이 경과한 경우에도 항고를 거쳐 재정신청을 하여야 한다.

④ 재정신청을 하려는 자는 항고기각 결정을 통지받은 날부터 7일 이내에 지방검찰청검사장 또는 지청장에게 재정신청서를 제출하여야 한다.

2 민법상 대리에 관한 설명 중 옳지 않은 것은?

① 대리인이 그 권한내에서 본인을 위한 것임을 표시한 의사표시는 직접 본인에게 대하여 효력이 생긴다.

② 의사표시의 효력이 의사의 흠결, 사기, 강박 또는 어느 사정을 알았거나 과실로 알지 못한 것으로 영향을 받을 경우 그 사실의 유무는 대리인을 표준하여 결정한다.

③ 대리인은 행위능력자임을 요한다.

④ 대리인이 여러 명일 때에는 각자가 본인을 대리한다. 그러나 법률 또는 수권행위에 다른 정한 바가 있는 때에는 그러하지 않는다.

3 다음 중 법의 효력발생요건은?

① 타당성과 임의성   ② 타당성과 실효성

③ 강제성과 목적성   ④ 정당성과 타당성

4 다음의 효력 중 가장 하위에 있는 것은?

① 헌법   ② 대통령령

③ 국제법   ④ 조례

5 다음 중 입법권으로부터 기본적 인권이 침해되었을 때 가장 유효한 구제수단은?

① 형사보상청구권   ② 위헌법률심사제도

③ 행정소송제도   ④ 손해배상청구권

6 우리나라 헌법전문(前文)이 직접 언급하고 있지 않은 것은?

① 기회균등   ② 권력분립

③ 평화통일   ④ 상해임시정부의 법통계승

7 「행정소송법」에서 규정하고 있는 항고소송은?

① 기관소송   ② 당사자소송

③ 예방적 금지소송   ④ 부작위위법확인소송

8 다음 중 기본권의 제한에 관한 설명으로 옳지 않은 것은?

① 기본권은 일반적으로 승인된 국제법규에 의하여는 제한될 수 있으나, 국가 간의 조약에 의하여는 제한될 수 없다.

② 국민의 자유와 권리는 국가안전보장·질서유지 또는 공공복리를 위하여 필요한 경우에 한하여 법률로써 제한할 수 있다.

③ 헌법재판소 결정은 과잉금지원칙의 네 가지 요소로 목적의 정당성, 방법의 적절성, 피해의 최소성, 법익의 균형성을 들고 있다.

④ 기본권의 제한은 그 자체가 목적이 아니라 기본권과 타 법익의 보호를 위해서 필요한 것이다.

9 국민이 내는 소득세율을 변경할 수 있는 기관은?

① 국회   ② 국세청

③ 기획재정부   ④ 국무회의

10 법률의 제정절차에 관한 설명 중 옳은 것은?

① 공포된 법률은 특별한 규정이 없는 한 공포 즉시 효력을 발생한다.

② 국회에서 의결된 법률안은 정부로 이송되어 20일 이내에 대통령이 공포한다.

③ 법률안 제출은 국회만의 고유권한이다.

④ 대통령이 의결된 법률안을 국회에 환부하여 재의를 요구할 때에는 수정거부할 수 없다.

11 다음에서 설명하는 것으로 옳은 것은?

> 집단구성원 간의 친화와 반발을 조사하여 그 빈도와 강도에 따라 집단 구조를 이해하는 척도로 인간관계의 그래프나 조직망을 추적하는 이론이다.

① 소시오메트리　　　　　　　　　② 마르코프체인
③ 대기행렬　　　　　　　　　　　④ 네트워크

12 정책결정모형에 대한 설명으로 옳은 것만을 모두 고른 것은?

> ㉠ 점증모형은 기존 정책을 토대로 하여 그보다 약간 개선된 정책을 추구하는 방식으로 결정하는 것이다.
> ㉡ 만족모형은 모든 대안을 탐색한 후 만족할 만한 결과를 도출하는 것이다.
> ㉢ 사이버네틱스모형은 설정된 목표달성을 위해 정보제어와 환류과정을 통해 자신의 행동을 스스로 조정해 나간다고 가정하는 것이다.
> ㉣ 앨리슨모형은 정책문제, 해결책, 선택기회, 참여자의 네 요소가 독자적으로 흘러 다니다가 어떤 계기로 교차하여 만나게 될 때 의사결정이 이루어진다고 보는 것이다.

① ㉠, ㉡　　　　　　　　　　　② ㉠, ㉢
③ ㉡, ㉢　　　　　　　　　　　④ ㉢, ㉣

13 다음이 설명하고 있는 법칙은 무엇인가?

> - 본질적인 업무량과는 직접적인 관련이 없이 공무원의 수는 일정한 비율로 증가한다는 사회심리학적 법칙이다.
> - 부하배증의 법칙과 업무배증의 법칙이 있다.

① 파킨슨의 법칙　　　　　　　　　② 기획의 그레샴 법칙
③ 와그너의 법칙　　　　　　　　　④ 머피의 법칙

14 다음 중 사치구세에 해당하는 것을 모두 고르면?

> ㉠ 취득세 ㉡ 레저세
> ㉢ 지방교육세 ㉣ 재산세
> ㉤ 등록면허세

① ㉠, ㉡ ② ㉠, ㉣
③ ㉡, ㉣ ④ ㉣, ㉤

15 공공서비스에 대한 설명으로 옳지 않은 것만을 모두 고른 것은?

> ㉠ 무임승차자 문제가 발생하는 근본 원인으로는 비배제성을 들 수 있다.
> ㉡ 정부가 공공서비스의 생산부문까지 반드시 책임져야 할 필요성은 약해지고 있다.
> ㉢ 전형적인 지방공공서비스에는 상하수도, 교통관리, 건강보험 등이 있다.
> ㉣ 공공서비스 공급을 정부가 담당해야 하는 이유로는 공공재의 존재 및 정보의 비대칭성 등이 있다.
> ㉤ 전기와 고속도로는 공유재의 성격을 가지는 공공서비스이다.

① ㉠, ㉡ ② ㉡, ㉢
③ ㉢, ㉣ ④ ㉢, ㉤

16 다음 중 행정개혁의 실패의 원인이 아닌 것은?

① 개혁추진자의 포획
② 자원부족
③ 집권적 · 비밀주의적인 개혁 추진
④ 내 · 외관계인의 참여

17 다음 중 동기부여와 관계없는 이론은?

① Maslow의 욕구단계설

② McGregor의 X, Y이론

③ Herzberg의 욕구충족이론

④ Simon의 합리·종합이론

18 다음 중 시장실패(market failure)의 원인으로 적절하지 않은 것은?

① 정보의 비대칭성

② 불완전 경쟁

③ 행정기구의 내부성

④ 공공재의 존재

19 다음 중 '신행정론'에 대한 설명으로 옳지 않은 것은?

① 행정은 많은 사람들의 상호주관성으로 이루어진다.

② 반계층제·탈관료제 조직을 강조한다.

③ 형평성을 강조하는 비전문가들이 가하는 행정의 형태이다.

④ 과학성 및 가치중립적인 관리를 추구한다.

20 다음 중 유기적 조직의 특성에 해당하는 것만을 모두 고른 것은?

┌───┐
│ ㉠ 넓은 직무범위   ㉡ 높은 공식화 수준   │
│ ㉢ 몰인간적 대면관계   ㉣ 다원화된 의사소통채널 │
│ ㉤ 모호한 책임관계   │
└───┘

① ㉠, ㉡, ㉢

② ㉠, ㉣, ㉤

③ ㉡, ㉢, ㉣

④ ㉡, ㉢, ㉤

21 다음 중 동기부여의 중요성에 해당하지 않는 것은?

① 개인의 동기부여는 경쟁우위 원천으로서의 사람의 중요성이 커지는 가운데 기업경쟁력 강화의 핵심 수단이 된다.

② 동기부여는 변화에 대한 구성원들의 저항을 줄이고 자발적인 적응을 촉진함으로써 조직 변화를 용이하게 하는 추진력이 된다.

③ 동기부여는 구성원 개개인으로 하여금 과업수행에 대한 자신감 및 자긍심을 갖게 한다.

④ 동기부여는 조직 구성원들이 소극적이고 수동적으로 업무를 진행하게 함으로써 자아실현을 할 수 있는 기회를 부여한다.

22 다음 생산관리 상의 문제점 중 다품종 소량생산의 문제에 해당하지 않는 것은?

① 계획변경에 의한 품종변경, 사양변경이 자주 일어난다.

② 계획변경에 의하여 생산우선순위가 변동된다.

③ 영업부서의 긴급오더에 의한 계획변경이 빈번하게 일어난다.

④ 기술정보가 미비하다.

23 직업구조를 형성하기 위한 방법 중 조직 내의 직무에 관한 정보를 체계적으로 수집하여 처리하는 활동을 무엇이라 하는가?

① 직무평가　　　　　　　　　② 직무설계

③ 직무확장　　　　　　　　　④ 직무분석

24 정부가 추진하고 있는 기업공개의 궁극적 목적은?

① 기업경영의 재무유동성 유지

② 기업이윤의 사회적 공정배분 실현

③ 경영의 합리화와 국제경쟁력 제고

④ 일반국민의 국민주 청약기회 확대

25 다음의 내용을 참조하여 의미하는 것을 바르게 고른 것은?

> 이러한 조직은 직능구조의 역할과 프로젝트 구조의 역할로 이루어진 이중역할구조로 되어 있으면서 복합적인 조직목표를 달성하는 것이 목적이다. 이 조직은 신축성과 균형적 의사결정권을 동시에 부여함으로써 경영을 동태화시키나 조직의 복잡성이 증대된다는 문제점이 있다.

① 팀제 조직
② 네트워크 조직
③ 프로젝트 조직
④ 매트릭스 조직

26 애드호크러시에 대한 다음 설명 중 옳지 않은 것은?

① 수직적 권한의 계층원리가 더욱 강화된다.
② 일시적인 과제를 해결하기 위한 임시적 조직이다.
③ 토플러(A. Toffler)의 저서인 '미래의 충격'에서 처음으로 이 용어가 사용되었다.
④ 환경적응적이고 동태적인 특성을 가진다.

27 다음이 설명하고 있는 것은?

> 이 방식은 일본의 도요타 자동차사가 미국의 GM타도를 목표로 창안한 기법으로, 자동차와 함께 도요타 생산방식(TPS)의 축을 이루고 있다. 이 방식이 중점을 두는 생산활동은 사람, 기계, 물자 등 3M을 적절하게 조화시키는 것이다. 제조공정의 시간을 단축하기 위해 필요한 재료를 필요한 때에 필요한 양만큼 만들거나 운반하는 것이다.

① QM
② QC
③ TQC
④ JIT

28 마케팅믹스 중 촉진(promotion)에 관한 다음 설명 중 옳은 것은?

① 인적 판매(personal selling)란 제품 또는 서비스의 판매나 구매를 촉진시키기 위한 단기적인 자극책을 말한다.

② 홍보(publicity)란 특정 기업의 아이디어, 제품 또는 서비스를 대가로 지불하면서 비인적 매체를 통해 제시하고 촉진하는 것이다.

③ 풀(pull)전략이란 소비자 수요를 조장하고 또한 유통경로를 통해 제품을 끌어당기기 위해 광고와 소비자 촉진에 많은 예산을 투입하는 촉진전략을 말한다.

④ 판매촉진이란 한 사람 또는 그 이상의 잠재고객과 직접 대면하면서 대화를 통하여 판매를 실현시키는 방법이다.

29 벤처(Venture)기업에 대한 설명으로 옳지 않은 것은?

① 한 나라의 기초가 되는 산업을 말한다.

② 실리콘밸리가 미국의 벤처기업 거점이 되고 있다.

③ 1인 또는 소수의 핵심적인 창업인이 높은 위험을 부담하면서 높은 수익률을 추구하는 것이 특징이다.

④ 우리나라의 경우 '한글과 컴퓨터사'가 그 대표적인 예라고 할 수 있다.

30 주변에서 뛰어나다고 생각되는 상품이나 기술을 선정하여 자사의 생산방식에 합법적으로 근접시키는 방법의 경영전략은?

① 벤치마킹(bench marking)

② 리컨스트럭션(reconstruction)

③ 리엔지니어링(reengineering)

④ 리포지셔닝(repositioning)

31 다음 중 설명이 바르지 않은 것은?

① 경상수지는 제품이나 서비스를 해외에 사고 판 총액에서 받은 돈과 내준 돈의 차액을 말한다.
② 서비스수지는 자본수지의 일부이다.
③ 상품수지는 상품의 수출과 수입의 차액을 나타내는 수지이다.
④ 소득수지는 경상수지에 해당한다.

32 다음 설명 가운데 케인즈주의에 해당하지 않는 것은?

① 적자재정정책에 반대한다.
② 경기조절식(anticyclical) 경제정책을 추진한다.
③ 정부의 시장개입기능을 활성화한다.
④ 수요관리를 통하여 임금생활자의 구매력을 높인다.

33 공급은 스스로 수요를 창조한다는 법칙은?

① 킹의 법칙
② 세이의 법칙
③ 그레샴의 법칙
④ 엥겔의 법칙

34 가격이 상승한 소비재의 수요가 오히려 증가하는 경제현상을 의미하는 용어로서 과시적인 소비행동과 관련된 용어는?

① veblen effect
② pogonia effect
③ 외부효과
④ 유효수요의 원리

35 실업이론에 대한 설명으로 옳지 않은 것은?

① 자발적 실업은 일할 능력을 갖고 있으나 현재의 임금수준에서 일할 의사가 없어서 실업상태에 있는 것이다.
② 마찰적 실업은 장기적으로 실업상태에 있는 것이다.
③ 탐색적 실업은 보다 나은 직장을 찾기 위해 실업상태에 있는 것이다.
④ 비자발적 실업은 일할 의사와 능력은 갖고 있으나 현재 임금수준에서 일자리를 구하지 못하여 실업상태에 있는 것이다.

36 다음 중 역(逆)마진 현상이란?

① 예금금리가 대출금리보다 낮다.
② 대출금리가 예금금리보다 낮다.
③ 총예금 금액보다 총대출 금액이 작다.
④ 총대출 금액보다 총예금 금액이 작다.

37 다음 중 중앙은행의 기능이 아닌 것은?

① 정부의 은행
② 화폐발생
③ 상업어음 재할인
④ 신용창조

38 로렌츠곡선에 대한 설명이다. 옳지 않은 것은?

① 소득의 불평등 정도를 측정하는 방법이다.
② 소득의 누적점유율과 인구의 누적점유율 간의 관계이다.
③ 지니 집중계수는 로렌츠곡선의 단점을 보완한다.
④ 로렌츠곡선은 가치판단을 전제하는 측정방법이다.

39 로렌츠곡선을 완전평등선을 접근시키는 방법으로서 선진국이 주로 채용하는 정책은?

① 독점금지법   ② 공공투자
③ 보호관세   ④ 누진세

40 패리티지수(parity index)란 주로 어떤 부문에 적용되는가?

① 환율   ② 농산물가격
③ 공산물가격   ④ 임금상승률

41 재무제표의 외부감사의견에 대한 설명으로 옳지 않은 것은?

① 감사실시 중 감사범위가 특히 중요하게 제한받게 되면 부적정의견이 표명된다.

② 감사인이 독립성이 결여된 경우에는 그 결여의 중요도에 관계없이 항시 의견이 거절된다.

③ 감사인이 한정의견을 표명하는 경우 그 내용은 감사보고서의 범위문단 및 혹은 중간문단에 반드시 언급되어 있어야 한다.

④ 감사인이 부적정의견을 표명하는 경우 그 주요 내용은 감사보고서의 범위문단에서가 아니라 중간문단에서 언급된다.

42 물가가 지속적으로 상승하고 재고자산의 수량도 꾸준히 증가하고 있는 경우, 당기의 손익계산서에 반영되는 매출원가의 크기를 바르게 비교하고 있는 것은?

① 선입선출법 < 총평균법 < 이동평균법 < 후입선출법

② 선입선출법 > 이동평균법 > 총평균법 > 후입선출법

③ 선입선출법 < 이동평균법 ≦ 총평균법 < 후입선출법

④ 선입선출법 < 이동평균법 = 총평균법 > 후입선출법

43 다음 중 재무상태표작성 시의 자산에 대한 구분으로 잘못된 것은?

① 부도어음 – 기타자산   ② 특허권 – 무형자산

③ 선급금 – 유동자산   ④ 투자부동산 – 유형자산

44 충당부채의 인식과 관련된 설명으로 옳지 않은 것은?

① 과거 사건의 결과로 현재의무가 존재해야 한다.

② 당해 의무를 이행하기 위하여 경제적 효익을 갖는 자원이 유출될 가능성이 높아야 한다.

③ 입법 예고된 법규의 세부사항이 아직 확정되지 않은 경우에는 당해 법규안대로 제정될 것이 거의 확실한 때에만 의무가 발생한 것으로 본다.

④ 신뢰성 있는 금액의 추정이 불가능한 경우에도 부채로 인식해 재무상태표의 본문에 표시한다.

45 다음의 자본항목에 대한 회계 처리의 내용이 틀린 것은?

① 주식할인발행차금은 이익잉여금으로 회계 처리한다.

② 주식발행초과금은 자본잉여금으로 회계 처리한다.

③ 자기주식은 자본에서 차감하는 형식으로 회계 처리한다.

④ 매도가능증권평가이익은 기타포괄손익누계로 회계 처리한다.

46 다음 중 판매비와 관리비에 해당되는 세금과 공과금 계정과목으로 처리되지 않는 항목은?

① 법인세 중간예납세액을 납부하는 경우

② 직원에 대하여 사업주가 부담하는 국민연금을 납부하는 경우

③ 업무용 차량에 대해 자동차세를 납부하는 경우

④ 공장건물 보유 중 재산세를 납부하는 경우

47 장부를 마감하기 전에 발견한 오류 중 당기순이익에 영향을 미치는 항목은?

① 매도가능금융자산에 대한 평가이익을 계상하지 않았다.

② 자기주식처분이익을 과소계상하였다.

③ 매각예정으로 분류하였으나 중단영업 정의를 충족하지 않는 비유동자산을 재측정하여 인식하는 평가손익을 중단영업손익에 포함하였다.

④ 원가모형을 적용하는 유형자산의 손상차손을 계상하지 않았다.

48 다음 중 현금흐름표에서 투자활동 현금흐름으로 분류할 수 없는 것을 고르면?

① 매출채권의 감소
② 골프회원권의 처분
③ 자회사 주식의 처분
④ 단기대여금의 회수

49 다음은 외화거래에 대한 기업회계기준의 내용이다. 옳지 않은 것은?

① 기업회계기준은 재무상태표 과목을 화폐성(monetary) 항목과 비화폐성(non monetary) 항목으로 분류한다.
② 화폐성 항목은 현행 환율 · 비화폐성 항목은 역사적 환율을 적용하여 환산한다.
③ 모든 자산 · 부채 과목을 현행 환율(current rate)로 하는 것을 원칙으로 하고 있다.
④ 외화표시 자산 · 부채 및 손익항목을 일괄하여 원화로 환산하는 경우에는 당해 자산 · 부채는 재무상태표일 현재의 환율을, 자본은 발생당시 환율, 손익항목은 거래발생 당시 환율이나 당해 회계연도의 평균환율을 적용할 수 있다.

50 다음 중 본 · 지점결합재무제표의 작성절차가 아닌 것은?

① 미달거래의 정리
② 자본계정의 제거
③ 내부미실현이익 제거
④ 본점계정과 지점계정의 상계제거

CHAPTER

04

정답 및 해설

1회

1	2	3	4	5	6	7	8	9	10	11	12	13	14	15	16	17	18	19	20	21	22	23	24	25
④	③	④	①	②	①	④	③	③	④	④	④	②	③	①	④	①	③	④	③	④	②	①	②	①

26	27	28	29	30	31	32	33	34	35	36	37	38	39	40	41	42	43	44	45	46	47	48	49	50
②	③	③	①	④	②	①	①	①	④	①	③	①	②	②	②	③	③	②	③	②	④	③	④	④

1 ④

④ 점유로 인한 지역권취득기간의 중단은 지역권을 행사하는 모든 공유자에 대한 사유가 아니면 그 효력이 없다〈민법 제295조 제2항〉.

2 ③

① 이행강제금(집행벌)
② 강제징수
③ 과태료 부과는 행정벌(행정질서벌)
④ 직접강제

3 ④

통지는 준법률행위적 행정행위이다.

4 ①

특별법우선의 원칙 … 일반법과 특별법이 서로 충돌할 때 특별법이 일반법에 우선하여 적용된다는 원칙이다.

5 ②

"악법도 법이다(소크라테스)."는 법의 강제성, 법적 안정성, 준법의식을 강조한 말이다.

6 ①

① 복수정당제도는 민주적 기본질서와 관계있는 요소이다.

---

7 ④

헌법상 권리인 동시에 의무인 것은 교육, 근로, 환경보전, 재산권행사이다.

---

8 ③

우리나라 통설과 헌법재판소의 판례는 중개적 기관설의 입장을 취하며, 정당은 국민과 국가 간의 정치적 의사를 매개하는 기관이라고 본다.

---

9 ③

③ 귀화자의 공직취임을 금지하는 외무공무원법의 규정은 1995년에 개정되었다. 따라서 귀화자도 공무원 임용에서 제외되지 않으며, 이를 제한하는 것은 평등의 원칙에 반한다.

---

10 ④

④ 도급인은 하자의 보수에 갈음하여 또는 보수와 함께 손해배상을 청구할 수 있다〈민법 제667조 제2항〉.

---

11 ④

④ 책임운영기관은 공공성이 더 큰 분야에 적용되기 때문에 기업성보다 공공성을 더 중시한다.

---

12 ④

④ 다면평가제는 평가의 수용성 확보가 용이하다.

---

13 ②

세계잉여금의 사용 순위는 교부세 및 교부금 정산→공적자금상환→국채차입금상환→추경재원→다음 연도 세입에의 이입 순(順)이다.

14 ③

① 목표의 비중변동 : 목표간의 우선순위나 비중이 변동되는 현상
② 목표의 전환 : 조직이 원래 추구하던 목표는 유명무실해지고, 그 목표를 달성하기 위해 사용하던 수단에 더 주력하게 되는 현상
④ 목표의 축소 : 목표 수준을 하향조정하는 현상

---

15 ①

행정과정은 연쇄적·순환적·동태적 과정이다. 목표설정 후 이것이 결정되면 기획과 조직화 과정을 거치고 이에 대한 평가를 통해 시정조치되면 또 다른 목표설정과정이 반복된다.
② 정책분석 : 정책의제설정 및 정책형성에 관련된 지식을 창출하는 사전적 활동
③ 정책평가 : 정책집행과정에서 의도한대로 집행되었는지, 또는 정책집행 이후 목표 달성여부의 평가
④ 문제의 구조화 : 정책분석의 첫 단계. 분석을 통한 정책문제의 명료화 과정

---

16 ④

무의사결정 ⋯ 정책결정자의 이익을 침해할 경우, 사회의 지배적 가치·이해에 대한 도전의 방지·과잉동조 또는 과잉충성 등에 의해 발생한다. 즉, 의사결정자의 가치나 이익에 반대하는 잠재적이거나 현재적인 도전을 방해시키는 결과를 초래하는 결정을 말한다.
※ 무의사결정의 발생원인과 수단
　　㉠ 발생원인
　　　• 편견의 동원, 기득권 옹호, 이슈(Issue)의 억압
　　　• 관료이익과의 상충, 과잉충성과 과잉동조
　　　• 사회의 지배적 가치·이해에 대한 도전의 방지
　　　• 정책문제의 포착을 위한 정보·지식·기술의 부족
　　㉡ 행사수단
　　　• 폭력과 권력의 동원·행사, 지연전략
　　　• 적응적 흡수, 위장합의
　　　• 특혜의 부여와 박탈, 관심의 분산
　　　• 편견·고정관념의 동원 및 수정·강화

---

17 ①

예산제도별 특징
㉠ 품목별 예산제도 : 정부지출의 대상이 되는 물품 또는 품목을 기준으로 하는 통제중심의 예산제도이다. 조직마다 품목예산을 배정하기 때문에 활동의 중복을 막기 어렵다.
㉡ 성과주의 예산제도 : 정부예산을 기능·활동·사업계획에 기초를 두고 편성하는 관리중심의 예산을 말한다. 이러한 성과주의 예산제도는 업무측정단위의 선정이 어렵다.

ⓒ 자본예산제도 : 자본예산은 성부예산을 정책이나 절차상의 편의를 위해 경상지출과 자본지출로 나누는데, 경상지출은 수지균형을 이루며 경상수입으로 충당하지만, 자본지출은 적자재정이나 공채발행으로 충당하는 복식예산제도이다.

ⓔ 계획예산제도 : 계획과 예산편성을 프로그램 작성을 통하여 합리적으로 결합시켜 자원배분을 효과적으로 달성하려는 일련의 계획예산제도이다. 따라서 단순한 예산편성제도가 아니라 예산이 갖는 계획·집행·통제의 전 관리과정에 걸친 기능을 충분히 발휘하기 위한 포괄적 기획관리의 발전체제이다. 계획예산은 B/C분석을 사용하기 때문에 질적이라기 보다는 계량적 분석을 주로 한다.

ⓜ 영기준예산제도 : 예산편성시에 기존 사업을 근본적으로 재검토하여 예산의 삭감은 물론 사업의 중단이나 폐지도 고려할 수 있는 예산결정방식이다.

---

18 ③

정보화의 진전은 신지방분권화를 촉진하는 요인에 해당한다.

※ 신중앙집권화의 촉진요인
ⓖ 행정국가화
ⓛ 행정의 광역화
ⓒ 공공재정 비중의 증대
ⓔ 국민적 최저수준 유지
ⓜ 개발행정의 강화
ⓗ 국제정세의 불안정과 국제적 긴장 고조

---

19 ④

④ 신공공관리론에서는 업무의 절차나 과정보다 결과 또는 성과에 중점을 둔다.

---

20 ③

③ 외부효과의 발생은 시장실패의 원인이다.

---

21 ④

직무설계 … 개인과 조직을 연결시켜 주는 가장 기본단위인 직무의 내용과 방법 및 관계를 구체화하여 종업원의 욕구와 조직의 목표를 통합시키는 것을 말한다.

직무설계의 효과로는 직무만족의 증대, 작업생산성의 향상, 이직·결근율 감소, 제품질의 개선과 원가 절감, 훈련비용 감소, 상하관계의 개선, 신기술 도입에 대한 신속한 적응 등이 있다.

22 ②

② 휴리스틱(Heuristic) 기법은 시간 및 정보 등이 불충분해서 합리적인 판단을 할 수 없거나, 또는 굳이 체계적이면서 합리적인 판단을 할 필요가 없는 상황에서 신속하게 사용하는 어림짐작의 기술을 말한다.

23 ①

① 현혹효과에 대한 설명이다. 현혹효과는 어떤 한 부분에 있어 어떠한 사람에 대해서 호의적인 태도 등이 다른 부분에 있어서도 그 사람에 대한 평가에 영향을 주는 것을 의미하는데, 예를 들어 종업원 선발 시 면접관에게 면접에서 좋은 인상을 준 사람에 대해, 면접관들이 생각할 때 그 사람에게서 좋은 인상을 받은 만큼 업무에 대한 책임감이나 능력 등도 좋은 것이라고 판단하는 것을 말한다.

24 ②

② 인적자원관리의 내부환경으로는 종업원들의 노동력 구성의 변화, 가치관의 변화, 조직규모의 확대 등이 있으며, 외부환경으로는 정부개입의 증대, 경제여건의 변화, 노동조합의 발전, 정보기술의 발전 등이 있다.

25 ①

M&A의 장·단점
㉠ 장점
• 시장에의 조기진입 가능
• 기존업계 진입 시 마찰회피와 시장에서의 시장지배력 확보
• 적절한 M&A 비용으로 인하여 투자비용을 절약
• 신규 시장진입으로 인한 위험을 최소화하여 이를 회피하는 기능
㉡ 단점
• M&A로 취득자산의 가치 저하 가능
• M&A시 필요 인재의 유출, 종업원 상호간의 인간관계 악화 및 조직의 능률 저하 가능
• M&A 성공 후 안이한 대처로 인해 기업이 약화
• M&A 소요자금의 외부차입으로 인한 기업의 재무구조 악화

26 ②

라인과 스태프
㉠ 라인(line) : 구매·제조·판매부문과 같이 경영활동을 직접적으로 집행하는 조직이다.
㉡ 스태프(staff) : 인사·경리·총무·기술·관리부문과 같이 라인활동을 촉진하는 역할을 하는 조직이다.

27 ③

ZD(Zero Defects)운동 ⋯ QC(품질관리)기법을 제조부문뿐 아니라 일반관리사무에까지 확대적용하여 전사적으로 결점을 없애는 데 협력해 나가도록 하는 무결점운동이다.

28 ③

주식회사는 주주라는 불특정 다수인으로부터 거액의 자본을 조달할 수 있으며, 출자인 주주로부터 조달된 자본이 독립되어 전문경영자에 의한 운영이 가능하다.

29 ①

① 인간관계론은 호손실험결과를 토대로 메이요(E. Mayo)가 주창했다.

30 ④

① 재마케팅(remarketing) : 수요가 포괄적이거나 감퇴하는 상품에 대하여 소비자의 욕구나 관심을 다시 불러 일으키려는 마케팅기법을 말한다.

② 개발적 마케팅(developmental marketing) : 고객이 어떠한 욕구를 갖고 있는가를 분명히 알고 나서 그러한 욕구를 충족시킬 수 있는 새로운 제품이나 서비스를 개발하려고 하는 것이다. 예로는 세계적인 석유파동이 발생했을 때 각국의 자동화 회사들은 전기자동차 개발에 집중 투자를 하는 마케팅전략을 말한다.

③ 자극적 마케팅(stimulant marketing) : 하나의 목적물에 대하여 사람들이 알고 있지 못하거나 관심을 갖고 있지 않을 때 그러한 목적물에 대한 욕구를 자극하려고 하는 것을 말한다. 예로는 골동품수집가들로 하여금 버려져 있는 낡은 철조망에 대하여 관심을 갖도록 하는 것이다.

④ 동시화 마케팅(synchro marketing) : 생산의 시간적 패턴과 수요의 시간적 패턴을 일치시키려는 마케팅기법으로 수요의 계절적·시간적 변동이 심한 경우에 이용한다. 동시화 마케팅은 제품이나 서비스의 공급능력에 맞추어 수요의 발생시기를 조정 내지 변경하려고 하는 것이므로 평일에 예식장을 이용하면 더 할인해 주는 것은 좋은 예가 된다.

31 ②

② 선택을 통하여 자신이 얻게 되는 만족감을 기대효용이라 하며 많은 대안 중 어떠한 것을 선택했을 때 포기한 대안 중 가장 큰 가치를 말한다. 따라서 제시된 사례에서는 배가 고프지만 참고 기다리는 시간을 바로 기회비용으로 볼 수 있으며 기회비용보다 음식이나 서비스를 통해 얻게 되는 만족감 즉, 기대효용이 크기 때문에 다른 음식점으로 가지 않고 줄을 서서 기다리는 것이다.

32 ①

미국의 경제대공황의 처방책으로 케인즈(J.M Keynes)는 소비가 있어야 공급이 생긴다고 주장하면서 정부 지출의 필요성을 역설하였다.

---

33 ①

제시된 내용은 자원의 희소성과 분배의 문제에 대해 언급하고 있다. 자원의 희소성 때문에 선택의 문제가 발생하므로 최소의 비용으로 최대의 만족을 추구하는 효율성이 판단기준이 되고, 분배의 경우 가장 바람직한 상태인 형평성이 판단기준이 된다.

---

34 ①

빈곤의 악순환 … 후진국은 국민소득이 낮으므로 국내저축이 미약하여 높은 투자가 이루어질 수 없고 따라서 국민소득 성장률이 낮아지는데, 이것이 되풀이되는 현상을 말한다.

---

35 ④

톱니효과(ratchet effect) … 만약 한 사람의 소득이 100일 때 50을 소비하다 소득이 150으로 증가하면 소비 역시 90으로 증가하게 된다. 하지만 어떠한 사유로 소득이 150에서 100으로 감소하게 되면 일반적으로 소비도 50으로 줄어야 하는 것이 합리적이지만 소비를 거의 줄이지 않은 80의 수준에서 상당기간 지속하게 된다. 과거의 소비습관이 남아 있어 소득이 감소하더라도 당장의 소비를 감소시키지 못하는 소비의 비가역성이 나타나는데 이를 바로 소비의 톱니효과라고 한다.

---

36 ①

가격차별에 따른 이윤증대방법 … 가격차별이란 동일한 재화에 대하여 서로 다른 가격을 설정하는 것으로, 수요의 가격탄력성에 따라 이루어지는데, 기업은 수요의 가격탄력성에 반비례하도록 가격을 설정해야 한다.

㉠ 가격탄력성이 높은 시장 : 낮은 가격을 설정해야 한다.

㉡ 가격탄력성이 낮은 시장 : 높은 가격을 설정해야 한다.

※ 가격차별 결과 소비자들에게 미치는 영향 … 가격차별이 이루어지면 수요가 탄력적인 소비자들은 유리해지는 반면에, 수요가 비탄력적인 소비자들은 오히려 불리해진다.

---

37 ③

모든 생산요소 투입량이 x배 증가하였을 때 생산량이 정확히 x배 증가하는 경우를 규모에 대한 수확(수익) 불변이라고 한다. 한계생산물이란 가변요소 1단위를 추가적으로 투입하였을 때 총생산물의 증가분을 의미하는데, 자본투입량이 일정하게 주어져 있을 때 노동의 한계생산물은 점점 감소하므로 한계생산성은 체감하고 있다.

38 ①

물가상승률이 지나치게 높은 시기에는 경기를 안정시키는 정책이 필요하다. 이 시기 정부는 재정지출을 줄이고, 금리와 세율을 인상하여 민간투자와 소비를 억제함으로써 경기를 진정시키는 안정화정책을 활용해야 한다.

① 세율을 인하하게 되면 가처분소득이 증가하여 소비가 증가하므로 경기가 더욱 과열된다.

---

39 ②

모라토리움(moratorium) … 전쟁, 천재, 공황 등으로 경제가 혼란되어 채무이행이 어려울 때 국가가 일정 기간 채무이행을 연기 또는 유예시키는 것을 뜻한다.

---

40 ②

$$한계소비성향 = \frac{소비의\ 증가분}{소득의\ 증가분} = \frac{30,000}{50,000} = 0.6$$

---

41 ②

② 원칙 중심의 기준체계로써 재량적인 전문가 판단을 필요로 하는 경우가 많은 회계기준으로 기업의 규율회피가 쉽지 않다.

---

42 ③

계속기록법에서는 매입에누리가 발생하면 이를 상품 계정에 대기한다.

---

43 ③

③ 새로운 시설을 개설하는 소요되는 원가는 유형자산의 취득원가 직접 관련되는 원가에서 제외되는 항목이다.

---

44 ②

$$감가상각비 = (취득원가 - 잔존가액) \times \frac{잔여내용연수}{내용연수의합계}$$

$$200,000 = (X - 100,000) \times 3 \div 15$$

$$\therefore X = ₩1,100,000$$

45 ③

예수금은 일반적인 상거래 이외에서 발생한 예수액을 말하며 종업원으로부터 원천징수한 근로소득세나 거래처로부터 징수한 부가가치세 등이 이에 속한다.

46 ②

광고선전비, 사무실 임차료, 복리후생비는 판매비와 일반관리비이다.

47 ④

④ 자기사채를 취득한 경우에는 사채상환손익을 인식한다.

48 ③

③ 리스기간이라 함은 리스실행일로부터 리스계약종료시점까지의 기간을 말한다.

49 ④

④ 이자비용은 영업활동으로 구분된다.

50 ④

④ 특별손익으로 처리한다.

1	2	3	4	5	6	7	8	9	10	11	12	13	14	15	16	17	18	19	20	21	22	23	24	25
②	④	④	④	②	④	③	④	④	③	④	②	①	①	④	④	①	④	①	②	④	②	②	③	④
26	27	28	29	30	31	32	33	34	35	36	37	38	39	40	41	42	43	44	45	46	47	48	49	50
③	②	③	③	④	④	③	④	①	③	②	②	①	③	①	①	①	④	③	①	④	③	②	④	③

1 ②

② 채권자가 공탁을 승인하거나 공탁소에 대하여 공탁물을 받기를 통고하거나 공탁유효의 판결이 확정되기까지는 변제자는 공탁물을 회수할 수 있다. 이 경우에는 공탁하지 아니한 것으로 본다〈민법 제489조 제1항〉.

① 민법 제488조 제1항 ③ 민법 제491조 ④ 민법 제488조 제3항

---

2 ④

헌법개정절차

㉠ 제안 : 헌법개정은 국회재적의원 과반수 또는 대통령의 발의로 제안된다.

㉡ 공고 : 제안된 헌법개정안은 대통령이 20일 이상의 기간 이를 공고하여야 한다.

㉢ 국회의결 : 국회는 헌법개정안이 공고된 날로부터 60일 이내에 의결하여야 하며, 국회의 의결은 재적의원 3분의 2 이상의 찬성을 얻어야 한다.

㉣ 국민투표 : 헌법개정안은 국회가 의결한 후 30일 이내에 국민투표에 붙여 국회의원선거권자 과반수의 투표와 투표자 과반수의 찬성을 얻어야 한다.

㉤ 공포 : 헌법개정안이 국민투표의 찬성을 얻은 때에는 헌법개정은 확정되며, 대통령은 즉시 이를 공포하여야 한다.

---

3 ④

대부분의 국가는 영토고권을 내세워 속지주의를 원칙으로 하고, 보충적으로 속인주의를 채택하고 있다.

---

4 ④

④ 「행정절차법」 제49조(행정지도의 방식) 제2항 … 행정지도가 말로 이루어지는 경우에 상대방이 행정지도의 취지, 내용과 신분 사항을 적은 서면의 교부를 요구하면 그 행정지도를 하는 자는 직무 수행에 특별한 지장이 없으면 이를 교부하여야 한다.

5 ②

유권해석(有權解釋) … 국가기관이 행하는 법 해석을 뜻하며, 해석하는 기관에 따라 입법해석 · 행정해석 · 사법해석으로 구별된다.

---

6 ④

공포가 없는 한 법률의 효력은 발생하지 않으며, 또 법률에 시행일이 명시된 경우에도 시행일 이후에 공포된 때에는 시행일에 관한 법률규정은 그 효력을 상실하게 된다. 따라서 본 사안에서는 시행일에 관한 규정이 효력을 상실하므로 헌법 제53조 제7항에 의해 공포한 날로부터 20일을 경과함으로써 효력을 발생한다.

---

7 ③

우리나라 헌법은 총강 – 국민의 권리와 의무 – 국회 – 정부(대통령, 행정부), 법원, 헌법재판소 – 선거관리 – 지방자치 – 경제 – 헌법개정으로 편제되어 있다.

---

8 ④

인간의 권리는 내국인 · 외국인을 불문하고 적용하는 천부인권이며 국민의 권리는 국내법에 따라 적용되는 국가 내적인 국민의 권리이다.
④ 선거권은 국가 내적인 참정권이다.

---

9 ④

④ 행복추구권은 1776년 Virginia 권리장전 제2조에 최초로 규정되었다.

---

10 ③

③ 신분에 의하여 성립하는 질서위반행위에 신분이 없는 자가 가담한 때에는 신분이 없는 자에 대하여도 질서위반행위가 성립한다〈질서위반행위규제법 제12조 제2항〉.

---

11 ④

계획예산제도(PPBS)는 장기적 계획수립과 단기적 예산결정을 프로그램 작성을 통해 유기적으로 연결시킴으로써 자원배분에 관한 의사결정의 일관성과 합리성을 도모하려는 예산제도이다. 특징으로는 목표지향주의, 효과성과 비교선택주의, 절약과 능률, 과학적 객관성, 예산기간의 장기화 등이 있다.

12 ②

① 특정수입과 특정지출을 연계한다는 점에서 특별회계와 공통점이 있다.

③ 기금을 설치 할 경우 예산팽창의 가능성이 높아진다.

④ 집행에 있어서 상대적으로 자율성과 탄력성이 보장된다.

---

13 ①

㉠ 직급에 대한 설명이다.

㉡ 직류에 대한 설명이다.

---

14 ①

통치기능설은 1930년대 경제대공황을 계기로 나타난 행정국가시절의 개념이다. 특히 Applibe는 「정책과 행정」에서 '행정은 정책형성'이라고 인식하였다.

---

15 ④

생태론적 접근방법은 행정을 하나의 유기체로 파악하여 행정과 환경의 상호작용을 연구하며, 행정을 환경의 종속변수로 취급하는 접근법이다.

---

16 ④

직업공무원제 … 현대행정의 고도의 전문화·기술화 및 책임행정의 확립, 재직자의 사기앙양을 위해 중립적·안정적 제도의 요구에 부응하여 나온 인사제도로 영국 및 유럽의 지배적인 제도이다.

㉠ 장점 : 신분보장으로 인한 행정의 안정화, 공직에 대한 직업의식의 확립, 정권교체시 행정의 공백상태 방지, 행정의 계속성과 정치적 중립성 확보에 용이하다.

㉡ 단점 : 공직의 특권화와 관료주의화, 행정에 대한 민주통제의 곤란, 일반행정가 중심으로 인한 전문화, 행정 기술발전의 저해, 유능한 외부인사 등용이 곤란, 학력·연령 제한으로 인한 기회의 불균형이 생길 수 있다.

---

17 ①

엽관주의의 단점

㉠ 행정관료의 정치적 부패발생 및 정책의 일관성 저해

㉡ 공무원 임용의 공평성 상실 및 예산의 낭비와 행정의 비능률성, 자의성 발생

㉢ 행정의 대표성, 책임성, 공익성, 전문성, 안전성 저해

18 ④

④는 내부통제에 해당한다.

※ 행정통제 … 행정책임을 보장하기 위한 사전적·사후적 제어장치로서 행정조직의 하부구조나 참여자들이 조직목표나 규범으로부터 이탈되지 않도록 하기 위한 제재와 조상 등의 활동을 말한다.

  ㉠ 외부통제(민주통제) : 민중통제, 사법통제, 입법통제, 옴부즈만 제도

  ㉡ 내부통제(자율통제) : 정책·기획 통제, 관리통제, 공직윤리 등

---

19 ①

① 평등성은 공행정과 사행정의 대표적인 차이점에 해당하며 경영은 이윤 극대화를 추구하기 때문에 고객에 따라 달리 취급하므로 형평성을 고려한 복지정책은 공행정에만 해당하는 특징이 된다.

---

20 ②

㉢ 조직의 내부요소와 외부요소의 균형을 중시한다.

---

21 ④

④ 관찰법(Observation Method)에 대한 설명이다.

※ 직무분석의 방법 … 직무분석의 방법에는 관찰법, 면접법, 질문지법, 중요사건 서술법, 작업기록법, 워크샘플링법 등이 있다. 더불어서 직무분석 시에 목적과 특정 조직에서 현실적으로 적용가능한 방법인지를 반드시 고려해서 가장 효과적인 방법을 선택해야 한다.

  ㉠ 관찰법(Observation Method) : 관찰법은 직무분석자가 직무수행을 하는 종업원의 행동을 관찰한 것을 토대로 직무를 판단하는 것으로서, 장점으로는 간단하게 실시할 수 있는 반면에 정신적·집중을 필요로 하는 업무의 활용에는 다소 어려우며 피관찰자의 관찰을 의식한 직무수행 왜곡으로 인해 신뢰성의 문제점이 생길 수 있다.

  ㉡ 면접법(Interview Method) : 면접법은 해당 직무를 수행하는 종업원과 직무분석자가 서로 대면해서 직무정보를 취득하는 방법으로서, 적용직무에 대한 제한은 없으나, 이에 따른 면접자의 노련미가 요구되며, 피면접자가 정보제공을 기피할 수 있다는 문제점이 생길 수 있다.

  ㉢ 질문지법(Questionnaire) : 질문지법은 질문지를 통해 종업원에 대한 직무정보를 취득하는 방법으로서, 이의 적용에는 제한이 없으며 그에 따르는 시간 및 비용의 절감효과가 있는 반면에 질문지 작성이 어렵고 종업원들이 무성의한 답변을 할 여지가 있다.

  ㉣ 중요사건 서술법(Critical Incidents Method) : 중요사건 서술법은 종업원들의 직무수행 행동 중에서 중요하거나 또는 가치가 있는 부분에 대한 정보를 수집하는 것을 말하며, 장점으로는 종업원들의 직무행동과 성과간의 관계를 직접적으로 파악이 가능한 반면에 시간 및 노력이 많이 들어가고 해당 직무에 대한 전반적인 정보획득이 어렵다는 문제점이 있다.

ⓜ 워크 샘플링법(Work Sampling Method) : 워크 샘플링법은 관찰법의 방식을 세련되게 만든 것으로서 이는 종업원의 전체 작업과정이 진행되는 동안에 무작위로 많은 관찰을 함으로써 직무행동에 대한 정보를 취득하는 것을 말한다. 더불어, 이는 종업원의 직무성과가 외형적일 때 잘 적용될 수 있는 방법이다.

ⓗ 작업기록법 : 작업기록법은 직무수행자인 종업원이 매일매일 작성하는 일종의 업무일지로, 수행하는 해당 직무에 대한 정보를 취득하는 방법으로서, 비교적 종업원의 관찰이 곤란한 직무에 적용이 가능하고, 그에 따른 신뢰성도 높은 반면에 직무분석에 필요한 정보를 충분히 취득할 수 없다는 문제점이 있다.

---

22 ②

윤리경영의 중요성 및 효과

㉠ 대외적인 기업이미지 향상으로 브랜드 가치를 높이는데 기여

㉡ 기업의 국제경쟁력을 평가하는 글로벌 스탠더드의 잣대로 윤리경영이 최우선 순위

㉢ 기업의 경영성과 및 조직유효성 증대에 영향

㉣ 사회적 정당성 획득의 기반으로 시장, 특히 주주와 투자자로부터 지속적인 신뢰를 얻는 데 기여

㉤ 조직구성원의 행동규범을 제시하고, 윤리적 성취감의 충족

---

23 ②

Porter의 산업구조 분석모형

```
                    ┌─────────────────────────┐
                    │ 대체재의 위협            │
                    │ • 대체재에 대한 구매자의 성향 │
                    │ • 대체재의 상대가격      │
                    └───────────┬─────────────┘
                                ↓
┌──────────────┐    ┌─────────────────────────┐    ┌──────────────┐
│ 구매자의 힘   │    │ 산업 내의 경쟁           │    │ 공급자의 힘   │
│ • 가격민감성  │ ➡  │ • 제품차별화            │ ⬅  │ 구매자의 힘 결정 │
│ • 구매자의 교섭력 │  │ • 산업의 경기변동        │    │ 요인과 동일   │
└──────────────┘    │ • 집중도                │    └──────────────┘
                    │ • 시장성장률            │
                    │ • 퇴거장벽              │
                    │ • 고정비 vs 변동비 비용  │
                    │ • 초과생산능력          │
                    └───────────┬─────────────┘
                                ↑
                    ┌─────────────────────────┐
                    │ 잠재적 진입             │
                    │ • 규모의 경제           │
                    │ • 정부 및 법적규제       │
                    │ • 절대비용우위          │
                    │ • 유통망에 대한 접근     │
                    │ • 제품차별화            │
                    └─────────────────────────┘
```

24 ③

테일러(Taylor)의 과학적 관리법
㉠ 테일러는 종업원의 조직적인 태업이 그들의 자의적인 작업수행태도에서 비롯된다는 점을 파악한 후 개인의 작업을 간단한 요소동작으로 분해하고, 각 요소동작의 형태·순서·소요시간 등을 동작연구(motion study)와 시간연구(time study)를 사용하여 작업환경을 표준화하고 하루에 수행해야 할 업무량, 즉 과업을 설정하여 공장경영의 합리화를 기하려고 하였다.
㉡ 과학적 관리법의 2대 목표인 노동자의 번영과 고용주의 번영을 실현하기 위해 노동자에게는 높은 임금을, 고용주는 낮은 노무비를 추구할 수 있게 한다.

---

25 ④

포드주의(fordism) … 미국 포드자동차회사에서 처음 개발된 것으로 포디즘적 생산방식에 있어 부품들의 흐름은 기계(컨베이어 벨트, 운반기, 이동조립대)에 의해 이루어진다.

---

26 ③

브레인스토밍 … 한 가지 문제를 집단적으로 토의하여 제각기 자유롭게 의견을 말하는 가운데 정상적인 사고방식으로는 도저히 생각해낼 수 없는 독창적인 아이디어가 나오도록 하는 것이다. 브레인스토밍을 성공시키기 위해서는 자유분방한 아이디어를 환영할 것, 타인의 아이디어를 비판하지 말 것, 되도록 많은 아이디어를 서로 내놓을 것 등이 중요하다.

---

27 ②

① 인간관계   ③ 목표관리   ④ 경영정책을 수학적·통계학적으로 구하는 방법

---

28 ③

기업경영의 모든 면에서 효율성을 높이고자 하는 것을 경영합리화라고 한다.

---

29 ③

코즈 마케팅은 기업이 사회 구성원으로서 마땅히 해야 할 책임을 다함으로써 긍정적인 이미지를 구축하고 이를 마케팅에 활용하는 전략이다.
① 대가를 받고 특정 기업의 제품을 영화나 드라마에 노출시켜주는 마케팅 전략
② 각종 이슈를 요란스럽게 치장해 구설수에 오르도록 하거나, 화젯거리를 만들어 소비자들의 이목을 집중시켜 인지도를 늘리는 마케팅 기법
④ 광고로 유입된 고객의 전환율을 분석하여 더 나은 전략을 수립하는 것

30 ④

마케팅믹스(marketing mix)의 요소 … 제품(product)·가격(price)·촉진(promotion)·유통(place) 등이 있으며, 이를 4P라 한다.

---

31 ④

희소성의 법칙 … 무한한 인간욕망에 대하여 재화와 용역이 희소하기 때문에 경제문제가 발생한다는 법칙을 의미한다. 희소한 자원은 경제주체로 하여금 경제적 선택(economic choice)을 강요한다.

---

32 ③

더 많이 생산하고 더 많이 소비하려는 사람들의 욕망은 자원의 희소성으로 인하여 제한되므로, 경제활동은 항상 선택의 문제에 직면하게 된다.

---

33 ④

스미스(A. Smith)는 중상주의정책을 비판하고 경제상의 자유방임주의를 주장하여 '보이지 않는 손(invisible hands)'에 의한 경제의 예정조화적 발전을 주장하였다.

---

34 ①

자본주의의 발전단계 … 상업자본주의(16~17C) → 산업자본주의(18~19C 말) → 독점자본주의(19C 말~20C 초) → 수정자본주의(20C)

---

35 ③

대체재(경쟁재) … 재화 중에서 동종의 효용을 얻을 수 있는 두 재화를 말한다. 대체관계에 있는 두 재화는 하나의 수요가 증가하면 다른 하나는 감소하고, 소득이 증대되면 상급재의 수요가 증가하고 하급재의 수요는 감소한다. 예를 들어 버터(상급재)와 마가린(하급재), 쌀(상급재)과 보리(하급재), 쇠고기(상급재)와 돼지고기(하급재) 등이다.
② 재화 중에서 동일 효용을 증대시키기 위해 함께 사용해야 하는 두 재화를 말한다.
④ 소득이 증가할수록 그 수요가 줄어드는 재화를 의미한다.

---

36 ②

① 열등재이면서 대체효과보다 소득효과가 더 큰 것이 기펜재이다.
③ 대체효과는 재화와 관계없이 항상 가격효과는 부(−)의 효과이다.
④ 소득효과는 정상재는 정(+)의 효과이고, 열등재·기펜재는 부(−)의 효과이다.

37 ②

② 화폐의 기능 중 하나는 가치의 척도이다.

---

38 ①

① 실업률과 화폐임금상승률 간의 상반되는 관계를 나타낸 것이며, 각국은 자국의 고유한 필립스곡선을 가진다. 원래 필립스곡선은 임금상승률과 실업률 간의 관계를 표시했으나 현재는 물가상승률과 실업률 간의 반비례관계를 나타내는 것이 일반적이다.

② 수요의 반응에 비해 공급의 반응이 지체되어 일어나는 현상이다.

③ 재정투자는 민간투자를 감소시키기 때문에 기대한 만큼 소득증대를 가져오지 못한다는 이론이다.

④ 평균비용에다 몇 %에 해당하는 이윤액을 부가해서 가격을 결정하는 가격결정원리를 말한다.

---

39 ③

$$엥겔계수 = \frac{80,000}{(200,000 - 40,000)} \times 100 = 50(\%)$$

---

40 ①

필수품일수록 탄력성이 작고, 사치품일수록 탄력성이 크다.

---

41 ①

① 기업이 계속적으로 존재하지 못할 것이라는 명백한 증거가 없는 한 계속 존재한다는 가정 하에 회계처리한다.

---

42 ①

① 회계는 기업의 이해관계자가 유용한 의사결정을 하는 유용한 정보인 기업의 재무상태와 경영성과를 파악하여 제공하는 것을 목적으로 한다.

---

43 ④

판매가능한 상태에 있는 재고자산의 공정가치는 순실현가능액을 말하며, 제조가 필요한 재고자산의 공정가치는 현행원가를 말한다.

44 ③

유형자산이라 함의 기업의 영업활동에 사용할 목적으로 구입한 자산을 말한다. 따라서 ③ 유형자산에 해당하고, ① 재고자산, ② 생물자산, ④ 투자부동산에 해당한다.

---

45 ①

② 할인발행된 경우 이자비용은 매기 증가한다.
③ 사채발행비가 있는 경우 유효이자율은 시장이자율보다 높다.
④ 할증발행된 경우 사채의 장부가액은 매기 감소한다.

---

46 ④

④ 배당수익은 배당금을 받을 권리와 금액이 확정된 날에 수익으로 인식한다.

---

47 ③

㉠ 외상매출금 회수액이 당좌예금 통장에 입금되었을 경우에는 수익이 발생하지 않는다.

---

48 ②

현금흐름표상의 현금흐름은 기업의 유동성 평가, 배당금 지급능력 등 발생주의에 의한 손익계산서상의 당기순이익에서는 평가할 수 없는 경영성과를 나타낸다.

---

49 ④

④ 연결자본변동표와 연결현금흐름표도 작성한다.

---

50 ③

③ 연결실체 간의 거래와 채권채무는 전액 상계제거한다. 자산부채라 하더라도 지배법인(연결대상외 법인)과 종속법인(연결대상외 법인)간의 거래와 채권채무는 제거하지 않는다. 따라서 이연자산과 이연부채는 무조건 상계제거하는 것이 아니다. 한편, 기업회계기준의 변경으로 이연자산이 없어졌다.

1	2	3	4	5	6	7	8	9	10	11	12	13	14	15	16	17	18	19	20	21	22	23	24	25
①	③	②	④	②	②	④	①	①	④	①	②	①	④	④	④	④	③	④	②	④	④	④	③	④

26	27	28	29	30	31	32	33	34	35	36	37	38	39	40	41	42	43	44	45	46	47	48	49	50
①	④	③	①	①	②	①	②	①	②	②	④	④	④	②	①	③	④	④	①	①	④	①	③	②

1 ①

재정신청〈형사소송법 제260조〉

㉠ 고소권자로서 고소를 한 자는 검사로부터 공소를 제기하지 아니한다는 통지를 받은 때에는 그 검사 소속의 지방검찰청 소재지를 관할하는 고등법원에 그 당부에 관한 재정을 신청할 수 있다. 다만, 형법에서 피의사실공표의 죄에 대하여는 피공표자의 명시한 의사에 반하여 재정을 신청할 수 없다.

㉡ ㉠에 따른 재정신청을 하려면 검찰청법에 따른 항고를 거쳐야 한다. 다만, 다음의 어느 하나에 해당하는 경우에는 그러하지 아니하다.

• 항고 이후 재기수사가 이루어진 다음에 다시 공소를 제기하지 아니한다는 통지를 받은 경우
• 항고 신청 후 항고에 대한 처분이 행하여지지 아니하고 3개월이 경과한 경우
• 검사가 공소시효 만료일 30일 전까지 공소를 제기하지 아니하는 경우

㉢ ㉠에 따른 재정신청을 하려는 자는 항고기각 결정을 통지받은 날 또는 ㉡ 각 호의 사유가 발생한 날부터 10일 이내에 지방검찰청검사장 또는 지청장에게 재정신청서를 제출하여야 한다. 다만, ㉡의 검사가 공소시효 만료일 30일 전까지 공소를 제기하지 아니하는 경우에는 공소시효 만료일 전날까지 재정신청서를 제출할 수 있다.

㉣ 재정신청서에는 재정신청의 대상이 되는 사건의 범죄사실 및 증거 등 재정신청을 이유 있게 하는 사유를 기재하여야 한다.

2 ③

대리인은 행위능력자임을 요하지 아니한다〈민법 제117조〉.

3 ②

법은 규범적 타당성과 실효성을 확보해야 한다.

4 ④

법의 단계 … 헌법 → 법률 → 명령 → 조례 → 규칙

헌법에 의하여 체결·공포된 조약과 일반적으로 승인된 국제법규는 국내법과 같은 효력을 가진다〈헌법 제6조〉.

5 ②

법률이 헌법에 규정된 기본적 인권을 침해한다는 것은 곧 위헌법률의 판단문제를 의미한다.

---

6 ②

헌법전문에 규정된 이념(내용)	헌법전문에 규정되지 않은 내용
• 국민주권주의 • 자유민주주의 • 평화통일원리 • 문화국가원리 • 국제평화주의 • 민족의 단결 • 기회균등, 능력의 발휘 • 자유화 권리에 따르는 책임과 의무 완수	• 권력분립제도 • 5 · 16혁명 • 국가형태〈헌법 제1조〉 • 대한민국의 영토〈헌법 제3조〉 • 침략전쟁의 부인〈헌법 제5조 제1항〉 • 민족문화의 창달〈헌법 제9조〉

※ 대한민국 헌법전문 … 유구한 역사와 전통에 빛나는 우리 대한민국은 3 · 1운동으로 건립된 대한민국임시정부의 법통과 불의에 항거한 4 · 19민주이념을 계승하고 조국의 민주개혁과 평화적 통일의 사명에 입각하여 정의 · 인도와 동포애로써 민족의 단결을 공고히 하고, 모든 사회적 폐습과 불의를 타파하며, 자율과 조화를 바탕으로 자유민주적 기본질서를 더욱 확고히 하여 정치 · 경제 · 사회 · 문화의 모든 영역에 있어서 각인의 기회를 균등히 하고 능력을 최고도로 발휘하게 하며, 자유와 권리에 따르는 책임과 의무를 완수하게 하여 안으로는 국민생활의 균등한 향상을 기하고 밖으로는 항구적인 세계평화와 인류공영에 이바지함으로써 우리들과 우리들의 자손의 안전과 자유와 행복을 영원히 확보할 것을 다짐하면서 1948년 7월 12일에 제정되고 8차에 걸쳐 개정된 헌법을 이제 국회의 의결을 거쳐 국민투표에 의하여 개정한다.

---

7 ④

행정소송법에서 규정하고 있는 항고소송으로는 취소소송, 무효 등 확인소송, 부작위위법확인소송이 있다.

---

8 ①

① 조약에 의해서도 국민의 기본권의 제한이 가능하다. 국가 간에 체결된 조약은 법률과 동일한 효력이 있다.

---

9 ①

조세법률주의의 원칙상 국회에서만 세율의 변경을 의결할 수 있다.

10 ④

① 공포된 날로부터 20일을 경과함으로써 효력을 발생한다.

② 정부로 이송되어 15일 이내에 대통령이 공포한다.

③ 법률안 제출은 국회의원(10인 이상), 정부(대통령)가 할 수 있다.

---

11 ①

② 마르코프체인 : 각 시행의 결과가 바로 앞의 시행의 결과에만 영향을 받는 일련의 확률적 시행

③ 대기행렬 : 서비스를 받기 위해 기다리고 있는 처리요구의 행렬

④ 네트워크 : 각기 독자성을 지닌 조직 간의 협력적 연계장치로 구성된 조직

---

12 ②

ⓒ 만족모형은 인간의 인지능력, 시간, 비용, 정보 등의 부족으로 모든 대안을 탐색하는 것이 아니라 한정된 대안만을 검토하여 만족할 만한 대안을 선택한다.

ⓔ 쓰레기통모형에 대한 설명이다.

---

13 ①

② 기획의 그레샴 법칙 : 기획을 수립할 책임이 있는 기획담당자는 어렵고 많은 노력을 요하는 비정형적 기획을 꺼려하는 경향을 가진다는 것

③ 와그너의 법칙 : 정부 규모는 경제 성장 속도보다 빠르게 증가한다는 것

④ 머피의 법칙 : 하려는 일이 항상 원하지 않는 방향으로만 진행되는 현상

---

14 ④

자치구세와 도세

구분	자치구세	도세
보통세	등록면허세, 재산세	취득세, 레저세, 등록면허세, 지방소비세
목적세	(자치구세는 목적세가 없다)	지방교육세, 지역자원시설세

---

15 ④

ⓒ 건강보험은 지방공공서비스가 아니라 중앙정부 차원의 복지정책이다.

ⓜ 전기와 고속도로는 유료재에 속한다.

16 ④

④ 내·외관계인의 참여는 저항을 최소화시켜 행정개혁의 성공요건이 될 수 있다.

---

17 ④

④ 의사결정이론모형에 해당한다.

※ 동기부여의 내용이론(욕구이론)
 ㉠ Maslow의 욕구단계설
 ㉡ Alderfer의 ERG이론
 ㉢ Herzberg의 욕구충족요인 이원설
 ㉣ Likert의 관리체제모형
 ㉤ McClelland의 성취동기이론

---

18 ③

③ 정부실패의 원인이다.

---

19 ④

④ 과학성보다는 처방성과 기술성을 강조하였다.

---

20 ②

㉡㉢ 기계적 구조의 특성에 해당한다.

---

21 ④

동기부여의 중요성
 ㉠ 동기부여는 개인의 자발적인 업무수행노력을 촉진하여 직무만족 및 생산성을 높이고 나아가 조직유효성을 제고시킨다.
 ㉡ 개인의 동기부여는 경쟁우위 원천으로서의 사람의 중요성이 커지는 가운데 기업경쟁력 강화의 핵심 수단이 된다.
 ㉢ 동기부여는 변화에 대한 구성원들의 저항을 줄이고 자발적인 적응을 촉진함으로써 조직변화를 용이하게 하는 추진력이 된다.
 ㉣ 동기부여는 구성원 개개인으로 하여금 과업수행에 대한 자신감 및 자긍심을 갖게 한다.
 ㉤ 동기부여는 조직 구성원들이 적극적이고 능동적으로 업무를 진행하게 함으로써 자아실현을 할 수 있는 기회를 부여한다.

22 ④

생산관리 상의 문제점 중 다품종 소량생산의 문제

㉠ 계획변경에 의하여 생산우선순위가 변동된다.
㉡ 제품의 도면설계지연에 따른 생산계획의 변경이 일어난다.
㉢ 소로트 생산에 의한 생산계획의 변경이 빈번하게 일어난다.
㉣ 사전관리의 미비로 생산계획의 변경이 빈번하게 일어난다.
㉤ 계획변경에 의한 품종변경, 사양변경이 자주 일어난다.
㉥ 영업부서의 긴급오더에 의한 계획변경이 빈번하게 일어난다.
㉦ 확정생산계획의 수립지연으로 빈번한 계획변경이 발생한다.

---

23 ④

직업구조를 형성하기 위한 방법

㉠ 직무분석 : 조직 내의 직무에 관한 정보를 체계적으로 수집하여 처리하는 활동을 말한다. 여기서 직무란 하나의 직위가 수행하는 업무의 묶음을 말한다.
㉡ 직무평가 : 직무들의 상대적인 가치를 체계적으로 결정하는 작업이다.
㉢ 직무설계 : 직무의 내용, 기능, 그리고 연관관계를 결정하는 활동이다.

---

24 ③

기업공개가 활발히 추진될 경우 전문경영체제로 옮겨가게 되므로 합리적인 경영이 가능하게 된다.

---

25 ④

매트릭스 조직은 기능별 및 부서별 명령체계를 이중적으로 사용하여 조직을 몇 개의 부서로 구분하는 조직이다.

① 팀제 조직 : 상호보완적인 소수가 공동의 목표달성을 위해 책임을 공유하고 문제해결을 위해 노력하는 수평적 조직이다. 능력과 적성에 따라 탄력적으로 인재를 팀에 소속시키고 팀장을 중심으로 동등한 책임 하에 구분된 일을 하면서 상호유기적인 관계를 유지하는 조직형태이다.
② 네트워크 조직 : 기본적으로 유연성, 부서간 통합 및 DB의 활용을 전제로 하므로 마케팅 이행을 위한 조직으로 가장 적합하다.
③ 프로젝트 조직 : 프로젝트는 조직이 제 노력을 집중하여 해결하고자 시도하는 과제이고, 이러한 특정 목표를 달성하기 위하여 일시적으로 조직 내의 인적·물적 자원을 결합하는 조직형태이다.

---

26 ①

Adhocracy(애드호크러시) … 종래 계층적 조직형태가 지닌 경직성을 극복하기 위해 제기된 역동적, 임시적, 동태적, 유기적 조직형태를 말한다.

27 ④

JIT(Just In Time)은 생산현장에서 꼭 필요한 물자를 필요한 양만큼만 필요한 시간과 장소에 생산·보관하는 방식이다.

28 ③

① 판매촉진 ② 광고 ④ 인적 판매

29 ①

벤처기업 … 신기술이나 노하우 등을 개발하고 이를 기업화함으로써 사업을 하는 창조적인 기술집약형 기업을 말한다.

30 ①

벤치마킹(bench marking) … 초우량기업이 되기 위해 최고의 기업과 자사의 차이를 구체화하고 이를 메우는 것을 혁신의 목표로 활용하는 경영전략이다.

31 ②

국제수지의 종류
㉠ 경상수지 : 제품이나 서비스를 해외에 사고 판 총액에서 받은 돈과 내준 돈의 차액을 말한다.
• 상품수지 : 상품의 수출과 수입의 차액을 나타내는 수지
• 서비스수지 : 해외여행, 유학·연수, 운수서비스 등과 같은 서비스 거래 관계가 있는 수입과 지출의 차액을 나타내는 수지
• 소득수지 : 임금, 배당금, 이자처럼 투자의 결과로 발생한 수입과 지급의 차액을 나타내는 수지
• 경상이전수지 : 송금, 기부금, 정부의 무상원조 등 대가없이 주고받은 거래의 차액을 나타내는 수지
㉡ 자본수지 : 소득을 이루지 않는 돈 자체가 오고 간 결과의 차이를 나타내는 것이다.

32 ①

케인즈와 케인즈학파의 경제학자들은 금융정책을 불신하고 적자재정에 의한 보정적 재정정책을 쓸 것을 주장하였다.

33 ②

세이(J.S. Say)는 "공급은 스스로 수요를 창조한다."라고 하여 자유경쟁의 경제에서는 일반적 생산과잉은 있을 수 없으며, 공급은 언제나 그만큼의 수요를 만들어 낸다고 하였다.

34 ①

베블렌효과(veblen effect) … 가격이 상승한 소비재의 수요가 오히려 증가하는 현상이다. 미국의 경제학자 베블렌이 그의 저서 '유한계급론'에서 고소득 유한계급의 과시적인 고액의 소비행동을 논한 데서 비롯되었다.

---

35 ②

마찰적 실업은 일시적으로 직장을 옮기는 과정에서 실업상태에 있는 것이다.

---

36 ②

예금금리가 대출금리보다 높은 경로로 저축의 증대를 꾀하면서 저금리로 기업에 대출하여 인플레이션 현상을 수습하고 내자동원을 극대화하기 위해 단기적으로 채택되는 금리정책이다.

---

37 ④

④ 민간개인의 예금을 흡수하고 예금창조, 즉 신용창조를 함으로써 대출에 필요한 자금을 조달하는 것은 시중은행의 기능이다.

---

38 ④

로렌츠곡선 … 미국의 경제학자 로렌츠(M.O. Lorenz)가 소득분포의 상태를 나타내기 위하여 작성한 도표로, 소득이 사회계층에 어떤 비율로 분배되는가를 알아보기 위한 것이다. 가로축에 저소득인구로부터 소득인구를 누적하여 그 백분율을 표시한 결과 45°선의 균등분포선과는 다른 소득불평등곡선이 나타났다.

---

39 ④

누진세 … 과세대상의 금액이 많을수록 높은 세율을 적용하는 조세로, 소득재분배의 효과가 크다.

---

40 ②

패리티가격(parity price) … 농산물가격을 결정함에 있어서 공산품가격과 서로 균형을 유지하도록 뒷받침해 주는 가격으로, 농가보호가 그 목적이다.

---

41 ①

의견의 종류 … 적정의견, 한정의견, 부적정의견, 무의견(의견거절) 등이 있다.
① 의견거절에 해당한다.

42 ③

재고수량이 증가(기말수량 ≧ 기초수량)하고 물가가 상승하는 경우 선입선출법, 이동평균법, 총평균법, 후입선출법의 순으로 당기순이익이 크게 표시된다. 즉 당기순이익이 크다는 말은 매출원가가 작다는 것이고 기말재고가 크다는 것이다.

---

43 ④

④ 투자부동산은 투자자산이다.

---

44 ④

신뢰성 있는 금액의 추정이 불가능한 경우에는 재무상태표의 본문에 표시하지 않고 주석에 공시한다.

---

45 ①

주식할인발행차금 : 주식발행가액이 액면가액에 미달하는 경우 그 미달하는 금액으로 주식발행초과금과 상계처리하고 남은 잔액은 발행연도부터 3년 이내의 기간에 매기 균등액을 이익잉여금의 처분으로 상각한다.

---

46 ①

① 법인세 중간예납세액은 '선납세금'으로 회계처리 한다.

---

47 ④

①②③은 모두 자본항목에 영향을 미치므로 당기순이익과 관련이 없다.

---

48 ①

① 매출채권의 감소는 영업활동 현금흐름에 포함된다.

---

49 ③

현금예금, 매출채권, 매입채무 등과 같이 환산 전에 현재가치로 측정표시되어 있는 항목은 현행환율을 적용하고 재고자산, 고정자산과 같이 환산 전에 취득원가로 측정표시되어 있는 항목은 역사적 환율을 적용하여야 한다.

50 ②

본 · 지점결합재무제표의 작성절차

㉠ 미달거래의 분개

㉡ 본점과 지점의 개별재무제표 작성

㉢ 내부거래 및 내부미실현이익 제거

㉣ 본 · 지점결합재무제표 작성

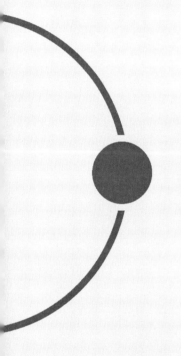

인성검사

인성검사의 개요

01 인성검사의 개념과 목적

인성(성격)이란 개인을 특징짓는 평범하고 일상적인 사회적 이미지, 즉 지속적이고 일관된 공적 성격(Public – personality)이며, 환경에 대응함으로써 선천적·후천적 요소의 상호작용으로 결정화된 심리적·사회적 특성 및 경향을 의미한다.

인성검사는 직무적성검사를 실시하는 대부분의 기업체에서 병행하여 실시하고 있으며, 인성검사만 독자적으로 실시하는 기업도 있다.

기업체에서는 인성검사를 통하여 각 개인이 어떠한 성격 특성이 발달되어 있고, 어떤 특성이 얼마나 부족한 지, 그것이 해당 직무의 특성 및 조직문화와 얼마나 맞는지를 알아보고 이에 적합한 인재를 선발하고자 한다. 또한 개인에게 적합한 직무 배분과 부족한 부분을 교육을 통해 보완하도록 할 수 있다.

인성검사의 측정요소는 검사방법에 따라 차이가 있다. 또한 각 기업체들이 사용하고 있는 인성검사는 기존에 개발된 인성검사방법에 각 기업체의 인재상을 적용하여 자신들에게 적합하게 재개발하여 사용하는 경우가 많다. 그러므로 기업체에서 요구하는 인재상을 파악하여 그에 따른 대비책을 준비하는 것이 바람직하다. 본서에 서 제시된 인성검사는 크게 '특성'과 '유형'의 측면에서 측정하게 된다.

02 성격의 특성

(1) 정서적 측면

정서적 측면은 평소 마음의 당연시하는 자세나 정신상태가 얼마나 안정되어 있는지 또는 불안정한지를 측정 한다.

정서의 상태는 직무수행이나 대인관계와 관련하여 태도나 행동으로 드러난다. 그러므로 정서적 측면을 측정하 는 것에 의해, 장래 조직 내의 인간관계에 어느 정도 잘 적응할 수 있을까(또는 적응하지 못할까)를 예측하는 것이 가능하다.

그렇기 때문에, 정서적 측면의 결과는 채용 시에 상당히 중시된다. 아무리 능력이 좋아도 장기적으로 조직 내의 인간관계에 잘 적응할 수 없다고 판단되는 인재는 기본적으로는 채용되지 않는다.

일반적으로 인성(성격)검사는 채용과는 관계없다고 생각하나 정서적으로 조직에 적응하지 못하는 인재는 채용단계에서 가려내지는 것을 유의하여야 한다.

① 민감성(신경도) … 꼼꼼함, 섬세함, 성실함 등의 요소를 통해 일반적으로 신경질적인지 또는 자신의 존재를 위협받는다는 불안을 갖기 쉬운지를 측정한다.

질문	전혀 그렇지 않다	그렇지 않다	그렇다	매우 그렇다
• 배려적이라고 생각한다. • 어지러진 방에 있으면 불안하다. • 실패 후에는 불안하다. • 세세한 것까지 신경쓴다. • 이유 없이 불안할 때가 있다.				

▶측정결과

㉠ '그렇다'가 많은 경우(상처받기 쉬운 유형) : 사소한 일에 신경 쓰고 다른 사람의 사소한 한마디 말에 상처를 받기 쉽다.
　• 면접관의 심리 : '동료들과 잘 지낼 수 있을까?', '실패할 때마다 위축되지 않을까?'
　• 면접대책 : 다소 신경질적이라도 능력을 발휘할 수 있다는 평가를 얻도록 한다. 주변과 충분한 의사소통이 가능하고, 결정한 것을 실행할 수 있다는 것을 보여주어야 한다.

㉡ '그렇지 않다'가 많은 경우(정신적으로 안정적인 유형) : 사소한 일에 신경 쓰지 않고 금방 해결하며, 주위 사람의 말에 과민하게 반응하지 않는다.
　• 면접관의 심리 : '계약할 때 필요한 유형이고, 사고 발생에도 유연하게 대처할 수 있다.'
　• 면접대책 : 일반적으로 '민감성'의 측정치가 낮으면 플러스 평가를 받으므로 더욱 자신감 있는 모습을 보여준다.

② **자책성(과민도)** ··· 자신을 비난하거나 책망하는 정도를 측정한다.

질문	전혀 그렇지 않다	그렇지 않다	그렇다	매우 그렇다
• 후회하는 일이 많다. • 자신이 하찮은 존재라 생각된다. • 문제가 발생하면 자기의 탓이라고 생각한다. • 무슨 일이든지 끙끙대며 진행하는 경향이 있다. • 온순한 편이다.				

▶측정결과

㉠ '그렇다'가 많은 경우(자책하는 유형) : 비관적이고 후회하는 유형이다.
  • 면접관의 심리 : '끙끙대며 괴로워하고, 일을 진행하지 못할 것 같다.'
  • 면접대책 : 기분이 저조해도 항상 의욕을 가지고 생활하는 것과 책임감이 강하다는 것을 보여준다.
㉡ '그렇지 않다'가 많은 경우(낙천적인 유형) : 기분이 항상 밝은 편이다.
  • 면접관의 심리 : '안정된 대인관계를 맺을 수 있고, 외부의 압력에도 흔들리지 않는다.'
  • 면접대책 : 일반적으로 '자책성'의 측정치가 낮아야 좋은 평가를 받는다.

③ **기분성(불안도)** ··· 기분의 굴곡이나 감정적인 면의 미숙함이 어느 정도인지를 측정하는 것이다.

질문	전혀 그렇지 않다	그렇지 않다	그렇다	매우 그렇다
• 다른 사람의 의견에 자신의 결정이 흔들리는 경우가 많다. • 기분이 쉽게 변한다. • 종종 후회한다. • 다른 사람보다 의지가 약한 편이라고 생각한다. • 금방 싫증을 내는 성격이라는 말을 자주 듣는다.				

▶측정결과

㉠ '그렇다'가 많은 경우(감정의 기복이 많은 유형) : 의지력보다 기분에 따라 행동하기 쉽다.
  • 면접관의 심리 : '감정적인 것에 약하며, 상황에 따라 생산성이 떨어지지 않을까?'
  • 면접대책 : 주변 사람들과 항상 협조한다는 것을 강조하고 한결같은 상태로 일할 수 있다는 평가를 받도록 한다.
㉡ '그렇지 않다'가 많은 경우(감정의 기복이 적은 유형) : 감정의 기복이 없고, 안정적이다.
  • 면접관의 심리 : '안정적으로 업무에 임할 수 있다.'
  • 면접대책 : 기분성의 측정치가 낮으면 플러스 평가를 받으므로 자신감을 가지고 면접에 임한다.

④ **독자성(개인도)** … 주변에 대한 견해나 관심, 자신의 견해나 생각에 어느 정도의 속박감을 가지고 있는 지를 측정한다.

질문	전혀 그렇지 않다	그렇지 않다	그렇다	매우 그렇다
• 창의적 사고방식을 가지고 있다. • 융통성이 있는 편이다. • 혼자 있는 편이 많은 사람과 있는 것보다 편하다. • 개성적이라는 말을 듣는다. • 교제는 번거로운 것이라고 생각하는 경우가 많다.				

▶측정결과

㉠ '그렇다'가 많은 경우 : 자기의 관점을 중요하게 생각하는 유형으로, 주위의 상황보다 자신의 느낌과 생각을 중시한다.
   • 면접관의 심리 : '제멋대로 행동하지 않을까?'
   • 면접대책 : 주위 사람과 협조하여 일을 진행할 수 있다는 것과 상식에 얽매이지 않는다는 인상을 심어준다.

㉡ '그렇지 않다'가 많은 경우 : 상식적으로 행동하고 주변 사람의 시선에 신경을 쓴다.
   • 면접관의 심리 : '다른 직원들과 협조하여 업무를 진행할 수 있겠다.'
   • 면접대책 : 협조성이 요구되는 기업체에서는 플러스 평가를 받을 수 있다.

⑤ **자신감(자존심도)** ··· 자기 자신에 대해 얼마나 긍정적으로 평가하는지를 측정한다.

질문	전혀 그렇지 않다	그렇지 않다	그렇다	매우 그렇다
• 다른 사람보다 능력이 뛰어나다고 생각한다. • 다소 반대의견이 있어도 나만의 생각으로 행동할 수 있다. • 나는 다른 사람보다 기가 센 편이다. • 동료가 나를 모욕해도 무시할 수 있다. • 대개의 일을 목적한 대로 헤쳐나갈 수 있다고 생각한다.				

▶측정결과

㉠ '그렇다'가 많은 경우 : 자기 능력이나 외모 등에 자신감이 있고, 비판당하는 것을 좋아하지 않는다.

• 면접관의 심리 : '자만하여 지시에 잘 따를 수 있을까?'

• 면접대책 : 다른 사람의 조언을 잘 받아들이고, 겸허하게 반성하는 면이 있다는 것을 보여주고, 동료들과 잘 지내며 리더의 자질이 있다는 것을 강조한다.

㉡ '그렇지 않다'가 많은 경우 : 자신감이 없고 다른 사람의 비판에 약하다.

• 면접관의 심리 : '패기가 부족하지 않을까?', '쉽게 좌절하지 않을까?'

• 면접대책 : 극도의 자신감 부족으로 평가되지는 않는다. 그러나 마음이 약한 면은 있지만 의욕적으로 일을 하겠다는 마음가짐을 보여준다.

⑥ **고양성(분위기에 들뜨는 정도)** ··· 자유분방함, 명랑함과 같이 감정(기분)의 높고 낮음의 정도를 측정한다.

질문	전혀 그렇지 않다	그렇지 않다	그렇다	매우 그렇다
• 침착하지 못한 편이다. • 다른 사람보다 쉽게 우쭐해진다. • 모든 사람이 아는 유명인사가 되고 싶다. • 모임이나 집단에서 분위기를 이끄는 편이다. • 취미 등이 오랫동안 지속되지 않는 편이다.				

▶측정결과

㉠ '그렇다'가 많은 경우 : 자극이나 변화가 있는 일상을 원하고 기분을 들뜨게 하는 사람과 친밀하게 지내는 경향이 강하다.
- 면접관의 심리 : '일을 진행하는 데 변덕스럽지 않을까?'
- 면접대책 : 밝은 태도는 플러스 평가를 받을 수 있지만, 착실한 업무능력이 요구되는 직종에서는 마이너스 평가가 될 수 있다. 따라서 자기조절이 가능하다는 것을 보여준다.

㉡ '그렇지 않다'가 많은 경우 : 감정이 항상 일정하고, 속을 드러내 보이지 않는다.
- 면접관의 심리 : '안정적인 업무 태도를 기대할 수 있겠다.'
- 면접대책 : '고양성'의 낮음은 대체로 플러스 평가를 받을 수 있다. 그러나 '무엇을 생각하고 있는지 모르겠다' 등의 평을 듣지 않도록 주의한다.

⑦ 허위성(진위성) … 필요 이상으로 자기를 좋게 보이려 하거나 기업체가 원하는 '이상형'에 맞춘 대답을 하고 있는지, 없는지를 측정한다.

질문	전혀 그렇지 않다	그렇지 않다	그렇다	매우 그렇다
• 약속을 깨뜨린 적이 한 번도 없다. • 다른 사람을 부럽다고 생각해 본 적이 없다. • 꾸지람을 들은 적이 없다. • 사람을 미워한 적이 없다. • 화를 낸 적이 한 번도 없다.				

▶측정결과

㉠ '그렇다'가 많은 경우 : 실제의 자기와는 다른, 말하자면 원칙으로 해답할 가능성이 있다.
- 면접관의 심리 : '거짓을 말하고 있다.'
- 면접대책 : 조금이라도 좋게 보이려고 하는 '거짓말쟁이'로 평가될 수 있다. '거짓을 말하고 있다.'는 마음 따위가 전혀 없다 해도 결과적으로는 정직하게 답하지 않는다는 것이 되어 버린다. '허위성'의 측정 질문은 구분되지 않고 다른 질문 중에 섞여 있다. 그러므로 모든 질문에 솔직하게 답하여야 한다. 또한 자기 자신과 너무 동떨어진 이미지로 답하면 좋은 결과를 얻지 못한다. 그리고 면접에서 '허위성'을 기본으로 한 질문을 받게 되므로 당황하거나 또다른 모순된 답변을 하게 된다. 겉치레를 하거나 무리한 욕심을 부리지 말고 '이런 사회인이 되고 싶다.'는 현재의 자신보다, 조금 성장한 자신을 표현하는 정도가 적당하다.

㉡ '그렇지 않다'가 많은 경우 : 냉정하고 정직하며, 외부의 압력과 스트레스에 강한 유형이다. '대쪽 같음'의 이미지가 굳어지지 않도록 주의한다.

(2) 행동적인 측면

행동적 측면은 인격 중에 특히 행동으로 드러나기 쉬운 측면을 측정한다. 사람의 행동 특징 자체에는 선도 악도 없으나, 일반적으로는 일의 내용에 의해 원하는 행동이 있다. 때문에 행동적 측면은 주로 직종과 깊은 관계가 있는데 자신의 행동 특성을 살려 적합한 직종을 선택한다면 플러스가 될 수 있다.

행동 특성에서 보여 지는 특징은 면접장면에서도 드러나기 쉬운데 본서의 모의 TEST의 결과를 참고하여 자신의 태도, 행동이 면접관의 시선에 어떻게 비치는지를 점검하도록 한다.

① 사회적 내향성 … 대인관계에서 나타나는 행동경향으로 '낯가림'을 측정한다.

질문	선택
A : 파티에서는 사람을 소개받은 편이다. B : 파티에서는 사람을 소개하는 편이다.	
A : 처음 보는 사람과는 어색하게 시간을 보내는 편이다. B : 처음 보는 사람과는 즐거운 시간을 보내는 편이다.	
A : 친구가 적은 편이다. B : 친구가 많은 편이다.	
A : 자신의 의견을 말하는 경우가 적다. B : 자신의 의견을 말하는 경우가 많다.	
A : 사교적인 모임에 참석하는 것을 좋아하지 않는다. B : 사교적인 모임에 항상 참석한다.	

▶측정결과

㉠ 'A'가 많은 경우 : 내성적이고 사람들과 접하는 것에 소극적이다. 자신의 의견을 말하지 않고 조심스러운 편이다.
- 면접관의 심리 : '소극적인데 동료와 잘 지낼 수 있을까?'
- 면접대책 : 대인관계를 맺는 것을 싫어하지 않고 의욕적으로 일을 할 수 있다는 것을 보여준다.

㉡ 'B'가 많은 경우 : 사교적이고 자기의 생각을 명확하게 전달할 수 있다.
- 면접관의 심리 : '사교적이고 활동적인 것은 좋지만, 자기주장이 너무 강하지 않을까?'
- 면접대책 : 협조성을 보여주고, 자기주장이 너무 강하다는 인상을 주지 않도록 주의한다.

② 내성성(침착도) … 자신의 행동과 일에 대해 침착하게 생각하는 정도를 측정한다.

질문	선택
A : 시간이 걸려도 침착하게 생각하는 경우가 많다. B : 짧은 시간에 결정을 하는 경우가 많다.	
A : 실패의 원인을 찾고 반성하는 편이다. B : 실패를 해도 그다지(별로) 개의치 않는다.	
A : 결론이 도출되어도 몇 번 정도 생각을 바꾼다. B : 결론이 도출되면 신속하게 행동으로 옮긴다.	
A : 여러 가지 생각하는 것이 능숙하다. B : 여러 가지 일을 재빨리 능숙하게 처리하는 데 익숙하다.	
A : 여러 가지 측면에서 사물을 검토한다. B : 행동한 후 생각을 한다.	

▶측정결과

㉠ 'A'가 많은 경우 : 행동하기 보다는 생각하는 것을 좋아하고 신중하게 계획을 세워 실행한다.

• 면접관의 심리 : '행동으로 실천하지 못하고, 대응이 늦은 경향이 있지 않을까?'

• 면접대책 : 발로 뛰는 것을 좋아하고, 일을 더디게 한다는 인상을 주지 않도록 한다.

㉡ 'B'가 많은 경우 : 차분하게 생각하는 것보다 우선 행동하는 유형이다.

• 면접관의 심리 : '생각하는 것을 싫어하고 경솔한 행동을 하지 않을까?'

• 면접대책 : 계획을 세우고 행동할 수 있는 것을 보여주고 '사려깊다'라는 인상을 남기도록 한다.

③ **신체활동성** … 몸을 움직이는 것을 좋아하는가를 측정한다.

질문	선택
A : 민첩하게 활동하는 편이다. B : 준비행동이 없는 편이다.	
A : 일을 척척 해치우는 편이다. B : 일을 더디게 처리하는 편이다.	
A : 활발하다는 말을 듣는다. B : 얌전하다는 말을 듣는다.	
A : 몸을 움직이는 것을 좋아한다. B : 가만히 있는 것을 좋아한다.	
A : 스포츠를 하는 것을 즐긴다. B : 스포츠를 보는 것을 좋아한다.	

▶측정결과

㉠ 'A'가 많은 경우 : 활동적이고, 몸을 움직이게 하는 것이 컨디션이 좋다.
 • 면접관의 심리 : '활동적으로 활동력이 좋아 보인다.'
 • 면접대책 : 활동하고 얻은 성과 등과 주어진 상황의 대응능력을 보여준다.

㉡ 'B'가 많은 경우 : 침착한 인상으로, 차분하게 있는 타입이다.
 • 면접관의 심리 : '좀처럼 행동하려 하지 않아 보이고, 일을 빠르게 처리할 수 있을까?'

④ **지속성(노력성)** … 무슨 일이든 포기하지 않고 끈기 있게 하려는 정도를 측정한다.

질문	선택
A : 일단 시작한 일은 시간이 걸려도 끝까지 마무리한다. B : 일을 하다 어려움에 부딪히면 단념한다.	
A : 끈질긴 편이다. B : 바로 단념하는 편이다.	
A : 인내가 강하다는 말을 듣는다. B : 금방 싫증을 낸다는 말을 듣는다.	
A : 집념이 깊은 편이다. B : 담백한 편이다.	
A : 한 가지 일에 구애되는 것이 좋다고 생각한다. B : 간단하게 체념하는 것이 좋다고 생각한다.	

▶측정결과

㉠ 'A'가 많은 경우 : 시작한 것은 어려움이 있어도 포기하지 않고 인내심이 높다.
- 면접관의 심리 : '한 가지의 일에 너무 구애되고, 업무의 진행이 원활할까?'
- 면접대책 : 인내력이 있는 것은 플러스 평가를 받을 수 있지만 집착이 강해 보이기도 한다.

㉡ 'B'가 많은 경우 : 뒤끝이 없고 조그만 실패로 일을 포기하기 쉽다.
- 면접관의 심리 : '질리는 경향이 있고, 일을 정확히 끝낼 수 있을까?'
- 면접대책 : 지속적인 노력으로 성공했던 사례를 준비하도록 한다.

⑤ 신중성(주의성) … 자신이 처한 주변상황을 즉시 파악하고 자신의 행동이 어떤 영향을 미치는지를 측정한다.

질문	선택
A : 여러 가지로 생각하면서 완벽하게 준비하는 편이다. B : 행동할 때부터 임기응변적인 대응을 하는 편이다.	
A : 신중해서 타이밍을 놓치는 편이다. B : 준비 부족으로 실패하는 편이다.	
A : 자신은 어떤 일에도 신중히 대응하는 편이다. B : 순간적인 충동으로 활동하는 편이다.	
A : 시험을 볼 때 끝날 때까지 재검토하는 편이다. B : 시험을 볼 때 한 번에 모든 것을 마치는 편이다.	
A : 일에 대해 계획표를 만들어 실행한다. B : 일에 대한 계획표 없이 진행한다.	

▶측정결과

㉠ 'A'가 많은 경우 : 주변 상황에 민감하고, 예측하여 계획 있게 일을 진행한다.
- 면접관의 심리 : '너무 신중해서 적절한 판단을 할 수 있을까?', '앞으로의 상황에 불안을 느끼지 않을까?'
- 면접대책 : 예측을 하고 실행을 하는 것은 플러스 평가가 되지만, 너무 신중하면 일의 진행이 정체될 가능성을 보이므로 추진력이 있다는 강한 의욕을 보여준다.

㉡ 'B'가 많은 경우 : 주변 상황을 살펴보지 않고 착실한 계획 없이 일을 진행시킨다.
- 면접관의 심리 : '사려 깊지 않고, 실패하는 일이 많지 않을까?', '판단이 빠르고 유연한 사고를 할 수 있을까?'
- 면접대책 : 사전준비를 중요하게 생각하고 있다는 것 등을 보여주고, 경솔한 인상을 주지 않도록 한다. 또한 판단력이 빠르거나 유연한 사고 덕분에 일 처리를 잘 할 수 있다는 것을 강조한다.

(3) 의욕적인 측면

의욕적인 측면은 의욕의 정도, 활동력의 유무 등을 측정한다. 여기서의 의욕이란 우리들이 보통 말하고 사용하는 '하려는 의지'와는 조금 뉘앙스가 다르다. '하려는 의지'란 그 때의 환경이나 기분에 따라 변화하는 것이지만, 여기에서는 조금 더 변화하기 어려운 특징, 말하자면 정신적 에너지의 양으로 측정하는 것이다.

의욕적 측면은 행동적 측면과는 다르고, 전반적으로 어느 정도 점수가 높은 쪽을 선호한다. 모의검사의 의욕적 측면의 결과가 낮다면, 평소 일에 몰두할 때 조금 의욕 있는 자세를 가지고 서서히 개선하도록 노력해야 한다.

① 달성의욕 … 목적의식을 가지고 높은 이상을 가지고 있는지를 측정한다.

질문	선택
A : 경쟁심이 강한 편이다. B : 경쟁심이 약한 편이다.	
A : 어떤 한 분야에서 제1인자가 되고 싶다고 생각한다. B : 어느 분야에서든 성실하게 임무를 진행하고 싶다고 생각한다.	
A : 규모가 큰 일을 해보고 싶다. B : 맡은 일에 충실히 임하고 싶다.	
A : 아무리 노력해도 실패한 것은 아무런 도움이 되지 않는다. B : 가령 실패했을 지라도 나름대로의 노력이 있었으므로 괜찮다.	
A : 높은 목표를 설정하여 수행하는 것이 의욕적이다. B : 실현 가능한 정도의 목표를 설정하는 것이 의욕적이다.	

▶측정결과

㉠ 'A'가 많은 경우 : 큰 목표와 높은 이상을 가지고 승부욕이 강한 편이다.
- 면접관의 심리 : '열심히 일을 해줄 것 같은 유형이다.'
- 면접대책 : 달성의욕이 높다는 것은 어떤 직종이라도 플러스 평가가 된다.

㉡ 'B'가 많은 경우 : 현재의 생활을 소중하게 여기고 비약적인 발전을 위하여 기를 쓰지 않는다.
- 면접관의 심리 : '외부의 압력에 약하고, 기획입안 등을 하기 어려울 것이다.'
- 면접대책 : 일을 통하여 하고 싶은 것들을 구체적으로 어필한다.

② 활동의욕 … 자신에게 잠재된 에너지의 크기로, 정신적인 측면의 활동력이라 할 수 있다.

질문	선택
A : 하고 싶은 일을 실행으로 옮기는 편이다. B : 하고 싶은 일을 좀처럼 실행할 수 없는 편이다.	
A : 어려운 문제를 해결해 가는 것이 좋다. B : 어려운 문제를 해결하는 것을 잘하지 못한다.	
A : 일반적으로 결단이 빠른 편이다. B : 일반적으로 결단이 느린 편이다.	
A : 곤란한 상황에도 도전하는 편이다. B : 사물의 본질을 깊게 관찰하는 편이다.	
A : 시원시원하다는 말을 잘 듣는다. B : 꼼꼼하다는 말을 잘 듣는다.	

▶측정결과

㉠ 'A'가 많은 경우 : 꾸물거리는 것을 싫어하고 재빠르게 결단해서 행동하는 타입이다.
• 면접관의 심리 : '일을 처리하는 솜씨가 좋고, 일을 척척 진행할 수 있을 것 같다.'
• 면접대책 : 활동의욕이 높은 것은 플러스 평가가 된다. 사교성이나 활동성이 강하다는 인상을 준다.

㉡ 'B'가 많은 경우 : 안전하고 확실한 방법을 모색하고 차분하게 시간을 아껴서 일에 임하는 타입이다.
• 면접관의 심리 : '재빨리 행동을 못하고, 일의 처리속도가 느린 것이 아닐까?'
• 면접대책 : 활동성이 있는 것을 좋아하고 움직임이 더디다는 인상을 주지 않도록 한다.

03 성격의 유형

(1) 인성검사유형의 4가지 척도

정서적인 측면, 행동적인 측면, 의욕적인 측면의 요소들은 성격 특성이라는 관점에서 제시된 것들로 각 개인의 장·단점을 파악하는 데 유용하다. 그러나 전체적인 개인의 인성을 이해하는 데는 한계가 있다.

성격의 유형은 개인의 '성격적인 특색'을 가리키는 것으로, 사회인으로서 적합한지, 아닌지를 말하는 관점과는 관계가 없다. 따라서 채용의 합격 여부에는 사용되지 않는 경우가 많으며, 입사 후의 적정 부서 배치의 자료가 되는 편이라 생각하면 된다. 그러나 채용과 관계가 없다고 해서 아무런 준비도 필요없는 것은 아니다. 자신을 아는 것은 면접 대책의 밑거름이 되므로 모의검사 결과를 충분히 활용하도록 하여야 한다.

본서에서는 4개의 척도를 사용하여 기본적으로 16개의 패턴으로 성격의 유형을 분류하고 있다. 각 개인의 성격이 어떤 유형인지 재빨리 파악하기 위해 사용되며, '적성'에 맞는지, 맞지 않는지의 관점에 활용된다.

- 흥미 · 관심의 방향 : 내향형 ◀──────▶ 외향형
- 사물에 대한 견해 : 직관형 ◀──────▶ 감각형
- 판단하는 방법 : 감정형 ◀──────▶ 사고형
- 환경에 대한 접근방법 : 지각형 ◀──────▶ 판단형

(2) 성격유형

① 흥미 · 관심의 방향(내향⇆외향) ··· 흥미 · 관심의 방향이 자신의 내면에 있는지, 주위환경 등 외면에 향하는 지를 가리키는 척도이다.

질문	선택
A : 내성적인 성격인 편이다. B : 개방적인 성격인 편이다.	
A : 항상 신중하게 생각을 하는 편이다. B : 바로 행동에 착수하는 편이다.	
A : 수수하고 조심스러운 편이다. B : 자기 표현력이 강한 편이다.	
A : 다른 사람과 함께 있으면 침착하지 않다. B : 혼자서 있으면 침착하지 않다.	

▶측정결과

㉠ 'A'가 많은 경우(내향) : 관심의 방향이 자기 내면에 있으며, 조용하고 낯을 가리는 유형이다. 행동력은 부족하나 집중력이 뛰어나고 신중하고 꼼꼼하다.

㉡ 'B'가 많은 경우(외향) : 관심의 방향이 외부환경에 있으며, 사교적이고 활동적인 유형이다. 꼼꼼함이 부족하여 대충하는 경향이 있으나 행동력이 있다.

② 일(사물)을 보는 방법(직감⇆감각) … 일(사물)을 보는 법이 직감적으로 형식에 얽매이는지, 감각적으로 상식적인지를 가리키는 척도이다.

질문	선택
A : 현실주의적인 편이다. B : 상상력이 풍부한 편이다. A : 정형적인 방법으로 일을 처리하는 것을 좋아한다. B : 만들어진 방법에 변화가 있는 것을 좋아한다. A : 경험에서 가장 적합한 방법으로 선택한다. B : 지금까지 없었던 새로운 방법을 개척하는 것을 좋아한다. A : 성실하다는 말을 듣는다. B : 호기심이 강하다는 말을 듣는다.	

▶측정결과
㉠ 'A'가 많은 경우(감각) : 현실적이고 경험주의적이며 보수적인 유형이다.
㉡ 'B'가 많은 경우(직관) : 새로운 주제를 좋아하며, 독자적인 시각을 가진 유형이다.

③ 판단하는 방법(감정⇆사고) … 일을 감정적으로 판단하는지, 논리적으로 판단하는지를 가리키는 척도이다.

질문	선택
A : 인간관계를 중시하는 편이다. B : 일의 내용을 중시하는 편이다. A : 결론을 자기의 신념과 감정에서 이끌어내는 편이다. B : 결론을 논리적 사고에 의거하여 내리는 편이다. A : 다른 사람보다 동정적이고 눈물이 많은 편이다. B : 다른 사람보다 이성적이고 냉정하게 대응하는 편이다. A : 남의 이야기를 듣고 감정몰입이 빠른 편이다. B : 고민 상담을 받으면 해결책을 제시해주는 편이다.	

▶측정결과
㉠ 'A'가 많은 경우(감정) : 일을 판단할 때 마음·감정을 중요하게 여기는 유형이다. 감정이 풍부하고 친절하나 엄격함이 부족하고 우유부단하며, 합리성이 부족하다.
㉡ 'B'가 많은 경우(사고) : 일을 판단할 때 논리성을 중요하게 여기는 유형이다. 이성적이고 합리적이나 타인에 대한 배려가 부족하다.

④ **환경에 대한 접근방법** … 주변상황에 어떻게 접근하는지, 그 판단기준을 어디에 두는지를 측정한다.

질문	선택
A : 사전에 계획을 세우지 않고 행동한다. B : 반드시 계획을 세우고 그것에 의거해서 행동한다.	
A : 자유롭게 행동하는 것을 좋아한다. B : 조직적으로 행동하는 것을 좋아한다.	
A : 조직성이나 관습에 속박당하지 않는다. B : 조직성이나 관습을 중요하게 여긴다.	
A : 계획 없이 낭비가 심한 편이다. B : 예산을 세워 물건을 구입하는 편이다.	

▶측정결과
㉠ 'A'가 많은 경우(지각) : 일의 변화에 융통성을 가지고 유연하게 대응하는 유형이다. 낙관적이며 질서보다는 자유를 좋아하나 임기응변식의 대응으로 무계획적인 인상을 줄 수 있다.
㉡ 'B'가 많은 경우(판단) : 일의 진행시 계획을 세워서 실행하는 유형이다. 순차적으로 진행하는 일을 좋아하고 끈기가 있으나 변화에 대해 적절하게 대응하지 못하는 경향이 있다.

(3) 성격유형의 판정

성격유형은 합격 여부의 판정보다는 배치를 위한 자료로써 이용된다. 즉, 기업은 입사시험단계에서 입사 후에도 사용할 수 있는 정보를 입수하고 있다는 것이다. 성격검사에서는 어느 척도가 얼마나 고득점이었는지에 주시하고 각각의 측면에서 반드시 하나씩 고르고 편성한다. 편성은 모두 16가지가 되나 각각의 측면을 더 세분하면 200가지 이상의 유형이 나온다.
여기에서는 16가지 편성을 제시한다. 성격검사에 어떤 정보가 게재되어 있는지를 이해하면서 자기의 성격유형을 파악하기 위한 실마리로 활용하도록 한다.

① 내향 – 직관 – 감정 – 지각(TYPE A)
관심이 내면에 향하고 조용하고 소극적이다. 사물에 대한 견해는 새로운 것에 대해 호기심이 강하고, 독창적이다. 감정은 좋아하는 것과 싫어하는 것의 판단이 확실하고, 감정이 풍부하고 따뜻한 느낌이 있는 반면, 합리성이 부족한 경향이 있다. 환경에 접근하는 방법은 순응적이고 상황의 변화에 대해 유연하게 대응하는 것을 잘한다.

② 내향 – 직관 – 감정 – 판단(TYPE B)

관심이 내면으로 향하고 조용하고 쑥스러움을 잘 타는 편이다. 사물을 보는 관점은 독창적이며, 자기 나름대로 궁리하며 생각하는 일이 많다. 좋고 싫음으로 판단하는 경향이 강하고 타인에게는 친절한 반면, 우유부단하기 쉬운 편이다. 환경 변화에 대해 유연하게 대응하는 것을 잘한다.

③ 내향 – 직관 – 사고 – 지각(TYPE C)

관심이 내면으로 향하고 얌전하고 교제범위가 좁다. 사물을 보는 관점은 독창적이며, 현실에서 먼 추상적인 것을 생각하기를 좋아한다. 논리적으로 생각하고 판단하는 경향이 강하고 이성적이지만, 남의 감정에 대해서는 무반응인 경향이 있다. 환경의 변화에 순응적이고 융통성 있게 임기응변으로 대응할 수가 있다.

④ 내향 – 직관 – 사고 – 판단(TYPE D)

관심이 내면으로 향하고 주의깊고 신중하게 행동을 한다. 사물을 보는 관점은 독창적이며 논리를 좋아해서 이치를 따지는 경향이 있다. 논리적으로 생각하고 판단하는 경향이 강하고, 객관적이지만 상대방의 마음에 대한 배려가 부족한 경향이 있다. 환경에 대해서는 순응하는 것보다 대응하며, 한 번 정한 것은 끈질기게 행동하려 한다.

⑤ 내향 – 감각 – 감정 – 지각(TYPE E)

관심이 내면으로 향하고 조용하며 소극적이다. 사물을 보는 관점은 상식적이고 그대로의 것을 좋아하는 경향이 있다. 좋음과 싫음으로 판단하는 경향이 강하고 타인에 대해서 동정심이 많은 반면, 엄격한 면이 부족한 경향이 있다. 환경에 대해서는 순응적이고, 예측할 수 없다해도 태연하게 행동하는 경향이 있다.

⑥ 내향 – 감각 – 감정 – 판단(TYPE F)

관심이 내면으로 향하고 얌전하며 쑥스러움을 많이 탄다. 사물을 보는 관점은 상식적이고 논리적으로 생각하는 것보다도 경험을 중요시하는 경향이 있다. 좋고 싫음으로 판단하는 경향이 강하고 사람이 좋은 반면, 개인적 취향이나 소원에 영향을 받는 일이 많은 경향이 있다. 환경에 대해서는 영향을 받지 않고, 자기 페이스 대로 꾸준히 성취하는 일을 잘한다.

⑦ 내향 – 감각 – 사고 – 지각(TYPE G)

관심이 내면으로 향하고 얌전하고 교제범위가 좁다. 사물을 보는 관점은 상식적인 동시에 실천적이며, 틀에 박힌 형식을 좋아한다. 논리적으로 판단하는 경향이 강하고 침착하지만 사람에 대해서는 엄격하여 차가운 인상을 주는 일이 많다. 환경에 대해서 순응적이고, 계획적으로 행동하지 않으며 자유로운 행동을 좋아하는 경향이 있다.

⑧ 내향 – 감각 – 사고 – 판단(TYPE H)

관심이 내면으로 향하고 주의 깊고 신중하게 행동을 한다. 사물을 보는 관점이 상식적이고 새롭고 경험하지 못한 일에 대응을 잘 하지 못한다. 논리적으로 생각하고 판단하는 경향이 강하고, 공평하지만 상대방의 감정에 대해 배려가 부족할 때가 있다. 환경에 대해서는 작용하는 편이고, 질서 있게 행동하는 것을 좋아한다.

⑨ 외향 – 직관 – 감정 – 지각(TYPE I)

관심이 외향으로 향하고 밝고 활동적이며 교제범위가 넓다. 사물을 보는 관점은 독창적이고 호기심이 강하며 새로운 것을 생각하는 것을 좋아한다. 좋음 싫음으로 판단하는 경향이 강하다. 사람은 좋은 반면 개인적 취향이나 소원에 영향을 받는 일이 많은 편이다.

⑩ 외향 – 직관 – 감정 – 판단(TYPE J)

관심이 외향으로 향하고 개방적이며 누구와도 쉽게 친해질 수 있다. 사물을 보는 관점은 독창적이고 자기 나름대로 궁리하고 생각하는 면이 많다. 좋음과 싫음으로 판단하는 경향이 강하고, 타인에 대해 동정적이기 쉽고 엄격함이 부족한 경향이 있다. 환경에 대해서는 작용하는 편이고 질서 있는 행동을 하는 것을 좋아한다.

⑪ 외향 – 직관 – 사고 – 지각(TYPE K)

관심이 외향으로 향하고 태도가 분명하며 활동적이다. 사물을 보는 관점은 독창적이고 현실과 거리가 있는 추상적인 것을 생각하는 것을 좋아한다. 논리적으로 생각하고 판단하는 경향이 강하고, 공평하지만 상대에 대한 배려가 부족할 때가 있다.

⑫ 외향 – 직관 – 사고 – 판단(TYPE L)

관심이 외향으로 향하고 밝고 명랑한 성격이며 사교적인 것을 좋아한다. 사물을 보는 관점은 독창적이고 논리적인 것을 좋아하기 때문에 이치를 따지는 경향이 있다. 논리적으로 생각하고 판단하는 경향이 강하고 침착성이 뛰어나지만 사람에 대해서 엄격하고 차가운 인상을 주는 경우가 많다. 환경에 대해 작용하는 편이고 계획을 세우고 착실하게 실행하는 것을 좋아한다.

⑬ 외향 – 감각 – 감정 – 지각(TYPE M)

관심이 외향으로 향하고 밝고 활동적이고 교제범위가 넓다. 사물을 보는 관점은 상식적이고 종래대로 있는 것을 좋아한다. 보수적인 경향이 있고 좋아함과 싫어함으로 판단하는 경향이 강하며 타인에게는 친절한 반면, 우유부단한 경우가 많다. 환경에 대해 순응적이고, 융통성이 있고 임기응변으로 대응할 가능성이 높다.

⑭ 외향 – 감각 – 감정 – 판단(TYPE N)

관심이 외향으로 향하고 개방적이며 누구와도 쉽게 대면할 수 있다. 사물을 보는 관점은 상식적이고 논리적으로 생각하기보다는 경험을 중시하는 편이다. 좋아함과 싫어함으로 판단하는 경향이 강하고 감정이 풍부하며 따뜻한 느낌이 있는 반면에 합리성이 부족한 경우가 많다. 환경에 대해서 작용하는 편이고, 한 번 결정한 것은 끈질기게 실행하려고 한다.

⑮ 외향 – 감각 – 사고 – 지각(TYPE O)

관심이 외향으로 향하고 시원한 태도이며 활동적이다. 사물을 보는 관점이 상식적이며 동시에 실천적이고 명백한 형식을 좋아하는 경향이 있다. 논리적으로 생각하고 판단하는 경향이 강하고, 객관적이지만 상대 마음에 대해 배려가 부족한 경향이 있다.

⑯ 외향 – 감각 – 사고 – 판단(TYPE P)

관심이 외향으로 향하고 밝고 명랑하며 사교적인 것을 좋아한다. 사물을 보는 관점은 상식적이고 경험하지 못한 새로운 것에 대응을 잘 하지 못한다. 논리적으로 생각하고 판단하는 경향이 강하고 이성적이지만 사람의 감정에 무심한 경향이 있다. 환경에 대해서는 작용하는 편이고, 자기 페이스대로 꾸준히 성취하는 것을 잘한다.

04 **인성검사의 대책**

(1) 미리 알아두어야 할 점

① 출제 문항 수 … 인성검사의 출제 문항 수는 특별히 정해진 것이 아니며 각 기업체의 기준에 따라 달라질 수 있다. 보통 100문항 이상에서 500문항까지 출제된다고 예상하면 된다.

② 출제형식

　㉠ 1Set로 묶인 세 개의 문항 중 자신에게 가장 가까운 것(Most)과 가장 먼 것(Least)을 하나씩 고르는 유형(72Set, 1Set당 3문항)

다음 세 가지 문항 중 자신에게 가장 가까운 것은 Most, 가장 먼 것은 Least에 체크하시오.

질문	Most	Least
① 자신의 생각이나 의견은 좀처럼 변하지 않는다.	✓	
② 구입한 후 끝까지 읽지 않은 책이 많다.		✓
③ 여행가기 전에 계획을 세운다.		

　㉡ '예' 아니면 '아니오'의 유형(178문항)

다음 문항을 읽고 자신에게 해당되는지 안 되는지를 판단하여 해당될 경우 '예'를, 해당되지 않을 경우 '아니오'를 고르시오.

질문	예	아니오
① 걱정거리가 있어서 잠을 못 잘 때가 있다.	✓	
② 시간에 쫓기는 것이 싫다.		✓

　㉢ 그 외의 유형

다음 문항에 대해서 평소에 자신이 생각하고 있는 것이나 행동하고 있는 것에 체크하시오.

질문	전혀 그렇지 않다	그렇지 않다	그렇다	매우 그렇다
① 머리를 쓰는 것보다 땀을 흘리는 일이 좋다.			✓	
② 자신은 사교적이 아니라고 생각한다.	✓			

(2) 임하는 자세

① **솔직하게 있는 그대로 표현한다** … 인성검사는 평범한 일상생활 내용들을 다룬 짧은 문장과 어떤 대상이나 일에 대한 선로를 선택하는 문장으로 구성되었으므로 평소에 자신이 생각한 바를 너무 골똘히 생각하지 말고 문제를 보는 순간 떠오른 것을 표현한다.

② **모든 문제를 신속하게 대답한다** … 인성검사는 시간 제한이 없는 것이 원칙이지만 기업체들은 일정한 시간 제한을 두고 있다. 인성검사는 개인의 성격과 자질을 알아보기 위한 검사이기 때문에 정답이 없다. 다만, 기업체에서 바람직하게 생각하거나 기대되는 결과가 있을 뿐이다. 따라서 시간에 쫓겨서 대충 대답을 하는 것은 바람직하지 못하다.

실전 인성검사 1

▌1~20 ▌ 다음 중 자신이 가장 선호하는 도형의 형태를 고르시오.

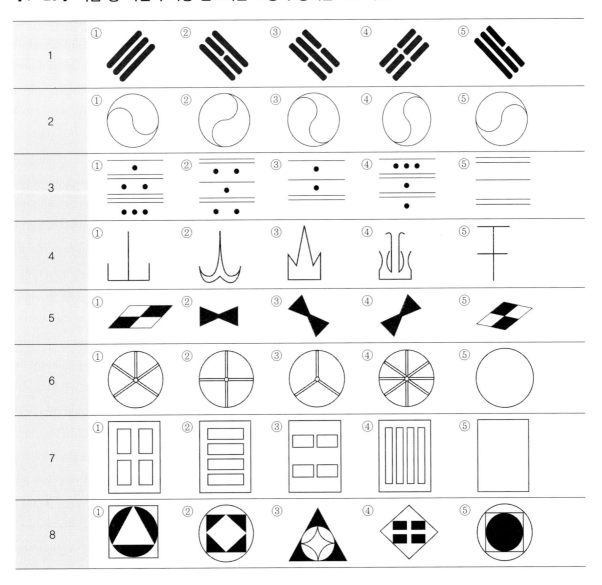

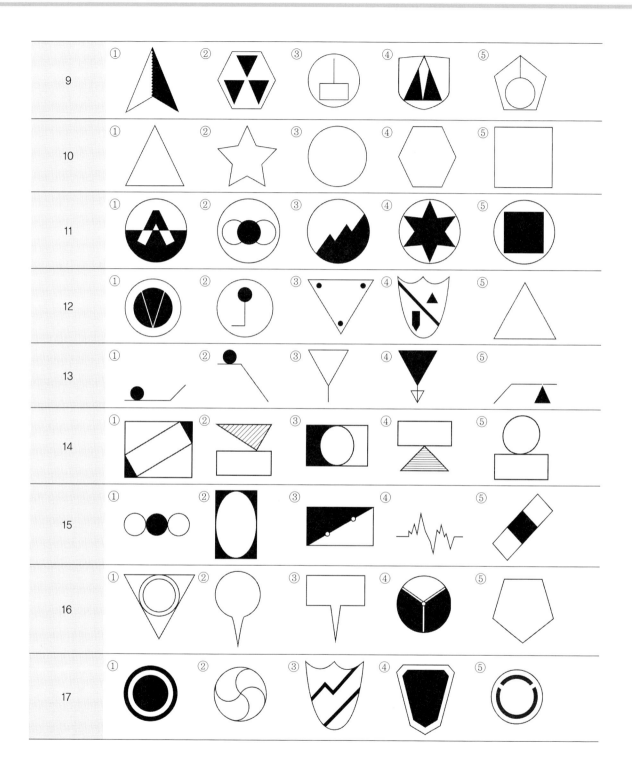

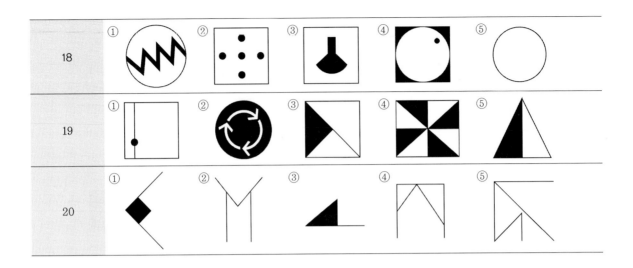

실전 인성검사 2

▌1~165▌ 다음 ( ) 안에 당신에게 적합하다면 YES, 그렇지 않다면 NO를 선택하시오.

질문지	YES	NO
1. 언제나 실패가 걱정이 되어 어쩔 줄 모른다.		
2. 승부근성이 매우 강하다.		
3. 조금이라도 나쁜 소식을 들으면 절망적이라고 생각한다.		
4. 다수결의 의견을 존중하는 편이다.		
5. 혼자서 식당에서 밥을 먹는 것은 어려운 일이 아니다.		
6. 흥분을 자주 한다.		
7. 지금까지 살면서 타인에게 폐를 끼친 적이 없다.		
8. 소곤소곤 이야기하는 것을 보면 나의 험담을 하는 것 같다.		
9. 무슨 일이 생기면 내가 잘못한 것이라 생각이 든다.		
10. 나는 변덕스러운 사람이다.		
11. 고독을 즐기는 편이다.		
12. 나는 자존심이 매우 강하다.		
13. 영화를 보고 슬픈 장면에서 운 적이 많다.		
14. 내 방식대로 일을 처리하는 경우가 많다.		
15. 문제를 해결하기 위해서는 항상 다른 사람들과 상의를 해야 한다.		
16. 생각이 너무 자주 바뀐다.		
17. 쓸데없는 고생을 하는 일이 많다.		
18. 남에게 들은 얘기는 금방 말을 해버린다.		
19. 지구가 멸망하지 않을까 하는 걱정을 늘 한다.		
20. 다른 사람을 바보라고 생각한 적이 많다.		
21. 나는 태어나서 한 번도 거짓말을 한 적이 없다.		
22. 무슨 일이 생기면 혼자 끙끙대며 고민하는 타입이다.		
23. 감정기복이 심하다.		
24. 나만의 신념을 가지고 산다.		
25. 나를 싫어하는 사람은 한 명도 없다.		

질문지	YES	NO
26. 사소한 일에도 결코 화를 낸 적이 없다.		
27. 타인의 사소한 충고에도 걱정을 하는 편이다.		
28. 나는 다른 사람에게 도움이 되지 않는다고 생각한다.		
29. 싫증을 빨리 내는 편이다.		
30. 나는 매우 개성이 강한 편이다.		
31. 뒤숭숭하다는 말을 자주 들었다.		
32. 학창시절 학교를 쉬고 싶다고 생각해 본적이 없다.		
33. 사람들과 금방 친해질 수 있다.		
34. 남에 대한 배려가 남달리 깊은 편이다.		
35. 몸을 움직이며 활동하는 것을 좋아한다.		
36. 무슨 일이는 꼭 마무리를 깔끔하게 지어야 한다.		
37. 매사 신중하게 결정을 하는 편이다.		
38. 인생의 목표는 클수록 좋다.		
39. 무슨 일이든지 바로 시작하는 타입이다.		
40. 낯가림이 심하다.		
41. 생각하고 행동하는 타입이다.		
42. 쉬는 날은 밖에 나가지 않는 경우가 많다.		
43. 한 번 시작한 일은 반드시 완성시킨다.		
44. 면밀한 계획을 짜고 여행을 하는 타입이다.		
45. 야망이 강한 편이다.		
46. 스포츠는 보는 것이 더 좋다.		
47. 사람들이 붐비는 식당은 들어가고 싶지 않다.		
48. 한 번도 돈을 허비한 적이 없다.		
49. 체육대회, 운동회를 좋아한다.		
50. 하나의 취미에 열중하는 타입이다.		
51. 모임에서 반드시 회장을 해야 한다.		
52. 입신출세 등 성공이야기를 좋아한다.		
53. 무슨 일이든 의욕이 앞선다.		
54. 학창시절 학급에서 존재가 희미했다.		
55. 항상 무언가 생각하는 것을 좋아한다.		
56. 축구는 보는 것보다 직접 하는 것이 더 좋다.		
57. 어려서부터 칭찬을 많이 들었다.		

질문지	YES	NO
58. 흐린 날은 비가 오지 않더라도 반드시 우산을 챙긴다.		
59. 주연급 배우만 좋아한다.		
60. 모임에서 리드를 받는 편이다.		
61. 너무 신중하게 생각해서 기회를 놓친 적이 많다.		
62. 시원시원하다는 소릴 자주 듣는다.		
63. 과중한 업무는 야근을 해서라도 끝내야 한다고 생각한다.		
64. 누군가를 방문할 때에는 반드시 사전에 여러 번 확인을 해야 한다.		
65. 노력해도 결과가 좋지 않으면 의미가 없다.		
66. 생각보다 먼저 행동을 해야 한다.		
67. 나는 유행에 매우 민감하다.		
68. 정해진 틀대로 움직이는 것은 시시하다.		
69. 항상 꿈을 가지고 산다.		
70. 질서보다 자유를 중시한다.		
71. 혼자서 하는 일이 좋다.		
72. 직관적으로 판단한다.		
73. 영화나 드라마를 보면 등장인물의 감정에 쉽게 이입된다.		
74. 시대의 흐름에 역행을 하더라도 나를 관철하고 싶다.		
75. 다른 사람의 소문에 관심이 많다.		
76. 나는 창조적인 사람이다.		
77. 눈물이 많은 편이다.		
78. 융통성이 많다.		
79. 다른 사람의 휴대전화 번호를 잘 외운다.		
80. 짜여 진 틀보다 스스로 고안하는 것이 좋다.		
81. 나는 조직의 일원을 어울리지 않는다.		
82. 세상일에 관심이 없다.		
83. 변화를 추구하는 편이다.		
84. 업무는 인간관계로 선택한다.		
85. 환경이 변하는 것에 구애받지 않는다.		
86. 불안감이 강하다.		
87. 인생을 살 가치가 있다고 생각한다.		
88. 의지가 다른 사람보다 약한 편이다.		
89. 사람을 설득하는 일은 정말 쉽다.		

질문지	YES	NO
90. 심심하고 따분한 것을 못 견딘다.		
91. 다른 사람에 대해 나쁘게 말 한 적이 없다.		
92. 다른 사람이 날 어떻게 볼 지 항상 신경을 쓴다.		
93. 쉽게 낙심하는 편이다.		
94. 다른 사람에게 의존하는 경향이 강하다.		
95. 나는 융통성이 있는 사람이 아니다.		
96. 다른 사람이 나의 의견에 간섭하는 것은 정말 싫다.		
97. 매우 낙천적이라는 소릴 자주 듣는다.		
98. 학창시절 한 번도 숙제를 빼먹은 적이 없다.		
99. 밤길에 발소리만 들려도 불안해진다.		
100. 상냥하다는 소릴 들어 본 적이 없다.		
101. 나는 내가 생각해도 유치하다.		
102. 잡담을 하는 것보다 책을 읽는 것이 더 낫다.		
103. 나는 영업에 적합한 타입이라고 생각한다.		
104. 술자리에서 술을 마시지 않고도 흥을 돋울 수 있다.		
105. 한 번도 병원에 간 적이 없다.		
106. 나쁜 일이 걱정이 되어 어쩔 줄 모른다.		
107. 쉽게 무기력해진다.		
108. 나는 비교적 고분고분하다.		
109. 매사 적극적으로 임한다.		
110. 독단적으로 행동하는 면이 강하다.		
111. 감격을 잘한다.		
112. 태어나서 한 번도 불만을 가져 본 적이 없다.		
113. 밤에 잠을 잘 못 잔다. .		
114. 후회를 자주 한다.		
115. 쉽게 뜨거워지고 쉽게 식는 사랑을 한다.		
116. 나만의 세계가 있다.		
117. 사람이 많은 곳에서는 쉽게 긴장을 한다.		
118. 행동하는 것보다 말 하는 것이 좋다.		
119. 인생을 포기해버리려고 마음을 먹은 적이 있다.		
120. 하루하루 반성을 하는 타입이다.		
121. 성격이 어둡다는 말을 자주 듣는다.		

질문지	YES	NO
122. 결정을 하더라도 다시 한 번 더 생각해야 한다.		
123. 나의 마음속에는 닮고 싶은 위대한 인물이 있다.		
124. 아버지를 사랑해 본 적이 없다.		
125. 한 번에 많은 일을 떠맡아도 힘들지 않다.		
126. 사람과 만날 약속은 늘 즐겁다.		
127. 질문을 받으면 한참을 생각하고 대답을 한다.		
128. 머리를 쓰는 일보다 땀을 흘리는 일이 더 좋다.		
129. 한 번 결정하면 다시는 생각하지 않는다.		
130. 외출 시 문을 몇 번씩 확인해야 한다.		
131. 무슨 일이든 반드시 1등이어야 한다.		
132. 모든 일에 과감하게 도전하는 편이다.		
133. 나는 사교성이 없다.		
134. 한 번 단념하면 끝이다.		
135. 예상하지 못한 일은 하고 싶지 않다.		
136. 파란만장한 인생을 살고 싶다.		
137. 소극적인 면이 많다.		
138. 다른 사람들과 이야기를 하다보면 어느새 평론가가 되어 있다.		
139. 꾸준히 노력해야 성공한다고 생각한다.		
140. 리더십이 강한 사람이 되고 싶다.		
141. 나는 열정적인 사람이다.		
142. 다른 사람 앞에서는 이야기를 잘 못한다.		
143. 통찰력이 뛰어나다.		
144. 엉덩이가 무거운 편이다.		
145. 다른 사람에게 구애받는 것이 싫다.		
146. 돌다리도 두들겨 보고 건너는 성향이다.		
147. 권력에 대한 욕심이 강하다.		
148. 사색적인 사람이다.		
149. 비교적 계획적으로 인생을 살고 있다.		
150. 좋고 싫음이 명확하다.		
151. 전통을 지키는 것보다 새로운 문화를 만들어야 한다고 생각한다.		
152. 사람을 사귈 때 오래 사귀는 편이다.		
153. 발상의 전환을 할 수 있다.		

질문지	YES	NO
154. 주관이 매우 강하다.		
155. 물건을 살 때 현실적이고 실용적인 면을 추구한다.		
156. 내가 누구를 좋아하는 지 주변 사람들은 다 안다.		
157. 정성이 담겨 있으면 사소한 선물이라도 좋다.		
158. 갑자기 여행을 떠나 본 적이 있다.		
159. 괴로워하는 사람을 보면 왜 저럴까 싶다.		
160. 가치기준은 각자에게 있다고 생각한다.		
161. 추상적인 일에 관심이 있다.		
162. 매사 조심스러운 편이다.		
163. 남들보다 상상력이 풍부하다.		
164. 의리가 강하다.		
165. 인정이 많은 사람이 되고 싶다.		

CHAPTER

04

실전 인성검사 3

▌1~25▌ 다음 각 문항들을 처음부터 끝까지 잘 읽은 후 솔직하게 답하시오.

① 전혀 그렇지 않다.　② 그렇지 않다.　③ 보통이다.　④ 그렇다.　⑤ 매우 그렇다.

1. 모임에서 회장에 어울리지 않는다고 생각한다. ·············① ② ③ ④ ⑤
2. 착실한 노력의 이야기를 좋아한다. ·············① ② ③ ④ ⑤
3. 어떠한 일에도 의욕이 없이 임하는 편이다. ·············① ② ③ ④ ⑤
4. 학급에서 존재가 두드러졌다. ·············① ② ③ ④ ⑤
5. 아무것도 생각하지 않을 때가 많다. ·············① ② ③ ④ ⑤
6. 좀 더 노력하라는 말을 자주 듣는다. ·············① ② ③ ④ ⑤
7. 비가 오지 않으면 우산을 가지고 가지 않는다. ·············① ② ③ ④ ⑤
8. 주연보다는 멋진 조연을 좋아한다. ·············① ② ③ ④ ⑤
9. 모으는 것보다 지키는 타입이다. ·············① ② ③ ④ ⑤
10. 리드를 하는 것을 좋아한다. ·············① ② ③ ④ ⑤
11. 신중함이 부족해서 후회한 적이 많다. ·············① ② ③ ④ ⑤
12. 모든 일에 여유있게 임하는 편이다. ·············① ② ③ ④ ⑤
13. 업무가 진행 중이라도 야근은 하지 않을 것이다. ·············① ② ③ ④ ⑤
14. 부재중 전화가 걸려와도 전화를 걸지 않는다. ·············① ② ③ ④ ⑤
15. 노력하는 과정이 중요하고 결과는 중요하지 않다. ·············① ② ③ ④ ⑤
16. 모든 일에 무리할 필요는 없다고 생각한다. ·············① ② ③ ④ ⑤
17. 유행에 민감하게 반응한다. ·············① ② ③ ④ ⑤
18. 정해진 대로 움직이는 것이 안심된다. ·············① ② ③ ④ ⑤
19. 현실을 직시하는 편이다. ·············① ② ③ ④ ⑤
20. 자유보다 질서를 중요시한다. ·············① ② ③ ④ ⑤
21. 잡담하는 것을 좋아한다. ·············① ② ③ ④ ⑤
22. 경험에 비추어 판단하는 것을 옳다. ·············① ② ③ ④ ⑤
23. 영화나 드라마는 각본의 완성도가 더 중요하다. ·············① ② ③ ④ ⑤
24. 시대의 흐름에 맞게 변화하면 살고 있다. ·············① ② ③ ④ ⑤
25. 다른 사람의 소문에 관심이 많다. ·············① ② ③ ④ ⑤

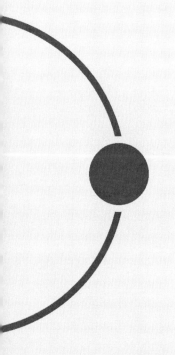

PART

VII

면접

CHAPTER 01

면접의 기본

01 면접준비

(1) 면접의 기본 원칙

① 면접의 의미 … 다양한 면접기법을 활용하여 지원한 직무에 필요한 능력을 지원자가 보유하고 있는 지를 확인하는 절차라고 할 수 있다. 즉, 지원자의 입장에서는 채용 직무수행에 필요한 요건들과 관련하여 자신의 환경, 경험, 관심사, 성취 등에 대해 기업에 직접 어필할 수 있는 기회를 제공받는 것이며, 기업의 입장에서는 서류전형만으로 알 수 없는 지원자에 대한 정보를 직접적으로 수집하고 평가하는 것이다.

② 면접의 특징 … 면접은 기업의 입장에서 서류전형이나 필기전형에서 드러나지 않는 지원자의 능력이나 성향을 볼 수 있는 기회로, 면대면으로 이루어지며 즉흥적인 질문들이 포함될 수 있기 때문에 지원자가 완벽하게 준비하기 어려운 부분이 있다. 하지만 지원자 입장에서도 서류전형이나 필기전형에서 모두 보여주지 못한 자신의 능력 등을 기업의 인사담당자에게 어필할 수 있는 추가적인 기회가 될 수도 있다.

[서류 · 필기전형과 차별화되는 면접의 특징]

- 직무수행과 관련된 다양한 지원자 행동에 대한 관찰이 가능하다.
- 면접관이 알고자 하는 정보를 심층적으로 파악할 수 있다.
- 서류상의 미비한 사항과 의심스러운 부분을 확인할 수 있다.
- 커뮤니케이션 능력, 대인관계 능력 등 행동 · 언어적 정보도 얻을 수 있다.

③ 면접의 유형

    ㉠ 구조화 면접 : 사전에 계획을 세워 질문의 내용과 방법, 지원자의 답변 유형에 따른 추가 질문과 그에 대한 평가 역량이 정해져 있는 면접 방식으로 표준화 면접이라고도 한다.

      • 표준화된 질문이나 평가요소가 면접 전 확정되며, 지원자는 편성된 조나 면접관에 영향을 받지 않고 동일한 질문과 시간을 부여받을 수 있다.

      • 조직 또는 직무별로 주요하게 도출된 역량을 기반으로 평가요소가 구성되어, 조직 또는 직무에서 필요한 역량을 가진 지원자를 선발할 수 있다.

      • 표준화된 형식을 사용하는 특성 때문에 비구조화 면접에 비해 신뢰성과 타당성, 객관성이 높다.

    ㉡ 비구조화 면접 : 면접 계획을 세울 때 면접 목적만을 명시하고 내용이나 방법은 면접관에게 전적으로 일임하는 방식으로 비표준화 면접이라고도 한다.

      • 표준화된 질문이나 평가요소 없이 면접이 진행되며, 편성된 조나 면접관에 따라 지원자에게 주어지는 질문이나 시간이 다르다.

      • 면접관의 주관적인 판단에 따라 평가가 이루어져 평가 오류가 빈번히 일어난다.

      • 상황 대처나 언변이 뛰어난 지원자에게 유리한 면접이 될 수 있다.

④ 경쟁력 있는 면접 요령

    ㉠ 면접 전에 준비하고 유념할 사항

    • 예상 질문과 답변을 미리 작성한다.

    • 작성한 내용을 문장으로 외우지 않고 키워드로 기억한다.

    • 지원한 회사의 최근 기사를 검색하여 기억한다.

    • 지원한 회사가 속한 산업군의 최근 기사를 검색하여 기억한다.

    • 면접 전 1주일간 이슈가 되는 뉴스를 기억하고 자신의 생각을 반영하여 정리한다.

    • 찬반토론에 대비한 주제를 목록으로 정리하여 자신의 논리를 내세운 예상답변을 작성한다.

    ㉡ 면접장에서 유념할 사항

    • 질문의 의도 파악 : 답변을 할 때에는 질문 의도를 파악하고 그에 충실한 답변이 될 수 있도록 질문사항을 유념해야 한다. 많은 지원자가 하는 실수 중 하나로 답변을 하는 도중 자기 말에 심취되어 질문의 의도와 다른 답변을 하거나 자신이 알고 있는 지식만을 나열하는 경우가 있는데, 이럴 경우 의사소통능력이 부족한 사람으로 인식될 수 있으므로 주의하도록 한다.

    • 답변은 두괄식 : 답변을 할 때에는 두괄식으로 결론을 먼저 말하고 그 이유를 설명하는 것이 좋다. 미괄식으로 답변을 할 경우 용두사미의 답변이 될 가능성이 높으며, 결론을 이끌어 내는 과정에서 논리성이 결여될 우려가 있다. 또한 면접관이 결론을 듣기 전에 말을 끊고 다른 질문을 추가하는 예상치 못한 상황이 발생될 수 있으므로 답변은 자신이 전달하고자 하는 바를 먼저 밝히고 그에 대한 설명을 하는 것이 좋다.

- 지원한 회사의 기업정신과 인재상을 기억 : 답변을 할 때에는 회사가 원하는 인재라는 인상을 심어주기 위해 지원한 회사의 기업정신과 인재상 등을 염두에 두고 답변을 하는 것이 좋다. 모든 회사에 해당되는 두루뭉술한 답변보다는 지원한 회사에 맞는 맞춤형 답변을 하는 것이 좋다.
- 나보다는 회사와 사회적 관점에서 답변 : 답변을 할 때에는 자기중심적인 관점을 피하고 좀 더 넓은 시각으로 회사와 국가, 사회적 입장까지 고려하는 인재임을 어필하는 것이 좋다. 자기중심적 시각을 바탕으로 자신의 출세만을 위해 회사에 입사하려는 인상을 심어줄 경우 면접에서 불이익을 받을 가능성이 높다.
- 난처한 질문은 정직한 답변 : 난처한 질문에 답변을 해야 할 때에는 피하기보다는 정면 돌파로 정직하고 솔직하게 답변하는 것이 좋다. 난처한 부분을 감추고 드러내지 않으려 회피하는 지원자의 모습은 인사담당자에게 입사 후에도 비슷한 상황에 처했을 때 회피할 수도 있다는 우려를 심어줄 수 있다. 따라서 직장생활에 있어 중요한 덕목 중 하나인 정직을 바탕으로 솔직하게 답변을 하도록 한다.

(2) 면접의 종류 및 준비 전략

① 인성면접

　㉠ 면접 방식 및 판단기준
- 면접 방식 : 인성면접은 면접관이 가지고 있는 개인적 면접 노하우나 관심사에 의해 질문을 실시한다. 주로 입사지원서나 자기소개서의 내용을 토대로 지원동기, 과거의 경험, 미래 포부 등을 이야기하도록 하는 방식이다.
- 판단기준 : 면접관의 개인적 가치관과 경험, 해당 역량의 수준, 경험의 구체성·진실성 등

　㉡ 특징 : 인성면접은 그 방식으로 인해 역량과 무관한 질문들이 많고 지원자에게 주어지는 면접질문, 시간 등이 다를 수 있다. 또한 입사지원서나 자기소개서의 내용을 토대로 하기 때문에 지원자별 질문이 달라질 수 있다.

ⓒ 예시 문항 및 준비전략

• 예시 문항

> • 3분 동안 자기소개를 해 보십시오.
> • 자신의 장점과 단점을 말해 보십시오.
> • 학점이 좋지 않은데 그 이유가 무엇입니까?
> • 최근에 인상 깊게 읽은 책은 무엇입니까?
> • 회사를 선택할 때 중요시하는 것은 무엇입니까?
> • 일과 개인생활 중 어느 쪽을 중시합니까?
> • 10년 후 자신은 어떤 모습일 것이라고 생각합니까?
> • 휴학 기간 동안에는 무엇을 했습니까?

• 준비전략 : 인성면접은 입사지원서나 자기소개서의 내용을 바탕으로 하는 경우가 많으므로 자신이 작성한 입사지원서와 자기소개서의 내용을 충분히 숙지하도록 한다. 또한 최근 사회적으로 이슈가 되고 있는 뉴스에 대한 견해를 묻거나 시사상식 등에 대한 질문을 받을 수 있으므로 이에 대한 대비도 필요하다. 자칫 부담스러워 보이지 않는 질문으로 가볍게 대답하지 않도록 주의하고 모든 질문에 입사 의지를 담아 성실하게 답변하는 것이 중요하다.

② 발표면접

㉠ 면접 방식 및 판단기준

• 면접 방식 : 지원자가 특정 주제와 관련된 자료를 검토하고 그에 대한 자신의 생각을 면접관 앞에서 주어진 시간 동안 발표하고 추가 질의를 받는 방식으로 진행된다.

• 판단기준 : 지원자의 사고력, 논리력, 문제해결력 등

㉡ 특징 : 발표면접은 지원자에게 과제를 부여한 후, 과제를 수행하는 과정과 결과를 관찰·평가한다. 따라서 과제수행 결과뿐 아니라 수행과정에서의 행동을 모두 평가할 수 있다.

ⓒ 예시 문항 및 준비전략

• 예시 문항

[신입사원 조기 이직 문제]
※ 지원자는 아래에 제시된 자료를 검토한 뒤, 신입사원 조기 이직의 원인을 크게 3가지로 정리하고 이에 대한 구체적인 개선안을 도출하여 발표해 주시기 바랍니다.
※ 본 과제에 정해진 정답은 없으나 논리적 근거를 들어 개선안을 작성해 주십시오.

• A기업은 동종업계 유사기업들과 비교해 볼 때, 비교적 높은 재무안정성을 유지하고 있으며 업무강도가 그리 높지 않은 것으로 외부에 알려져 있음.
• 최근 조사결과, 동종업계 유사기업들과 연봉을 비교해 보았을 때 연봉 수준도 그리 나쁘지 않은 편이라는 것이 확인되었음.
• 그러나 지난 3년간 1~2년차 직원들의 이직률이 계속해서 증가하고 있는 추세이며, 경영진 회의에서 최우선 해결과제 중 하나로 거론되었음.
• 이에 따라 인사팀에서 현재 1~2년차 사원들을 대상으로 개선되어야 하는 A기업의 조직문화에 대한 설문조사를 실시한 결과, '상명하복식의 의사소통'이 36.7%로 1위를 차지했음.
• 이러한 설문조사와 함께, 신입사원 조기 이직에 대한 원인을 분석한 결과 파랑새 증후군, 셀프홀릭 증후군, 피터팬 증후군 등 3가지로 분류할 수 있었음.

〈동종업계 유사기업들과의 연봉 비교〉

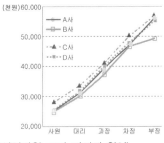

〈우리 회사 조직문화 중 개선되었으면 하는 것〉

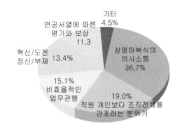

〈신입사원 조기 이직의 원인〉
• 파랑새 증후군
−현재의 직장보다 더 좋은 직장이 있을 것이라는 막연한 기대감으로 끊임없이 새로운 직장을 탐색함.
−학력 수준과 맞지 않는 '하향지원', 전공과 적성을 고려하지 않고 일단 취업하고 보자는 '묻지마 지원'이 파랑새 증후군을 초래함.
• 셀프홀릭 증후군
−본인의 역량에 비해 가치가 낮은 일을 주로 하면서 갈등을 느낌.
• 피터팬 증후군
−기성세대의 문화를 무조건 수용하기보다는 자유로움과 변화를 추구함.
−상명하복, 엄격한 규율 등 기성세대가 당연시하는 관행에 거부감을 가지며 직장에 답답함을 느낌.

- 준비전략 : 발표면접의 시작은 과제 안내문과 과제 상황, 과제 자료 등을 정확하게 이해하는 것에서 출발한다. 과제 안내문을 침착하게 읽고 제시된 주제 및 문제와 관련된 상황의 맥락을 파악한 후 과제를 검토한다. 제시된 기사나 그래프 등을 충분히 활용하여 주어진 문제를 해결할수 있는 해결책이나 대안을 제시하며, 발표를 할 때에는 명확하고 자신 있는 태도로 전달할 수있도록 한다.

③ 토론면접

㉠ 면접 방식 및 판단기준

- 면접 방식 : 상호갈등적 요소를 가진 과제 또는 공통의 과제를 해결하는 내용의 토론 과제를 제시하고, 그 과정에서 개인 간의 상호작용 행동을 관찰하는 방식으로 면접이 진행된다.
- 판단기준 : 팀워크, 적극성, 갈등 조정, 의사소통능력, 문제해결능력 등

㉡ 특징 : 토론을 통해 도출해 낸 최종안의 타당성도 중요하지만, 결론을 도출해 내는 과정에서의의사소통능력이나 갈등상황에서 의견을 조정하는 능력 등이 중요하게 평가되는 특징이 있다.

㉢ 예시 문항 및 준비전략

- 예시 문항

  - 군 가산점제 부활에 대한 찬반토론
  - 담뱃값 인상에 대한 찬반토론
  - 비정규직 철폐에 대한 찬반토론
  - 대학의 영어 강의 확대 찬반토론
  - 워크숍 장소 선정을 위한 토론

- 준비전략 : 토론면접은 무엇보다 팀워크와 적극성이 강조된다. 따라서 토론과정에 적극적으로 참여하며 자신의 의사를 분명하게 전달하며, 갈등상황에서 자신의 의견만 내세울 것이 아니라 다른 지원자의 의견을 경청하고 배려하는 모습도 중요하다. 갈등상황을 일목요연하게 정리하여 조정하는 등의 의사소통능력을 발휘하는 것도 좋은 전략이 될 수 있다.

④ 상황면접

㉠ 면접 방식 및 판단기준

- 면접 방식 : 상황면접은 직무 수행 시 접할 수 있는 상황들을 제시하고, 그러한 상황에서 어떻게행동할 것인지를 이야기하는 방식으로 진행된다.
- 판단기준 : 해당 상황에 적절한 역량의 구현과 구체적 행동지표

㉡ 특징 : 실제 직무 수행 시 접할 수 있는 상황들을 제시하므로 입사 이후 지원자의 업무수행능력을 평가하는 데 적절한 면접 방식이다. 또한 지원자의 가치관, 태도, 사고방식 등의 요소를 통합적으로 평가하는 데 용이하다.

ⓒ 예시 문항 및 준비전략

• 예시 문항

> 당신은 생산관리팀의 팀원으로, 생산팀이 기한에 맞춰 효율적으로 제품을 생산할 수 있도록 관리하는
> 역할을 맡고 있습니다. 3개월 뒤에 제품A를 정상적으로 출시하기 위해 생산팀의 생산 계획을 수립한 상
> 황입니다. 그러나 원가가 곧 실적으로 이어지는 구매팀에서는 최대한 원가를 줄여 전반적 단가를 낮추
> 려고 원가절감을 위한 제안을 하였으나, 연구개발팀에서는 구매팀이 제안한 방식으로 제품을 생산할 경
> 우 대부분이 구매팀의 실적으로 산정될 것이므로 제대로 확인도 해보지 않은 채 적합하지 않은 방식이
> 라고 판단하고 있습니다. 당신은 어떻게 하겠습니까?

• 준비전략 : 상황면접은 먼저 주어진 상황에서 핵심이 되는 문제가 무엇인지를 파악하는 것에서
  시작한다. 주질문과 세부질문을 통하여 질문의 의도를 파악하였다면, 그에 대한 구체적인 행동
  이나 생각 등에 대해 응답할수록 높은 점수를 얻을 수 있다.

⑤ 역할면접

  ㉠ 면접 방식 및 판단기준

  • 면접 방식 : 역할면접 또는 역할연기 면접은 기업 내 발생 가능한 상황에서 부딪히게 되는 문제
    와 역할을 가상적으로 설정하여 특정 역할을 맡은 사람과 상호작용하고 문제를 해결해 나가도록
    하는 방식으로 진행된다. 역할연기 면접에서는 면접관이 직접 역할연기를 하면서 지원자를 관찰
    하기도 하지만, 역할연기 수행만 전문적으로 하는 사람을 투입할 수도 있다.
  • 판단기준 : 대처능력, 대인관계능력, 의사소통능력 등

  ㉡ 특징 : 역할면접은 실제 상황과 유사한 가상 상황에서의 행동을 관찰함으로서 지원자의 성격이나
    대처 행동 등을 관찰할 수 있다.

  ㉢ 예시 문항 및 준비전략

  • 예시 문항

> **[금융권 역할면접의 예]**
> 당신은 ○○은행의 신입 텔러이다. 사람이 많은 월말 오전 한 할아버지(면접관 또는 역할담당자)께서 ○
> ○은행을 사칭한 보이스피싱으로 인해 500만 원을 피해 보았다며 소란을 일으키고 있다. 실제 업무상황
> 이라고 생각하고 상황에 대처해 보시오.

- 준비전략 : 역할연기 면접에서 측정하는 역량은 주로 갈등의 원인이 되는 문제를 해결 하고 제시된 해결방안을 상대방에게 설득하는 것이다. 따라서 갈등해결, 문제해결, 조정·통합, 설득력과 같은 역량이 중요시된다. 또한 갈등을 해결하기 위해서 상대방에 대한 이해도 필수적인 요소이므로 고객 지향을 염두에 두고 상황에 맞게 대처해야 한다.

  역할면접에서는 변별력을 높이기 위해 면접관이 압박적인 분위기를 조성하는 경우가 많기 때문에 스트레스 상황에서 불안해하지 않고 유연하게 대처할 수 있도록 시간과 노력을 들여 충분히 연습하는 것이 좋다.

02 면접 이미지 메이킹

(1) 성공적인 이미지 메이킹 포인트

① 복장 및 스타일

   ㉠ 남성

- 양복 : 양복은 단색으로 하며 넥타이나 셔츠로 포인트를 주는 것이 효과적이다. 짙은 회색이나 감청색이 가장 단정하고 품위 있는 인상을 준다.
- 셔츠 : 흰색이 가장 선호되나 자신의 피부색에 맞추는 것이 좋다. 푸른색이나 베이지색은 산뜻한 느낌을 줄 수 있다. 양복과의 배색도 고려하도록 한다.
- 넥타이 : 의상에 포인트를 줄 수 있는 아이템이지만 너무 화려한 것은 피한다. 지원자의 피부색은 물론, 정장과 셔츠의 색을 고려하며, 체격에 따라 넥타이 폭을 조절하는 것이 좋다.
- 구두 & 양말 : 구두는 검정색이나 짙은 갈색이 어느 양복에나 무난하게 어울리며 깔끔하게 닦아 준비한다. 양말은 정장과 동일한 색상이나 검정색을 착용한다.
- 헤어스타일 : 머리스타일은 단정한 느낌을 주는 짧은 헤어스타일이 좋으며 앞머리가 있다면 이마나 눈썹을 가리지 않는 선에서 정리하는 것이 좋다.

ⓛ 여성

- 의상 : 단정한 스커트 투피스 정장이나 슬랙스 슈트가 무난하다. 블랙이나 그레이, 네이비, 브라운 등 차분해 보이는 색상을 선택하는 것이 좋다.
- 소품 : 구두, 핸드백 등은 같은 계열로 코디하는 것이 좋으며 구두는 너무 화려한 디자인이나 굽이 높은 것을 피한다. 스타킹은 의상과 구두에 맞춰 단정한 것으로 선택한다.
- 액세서리 : 액세서리는 너무 크거나 화려한 것은 좋지 않으며 과하게 많이 하는 것도 좋은 인상을 주지 못한다. 착용하지 않거나 작고 깔끔한 디자인으로 포인트를 주는 정도가 적당하다.
- 메이크업 : 화장은 자연스럽고 밝은 이미지를 표현하는 것이 좋으며 진한 색조는 인상이 강해 보일 수 있으므로 피한다.
- 헤어스타일 : 커트나 단발처럼 짧은 머리는 활동적이면서도 단정한 이미지를 줄 수 있도록 정리한다. 긴 머리의 경우 하나로 묶거나 단정한 머리망으로 정리하는 것이 좋으며, 짙은 염색이나 화려한 웨이브는 피한다.

② 인사

ⓐ 인사의 의미 : 인사는 예의범절의 기본이며 상대방의 마음을 여는 기본적인 행동이라고 할 수 있다. 인사는 처음 만나는 면접관에게 호감을 살 수 있는 가장 쉬운 방법이 될 수 있기도 하지만 제대로 예의를 지키지 않으면 지원자의 인성 전반에 대한 평가로 이어질 수 있으므로 각별히 주의해야 한다.

ⓑ 인사의 핵심 포인트

- 인사말 : 인사말을 할 때에는 밝고 친근감 있는 목소리로 하며, 자신의 이름과 수험번호 등을 간략하게 소개한다.
- 시선 : 인사는 상대방의 눈을 보며 하는 것이 중요하며 너무 빤히 쳐다본다는 느낌이 들지 않도록 주의한다.
- 표정 : 인사는 마음에서 우러나오는 존경이나 반가움을 표현하고 예의를 차리는 것이므로 살짝 미소를 지으며 하는 것이 좋다.
- 자세 : 인사를 할 때에는 가볍게 목만 숙인다거나 흐트러진 상태에서 인사를 하지 않도록 주의하며 절도 있고 확실하게 하는 것이 좋다.

③ 시선처리와 표정, 목소리

　㉠ 시선처리와 표정 : 표정은 면접에서 지원자의 첫인상을 결정하는 중요한 요소이다. 얼굴표정은 사람의 감정을 가장 잘 표현할 수 있는 의사소통 도구로 표정 하나로 상대방에게 호감을 주거나, 비호감을 사기도 한다. 호감이 가는 인상의 특징은 부드러운 눈썹, 자연스러운 미간, 적당히 볼록한 광대, 올라간 입 꼬리 등으로 가볍게 미소를 지을 때의 표정과 일치한다. 따라서 면접 중에는 밝은 표정으로 미소를 지어 호감을 형성할 수 있도록 한다. 시선은 면접관과 고르게 맞추되 생기 있는 눈빛을 띄도록 하며, 너무 빤히 쳐다본다는 인상을 주지 않도록 한다.

　㉡ 목소리 : 면접은 주로 면접관과 지원자의 대화로 이루어지므로 목소리가 미치는 영향이 상당하다. 답변을 할 때에는 부드러우면서도 활기차고 생동감 있는 목소리로 하는 것이 면접관에게 호감을 줄 수 있으며 적당한 제스처가 더해진다면 상승효과를 얻을 수 있다. 그러나 적절한 답변을 하였음에도 불구하고 콧소리나 날카로운 목소리, 자신감 없는 작은 목소리는 답변의 신뢰성을 떨어뜨릴 수 있으므로 주의하도록 한다.

④ 자세

　㉠ 걷는 자세

　　• 면접장에 입실할 때에는 상체를 곧게 유지하고 발끝은 평행이 되게 하며 무릎을 스치듯 11자로 걷는다.

　　• 시선은 정면을 향하고 턱은 가볍게 당기며 어깨나 엉덩이가 흔들리지 않도록 주의한다.

　　• 발바닥 전체가 닿는 느낌으로 안정감 있게 걸으며 발소리가 나지 않도록 주의한다.

　　• 보폭은 어깨넓이만큼이 적당하지만, 스커트를 착용했을 경우 보폭을 줄인다.

　　• 걸을 때도 미소를 유지한다.

　㉡ 서있는 자세

　　• 몸 전체를 곧게 펴고 가슴을 자연스럽게 내민 후 등과 어깨에 힘을 주지 않는다.

　　• 정면을 바라본 상태에서 턱을 약간 당기고 아랫배에 힘을 주어 당기며 바르게 선다.

　　• 양 무릎과 발뒤꿈치는 붙이고 발끝은 11자 또는 V형을 취한다.

　　• 남성의 경우 팔을 자연스럽게 내리고 양손을 가볍게 쥐어 바지 옆선에 붙이고, 여성의 경우 공수자세를 유지한다.

ⓒ 앉은 자세

• 남성

> • 의자 깊숙이 앉고 등받이와 등 사이에 주먹 1개 정도의 간격을 두며 기대듯 앉지 않도록 주의한다.
>   (남녀 공통 사항)
> • 무릎 사이에 주먹 2개 정도의 간격을 유지하고 발끝은 11자를 취한다.
> • 시선은 정면을 바라보며 턱은 가볍게 당기고 미소를 짓는다. (남녀 공통 사항)
> • 양손은 가볍게 주먹을 쥐고 무릎 위에 올려놓는다.
> • 앉고 일어날 때에는 자세가 흐트러지지 않도록 주의한다. (남녀 공통 사항)

• 여성

> • 스커트를 입었을 경우 왼손으로 뒤쪽 스커트 자락을 누르고 오른손으로 앞쪽 자락을 누르며 의자에 앉
>   는다.
> • 무릎은 붙이고 발끝을 가지런히 하며, 다리를 왼쪽으로 비스듬히 기울인다.
> • 양손을 모아 무릎 위에 모아 놓으며 스커트를 입었을 경우 스커트 위를 가볍게 누르듯이 올려놓는다.

(2) 면접 예절

① 행동 관련 예절

ⓒ 지각은 절대금물 : 시간을 지키는 것은 예절의 기본이다. 지각을 할 경우 면접에 응시할 수 없거
나, 면접 기회가 주어지더라도 불이익을 받을 가능성이 높아진다. 따라서 면접장소가 결정되면
교통편과 소요시간을 확인하고 가능하다면 사전에 미리 방문해 보는 것도 좋다. 면접 당일에는
서둘러 출발하여 면접 시간 20~30분 전에 도착하여 회사를 둘러보고 환경에 익숙해지는 것도
성공적인 면접을 위한 요령이 될 수 있다.

ⓒ 면접 대기 시간 : 지원자들은 대부분 면접장에서의 행동과 답변 등으로만 평가를 받는다고 생각하
지만 그렇지 않다. 면접관이 아닌 면접진행자 역시 대부분 인사실무자이며 면접관이 면접 후 지
원자에 대한 평가에 있어 확신을 위해 면접진행자의 의견을 구한다면 면접진행자의 의견이 당락
에 영향을 줄 수 있다. 따라서 면접 대기 시간에도 행동과 말을 조심해야 하며, 면접을 마치고
돌아가는 순간까지도 긴장을 늦춰서는 안 된다. 면접 중 압박적인 질문에 답변을 잘 했지만, 면
접장을 나와 흐트러진 모습을 보이거나 욕설을 한다면 면접 탈락의 요인이 될 수 있으므로 주의
해야 한다.

ⓒ 입실 후 태도 : 본인의 차례가 되어 호명되면 또렷하게 대답하고 들어간다. 만약 면접장 문이 닫혀 있다면 상대에게 소리가 들릴 수 있을 정도로 노크를 두세 번 한 후 대답을 듣고 나서 들어가야 한다. 문을 여닫을 때에는 소리가 나지 않게 조용히 하며 공손한 자세로 인사한 후 성명과 수험번호를 말하고 면접관의 지시에 따라 자리에 앉는다. 이 경우 착석하라는 말이 없는데 먼저 의자에 앉으면 무례한 사람으로 보일 수 있으므로 주의한다. 의자에 앉을 때에는 끝에 앉지 말고 무릎 위에 양손을 가지런히 얹는 것이 예절이라고 할 수 있다.

ⓔ 옷매무새를 자주 고치지 마라. : 일부 지원자의 경우 옷매무새 또는 헤어스타일을 자주 고치거나 확인하기도 하는데 이러한 모습은 과도하게 긴장한 것 같아 보이거나 면접에 집중하지 못하는 것으로 보일 수 있다. 남성 지원자의 경우 넥타이를 자꾸 고쳐 맨다거나 정장 상의 끝을 너무 자주 만지작거리지 않는다. 여성 지원자는 머리를 계속 쓸어 올리지 않고, 특히 짧은 치마를 입고서 신경이 쓰여 치마를 끌어 내리는 행동은 좋지 않다.

ⓜ 다리를 떨거나 산만한 시선은 면접 탈락의 지름길 : 자신도 모르게 다리를 떨거나 손가락을 만지는 등의 행동을 하는 지원자가 있는데, 이는 면접관의 주의를 끌 뿐만 아니라 불안하고 산만한 사람이라는 느낌을 주게 된다. 따라서 가능한 한 바른 자세로 앉아 있는 것이 좋다. 또한 면접관과 시선을 맞추지 못하고 여기저기 둘러보는 듯한 산만한 시선은 지원자가 거짓말을 하고 있다고 여겨지거나 신뢰할 수 없는 사람이라고 생각될 수 있다.

② 답변 관련 예절

ⓐ 면접관이나 다른 지원자와 가치 논쟁을 하지 않는다. : 질문을 받고 답변하는 과정에서 면접관 또는 다른 지원자의 의견과 다른 의견이 있을 수 있다. 특히 평소 지원자가 관심이 많은 문제이거나 잘 알고 있는 문제인 경우 자신과 다른 의견에 대해 이의가 있을 수 있다. 하지만 주의할 것은 면접에서 면접관이나 다른 지원자와 가치 논쟁을 할 필요는 없다는 것이며 오히려 불이익을 당할 수도 있다. 정답이 정해져 있지 않은 경우에는 가치관이나 성장배경에 따라 문제를 받아들이는 태도에서 답변까지 충분히 차이가 있을 수 있으므로 굳이 면접관이나 다른 지원자의 가치관을 지적하고 고치려 드는 것은 좋지 않다.

ⓑ 답변은 항상 정직해야 한다. : 면접이라는 것이 아무리 지원자의 장점을 부각시키고 단점을 축소시키는 것이라고 해도 절대로 거짓말을 해서는 안 된다. 거짓말을 하게 되면 지원자는 불안하거나 꺼림칙한 마음이 들게 되어 면접에 집중을 하지 못하게 되고 수많은 지원자를 상대하는 면접관은 그것을 놓치지 않는다. 거짓말은 그 지원자에 대한 신뢰성을 떨어뜨리며 이로 인해 다른 스펙이 아무리 훌륭하다고 해도 채용에서 탈락하게 될 수 있음을 명심하도록 한다.

ⓒ 경력직인 경우 전 직장에 대해 험담하지 않는다. : 지원자가 전 직장에서 무슨 업무를 담당했고 어떤 성과를 올렸는지는 면접관이 관심을 둘 사항일 수 있지만, 이전 직장의 기업문화나 상사들이 어 땠는지는 그다지 궁금해 하는 사항이 아니다. 전 직장에 대해 험담을 늘어놓는다든가, 동료와 상사에 대한 악담을 하게 된다면 오히려 지원자에 대한 부정적인 이미지만 심어줄 수 있다. 만 약 전 직장에 대한 말을 해야 할 경우가 생긴다면 가능한 한 객관적으로 이야기하는 것이 좋다.

ⓔ 자기 자신이나 배경에 대해 자랑하지 않는다. : 자신의 성취나 부모 형제 등 집안사람들이 사회·경 제적으로 어떠한 위치에 있는지에 대한 자랑은 면접관으로 하여금 지원자에 대해 오만한 사람이 거나 배경에 의존하려는 나약한 사람이라는 이미지를 갖게 할 수 있다. 따라서 자기 자신이나 배경에 대해 자랑하지 않도록 하고, 자신이 한 일에 대해서 너무 자세하게 얘기하지 않도록 주 의해야 한다.

⑬ 면접 질문 및 답변 포인트

(1) 가족 및 대인관계에 관한 질문

① 당신의 가정은 어떤 가정입니까?

면접관들은 지원자의 가정환경과 성장과정을 통해 지원자의 성향을 알고 싶어 이와 같은 질문을 한 다. 비록 가정 일과 사회의 일이 완전히 일치하는 것은 아니지만 '가화만사성'이라는 말이 있듯이 가정이 화목해야 사회에서도 화목하게 지낼 수 있기 때문이다. 그러므로 답변 시에는 가족사항을 정확하게 설명하고 집안의 분위기와 특징에 대해 이야기하는 것이 좋다.

② 친구 관계에 대해 말해 보십시오.

지원자의 인간성을 판단하는 질문으로 교우관계를 통해 답변자의 성격과 대인관계능력을 파악할 수 있다. 새로운 환경에 적응을 잘하여 새로운 친구들이 많은 것도 좋지만, 깊고 오래 지속되어온 인 간관계를 말하는 것이 더욱 바람직하다.

(2) 성격 및 가치관에 관한 질문

① 당신의 PR포인트를 말해 주십시오.

PR포인트를 말할 때에는 지나치게 겸손한 태도는 좋지 않으며 적극적으로 자기를 주장하는 것이 좋다. 앞으로 입사 후 하게 될 업무와 관련된 자기의 특성을 구체적인 일화를 더하여 이야기하도록 한다.

② 당신의 장·단점을 말해 보십시오.

지원자의 구체적인 장·단점을 알고자 하기 보다는 지원자가 자기 자신에 대해 얼마나 알고 있으며 어느 정도의 객관적인 분석을 하고 있나, 그리고 개선의 노력 등을 시도하는지를 파악하고자 하는 것이다. 따라서 장점을 말할 때는 업무와 관련된 장점을 뒷받침할 수 있는 근거와 함께 제시하며, 단점을 이야기할 때에는 극복을 위한 노력을 반드시 포함해야 한다.

③ 가장 존경하는 사람은 누구입니까?

존경하는 사람을 말하기 위해서는 우선 그 인물에 대해 알아야 한다. 잘 모르는 인물에 대해 존경한다고 말하는 것은 면접관에게 바로 지적당할 수 있으므로, 추상적이라도 좋으니 평소에 존경스럽다고 생각했던 사람에 대해 그 사람의 어떤 점이 좋고 존경스러운지 대답하도록 한다. 또한 자신에게 어떤 영향을 미쳤는지도 언급하면 좋다.

(3) 학교생활에 관한 질문

① 지금까지의 학교생활 중 가장 기억에 남는 일은 무엇입니까?

가급적 직장생활에 도움이 되는 경험을 이야기하는 것이 좋다. 또한 경험만을 간단하게 말하지 말고 그 경험을 통해서 얻을 수 있었던 교훈 등을 예시와 함께 이야기하는 것이 좋으나 너무 상투적인 답변이 되지 않도록 주의해야 한다.

② 성적은 좋은 편이었습니까?

면접관은 이미 서류심사를 통해 지원자의 성적을 알고 있다. 그럼에도 불구하고 이 질문을 하는 것은 지원자가 성적에 대해서 어떻게 인식하느냐를 알고자 하는 것이다. 성적이 나빴던 이유에 대해서 변명하려 하지 말고 담백하게 받아들이고 그것에 대한 개선노력을 했음을 밝히는 것이 적절하다.

③ 학창시절에 시위나 집회 등에 참여한 경험이 있습니까?

기업에서는 노사분규를 기업의 사활이 걸린 중대한 문제로 인식하고 거시적인 차원에서 접근한다. 이러한 기업문화를 제대로 인식하지 못하여 학창시절의 시위나 집회 참여 경험을 자랑스럽게 답변할 경우 감점요인이 되거나 심지어는 탈락할 수 있다는 사실에 주의한다. 시위나 집회에 참가한 경험을 말할 때에는 타당성과 정도에 유의하여 답변해야 한다.

⑷ 지원동기 및 직업의식에 관한 질문

① 왜 우리 회사를 지원했습니까?

　　이 질문은 어느 회사나 가장 먼저 물어보고 싶은 것으로 지원자들은 기업의 이념, 대표의 경영능력, 재무구조, 복리후생 등 외적인 부분을 설명하는 경우가 많다. 이러한 답변도 적절하지만 지원 회사의 주력 상품에 관한 소비자의 인지도, 경쟁사 제품과의 시장점유율을 비교하면서 입사동기를 설명한다면 상당히 주목 받을 수 있을 것이다.

② 만약 이번 채용에 불합격하면 어떻게 하겠습니까?

　　불합격할 것을 가정하고 회사에 응시하는 지원자는 거의 없을 것이다. 이는 지원자를 궁지로 몰아넣고 어떻게 대응하는지를 살펴보며 입사 의지를 알아보려고 하는 것이다. 이 질문은 너무 깊이 들어가지 말고 침착하게 답변하는 것이 좋다.

③ 당신이 생각하는 바람직한 사원상은 무엇입니까?

　　직장인으로서 또는 조직의 일원으로서의 자세를 묻는 질문으로 지원하는 회사에서 어떤 인재상을 요구하는 가를 알아두는 것이 좋으며, 평소에 자신의 생각을 미리 정리해 두어 당황하지 않도록 한다.

④ 직무상의 적성과 보수의 많음 중 어느 것을 택하겠습니까?

　　이런 질문에서 회사 측에서 원하는 답변은 당연히 직무상의 적성에 비중을 둔다는 것이다. 그러나 적성만을 너무 강조하다 보면 오히려 솔직하지 못하다는 인상을 줄 수 있으므로 어느 한 쪽을 너무 강조하거나 경시하는 태도는 바람직하지 못하다.

⑤ 상사와 의견이 다를 때 어떻게 하겠습니까?

　　과거와 다르게 최근에는 상사의 명령에 무조건 따르겠다는 수동적인 자세는 바람직하지 않다. 회사에서는 때에 따라 자신이 판단하고 행동할 수 있는 직원을 원하기 때문이다. 그러나 지나치게 자신의 의견만을 고집한다면 이는 팀원 간의 불화를 야기할 수 있으며 팀 체제에 악영향을 미칠 수 있으므로 선호하지 않는다는 것에 유념하여 답해야 한다.

⑥ 근무지가 지방인데 근무가 가능합니까?

　　근무지가 지방 중에서도 특정 지역은 되고 다른 지역은 안 된다는 답변은 바람직하지 않다. 직장에서는 순환 근무라는 것이 있으므로 처음에 지방에서 근무를 시작했다고 해서 계속 지방에만 있는 것은 아님을 유의하고 답변하도록 한다.

(5) 여가 활용에 관한 질문

취미가 무엇입니까?

기초적인 질문이지만 특별한 취미가 없는 지원자의 경우 대답이 애매할 수밖에 없다. 그래서 가장 많이 대답하게 되는 것이 독서, 영화감상, 혹은 음악감상 등과 같은 흔한 취미를 말하게 되는데 이런 취미는 면접관의 주의를 끌기 어려우며 설사 정말 위와 같은 취미를 가지고 있다하더라도 제대로 답변하기는 힘든 것이 사실이다. 가능하면 독특한 취미를 말하는 것이 좋으며 이제 막 시작한 것이라도 열의를 가지고 있음을 설명할 수 있으면 그것을 취미로 답변하는 것도 좋다.

(6) 지원자를 당황하게 하는 질문

① 성적이 좋지 않은데 이 정도의 성적으로 우리 회사에 입사할 수 있다고 생각합니까?

비록 자신의 성적이 좋지 않더라도 이미 서류심사에 통과하여 면접에 참여하였다면 기업에서는 지원자의 성적보다 성적 이외의 요소, 즉 성격·열정 등을 높이 평가했다는 것이라고 할 수 있다. 그러나 이런 질문을 받게 되면 지원자는 당황할 수 있으나 주눅 들지 말고 침착하게 대처하는 면모를 보인다면 더 좋은 인상을 남길 수 있다.

② 우리 회사 회장님 함자를 알고 있습니까?

회장이나 사장의 이름을 조사하는 것은 면접일을 통고받았을 때 이미 사전 조사되었어야 하는 사항이다. 단답형으로 이름만 말하기보다는 그 기업에 입사를 희망하는 지원자의 입장에서 답변하는 것이 좋다.

③ 당신은 이 회사에 적합하지 않은 것 같군요.

이 질문은 지원자의 입장에서 상당히 곤혹스러울 수밖에 없다. 질문을 듣는 순간 그렇다면 면접은 왜 참가시킨 것인가 하는 생각이 들 수도 있다. 하지만 당황하거나 흥분하지 말고 침착하게 자신의 어떤 면이 회사에 적당하지 않는지 겸손하게 물어보고 지적당한 부분에 대해서 고치겠다는 의지를 보인다면 오히려 자신의 능력을 어필할 수 있는 기회로 사용할 수도 있다.

④ 다시 공부할 계획이 있습니까?

이 질문은 지원자가 합격하여 직장을 다니다가 공부를 더 하기 위해 회사를 그만 두거나 학습에 더 관심을 두어 일에 대한 능률이 저하될 것을 우려하여 묻는 것이다. 이때에는 당연히 학습보다는 일을 강조해야 하며, 업무 수행에 필요한 학습이라면 업무에 지장이 없는 범위에서 야간학교를 다니거나 회사에서 제공하는 연수 프로그램 등을 활용하겠다고 답변하는 것이 적당하다.

⑤ 지원한 분야가 전공한 분야와 다른데 여기 일을 할 수 있겠습니까?

수험생의 입장에서 본다면 지원한 분야와 전공이 다르지만 서류전형과 필기전형에 합격하여 면접을 보게 된 경우라고 할 수 있다. 이는 결국 해당 회사의 채용 방침상 전공에 크게 영향을 받지 않는다는 것이므로 무엇보다 자신이 전공하지는 않았지만 어떤 업무도 적극적으로 임할 수 있다는 자신감과 능동적인 자세를 보여주도록 노력하는 것이 좋다.

역량 구조화 면접

역량

(1) 역량의 정의

특정한 상황이나 직무에서 준거에 따른 효과적이고 우수한 수행의 원인이 되는 개인의 내재적인 특성으로 개인이 성공적인 수행을 위하여 개별적으로 결합해서 사용하는 어떤 특징들. 즉, 직무를 수행할 수 있는 능력을 의미한다.

(2) 역량의 구성요소

① 지식 … 정신이 어떤 대상을 아는 작용(예 : 직무수행에 관련된 지식)

② 가치 … 인간 행동에 영향을 주는 어떠한 바람직한 것이나 그 성질(예 : 정직, 신뢰)

③ 기술 … 무엇인가를 만들어내거나 또는 성취하는 방법(예 : 설득, 논증)

02 역량 구조화 면접

(1) 역량 구조화 면접의 정의

지원자의 경험과 관련된 질문을 통해 직무를 수행할 수 있는 역량을 갖추고 있는지 알아내는 방법이다.

(2) 역량 구조화 면접의 특징

① 기술, 능력, 지식 등의 역량에 초점을 둔다.

② 지원자 1명과 면접관 다수의 면접 형태를 보인다.

③ 문제 상황에서 구체적인 대응 방법을 유도한다.

④ 질문이 꼬리에 꼬리를 물고 지원자의 경험을 파고들어 당시 행동의 패턴을 파악한다.

(3) 역량 구조화 면접을 실시하는 이유

① 지원자의 이미지를 우선으로 좌우되는 인성면접의 단점을 극복할 수 있다.

② 스펙 위주의 기존 채용 방식의 실패를 줄일 수 있다.

③ 구조화된 질문을 통해 면접관의 주관적인 평가를 예방할 수 있다.

④ 과거 경험이 성공적인 사람은 미래에도 성공적인 행동을 할 가능성이 높다.

⑤ 회사의 생산성과 고객서비스의 향상으로 이어질 수 있다.

(4) 질문과 답변

① 질문의 구성

직무 별 역량을 평가하고자 하는 행동과 이에 해당하는 요소별로 질문을 구성한다. 그리고 후속질문으로 구성하여 꼬리에 꼬리를 무는 질문으로 이어진다.

필요 역량	다양한 직원들을 이끌 수 있는 능력		

경험 제시요구	과거에 문제 상황에서 리더십을 발휘한 경험에 대해 말씀해 주세요.		

↓

평가 요소	의사 결정 방법	문제 해결 방법	다양한 패턴

↓

후속 질문	질문1 : 당시 리더로써 가장 큰 어려움은 무엇이었는가? 질문2 : 당시 어려움을 어떻게 해결했는가? 질문3 : 왜 그러한 결정을 내렸는가? 질문4 : 다시 그 상황으로 돌아간다면 어떻게 하겠는가?		

② 답변의 구성

㉠ 하나의 성공적인 경험을 각 직무가 강조하는 역량으로 재해석하는 것이 중요하다.

㉡ 지원자의 생각을 대답하는 것이 아닌 실제 일어났던 경험을 구체적으로 답변한다.

ⓒ 답변 예시

어떤 계기로 경험을 했습니까?	중학교 교육실습

당신이 맡은 역할은 무엇이었습니까?	사회과 연구수업

당신이 취한 행동은 무엇이었습니까?	모든 교생실습생과 공동 작업

결과는 어떠했습니까?	교사들의 칭찬, 교육실습생 전원 A+학점

이 경험을 통해 깨달은 점은 무엇이었습니까?	다양한 아이디어로 완성된 수업으로 차별화 ＝시너지 효과

면접기출

01 한국서부발전 면접기출

(1) 직무상황

① 발전소에 화재가 난 경우, 적절한 조치 방법을 제시하시오.

② 장마기간에 낙뢰로 인한 정전시 조치 방법을 제시하시오.

③ 발전기 2대가 이상 징후가 생겨 고장이 났을 때 이를 극복할 수 있는 방법을 제시하시오.

④ 발전소 펌프 진동 원인과 해결책을 제시하시오.

⑤ 석탄가스화 복합 화력의 단점과 이를 극복할 수 있는 방법을 제시하시오.

⑥ 발전소 신입 1년차인데 보일러 수위가 평소와 다르고 급수량과 증기량의 편차가 커지고 보일러 내 튜브 쪽에 문제점이 있을 가능성이 있어 보인다. 적절한 조치 방법을 제시하시오.

⑦ 발전소에 비상상황 발생 시 조치 방법을 제시하시오.

⑧ 발전소 운영과 지역사회의 갈등을 해소할 수 있는 방안을 제시하시오.

(2) 개별인터뷰

① 자기소개 및 지원동기에 대해 말해보시오.

② 앞으로 이루고 싶은 목표가 있다면 말해보시오.

③ 우리 회사에 입사하기 위해서 본인은 어떠한 노력을 했는지 말해보시오.

④ 본인이 가장 싫어하는 사람의 유형에 대해 말해보시오.

⑤ 상사의 부당한 지시에 어떻게 대처할 것인지 말해보시오.

⑥ 한국서부발전이 어떤 일을 하는 곳이라고 생각합니까?

⑦ 본인이 조직이나 단체에서 특정한 직위를 맡아본 경험에 대해 말해보시오.

⑧ 지금까지 살면서 가장 힘들었던 순간은 언제였는가?

⑨ 조직에서 본인이 노력해서 싱과를 낸 경험에 대해 말해보시오.

⑩ 지원한 직무와 관련된 경험에 대해 말해보시오.

⑪ 리더십을 발휘한 경험에 대해 말해보시오.

⑫ 기존 조직의 관행을 본인의 노력으로 바꾼 경험이 있다면 말해보시오.

⑬ 창의적으로 문제를 해결한 경험에 대해 말해보시오.

⑭ 책임감을 가지고 문제를 해결한 경험에 대해 말해보시오.

⑮ 발전회사를 지원한 선택의 기준은 무엇이었는가?

⑯ 입사 후 자기계발을 어떻게 할 것인지 구체적으로 말해보시오.

⑰ 입사 후 노동조합에 가입할 것인가?

⑱ 혁신과 창의에 대해 정의 내려 보시오.

⑲ 시간 관리를 통해 성공한 경험이 있는가?

⑳ 양보를 통해 무엇인가를 깨달은 경험이 있는가?

㉑ (이직경험이 있다면) 이직을 한 이유는 무엇인가?

㉒ 회사 사업중 관심있는 사업은 무엇인가?

㉓ 탈원전에 대한 본인의 생각은 어떠한가?

㉔ 우리 회사의 인재상이 무엇인지 아는가?

㉕ 신재생 에너지의 단점이 무엇이라고 생각하는가?

㉖ 공기업의 핵심가치란 무엇이라고 생각하는가?

서원각과 함께

꿈의 날개를 펴요

기업체 시리즈

대한적십자사

LH한국토지주택공사

한국환경공단

서울교통공사